顾明远

北京师范大学资深教授，新中国比较教育的创始人之一。多次担任国家及教育部重大项目负责人，先后撰写论文600余篇，著述40余部。由他主编的两部大型工具书《世界教育大系》和《世界教育大事典》，被誉为传世精品。

顾教授对青岛榉园学校的发展一直很关注，并为学校亲笔题写校名。本次《品味·创造系列丛书》的出版，顾教授题写了书名，总序也是顾教授所写。

教育学博士，华东师范大学教授、博士生导师。先后出版《课堂管理与沟通》《课程管理与课程评价》等学术著作。在《教育研究》等刊物发表"素质教育的目标体系构建"等学术论文140多篇。主持完成教育部社科基金项目、全国教育科学规划重点课题。

戚教授一直是青岛榉园学校的指导专家，学校的发展方向、办学理念，均由戚教授进行了高站位的引领。学校"十三五""十四五"规划，戚教授也参与指导、把脉。本次《品味·创造系列丛书》的分序是戚教授所写。

戚业国

王毅

现任青岛丰源实业有限公司董事长、总经理、党总支书记、青岛榉园学校董事长。自1997始，连续多届当选青岛市人大代表、市南区人大常委会委员，先后被评为青岛市优秀共产党员、市南区优秀共产党员。

PINWEI · CHUANGZAO XILIE CONGSHU

品味 · 创造系列丛书

REN REN SHI LING DAO ZHE

人人是领导者

薛 清 主编

中国海洋大学出版社

·青岛·

编 委 会

总　序

　　第十三届全国人民代表大会第四次会议通过了《中华人民共和国国民经济和社会发展第十四个五年规划和2035年远景目标纲要》，提出要建设高质量的教育体系。

　　什么是高质量的教育？就是全面贯彻党的方针，坚持社会主义办学方向，办好人民满意的教育。

　　对于学校来说，高质量教育就是要办好每一所学校，教好每一个学生。要教好每一个学生，就需要了解每一个学生的天赋、特长、爱好。大家都知道，每一个学生的天赋不同、性格各异，生活的环境也各不相同，教育要因材施教，所以我认为，适合每一个学生发展的教育才是最好的教育，最公平的教育。学校要营造一个生动活泼，让每一个学生都能健康成长的环境。

　　立德树人是教育的根本任务。小学阶段是基础教育中的基础。基础教育要打好三方面的基础，即身心健康发展的基础、终身学习的基础、走向社会的基础。这就是小学教育的本源。

　　当今科学技术日新月异，国际竞争日益激烈。国际竞争说到底是人才的竞争。今天的教育是要培养实现第二个百年奋斗目标的人才。只有具有理想信念、扎实学识、奉献精神、创新能力的人，才能担负起实现强国的重任。

青岛榉园学校是一所民办学校，在青岛丰源实业有限公司董事长王毅、青岛榉园学校校长薛清的带领下，经过多年探索，确立了以"培养有品位的未来生活的创造者"为育人目标，聚焦于"领导力、创造力、思考力"的培养，使每一个学生做未来生活的创造者，培养有道德坚守、有理想追求、有学习能力、有开朗性格、有生活情趣和审美素养，能掌控自己情绪并持续自我激励的学生。经过几年努力，已经取得了可喜的成效。

　　这"三力"的培养目标都很重要。当今是创新的时代，具有创造力才能适应时代的变化。要创造就要思考，思考出创新。我们的教育就是要培养学生的思维，教学的本质就是培养思维。一堂课好不好就是看它能不能启发学生的思维。至于领导力，并非当干部做领导去领导他人，更重要的是领导自己，了解自己的优势和劣势，能够掌控自己的情绪并鼓励自己与他人交往、沟通、合作，在团队中用自己的言行影响他人。

　　《品味·创造系列丛书》就是青岛榉园学校几年来办学经验的总结。青岛榉园学校定会再接再厉，在新时代迈向新征程，谱写新篇章。

2021年3月23日

领导力——奠基未来发展的重要基础

在日常生活中，我们容易把"领导""领导者""领导力"三个词混用，其实"领导"有动词和名词的理解。动词的"领导"是一种管理行为或活动，名词的"领导"等同领导者。"领导者"就是被赋予一定管理他人权力的管理者，而"领导力"则是人的一种基本能力。无论是不是领导者或管理者，每个人都具有一定的领导力。每个人都应当努力发展自己的领导力，并不是只有领导者才具有领导力的。

从学生教育的角度看，领导力可以分为自我领导力、他人影响力和团队领导力。自我领导力是自我管理与控制的能力。他人影响力是影响和改变周围其他人的能力。团队领导力指带领一个团队实现组织目标的能力。这三个方面的能力是领导力的基础，对人的发展具有决定性的影响。

小学生培养领导力经常会被一些成年人嘲讽，认为孩子哪有什么领导力。其实，这是一种误解。领导力作为一种能力，在小学阶段培养具有重要的现实意义。自我领导力的培养和锻炼，能够形成较强的自我控制能力，所谓学习习惯，也是一种自控能力的体现；他人影响力是社会交往、沟通交流的重要体现，小学阶段有意识地训练可以使其得到更好的发展；团队领导力也就是通常的组织领导能力，学生担任班干部等都是团队领导力训练的重要途径。小学阶段有意识地进行团队领导力训练，对培养学生的责任感具有重要意义。

　　小学生领导力的培养需要结合日常的管理和教育教学，要运用领导力对学生进行管理，全面提升学生的自我管理能力。在日常教育教学中，可以有目的地培养学生的他人影响力，掌握沟通交流技巧，学会表达自己观点，学会尊重与协商，学会理解他人，这些都是形成他人影响力的重要途径。团队领导力在日常集体活动中处处都有体现，学生干部培训、学生组织活动、班级活动等都是锻炼团队领导力的重要途径。

　　青岛榉园学校较早地进行了小学生领导力的培养和锻炼，形成了基于领导力积分的学生常规管理体系。通过领导力的培养，落实了小学生自主管理并取得了成功。学校开设领导力训练营，推进小干部培训，开展了丰富的社团活动和社会实践活动，为学生全面锻炼领导力提供了重要的支持。学校这样的努力，必将非常好地为学生的成长奠定坚实的基础。

　　"人人是领导者"中包含了青岛榉园学校学生领导力培养的设计与经验做法，比较全面地反映了学校在小学生领导力训练方面的成果。目前，青岛榉园学校在国内具有自己比较鲜明的特色。该书不仅总结概括了学校领导力训练的经验与成果，也必将推动学校对小学生领导力训练的不断深入，为学生适应不确定的未来奠定更加坚实的基础。

2021年4月10日

目 录
Contents

第一章

领导力

——迎接未来挑战的关键能力

领导力不是神秘的力量，它是人人皆有的一种能力。领导力是长期发展起来的，既包括对自己的领导力，也包括对他人的领导力。小学阶段，是激发学生领导潜能、促进学生领导力形成的关键时期。学校整体建构领导力德育体系，通过开发和培养学生的领导力，使每一个榉园少年的自我领导力和团队领导力都能得到显著提升。

第一节　领导力是人人皆有、人人需要的能力

什么样的孩子才算有"领导力"？先来讲个故事吧，故事来源于绘本《我要当老大》。这个有趣的故事，把正确的"领导力"认知传递给我们，让我们对"领导者"这个角色有一个全新的理解和思考。

村子的广场上有四座房子，住在那儿的妈妈经常让孩子们出去玩耍。于是，小红、小黄、小黑和小白经常在一起玩，可是他们并不开心。

广场附近的公园里有个池塘，四个小朋友走了过去，他们常去的大树就在离池塘不远的地方。小红爬到大树最高处，那里可以看到整片池塘。"鸭妈妈带着她的小鸭子"，小红大声说，"还有一只小鸟，瞧，他的嘴巴就像勺子！"小白、小黄和小黑也想看看鸭宝宝和小鸟，可小红不让，好像树枝和池塘都是他一个人的一样。

他们在树上搭了一个小木屋，小木屋被刷成了红色，因为小红喜欢红色。他们会按时打扫小木屋。"你去扫地！"小红对小黑嚷嚷。"你去擦窗户！"小红又对小白大叫。"小黄去把门擦干净！"小黑、小白和小黄尽了自己最大的努力，而小红待在一旁什么也不做。

小白一玩气球，小红就要那个气球。小黑给布娃娃洗澡，小红也要一起洗。小黄不可以开动小汽车，因为小红听到轮子吱吱叫会头疼。谁也不能向小红提意见。

有一天，小黑做了一件想了很久却一直不敢做的事。他对小红说："你就知道装老大！和你的树、小木屋还有玩具做朋友去吧！"其他人都和小黑

一起离开了，只剩下小红一个人，他气呼呼地说："反正我也用不着你们！"

小白、小黄和小黑给船重新刷了颜色。船体是黑色，驾驶室是白色，船桨则是蒲公英花朵样的黄色。可是，谁当船长呢？小红也不在。最后，他们决定轮流当船长。

小黑先当船长，船就是不往前走，当小白接过船桨时，小黑暗暗高兴。小白紧抓舵轮，可是情况也没变好，小黄不想当船长了，因为他已经被颠晕。

没有了朋友的小红好孤单，他也不想当老大了。他对小白、小黄和小黑说："我给你们做了一面船帆。"正好他们都需要船帆，于是，就让小红上了船。小红偶尔还是忍不住想当老大，可其他几个人都不给他机会。他们轮流开船，没有谁是老大，一路上，看到了美丽的风景。

故事讲完了，你对"领导者"是否有了新的思考呢？很多家长都希望自己的孩子具有"领导力"。在家长约谈日时，班主任总能听到许多这样的声音："他跟同学一起玩游戏时，不会指挥别人，只会跟在别人后面玩。""别人抢了他的东西，他也不计较，没当回事。"家长一口气能说出无数个案例，用来证明孩子缺乏"领导力"的事实。许多家长认为领导力就是"当领导的能力"，领导力就意味着"一呼百应"，在群体中够霸气、够耀眼。

但老师们通过仔细观察会发现，有的孩子隐藏在群体中虽不起眼，但他的身上会有一种莫名的能量，这种能量吸引着其他孩子自动聚集在他周围。玩得最兴奋、最得意的可能不是他，但那些让大家兴奋起来的好主意却往往出自他；讲话最霸道、喜欢指挥别人的可能不是他，但大家争抢时出来协调的总是他；接到任务后急于展示自己的可能不是他，善于征集大家意见、合理安排分工的总是他。

在这些孩子身上，有一种可贵的全局思维，他能够跳出个人得失、短期利益，将目标聚焦在与其他人齐心协力完成任务上。同时，能去享受实现目标的过程，注重合作带来的快乐。

第二节　领导力教育是榉园的学校标签

　　领导力是一项重要的综合能力。许多人认为"领导力"就是单纯的当领导的能力，是成人的特权。其实并非如此，领导力不等同于官衔地位。那什么是领导力呢？小学生有没有领导力？能不能培养领导力？

　　面对全球化和信息革命带来的社会与经济变革，全球许多国际组织、国家和地区都在思考如何培养未来的公民，以使其能够更好地适应21世纪的工作与生活。近十几年来，21世纪素养的教育与测评日益引起全球的关注，甚至成为许多国家或地区制订教育政策、开展教育改革的基础。领导力教育成了世界上许多国家的教育工作者关注的焦点。

　　领导力不是神秘的力量，它是人人皆有的一种能力。它是长期发展起来的，既包括对自己的领导力，也包括对他人的领导力。培养学生的领导力，可以提高他们的整体素质、综合能力，使他们树立大局观念，促进其上进心、竞争意识的形成，增强自信心，敢于肯定自己，善于表现自己。小学阶段，是激发学生领导潜能、促进学生领导力形成的关键时期。

　　对小学生来讲，自我领导力是很重要的一部分。我们从《短毛猫罗尼钓到一条大鱼》这个故事中一起来找寻打开自我领导能力的钥匙吧。

　　七岁的短毛猫罗尼在离鲈鱼捕捞季开始还有两小时的练习中，钓到了一条他见过的最大的鲈鱼，当时周围并没有别人看到，而爸爸却让他严格遵守捕捞季的开始时间，把这条钓到的大鲈鱼再放回湖中。

　　在爸爸的坚持和劝导下，罗尼从开始的不舍和不情愿直到最后把大鱼放回到了水里。而这件事，却在罗尼的心中生根发芽，它成了陪伴罗尼人生行为的"启明星"。长成大人的罗尼也会常常带着他的孩子们，来到当初和他爸爸一起钓鱼的码头。他也常常会给孩子讲他小时候的这个钓鱼放鱼的故事，即使之后自己再也没有钓到过那么大的鱼，他的内心还是会感到满满的欣慰和自豪，因为他知道，自己做的是合乎规则的正确的事情。

从这个故事中我们看到了什么呢？是对于规则和公平的遵守与尊重。对自己负责，做事积极主动，管理好自己的行为、态度和情绪。做错事不怪别人。不用别人说也会做正确的事，哪怕没有人在看着我。

作为小学生，如何影响他人，带动他人跟你一起去完成任务，包括怎样跟父母商量事情，怎样跟同伴一起共事，这也是一种领导力。

在《团结伙伴一起解决问题——歪歪兔领导力教育系列图画书》中有这样一个故事：瓢泼大雨的街头，大风劈倒了一棵粗壮的大树，挡住了前行的路。车流被阻挡了，很多焦灼的司机不停地按喇叭，可是谁也没有办法，每个人都在等待。这时候，走过来一个六七岁的孩子，试图挪走那棵树。可是他的力量是如此的纤弱，大树纹丝不动。但孩子并没有放弃，他还在努力，他的汗水和雨水都混在了一起。车里的叔叔们受到了感召，一个、两个、三个……更多人从不同的方向过来，大家齐心协力，挪走了大树。

从这个故事里，我们看到了什么？——孩子的主动、责任和力量的感染，最终产生了团队的成功协作。这就是具备领导力的孩子，不仅能够把控全局，还能够凭借自身的突出能力去影响和组织他人共同完成目标。

只要有人存在，只要是集体活动，就会体现出领导力。有时候我们常常会发现，有的人无论走到哪儿，或做什么都会不自觉地成为领导者。大家生活在这个世界上，影响他人，跟别人沟通交流，希望他人能够跟随自己行动，这是社会上普遍存在的，这种现象本身就是领导力。

领导力是人人皆有、人人需要的能力。一个具备领导力的人，不仅是别人的领导者，更是自己人生路上的领导者，领导着自己控制情绪、与人沟通交流、有效解决问题、进行团队协作等，让自己更加轻松地融入社会。

每个孩子都有潜力成为领导者，领导力是能够被培养的，每个孩子都必须培养领导力。领导力应伴随孩子的成长，成长起来的领导力对孩子的发展具有至关重要的作用。如果影响他人的能力比较强，就会获得更多的发展机会，只有自我领导力比较强，才能更好地约束自己。所以说在小学阶段，有意识、有目的地去锻炼孩子的领导力，培养领导力，对于孩子成长过程中获得更好的发展机会，对于孩子提升自我控制、自我管理的能力都是非常有帮助的。一个人自我管理能力强了，就会有很大的发展空间。

所以，小学阶段就应该关注领导力。青岛榉园学校希望将学生培养成未来生活的创造者。这种创造者需要引领一群人一起共事，既能领导别人、对他人负责，也能自己管理自己、自己控制自己。培养具备这种素质的人才，学校通过领导力教育来得以落实。因此在青岛榉园学校的教育体系中，将领导力作为重要的一部分。

领导力教育在青岛榉园学校成为一个重要的突破口，通过重点打造"领导力"德育品牌，开发和培养学生的领导力，学生的学习能力、综合素质和核心素养不断提升，适应未来社会的能力不断提升，教师的专业素养和教育教学水平也不断提升，这无论对于学生本人走向未来的生活和人生，还是对于教师和学校走向光明的未来，都起到了重要的夯实基础和助推作用。"厚基础、高品位、国际化"的办学特色，因领导力教育的实施而不断丰满起来。

第三节　人人可以提升领导力

　　2016年10月19日，在薛清校长的诚挚邀请下，华东师范大学高等教育学教授、博士生导师、教育领导研究中心主任戚业国如期而至。在学校会议室，戚教授和学校领导班子成员一起，就青岛榉园学校今后的发展进行了规划。经过多次磋商，青岛榉园学校形成了新的办学定位，就是办一所"厚基础、高品位、国际化"的个性化教育的学校，内涵：学校追求办学的社会使命，立足培养有品位的未来生活创造者；注重培养学生的"高贵气质"，即"胸怀天下"的远大志向、优雅得体的行为举止、自觉自律的行为习惯、全面扎实的艺体素养；重视提升教师的精神追求，全面发展教师专业能力，以理想和责任实现立德树人。学校将以国际前沿的办学理念引领学校发展，提升师生的国际视野和国际交往能力，在小学教育国际化上引领青岛的发展。学校的育人目标是培养有品位的未来生活创造者。"有品位"是指有道德坚守，有理想追求，有学识能力，有生活情趣和审美素养，能掌控自己情绪并持续自我激励的人。"未来生活的创造者"是指未来是由学生创造的，培养每一个学生主动去选择生活、去创造生活，利用人类文明的全部成果让生活更加美好、让人生更加精彩。从此，青岛榉园学校的发展史册翻开了新的篇章。

　　在学校新的发展规划形成之后，2017年1月17日，戚教授再次来到青岛榉园学校。这一次，戚教授带来了"领导力"的观念。我们的育人目标是培养学生成为未来生活的一个创造者，未来的生活是要靠他们自己去创造的。所以，我们现在在小学阶段就希望能赋予孩子们一些能力。领导力，它包括自我领导力和对他人的领导力，以及在群体当中的一种领导力，自我领导力实际上最重要的就是一种自律，也就是我们说的日常的行为习惯的培养。在团队中，除了要有领导他人的能力，也要有和别人共同相处的能力，这些能力对于孩子现在的学习和将来的生活都是非常有用的。因此，青岛榉园学校把领导力作为学校的德育特色来开发研究和探索。

打造领导力德育品牌，对于建设一所"厚基础、高品位、国际化"的个性化教育的学校，几年的实践和教育成效证明，学校当初的选择，是明智的、具有前瞻性的、具有国际视野的，对学生的全面发展和健康成长，具有极为重要的意义。

对学生而言——领导力德育品牌活动的实施，是学生生命成长、品位与创造力提升的生动体验，学生开始在品味中创造，在创造中升华。学生们参与的积极性空前高涨，领导力素养在学习和体验的过程中不断提升，领导力潜能和才能都在活动中发挥得淋漓尽致。学生的意志品质得到了磨砺，丰富了知识、开阔了眼界，提高了研究和学习能力，更学会了合理安排时间、进行自我规划，学会了合作共赢，分工合作解决问题，获得了协作、团结和正视得失的精神成长，为成为有品位的未来生活的创造者奠定了良好的基础。

对教师而言——在教育观念上，新的课程理念和"以学生终身发展为本"的理念已在教师脑中扎根，并逐步落实在教育教学实践中；在项目活动的指导、实施中，教师注重学生的主体性、学习的过程性，关注学生的个性、情感、态度的实践空间；在师生关系上，架起了师生间的桥梁，使他们成为学习的伙伴、协作的朋友，民主、平等、和谐、创新的氛围浓厚；在自身素质上，教师通过在各项活动中的实验研究，知识水平、教育技能、科研能力等都有较大程度的提高。

对学校而言——以德育品牌活动的建构为载体，"厚基础、高品位、国际化"的个性化教育开始显现，具有榉园特色的德育品牌已初成体系；领导力教育的实施大大丰富了学校课程内容，为今后的编写教材和设计课程亦积累了不少的开发经验；在学校发展方面，学校的特色教育成绩显著，学校的办学特色日益突出。

青岛榉园学校在"品味·创造"办学理念的引领下，基于"培养有品位的未来生活创造者"的育人目标，以培养学生的领导力为突破口，重点打造"领导力"德育品牌。学校整体建构领导力德育体系，通过开发和培养学生的领导力，使每一个榉园少年的自我领导力和团队领导力都能得到显著提升，并打上"榉园烙印"。

1. 在自主管理中锻炼领导力

领导力首先体现为自我领导，即领导他人的前提是学会领导自己。自己设计自己，自己管理自己。一个人的自我领导力既体现在自我规划、自我管理、自我完善的意识水平上，也体现在一个人在团队中的服从、合作与执行等方面的意识和水平上。学会自我管理，学会组织和管理团队，学会在团队中成长和发展，是每一个接受过良好教育的人都应该具备的基本素养。

学校制订了"领导力——'七礼'自主管理细则"，即文明礼、入校礼、队列礼、课间礼、集会礼、就餐礼、离校礼。班级也制订了符合班情的"班级公约"，引导学生在习惯养成中学会自我领导，学会自我约束，由他律变自律，推进"班级自主管理制"，规范学生的日常行为。

把内在的难以触摸的"领导力六项修炼"，变成能够外显、可以培养的"习惯"，以习惯为路径，以孩子们日常学习生活中做的事情为抓手，通过一个个可操作实施的内容，落实习惯的培养，从而提升学生的领导力。习惯养成的办法通常为设定目标、制订计划、有效执行、奖惩评价，学校设计了学生自我领导力行动计划书，开展学生自我领导力提升行动——21天美丽行动计划。每位学生结合一项活动的内容，设定目标，制订计划，有效执行，反思提升。

为了引导学生自主为班级、为同学服务，学校还尝试在班级管理方面加强岗位建设，让学生在岗位设置、轮岗、换岗等工作中，进一步提升领导力。例如，班级通过班会课引导学生讨论交流，从班级生活的需要出发，因需设岗。在原有学生干部岗位的基础上，各班级又增设了一些小干部岗位，比如午餐监督员、作业小管家、图书管理员等。大小不同的岗位组成了全班学生自主管理的网，各岗做到各司其职，又整体协调，人人在班级中都是责任人，又都是合作者。轮岗制也给学生提供了更多的锻炼机会，丰富了学生在不同岗位上的体验。

2. 在领导力课程中学习领导力

学校根据各年级学生的特点，一至六年级依次重点培养学生的倾听力、自控力、表达力、合作力、反思力、规划力，制订了《青岛榉园学校领导力六项修炼标准》，对各年级的目标进行了细化，提出了明确的培养要求。

青岛榉园学校对学生领导力的培养，有重点目标，有细化标准，将领导力的培育渗透在学生日常学习和行为的多个方面，不但使学生知晓了什么是领导力，也明确了自己怎样做才能提升领导力。各年级在重点培养一项领导力素养的同时，也兼顾综合素质的全面提升。

学校依据领导力六项修炼，研发领导力提升微课程，针对各年级领导力修炼目标，设计微课程。每月实施一个微课程，每个微课程大致分为三个板块：理论的学习与讨论、实践操作过程的训练、个人总结分享与反思。借助三大板块，通过三个课时，让学生在体验、实践和反思交流中提升领导力。

3. 在实践活动中体验领导力

领导力教育强调学生的参与、体验和实践。因此学校将领导力教育目标融入德育实践活动课程中，并通过"项目学习"的方式开发学生的社会实践能力和组织领导能力，引领学生在完成项目任务的过程中获得多元发展。

在活动课程实施过程中主要分为五个阶段。

在筹备阶段，教师团队首先对研究对象进行认知学习。为指导学生开展项目学习做好铺垫。同时教师要依据项目学习内容和时间进行活动规划，制订项目推进表。领导力强调的是团队协作探究，学生之间既是分工也是合作的关系。所以在项目探究之前，如何进行团队组建是一个需要注意的问题。班级在保证男女比例的基础上进行随机组队，方式创新多样。

例如，确定班级人数及男女比例数，然后随机发放色块，每人手持一块，让学生寻找和自己手持相同色块的同学，成为一个项目团队，增进学生之间的交流和相互学习。

在项目提出阶段，学生通过各种途径查找并学习研究对象的相关资料，对研究对象有了初步的了解和认识。教师组织学生对查找到的资料进行交流分享，帮助学生筛选真实、有效的信息。然后教师组织学生进行实地考察，使学生可以近距离地观察研究对象，将前期所学知识具象化。随后，学生对于自己的所学、所看、所想，进行理性分析，并提出自己感兴趣、想要探究的问题并撰写项目计划，主要是对项目活动进行整体的规划，包括规划项目阶段时间、项目学习方式、项目学习任务分配等。

在项目探究阶段，各项目学习团队根据计划书，在教师的指导下自主进行研究学习，开展相应学习活动。例如，收集资料、自主考察、调查研究等。

在项目实施阶段，每个项目学习团队都要对前期项目进行调整。对项目所需要的素材进行收集、整理和汇总，包括文字、照片、视频等。如果项目成果是产品，则需要收集相关制作材料。通过交流讨论，设计确定项目成果的思路和形式。项目小组和教师之间可以进行初步的展示和交流。通过初步的展示后，可针对问题分析交流解决办法，从而进一步完善项目成果。

在项目展评阶段，每个团队以各种方式进行项目成果展示，除此以外，每位学生要分享自己在参与项目学习过程中的任务完成情况及收获。学校依据活动评价指标，采取自评、互评、师评的方式对学生在活动中表现出的领导力进行评价。

在项目化实践活动中，学生收获的不只是一个实践结果、一次社会体验，更学会了协作和团结。

4. 在学生干部培训中发展领导力

青岛榉园学校在学生干部选拔中，全面实施竞争上岗的方式。学生可自主申报，经过班级竞聘、评选推荐、学校选拔等环节，角逐而出。那么，学校选拔和培养学生干部的目的是什么？怎样发挥学生干部的作用呢？基于这些问题，我们展开了深入的思考。

学生干部，作为学生中综合素质相对较高的骨干群体，他们扮演着学生和领导者的双重角色。他们以学生的身份参与学校教育和管理的各个方面，在协助学校和教师推动学生实现自我管理和健康成长的过程中发挥着至关重要的作用。其中，解决问题的能力就是一项重要领导力。这要求学生干部不仅能进行自主管理，具备自我领导力，还必须具备能影响他人的团队领导力。倾听、沟通、抗挫等，都是解决问题能力的必备要素。针对这些要素，学校架构了领导力教育培训课程，积极开展领导力训练营活动，不断强化学生干部解决问题的能力，进一步提升学生干部的领导力，让学生干部在班级管理中真正做到懂管理、会管理，成为班级管理的小能手。

学校开展"领导力训练营"活动，全面提升学生干部的自我规划力、语言表达力、组织协调力、团队合作力等；设计"做时间的小主人""樟园小播客""矛盾摩擦快走开""团结力量大"等领导力训练课程，每一期领导力训练营都通过理论的学习与讨论、实践操作过程的训练、个人总结分享与反思等环节进行开展，多方面提升学生干部的自我领导力和团队领导力。

5. 在积分评价中助推领导力

如果说一开始学生是凭热情参与领导力教育活动，那么我们所要考虑的就是如何让学生保持这种热情，长久积极主动地参与。

基于领导力教育的目标和内容，学校建构领导力评价体系，以领导力教育银行为载体，学校建立"领导力总行"，班级建立"领导力支行"，并设立"领导力积分账户"，实施"领导力积分制度"，制订"青岛樟园学校领导力积分评定办法"，将学生自主管理、领导力训练营、项目化实践活动等教育内容全部纳入其中，全体教师借助评价全员育人、全程育人、全方位育人。学校依据领导力积分实行一至六级领导力等级认定，学生达到相应年级要求的领导力总积分才可参评优秀学生，六年级毕业时达到六级领导力等级认定的学生可以获得学校荣誉毕业证书。

第二章

在自主管理中锻炼领导力

　　领导力首先体现为自我领导，即自我规划、自我管理、自我完善。学校将培养学生的自我领导力作为一项重要的研究主题，在学生自我领导力培养路径上进行了实践探索。

在学校，我们经常遇到这样的学生，他们经常违反班级的常规要求，纠正多次也不改正；作业总是拖拉，不能按时上交，每天需要老师催促好几遍；自己的物品杂乱无章，丢三落四……可见很多学生不会自我管理，缺乏自主性和自我领导力。

基于此，学校将培养学生的自我领导力作为一项重要的研究主题，对于学生自我领导力培养路径进行了实践探索。学校制订了"领导力——'七礼'自主管理细则"，即文明礼、入校礼、队列礼、课间礼、集会礼、就餐礼、离校礼，规范了学生的日常行为。学校也总结出了"领导力六项修炼"，即倾听力、自控力、表达力、合作力、反思力和规划力，通过开发和培养学生的自我领导力，使每一个榉园少年的自我领导力都能得到显著提升。

一、以"习惯养成"为抓手，构建学生自我管理

学校围绕"七礼"自主管理细则，开展"一周一礼，一日一进"习惯养成活动。以每周升旗仪式为教育平台，通过宣讲，明确礼仪规范。以班级自主管理为主，以大队部督察纠正为辅，每周评选"优秀领导力支行"。通过"礼仪放大镜"，发现闪光点，评选"礼仪领导者"，点赞好习惯，树立好榜样。

一个人的动作或想法，如果重复21天就会变成一个习惯性的动作或想

法。学生的习惯养成也是如此。学校以习惯养成为路径，以孩子们日常学习生活中做的事情为抓手，通过一个个可操作实施的内容，落实习惯的培养，从而提升学生的领导力素养。习惯养成的办法通常为设定目标、制订计划、有效执行、奖惩评价，学校设计了学生自我领导力行动计划书，开展学生自我领导力素养提升行动——21天美丽行动计划。每位学生每月结合一项学习、生活习惯，设定目标，制订计划，有效执行，反思提升。长此以往，良好的行为习惯渐渐养成，学生的自主管理意识得以发展，自我领导力得以提升。

二、以"班级建设"为抓手，形成学生自主管理

没有规矩不成方圆。制度是实现班级共同的、特有的价值追求的保证，每个学期开学初，各班师生共同讨论研制本学期的班规，自己制订并认同的规则就要自觉执行，这是全班同学共同努力的目标。

为了引导学生自主为班级、为同学服务，树立"服务即领导"的意识，班级管理方面加强岗位建设，让学生在岗位设置、轮岗、换岗等岗位工作中，进一步认识自我。班级通过班会课引导学生讨论交流，从班级生活的需要出发，因需设岗。在原有学生干部岗位的基础上，各班级又增设了一些岗位，比如午餐监督员、作业小管家、图书管理员等小岗位。大小不同的岗位组成了全班学生自主管理的网，各岗做到各司其职又整体协调，人人在班级中都是责任人，又都是合作者。在班级岗位建设中，通过轮岗，给学生提供更多的锻炼机会，丰富学生在不同岗位上的体验，各种能力得到提升。学生们的工作热情高涨，学生们在工作中悄悄地发生着变化，责任意识、奉献意识明显增强。公平公正地锻炼机会，使学生们的自主管理能力得到可持续性发展。

三、以"课堂教学"为抓手，培养学生自主学习

在课堂教学中发展学生自我领导力有着很重要的意义，在课堂教学中，如何培养和发展学生的自我领导力，是深度学习研究的重要内容。经

过近几年的教学研究，学校提出了"学为中心，实现有深度的课堂学习"这一研究主题，全方位打造"有深度的悦动课堂"。

　　教师根据教学内容，明确课堂教学任务，精准设计活动环节，采用交流互动、合作学习、项目学习、主题探究等多种学习方式，给时间让学生发问，给空间让学生思考，给平台让学生合作，给机会让学生演讲，给民主让学生评价，让学生真正成为课堂学习的主人。这种以"学"为中心、以"深"为导向的课堂教学模式，激活了学生灵动的思维，释放最大的潜能，使学生逐步形成会倾听、能自控、乐表达、懂合作、勤思考、善规划的学习品质，从而提升自我领导力。

第二节　21天自我领导习惯的养成

"21天"遵循着心理学研究的习惯养成规律，以21天为起点，持续巩固，使之内化为一种品质。坚持一个个简单行为，通过一次次不简单的训练，养成一个受益终生的好习惯。

我们把学校、家庭整合起来，立体化落实好习惯养成教育。在学生层面，我们引导学生自我认知，制订自己的学期目标，明晰一学期的努力方向，并将目标落实到月计划中，每月一个好习惯。依据自己的实际情况，进行私人定制，设计出自己的行动目标和计划，并进行21天行动记录，促使学生养成良好习惯。在家庭层面，用孩子的小手拉起家长的大手，让21天成为孩子自主、文明、诚信的传递，也让家长有了监督检查的责任。

依托"21天行动记录单"，进行多元评价。学生自我评价每天按计划完成。伙伴相互记录、反馈、评价。家长通过每天的监督和记录，确认学生是否达成目标。

每天放学前10分钟，是学生分享一天学习生活的快乐分享时间。于是我们听到了："今天我能做好课前准备，老师表扬了我！""今天我的书包是自己整理的！"……坚持在自我肯定和相互表扬中不断收获美丽心情和前行动力。

21天，21个记载格，不同的形式，不同的主题，都记载着同样的坚持。一点点的进步，持之以恒的努力，每个21天的努力，都会让学生们拥有更文明的言行，拥有更强的自理能力。让学生感受自己21天的努力，品尝实践后成功的快乐。

21天好习惯之时间管理

案例背景

  对于孩子们来说，时间管理是自我领导中十分重要的一项能力，在生活、学习中，我们经常会发现有的孩子做事情总是磨磨蹭蹭、拖拖拉拉，这些其实都是时间观念不强造成的。

  在家里，起床穿衣服会需要半个多小时；吃一口饭总是含在嘴里不嚼不咽，一碗饭总也不减少……

  在学校，当堂作业没有在下课前上交；课间活动时间过半才到达操场……

  其实，这些都是孩子们的时间意识薄弱造成的，这样的情况在寒假、暑假过后，开学的第一个月里表现得特别明显。长时间的放松，让孩子在假期中有充足的时间来完成整个假期的学习任务，对于孩子们来说是简单的，但是时间观念的培养，应该在每一次的任务中渗透。

案例描述

  刚入学的时候，我会给孩子一个规定的时间完成所布置的内容，例如，在5分钟内收拾好书包，在3分钟里做好课前准备等。慢慢地，孩子们就知道做一件事情是需要在一定时间内完成的。只是，随着年龄的增长，学习难度的提升，这样的习惯变得不那么容易养成和坚持了，于是便有了21天养成在规定时间内完成任务的计划。

青岛榉园学校"21天美丽行动"计划表

目标	内容												达成度
总目标	21天计划——在规定时间内完成任务												
目标1													
目标2													
……													
日期	评价	日期	评价	日期	评价	日期	评价	日期	评价	日期	评价	日期	评价
日期	评价	日期	评价	日期	评价	日期	评价	日期	评价	日期	评价	日期	评价
日期	评价	日期	评价	日期	评价	日期	评价	日期	评价	日期	评价	日期	评价

　　我＿＿＿＿＿＿＿＿完成预期目标。在整个过程中我＿＿＿＿＿＿做得好；还有＿＿＿＿＿＿＿＿＿需要改进。

片段一：确定目标　制订计划

　　师：同学们，著名哲学家培根曾说过："合理安排时间，就是节约时间。"在平日的生活学习中，老师发现，同学们在做事情时有时不能在规定时间内完成，一拖再拖，就会让接下来的事情积压在一起。今天让我们开始一个21天习惯养成计划，想一想你自己在哪些事情上有拖延的问题？说一说你想在哪件事情上先做出改变呢？

　　（学生思考、讨论）

　　生：我回家写作业总是写到很晚，可是我知道其他同学很早就能睡觉，有的同学甚至在学校就能完成，所以我想在规定时间内完成作业。

　　生：我收拾东西太慢了，每次收拾时间已经到了，看着同学们都走出了教室，我也很着急，所以我想在规定时间内整理好物品。

生：不管是在家里还是在学校，每次吃饭我总是最慢的，所以我想在规定时间内吃完饭。

生：早上起床的时候，妈妈总是催我穿衣服，有的时候都来不及吃饭就要上学了，如果我能在规定时间内穿好衣服就好了。

师：大家根据自己的情况制订了不同的习惯养成目标，不仅能关注学校的学习情况，也能看到自己在生活中需要提高的部分。为了能够在21天里更好地达成自己的目标，你可以把自己的目标再进行分解，让它们成为你一步一步成功的小阶梯。

生：我吃饭比较慢，有的时候饭都凉了我还没有吃完，爸爸妈妈和老师也常常告诉我这样对身体不好，我想，先在30分钟内吃完午饭，然后再慢慢提高速度。

生：我收拾书包的时候，想先在规定的时间里把东西都装好，不丢三落四，提高速度以后，我会再让自己的东西更加整齐。

生：对于我来说一下子完成三科作业有点难，我可不可以先完成其中的一门功课，慢慢地再提升速度呢？

师：当然可以了！像大家这样把最终目标分解成一个个的小目标，就不会觉得很难了，而且我们还可以在执行的过程中随时调整呢！

评析

做计划的时候总是充满信心，为了让孩子们能够在习惯养成过程中始终保有信心，我建议孩子们将自己的计划分解成更小的目标，这样更有利于孩子们的坚持和完成。

通过将小目标分解的方式让孩子们更容易达成自己的计划。但是，孩子们在这个过程中也发现了问题，有了目标，有了时间，可是依然不能够在规定的时间内完成，有的孩子开始产生自我怀疑，这对于习惯养成是十分不利的。

片段二：分割时间　直观规划

师：同学们，请大家按照要求在四线本上认真书写这10个生字，计时20分钟，开始吧！（打开屏幕上的倒计时器）

10分钟后，暂停计时器。

师：同学们，请停笔，大家看一下大屏幕，目前我们的时间已经过去了一半，相对应的，你正在书写的生字也应该至少完成一半，这样才能在接下来的时间里，完成剩余的部分。

（学生查看自己的完成进度）

生：我已经完成一半多了。

生：我还没有完成一半。

师：让我们来交流一下，在刚才过去的10分钟里，你是怎样做的？

生：刚才我什么都没想，就是一直在完成作业，我的速度还比较快，所以，我不仅完成了一半的任务，还多写了两个字呢！

生：我没写完一半，刚才我听到走廊上有声音，就抬头看了一眼，想知道发生了什么事，然后又看了看周围的同学写了多少，结果，却耽误了自己的时间。

师：那接下来你要怎么做呢？

生：我觉得自己肯定可以在规定的时间里完成，而且会有剩余的时间，那我可以用多出来的时间检查、修改一下。

生：我剩的生字比较多，不过如果我在剩下的时间里快点写，应该也是可以完成的。

师：那就请大家做好准备，我们继续计时。

评 析

其实，时间概念对于孩子们来说十分抽象，它不是一个苹果，咬一口就少一点，能够在不断啃咬的过程中看到它逐渐变小直至没有。而时间对孩子们来说，每一分每一秒的变化没有明显的特征，不具有直观性，这就需要我们老师和家长在旁助力。

教室里，我挂上了一个时钟，让孩子们随时就能够直观地看到时钟的走动。做事情的时候，我会在大屏幕上显示倒计时，让孩子们感受时间的流逝，直至时间结束，铃声提醒。当然，这些也还不够，怎么能让孩子们将时间的流逝和自己手中所做的事情联系起来，这才是关键。开始的时候，我会在时间过去四分之一、一半、四分之三的时候提醒孩子，你手中的任务对应应该完成多少了？

除了如上例子外，当孩子们在收拾东西时，在吃饭时，也要进行适时提醒，这样，将时间和孩子们手中事情的进度相结合，孩子们对时间就有了自己的理解。慢慢地，自己就能向自己提问，余下的时间是否够自己完成任务，如果不够，是不是要加快速度了。

案例反思

当时间和自己的任务进度有了联系，孩子们对时间的概念不再是抽象的。经过21天的习惯养成，班里的大部分孩子都能够在规定的时间内完成相应的任务，并且，很多孩子已经能够根据这段时间的长短来安排自己可以做点什么了。

所谓"行百里者半九十"，养成好习惯之前都要严格执行计划，很多时候孩子没有养成好习惯，多是因为没有将好习惯养成计划坚持下来，开始的阶段还会因为有新鲜感坚持几天，中间或许靠着意志力也能再稍微坚持一下，可是时间过得久了，就产生了懈怠的想法，想要放松一下，这时如果没有抵制住诱惑，可能会让自己之前的坚持付诸东流。因此，在这期间教师在旁边不断地监督提醒就显得极其重要，稍做鼓励，孩子就能够多坚持一段时间，离目标更进一步；在执行目标的过程中随时带领孩子们进行反思修正，孩子们就能更直接地达成，不走弯路。同时，伙伴之间的相互陪伴，相互促进，也是让孩子们离目标更进一步的动力。

21天养成一个好习惯，经过多个21天，孩子们不仅会收获多个好习惯，也会形成好习惯不断养成的闭环。相信，这就是时间的力量。

21天好习惯养成之阅读习惯

案例背景

我国著名教育家陶行知先生说："播种行为，就收获习惯；播种习惯，就收获性格；播种性格，就收获命运。"这一育人哲理道出了培养行为习惯的重要性。良好的行为习惯是促进一个人健康成长的重要条件，是健全人格形成的基础。

家长经常向我抱怨说："我家孩子天天在家玩手机、看电视，从来不看课外书，对阅读不感兴趣，导致孩子表达能力很差劲。"其实不然，没有不爱读书的孩子，只是没有养成读书的习惯。

案例描述

为了让学生日常生活中养成每天读书的好习惯，自2019年9月份起，我们班就开展了"每日阅读打卡·21天阅读习惯养成"活动。学生坚持每天晚上读书，在班级打卡小程序中晒读书照片或者读书视频，直至活动结束。学生在这次活动中能够坚持晒读书照片视频，获得了"书香少年"称号。

片段一："吊起"兴趣

师：同学们，今天老师来跟大家分享一个寓言故事"自食其果的狐狸妈妈"，故事开始了。有一个狐狸妈妈，她有两个孩子，还很小。平常要靠狐狸妈妈外出捕食生活。可是狐狸妈妈很不爱劳动，她的孩子一喊饿了，她就要出去偷一点别人家的食物给孩子们吃。

今天，孩子们又饿了，狐狸妈妈只好又出去给他们寻食物。狐狸妈妈穿上一件别人丢弃的破裙子，戴上一顶大花帽，这样就可以遮住她的脸。就这样预备好了，再挎上一个大篮子，预备出门。孩子们都说："妈妈这样一点也不像一个大姑娘！"

你们猜一猜接下来会发生什么？

生：老师，我猜狐狸妈妈肯定是自己出去玩了……

师：同学们，今天老师嗓子疼，你们自己看看吧。

生：快看看后面讲的什么，跟我猜的是不是一样。

评析

开学之初，先不着急从理论上强调读课外书的好处，而是通过听读训练让孩子渐渐喜欢读书。每天，老师会给孩子读一篇故事情节生动的小文章，或者是童话，或者是寓言。每次声情并茂地朗读，把孩子带进故事中时，老师就会戛然而止，让学生猜猜下面会是什么样的情节，这种训练"吊起"了孩子的胃口，对课外书产生了兴趣。接下来，老师给孩子读课外文章的时候，读到精彩之处，就会停下"请求"孩子们："同学们，今天老师嗓子疼，你们自己看看吧。"这样，孩子的读书胃口又被"吊起"来了。渐渐的，孩子读书的兴致就被调动起来了。

片段二：制订计划

师：同学们，阅读不是盲目的读，你需要给自己制订一个阅读计划，每天有目标的进行阅读。

生：老师，怎么样来确定这个阅读目标呢？我这学期的阅读目标就是读完两本课外书。

师：你制订的这个目标太笼统了，不详细，你们可以将目标细化分解成你能够达成的目标，比如每日阅读30分钟，将阅读部分与父母进行阅读分享，分享的方式可以根据自己的喜好来制订。

生：每天就阅读30分钟吗？

师：当然这个阅读的时间，根据自己的喜好和时间，你可以自己去制订，但是最重要的是两个字！

生：坚持！

师：是的，没错！要养成一个好的习惯，你所要做的就是依据自己制定的目标，坚持进行下去！来跟大家分享一个阅读计划的制订。

（1）每天早睡早起，利用早晨的半个小时，在爸爸妈妈的面前背诵一些古诗，背诵一些名著的经典段落。

（2）平时多和同学们换好书，好书让大家一起分享。但书毕竟是借来的，一定要打好借条，好好爱护书。

（3）每天坚持读书看报一个小时，不单单是利用早晨的时间，还要适当地利用课间十分钟、放学后、回到家之后的时间，遇到休息日或节假日，坚持用半天来读课外书。每日把每天要读书的时间设置成一个手机闹铃。到了时间手机会用铃声等方式提醒。

（4）在学校，要积极和同学们交流课外读书的情况。做到取长补短。

（5）要注意劳逸结合，适当去锻炼锻炼。也可以和伙伴们或者爸爸妈妈一起玩一些对学习很有帮助的游戏，比如成语接龙、词语接龙、绕口令、背古诗比赛，演讲比赛，抢说歇后语，对名联……这样，不但能放松放松大家心情，而且还能检查知识积累的情况。

评析

老师需要和学生一起制订阅读目标：

（1）每天坚持阅读20分钟。

（2）坚持与父母交流分享阅读感悟。

（3）每周写一篇阅读笔记。

制订好目标后，根据目标开始属于自己的"每日阅读打卡·21天阅读习惯养成"活动。根据学校提供的阅读书单，进行每日的阅读分享，并由家长、同伴或者老师进行每日阅读追踪的评价。严格按照制定的目标进行，养成良好的阅读习惯。以21天为一个节点，进行达成度的反思，并将反思中的优势保留，在下一个21天时，改正缺点。

孩子的自控力较弱，尤其是低年级的孩子，所以，每天孩子的阅读必须有家长的监督。规定每个孩子每天晚上必须阅读课外书不少于20分钟，家长根据孩子的阅读情况，在追踪表上如实填写。

青岛榉园学校"21天美丽行动"——追踪表

日期：	日期：	日期：	日期：	日期：	日期：
评价：	评价：	评价：	评价：	评价：	评价：
日期：	日期：	日期：	日期：	日期：	日期：
评价：	评价：	评价：	评价：	评价：	评价：
日期：	日期：	日期：	日期：	日期：	日期：
评价：	评价：	评价：	评价：	评价：	评价：

案例反思

通过参与21天阅读习惯养成活动，学生们养成了每天读书的好习惯并表示要坚持下去。兴趣是孩子最好的老师，学生们建立了对阅读的兴趣，已经把阅读当成学习生活中不可缺少的调味剂。通过这样的训练，不少孩子已经养成自觉读书的习惯，并通过读书促进了大量识字，可以大方地在众人面前表达，提高了语言表达能力。

培养孩子养成课外阅读的习惯是语文教学的根本。近几年，教坛改革很多，各种各样的教育思潮让老师、家长目不暇接。无论是哪种教育思潮盛行，语文教学的根本总不会改变。语文教学就是培养孩子语文素养，作为语文教师，简言之，我们无论上多少课，只要能够让孩子喜欢语文、喜欢阅读、喜欢表达。

我们大家都有这样的体会，一篇文章读完了，总会有所感，有所悟，把这些点滴体会记录下来，便会成为我们以后写作的素材。我们也要有意识地培养学生这种习惯。学生练笔、写读后感的形式很多，可以摘抄文中的精彩语句，可以写出自己对文章的评价，能长则长，不长也不要勉强，一句话、两句话都可以。

良好的阅读习惯是在坚持不懈的反复练习中养成的，光说不练是不行的，没有耐心和恒心也是没有好的效果。要教育学生，良好的习惯的培养要从一点一滴做起，知道一点做一点，知道多少做多少，不断积累，良好的阅读习惯自然而然就形成了。

第三节　在班级管理中提升自我领导力

青岛榉园学校立足班级日常生活，初步形成了针对学生特点的领导力培养重点，建构序列化的活动体验平台。

在"七礼"教育中提升自我领导力。"七礼"即文明礼、入学礼、队列礼、集会礼、就餐礼、课间礼、离校礼。学校德育处制订"七礼"细则，每周推进一个主题，让学生在习惯养成中学会领导自我。在推进的过程中，学校树立典型，组织开展讨论，让孩子学会自我约束，由他律变自律。

在"四品"活动中提升自我领导力。"四品"活动课程，即品春、品夏、品秋、品冬。学校以"节日"为教育契机，以季节为纵向线索，围绕节点活动、节庆活动、节气活动开展丰富多彩的主题教育活动。班级创设多元活动平台，积极调动学生自主策划、参与活动，使其外在形象力、心理承受力、言语表现力、个性特长得到历练和提升。

在"岗位"锤炼中提升自我领导力。岗位设置注重培养学生的责任担当与自我约束力。学校每年进行大队委竞选，通过选拔、培训、履职、总结四阶段逐步培养。班级实施轮岗制度，班级岗位设有管人、管事、管物等十多个工作岗位，每位学生都有机会值岗。通过在管理他人和被他人管理中相互学习，反思总结、汇报交流，提升岗位责任意识，提升自我领导力。

在创新评价中提升自我领导力。基于领导力教育目标和内容，学校建构领导力教育评价体系，以领导力教育银行为载体，学校建立"领导力总行"，班级建立"领导力支行"，并设立"领导力积分账户"，实施"领导力积分制度"，将学生自主管理、实践活动等教育内容纳入其中，每学期评选"领导力少年"，依据领导力积分实行一至六级领导力等级认定，激励学生自主管理，形成良好道德品质和行为习惯。

在岗位设置中提升自我领导力

案例背景

周一早上的升旗仪式上，大队干部在讲台前宣布每周获得领导力银行金币的支行班级，这是我们班自实行自主管理以来连续几周都获得的荣誉，故事要从入学的第一次班会说起。

一个班级中每一个学生都有自己的个性和特点，当他们聚集在一个班级的时候，如何让这些个性和特点得到更好的发展，又如何让这些孩子在班级中得到锤炼和提升，在学校领导力教育纲领的指引下，我们召开了主题班会——我的班级我做主。

班会一开始，老师就把主题亮出来，言简意赅，让学生明白自己才是班级的主人翁。在学生高兴之时，老师提出问题。

案例描述

片段一：人人是领导者

师：既然大家是主人，那么请问主人们，你们该如何管理这个班级？请大家以小组为单位，可以进行讨论并且把你们小组讨论出来的内容记录在A4纸上，然后我们来进行交流。

生1：我觉得应该设立公务管理员，这样便于了解班级的公共物品以及数量，在使用的时候专人专管，方便大家使用的时候尽快拿取。

生2：我觉得应该设立卫生管理员，班级的卫生太差被扣分是因为缺少一个管理者，他必须自己首先做好，然后可以起到提醒的作用，在下课的时候提醒大家收拾好卫生，不要乱扔垃圾，特别是橡皮屑，用自己的专用工具清理干净，这样可以让班级的环境越来越好。

在经过一番讨论之后，老师让小组的代言先进行了陈述其他组员随后进行补充，各组轮流发言。

一组组长：我们在讨论之后认为应该设立一些岗位来管理好班级，比如图书管理员，每天大家中午阅读书目之后，由图书管理员把书籍进行整理并清点数量，保证咱们的书籍不缺少。

二组组长：我们组觉最应该在班级当中设立纪律监督员，每天我们都会有同学因为纪律问题被护导老师扣分，所以应该先设立纪律监督员。

三组组长：我们组认为应该设立卫生管理员，这样可以监督班级的卫生情况。

生3补充：我们组认为应该先设立的不是卫生管理员，而是要有每天的值日生。

师：听到各组的表达之后，我觉得大家所说的是需要设立各项项目的管理者，而这些管理者都是你们当中的每个人，那么我想跟大家说的就是，在我们的班集体中人人都是领导者！

听到人人都是领导者，同学们都比较疑惑班级当中已经有班干部了，他们是领导者，为什么人人都是领导者呢？

师：根据大家刚才提出的这些岗位设立，我们可以归纳为几大类，纪律方面、卫生方面、生活公物方面、学习方面，接下来就请大家继续在小组内讨论，根据这几方面来设立岗位以及岗位名称。小组成员通过讨论在每个方面都设立了不同的岗位。

2年级1班班级自主管理——岗位分工表

岗位名称	学生姓名
值日小卫士	
垃圾清理员	
图书管理员	
加餐负责人	

续表

岗位名称	学生姓名
黑板亮洁员	
物品管理员	
午餐监督员	
纪律监督员	
作业收发员	

评析

　　在学校领导力教育理念中，领导力首先体现为自我领导，即领导他人的前提是学会领导自己。那么同样，在我们的班级管理中，每个人都是这个班级的领导者，你必须先学会领导自己，才能领导他人，所以每个人都是领导者。既然要先学会领导自己，就需要你对自己有一个充足的认识，知道自己的优势在哪里，了解自己的缺点在哪里，清楚未来的改进方向。只有这样你才能很好地领导自己。然后根据自己的实际情况，来选择岗位。

片段二：人人是督察员

　　伴随着下课铃声每个人都领到了自己的职责，开开心心地步入光荣的工作岗位。接下来的时间，将是开启新工作且充满乐趣的时光。

　　"垃圾满了，小满你去倒垃圾。""我不去，小夏也是垃圾管理员，应该让小夏去倒。"

　　下课铃声响了，"小雪，你是黑板亮洁员，擦黑板啊。""小谷也是，为什么让我擦？"

　　每天都是这样的声音。终于，这一段时间结束了，新一周的班会开始了。

师：同学们，你的岗位工作完成得怎么样？来说一说吧，先在你的小组内分享一下你的感受。

生4：什么事情总是我来干，我不想做了。

生5：我也是，不想做了，太麻烦了。

师：各组出现的问题，集中在相互推卸责任、分工不够明确。针对我们设定的岗位讨论并制订出个各个岗位的责任以及每天的安排。那么接下来，我们就按照大家制订的岗位职责再进行新一轮的工作。但是，在这里老师提出一个问题，既然有了岗位也有了明确的职责，我们该如何监督这些岗位的工作是否都落实到位了呢？

四组组长：通过我们小组讨论，大家认为采取轮流监督的方式比较合适。

评析

> 学生通过实践，发现问题并进行调整、适应、再调整、再修改的方式，不断提出解决方法，完善自己的岗位、履行岗位职责。大家相互督促相互配合，使班级实现学生自主管理。

片段三：人人是评论员

通过一段时间的努力，班级管理的情况有了明显的改善，学生都明确了各自的职责和任务。过了一段时间，班级里出现了这样的不和谐声音。

生7：我是值日生，你应该听我安排。我的工作比你的重要！

生8：你先放下你的工作，先来帮我。

同学们都认为自己的岗位很重要，都希望能够得到其他人的配合和支持。在随后的班会中，针对班级出现的情况，各小组给出解决方案。在大家讨论的过程中，老师发现孩子们都在解决的是陈述自己岗位的重要性，别人的岗位如何不如自己的重要。

师：接下来的轮岗，每个人都要在不同的岗位进行工作实践。

经过全部轮岗之后，我们又回到班会当中。

师：请小组内讨论并请发言人发言，其他成员补充。

五组组长：大家都是班级的成员，每一个岗位都是为班集体发展而设立，每一份工作都需要大家各司其职而又相互团结相互配合，最终才能保证我们的班集体整体进步迈向胜利。

评 析

　　通过对学生的自主管理的训练，让学生树立了班级主人翁意识，更让学生在班级的自主管理中通过不同的岗位获得不同的体验，在各项能力方面都得以提升。

案 例 反 思

　　在学校领导力教育的引领下，在班级中采取人人都是领导者的管理方式，对于班主任来说不是一蹴而就的，首先，需要在整个过程中能够培养学生意识到自己的权利与义务，使其在学校教育中能够体验到民主生活；其次，培养学生的领导力需要一个长期的坚持，不是短时间内就能够完成，在问题出现时教师能够及时按下"暂停键"，让学生能够针对出现的问题进行反思并及时改正；第三，针对目前学生的年龄和性格特点，不论何种岗位都需要以精神激励为主，物质激励为辅，适当的奖励能够给孩子更多的信心。

"班级公约"我制订

案例背景

　　班级是学校进行教育教学工作的基本单位，每个班级都需要一整套科学的全面可行的运行机制。"班级公约"，可以使班级工作有章可循，可以避免班主任工作的盲目性和随意性，也可以避免学生学习生活的随意性和盲目性。"班级公约"对班级建设起着指引、监督、约束等作用，对班级的发展也有重要的作用。

案例描述

　　为了提升学生的自我领导力，让学生人人成为班级的领导者，在学期初，我们共同讨论制订了自己的"班级公约"。

片段一：初步制订"班级公约"

　　一、情景导入，揭示话题

　　师：同学们，班级是我们温暖的家，生活在这个大家庭中是多么快乐！我们都是集体的一员，集体的目标靠我们共同来实现，集体的荣誉靠我们共同来维护。学校的领导力银行每周都会颁发金币，你们想得到吗？我们应该如何做，才能争当优秀班集体呢？

　　生：遵守纪律、走廊内不跑跳打闹、见到老师主动问好……

　　师：大家说得很对，接下来我们一起来学习一下《青岛桦园学校"七礼"细则》，针对入校、文明、课间、队列、集会、就餐、离校这几方面的规定，再来思考我们班存在哪些问题，同学们应该怎样做才能为班级争光。

　　二、小组合作，讨论交流

　　学生小组合作，自由交流。教师巡视指导。

　　要求：（1）有序地交流自己发现的问题，其他同学仔细倾听。

　　　　　（2）组长进行记录，并整理归类。

班内集体交流问题。

生1：我们小组发现，我们班近期有一些同学不爱护公共财物，用铅笔在桌椅板凳上乱涂乱画，严重影响了环境卫生。

生2：我们小组发现，在班级值日生打扫完卫生后，有的同学保持得不够好，时有乱扔废纸和塑料袋的现象发生。

生3：我们小组发现，有一些同学不注意安全，走廊内横冲直撞，课间玩耍时总是追逐打闹。

师：是啊，正是这些问题，影响了我们班级的进步。怎样让全班同学都引起重视，从而规范自己的言行呢？这就需要我们一起制订一个"班级公约"。既然是"班级公约"，当然对班级中的所有人都具有约束力，每个人都应该遵守，这当然也包括我和其他老师。

老师引导学生说说怎样制订"班级公约"。

生1：既然是公约，当然要由大家制订，这样大家才心服口服。

生2：我认为公约不可能满足所有人的意愿，应该少数服从多数。

生3：公约是帮我们约束自己的，大家已经做到了的事情，甚至做得很好的方面，没有必要再列进去。

师归纳小结：公约应该有针对性，针对我们的一些弱点，显示我们努力的方向，让我们每一位同学取长补短，让我们这个班集体健康发展。从这个角度来说"班级公约"像是一位无声的老师，又是一剂苦口的良药，对待它大家要有一定的思想准备哟。

三、小组合作，讨论内容

师：下面请同学们小组内讨论我们的"班级公约"该制订哪些内容，涉及哪些方面，每人制订一份"班级公约"。然后小组讨论，组内人人都要发言，尽量做到言之有理，言之有据。出现有异议的地方大家耐心商讨，发挥集体的智慧。

小组代表发言，相互补充。

师生共同小结整理如下。

（1）在校园里见到老师或客人主动行礼问好；长辈或老师问话时要起

立回答，眼睛看着对方。

（2）双手递接别人的物品，需要别人帮助要用"请"，别人帮助要说"谢谢"，不小心碰撞别人要说"对不起"，别人向你道谢或道歉时要说"没关系"。

（3）课间活动要文明友爱，做有意义的游戏；在教学楼内要右行礼让，自成一列，轻声慢步。

（4）上课时坐端正，眼睛看老师，耳朵专心听，边听边思考，积极举手发言。同学发言时要仔细听，如有不同意见，等同学讲完后再举手发言。

（5）写字时做到三个一：一寸、一尺、一拳头。

（6）爱护校园内的花草树木，不攀折花木、践踏小草。

（7）离开教室要及时关灯，注意节约水电。

（8）书包要整洁，桌椅、桌洞要整理干净、无垃圾纸屑。

（9）爱护校园环境，看见垃圾弯弯腰捡起来，主动扔进垃圾桶。

（10）安静就餐，用餐后保持"三净"：餐盘净、桌面净、地面净。

（11）放学路队中，保持安静、队伍整齐。乘班车的同学有序进入班车队。

评析

在活动中，我借助学校领导力金币的颁发情况，结合青岛榉园学校"七礼"细则，全班学生针对入校、文明、课间、队列、集会、就餐、离校这几方面的规定，共同讨论，反思班级中存在的问题和做得好的方面，一切都是在真实的情境中，在学生思想的原态中进行的。由于事关自己班级的利益，学生纷纷开动脑筋，群策群力。经过学生们头脑的碰撞，每人为班级自制了一份"我的班级公约"。在小组内进行的合作讨论中，学生根据学习生活中的点点滴滴，提出了很多有见地的意见。在这一过程中，学生取长补短，收获的不仅是知识，还有合作交流的能力，真正提升了学生的团队领导力。对于二年级的学生来说，这份"班级公约"也非常的简单明了，是大家共同遵守的行为准则。

片段二："班级公约"的修改与确定

师：同学们，我们的"班级公约"已经试运行一周的时间了，在这段时间里，你觉得这份"班级公约"有什么需要修改或增加的内容吗？

生：我发现有的同学不能很好地进行垃圾分类，随手乱扔垃圾。

师：你观察得真仔细！现在全社会大力宣传和推广垃圾分类，学校也强化了这方面的学习、实践，让垃圾分类成为自觉行动。每天班里的厨余垃圾、其他垃圾和可回收垃圾都要进行分类。你想怎样描述这条规定呢？

生：学会垃圾分类，回收有用垃圾。

师：谁还有别的想法吗？

生：我发现，课间同学们在洗手间内有玩耍、打闹的现象，影响了班级纪律，应该把"有序上洗手间，不嬉戏打闹"也纳入"班级公约"。我有的时候就会犯这样的错误。

师：你能够勇于指出自己的不足，并提醒其他同学，真棒！老师和同学们都为你点赞，相信你在以后的生活中一定能够逐步改正自己的问题，加油！

师：同学们，请大家再次小组讨论，是否认可"班级公约"的这几项修改内容。

评　析

　　初步制订了"班级公约"之后，关键则在于落实，"班级公约"要长期执行，不能朝令夕改，随意更改，在执行的过程中可能会出现条文与现实的矛盾。所以我们进行了为期一周的"班级公约"试运行，让"班级公约""从学生中来，到学生中去"。

　　在"班级公约"制订和修改确定的过程中，充分发挥了学生的自我领导力和合作精神，由原来的"要我遵守"转变为"我要遵守"，更有利于学生的自我管理。班级管理的最高境界是实现学生的自我管理、自我教育。"班级公约"的制订，每一条都经过了学生自己的思考和讨论，学生的认识会更深刻，执行起来效果也更好。

案例点评

班里的H同学是一个自控力较弱的男孩子，上课听讲注意力不集中，做作业拖拖拉拉，喜欢和同学们一起玩，却没有正确的方式方法，总是喜欢追逐打闹。但是他为人正直善良，尊敬老师，能够听从老师的教导，虚心接受同学们的建议。

副班主任点评说，在"班级公约"的制订和修改过程中，H同学主动反思和发现自己的问题，增加了"有序上洗手间，不嬉戏打闹"这一条公约，对于自己制订的规则更要努力去执行。果然，有了"班级公约"的约束，他在行为习惯方面比原来进步了很多，虽然在实践过程中多多少少还存在一些小问题，偶尔会管不住自己，但是能感受到，他在努力地改正自己的缺点，不断地提高自控力。与此同时，老师和同学们也在帮助他，正是有了这份"班级公约"，使班级形成了良好的集体氛围，激励着全班学生关心集体、尊重他人、互帮互学、共同进步，提高了学生的团队领导力。

在班级管理中，结合"班级公约"的民主制订过程和执行过程，充分培养了学生的领导力，营造了相互尊重、和谐民主的教育氛围，增强了学生的独立意识，态度更加主动积极，思想更富有创造性，为班级建设打下良好的基础。

案例反思

一个良好的班规可以让一个班级有良好的秩序，一个良好的班规可以使一个班级由无序转向有序，因此制订好班规可以让班级更好管理，让我们班主任更好地解放。其实我们制订班规无非就是要让学生由他律转向自律，但是这个过程，我认为我们当班主任的除了要把班规制订出来，更重要的还是持之以恒地去执行。

"三省"中提高自我领导力

案例背景

作为班主任，当发现有的学生犯了错，给学生及时指出错误时，有的学生会马上否认，不认为自己错了；还有的学生会说这个错了，说那个错了，坚决不找自己的问题；还有的学生总是反问："老师，我已经很努力了，为什么还是成绩不好？""老师，作为卫生委员，我什么都做了，为什么咱们的班级卫生还是不好？""老师，我能制订每天的计划，就是不知道为什么都完成不了？"

这些都是在班级管理中老师经常遇到的问题。学生每当遇到问题，常常会觉得自己做得非常好，不知道自己的问题在哪儿。在这种情况下，如何帮助学生找到解决的方法，提高学生的自我领导力呢？自我反思，这时显得尤为重要。

案例描述

片段一："一省"，心育晨会，责任担当

在班级管理中，每位学生都根据自己的特点和能力，给自己选择合适的岗位。但是，每个学生在这个岗位上哪里做得好，需要坚持，哪里做得不好，需要修正，自己完全不清楚。班主任老师就用每周一次的心育晨会解决这个问题。

小刘同学是负责检查全班同学佩戴红领巾情况的小礼仪员，为了能让全班同学都戴好红领巾，自己做出了很多努力，但是效果总是不理想。他按照老师的建议，在周一的心育晨会之前，总结出了上一周忘戴红领巾次数较多的同学，同时也反思了自己对待忘戴红领巾的同学的不当做法：不能总是责备和毫无意义的提醒，这样下去，同学们还是一如既往地忘记戴红领巾。经过反思，他意识到，当出现问题去责备，不如在问题出现之前去做好准备。于是，他利用便利贴做了温馨提示，准备送给忘戴红领巾次

数较多的同学，让他们放进铅笔盒并提醒他们，当看到这个提示的时候，赶紧把红领巾装进书包。在周一的心育晨会上，小刘同学和同学们交流了他的总结和反思。同学们在赞同的同时，也完善了他的想法。同学们建议那些总是忘戴红领巾的同学，在书包里装一条备用红领巾，这样来确保万无一失。在接下来的一周，果然，没有一位同学忘戴红领巾。

评 析

　　班主任利用每周的心育晨会，为在不同岗位的同学提供总结、反思和交流的机会。通过这样的形式，在不同岗位上的学生每周都会反思总结优点和缺点，及时寻找解决的最佳方法，改进的同时也让每位同学重视自己担负的这份班级责任，这样不仅会让在不同岗位的学生做得越来越好，也提高了学生的自我领导力。

片段二："二省"，小小粘贴，意义重大

　　今天我的目标达成了吗？今天我的任务完成了吗？今天我向目标迈进了一小步吗？在班里管理中，班主任利用"粘贴存折"，每天帮助学生反思今天的进步。《21世纪商业评论》的发行人吴伯凡曾说过："事业和人生的成功，在相当大程度上取决于你反思的速度和次数。"学生在成长中，思维比方法更重要，方法比工具更重要。而反思的意义，就在于先有反思的想法，再有反思的方法，然后有反思后的行动，让自身的成长变得规律化，系统化，看得见自己的成长，就会有前进的动力。

　　如何引导学生及时反思，如何帮助学生更好的反思，学生有了反思，有了进步又如何评价激励呢？针对这一系列的问题，班主任利用每周一下午的班会，让学生在粘贴存折上写出本周需要进步的一点或要达成的目标，再给学生七个粘贴，如果学生每天都能进步一点点或达成目标就可以自己贴一个粘贴，反之则不贴，这个过程不仅培养了学生的自我反思能力，还培养了学生的自我管理能力。教师再利用下次班会的时间，让学生们分享交流，给予及时的点评，促进学生互相交流，补充知识并逐步提高。

评析

　　老师利用积粘贴换礼物的方法，激发学生的反思，再利用写出反思的内容，指导学生反思的方法，从而通过学生反思后的行动进行自我评价。学生思考贴不贴粘贴的过程就是在反思今天的表现的过程，这样不仅可以提高学生的自律性，还可以提高学生的自我领导力，真正地把要我做变成了我要做。

片段三："三省"，班级分享会，汲取大能量

　　学生在学习方面如何提高自我领导力，班主任该如何帮助学生提高学习成绩？学生在学习方面的自我反思是对学生的学习过程、学习方法与学习结果不断的监督、评价的具体表现。新课程标准倡导终身学习，致力于转变学习方式，就是要转变被动式的学习状态，把学习变成主动的、独立的、不断发展提升的过程，其最终目的是通过发挥学生的自我领导力，让学生学会学习，学得轻松，学得快乐。

　　因此，班主任在每次的月闯关后，都举办一次班级分享会，让学生通过分享会，反思、总结和交流自己在本次闯关显现的优势和需要帮助的地方，然后找到解决方法，及时修正，从而找到学习的乐趣，自主地学习。

　　小杨同学每次月闯关的英语成绩都是优秀，每次都能做到不出半点差错。但是，数学成绩无论怎么努力总是不理想。班级分享会上，小杨同学将自己学习英语的好方法整理出来和同学们一起分享，希望每位同学的英语成绩都能得到提高。同时她也通过其他同学介绍数学的好办法，找到了自己在数学方面需要努力的地方，针对问题及时调整，经过一段时间的努力，成绩果然有了提高。

评 析

　　班主任在班级管理中，利用每次月闯关后的分享会，为学生搭建了反思交流的平台，让每位学生都能够及时地反思总结自己在学习上优势和不足，提高自我领导力的同时，更有效地提高学习成绩。

案例反思

　　自我反思是一种思维方式，同时也是一种学习能力，是一种很重要的提高自我领导力的方法。班主任在培养学生反思能力的同时，能使学生的兴趣动机、情感等诸多综合素质得以改善，有效地提高他们的做事效率，增强他们自我教育的能力，也是提高学生的自我领导力的一个非常重要的途径。日常的班级管理中，老师引导学生通过"三省"的方式，不断反思，在反思中不断修正提升，从而帮助学生达成更完美的做事效果，同时学生的自我领导力也得以提升。

　　学生学会自我反思，通过自我反思，培养自我领导力，实现自我成长。在发挥自我领导力中提升自我，完善自我，遇见更美的自己。

　　教育要授之以"渔"，而不是授之以"鱼"，经过长时间的班级管理实践证明，一个好的班级，只靠班主任老师的力量是无法取得较好的班级管理效果和教学效果的，但我们要教育学生和指导学生不断提高自我领导力，使每个学生既是管理的对象，又是管理的主体，达到管是为了不管的目的。我们班主任应将学生作为班级工作的主角，要让全体学生积极参与管理，及时指导学生反思，使学生在反思中进步，而老师自己需要把握好班级工作的节奏和度，培养他们的领导力，逐步完成由教师管理向学生管理过渡。总之，班级管理中，学生的自我领导力提高了，才能更好地发展，才能形成更优秀的集体。我们要授予学生权利，让他们自己去选择；给学生提供机会，让他们自己去体验；让学生遇到困难，自己去解决问题找答案；给学生一种条件，让他们自己去锻炼，从而让他们获得一片空间，帮助他们走向更好的明天！

班级文化活动中提升自我领导力

案例背景

学生领导力应成为新时期学生成长与发展的一个关键能力。小学生的领导力是多方位的，而且可以通过班级文化建设培育学生的领导力，体现实践育人的思想。在班级文化活动中培养学生的自主管理能力，促进学生个性发展，这是培育学生领导力的有效路径之一。

案例描述

以主题班会和班级阅读为例，两者作为班级文化活动的重要组成部分，可以培养学生的思考能力、表达能力和逻辑思维，可以让学生学会如何与人交流、交往，提高学生的自我领导力。

片段一：在主题班会活动中提升学生自我领导力

"今天我们主题班会将以辩论会的形式开展，辩论的主题是：'该不该实行班干部轮流制？'"随着小主持人的宣布，以学生们为主体的班会如期拉开帷幕。从同学们炯炯有神的目光、跃跃欲试的身形，可以看出他们的胸有成竹。班会活动进行得热闹有序，再细听他们的发言更是让人赞不绝口。

正方代表发言："我认为应该实行班干部轮流制。班干部轮流制，不但可以调动大家对班级管理的积极性，而且可以给更多有能力的同学提供为班级做贡献的机会，班干部轮流制非常适合那些对班级管理有积极性，愿意为班级做贡献，但是平时可能不是特别优秀的同学，让他们参与班级管理，对他们自身提高更有帮助，所以是一举两得的事。如果是有时间限制可能会更好，比如我们班的午餐管理员每周轮换一次，所以我们班的午餐管理特别到位，如果哪一位管理员失职，下一任的管理员会及时调整管理方法。"

反方代表发言："我不赞同实行班干部轮流制。首先班干部轮流制，虽然可以让更多同学参与班级管理，但是不容易树立威信。让有能力的同学长期担任会更稳定，因为不是所有同学都适合当班干部，管理班级事务。比如一个纪律懒散、学习需要提升的同学，在大家心目中没有威信，怎么管理大家呢？所以，我认为通过班级公开竞选，让有能力的同学长期担任班干部，大家会更认同他，也好开展工作。其次，通过实践证明，班干部轮流制可能会流于形式，不是每个同学都有责任心、有能力、有多余精力来管理班级，所以我不赞成班干部轮流制。"

评 析

　　在学校倡导培养学生领导力的理念指导下，我尝试了由"班主任上好班会"到"学生自己开好班会"的转轨。班级同学分小组按照学校安排的主题班会内容，有选择性地自己开展班会。同学们创造性的思考，使得班会的形式也灵活多变，有"今天我主持"的主持人式班会，有"问题大家谈"的讨论交流式班会，有"今天我演讲"的演讲式班会；有"正方与反方"的答辩式班会……这样的主题班会，班主任老师成为名副其实的"场外指导"和"场内观众"。设计和开展班级主题活动班会是为了激发学生的情绪体验，活跃学生思维，这一过程可以充分体现知识、能力、情感、态度、价值观的有机统一，有效提升学生的领导力。再者，在班级文化建设的理念指导下开展班级活动，有助于学生走向他人，有助于强化学生做事的态度，发掘学生的各项才能，培养自我教育的能力可以增进同学之间的友情，加深师生之间的理解，从而营造彼此友好交往与和睦相处的班级文化生态。

片段二：在班级阅读活动中提升学生自我领导力

根据学生认知水平，三年级的同学们创编排练了多个形象的"匹诺曹"；根据四年级学生特点，创编课本剧《三顾茅庐》等。让静止的文字通过"戏剧、课本剧表演"等形式，通过团队合作提升学生自我领导力。我还充分利用学校给各个班级配备的学段阅读书目，建立班级"图书漂流小屋""流动图书馆"等阅读平台，为学生阅读创设了条件，不仅能形成良好的班级文化围，而且能有效促进学生养成持续阅读的好习惯，形成自我管理、自我学习的能力和素养。

评 析

　　阅读经典著作、学习诗词歌赋，这些通常被认为是语文课程的内容或延展性学习主题，也可以成为班级文化建设的抓手。但是，选择适合的阅读书目至关重要。教师可以指导学生选择感兴趣又具有正能量的书籍，通过小组交流与全班分享等形式促进学生从思想认识、文学理解、联系实际等多方面尝试表达观点、分享感受，从而逐步形成共识。阅读还可以将儿童哲学与文学创作相结合，引发学生思考相关问题，提高认识深度，提升自我意识，等等。

案例反思

  班级文化活动是学生彰显个性、实现发展的重要阵地，是培育学生成长的一方沃土。为了在班级活动管理中培养学生的领导力，我充分确立了学生在班级文化建设中的主体地位，让学生唱主角。丰富多彩的主题活动是动态的班级文化内容，更符合小学生生理和心理的特点和成长需求。班主任在班级常规管理中适当放权，在班级活动中善于发现和挖掘活动主题，前瞻性、预见性地带领全班学生通盘设计系列活动，充分调动和发挥全班学生的聪明才智，共同商议、设计和实施每个活动，这个过程其实就是提高学生领导力的过程。

第四节　在课堂教学中发展自我领导力

在"学为中心，实现有深度的悦动课堂"教学研究的引领下，基于学校领导力六项修炼，学校尝试探索将学生领导力培养渗透到学科教学中，实现多元教学目标，促进学生认知、人际和个人领域的综合能力发展。

在认知领域，引导学生理解核心学科知识，能够评价、整合、批判性地分析各种来源的信息，喜欢并能完成一些具有挑战性的任务。在人际领域将培养学生的倾听力、表达力和合作力作为重要的教学目标，引导学生通过合作完成和解决共同的任务；能够通过多种沟通途径进行学习内容的交流，能够认真倾听老师和同伴的发言，并给予适当的反馈，形成良好的团队协作能力和沟通能力。在个人领域，将培养学生的自控力、反思力和规划力作为重要的教学目标。学生能够对自己的学习形成自我监控；能够习惯性地反思自己的学习，明白自己的长处和弱点，并有效制订和完成自己的学习目标。学生能够学会学习的能力，具备坚韧的学习信念。

这样的课堂，不仅能促进学生动手实践能力、创造性地解决问题，而且有助于推动教师的自我学习和提升，推动教师的教学方法向以学生为中心的格局转变。

《安慰》（人教版统编教材四年级上册）课堂教学实录

教学目标

（1）认真倾听事情经过，了解人物的心情以及产生这种心情的原因，设身处地地体会人物的感受。

（2）根据事情及个体差异，选择因人而异的方式进行正向安慰，安慰时注意语气，可配以自然的肢体语言。

（3）在别人遇到不顺心的事儿时，具有安慰他人的意识，培养关爱他人的品质。

教学过程

板块一：学会倾听，捕捉重要信息，关注人物情绪

播放视频：一名小学生低着头，搓拽着手指头，声音低沉地说："可能是因为我有点儿胖，所以每次接力比赛都给小组拖后腿，我现在就很害怕上体育课……"

师：每个人都会有情绪低落的时候，视频里的这个男孩子遇到了怎样的烦心事儿？

生：他很害怕上体育课。

生：他觉得自己太胖了，很自卑。

生：他总给小组拖后腿，他很不开心。

（学生七嘴八舌争论了起来。）

师：看来同学们意见不统一啊，我们再来看一遍，注意听，他的烦恼到底是什么？

生：是因为跑步太慢了，给小组拖后腿，他很自责，所以害怕上体育课。

师：那你能看出他现在的情绪怎么样吗？

生：他很难过。

师：你从哪儿看出来的？

生：听他声音就很难过。

师：你关注到了他的语气，这很好。还有吗？

生：我觉得他很自卑，你看他一直在搓手。

生：他很没自信，一直低着头。

生：他很伤心，一个男生，说话这么没底气。

师：真好，同学们倾听得很认真，不仅从语言中捕捉到了同学情绪低落的原因，同时也关注到了人物的动作语言。

教学后记

什么是倾听？可能在大多数人的理解中，所谓"倾听"就是用耳朵听，其实不然。倾听也是一门艺术，它不仅仅要用耳朵来听说话者的言辞，还需要一个人全身心地去感受对方在谈话过程中表达的言语信息和非言语信息。第一次听视频中男生的倾诉时，就这一段话，同学们理解的角度都不同，难以准确捕捉到问题的关键，所以我放慢速度，让学生再来听一次，引导学生学会倾听，分析找准问题的关键，同时这也为接下来的有效安慰做好铺垫。与此同时，我也找准时机引导学生通过关注人物的语气、动作来感受人物的情绪，真正做到在倾听中感受对方表达过程中的言语信息和肢体信息。

板块二：关注个体差异，选择因人而异的方式进行正向安慰

播放视频：小嘉平时性格比较内向，什么事情都想做到最好，自尊心也很强，可是在一次运动会接力比赛的时候，她因为失误摔倒了，赛后躲在教室里伤心地哭了起来，同学们都来安慰她。

男生小壮：好啦好啦，你快别哭了，有什么大不了的，不就是摔倒了吗，再说了，本来就是你自己不小心，也赖不着别人，下次，咱们一定拿第一！

女生小丽：（抱住小嘉）没事儿的，你也不是故意的，比赛中出现意外情况也是再正常不过了，就连奥运会里的专业运动员都会出现。成绩嘛，

都是小事儿，重在参与，同学们都不希望你因此而难过，你看你哭起来都不好看了呢，来，擦干眼泪，嘿嘿！

师：同学们，你更喜欢谁的安慰方式呢？为什么呢？

生（男）：我喜欢男生的，因为女生说话太……肉麻了。

生（女）：我觉得女生的好，男生说"再说了，本来就是你自己不小心，也赖不着别人"让人听了更难受！

（男女生争辩起来。）

师：安慰是一件很神奇的事情，正确的安慰可以很快地将别人从糟糕的情绪中拯救出来，但是不恰当的安慰，就如同雪上加霜，让人更加难过。那如果受伤的是一个平日大大咧咧的男子汉呢？你觉得哪种安慰方式更恰当？为什么呢？

生：小壮的更合适。

师：你们看，安慰是一门学问，针对不同的人，就要有不同的表达方式。在平时的沟通交流中，我们还要换位思考对方的性别、性格、所处的环境来选择更恰当的方法。

教学后记

在家校沟通中，家长总是抱怨孩子表达不清楚，废话连篇没有重点。在同学们的日常相处中，有的同学因为善谈，颇受大家欢迎，而有的同学总是会成为话题的终结者，自己却也莫名其妙，找不到原因所在……可见对于表达力的训练也是非常重要的。表达的内容一定要围绕一定的主题，清晰明确，并善于让他人理解、体会和掌握。

在这一教学环节后，我又设计了这样一个场景：两位同学都遗失了自己的电话手表，A同学害怕家长责怪，而忧心忡忡；B同学的电话手表是爸爸送的生日礼物，十分珍惜，丢失了感觉非常难过。同样的事件，让学生通过关注不同的"原因"，有针对性地从不同角度进行安慰，表达时注意"对症下药"，从而提升表达的准确性，安慰的有效性。

思考

说起"安慰"，好像是窸窸平常的事情，但是在真正关注到我们班孩子日常的"安慰"事件时，我又不禁感叹，这对于四年级的孩子来说，也并不是件简单的事情，他们往往难以达到有效的安慰，这问题的根源就在于学生在表达与倾听上所暴露出的短板，因此本节口语交际课，基于学生的学情，对学生的表达与倾听的能力进行指导训练，让学生能够真实地运用到生活中去，同时学会换位思考，这也是在社会人际交往中所必备的技能。

通过这样螺旋式上升的教学设计，本节课较好地完成了教学目标，培养了学生的倾听力和表达力，使学生了解到"表达的艺术"。学生在有效倾听后，安慰时试着考虑他人所处的情境、继而关注个性差异，特别是异性间的安慰方式、最后上升到关注他人内心的想法，学生可以发自肺腑地进行有效安慰，同时做到语气温和、语言流畅、条理清晰。如此在课堂教学中潜移默化地培养学生的自我领导力，不仅能够体现课堂的悦动性，而且还能为学生今后立足于社会做好铺垫。

《一只窝囊的大老虎》（人教版统编教材四年级上册）教学实录

教学目标

（1）借助表格，引导学生通过小组合作的方式进行探究式学习，体会"我"在不同阶段的心情变化及变化的原因。

（2）结合文中情景，运用角色互换的方式开导对方，提升学生的口语表达能力和人际交往能力。

教学过程

板块一：抓住"要不要豁虎跳"这一矛盾冲突，体会心情变化及原因

（一）演出时紧张狼狈

师：请大家关注16～19这几个自然段，想一想从哪里能看出"我"的戏演"砸锅"了？注意语言表达的完整性，其他同学请认真倾听，可以适当补充。

生1：我的样子有些狼狈。

师：请把话说完整好吗？

生1：从我的样子有些狼狈可以看出我的戏演"砸锅"了。

师：还有哪位同学想补充吗？

生2：从观众在下面哄笑的表现可以看出我的戏演"砸锅"了。

师：看来戏确实被我演"砸锅"了，同学们，你们能体会到"我"在表演时的心情吗？请大家默读16～19自然段，画出描写"我"的动作、语言、神态的句子，感受"我"演出时的心情，把自己的体会标注在旁边。

学生汇报交流。

师：通过品读描写"我"的动作、语言、神态的句子，感受"我"演出时紧张狼狈的心情，谁能通过朗读把这种心情表达出来？（运用多种形式的朗读，让学生深刻体会"我"演出时紧张狼狈的心情。）

教学后记

这一环节在教学设计中注重思维的培养，实现思维的悦动。通过引导学生抓住"哪里能看出我的戏演砸了"这一问题，引导学生积极思考、自主发现，在师生对话中引导学生把话说完整，通过多种形式的朗读感受人物心情等方式，鼓励学生在表达自己的观点时能够做到有顺序、有条理，表达准确，着重培养学生的语言表达力以及倾听力。

（二）抓住用不用"豁虎跳"这一问题，发现心情变化的原因

师：为什么排练时"我"还自信满满，演出时就那么紧张狼狈了呢？

请大家以小组为单位，合作学习。要求：默读3～19自然段，思考"我"的心情为什么会发生变化?

生：小组讨论，完成课后第二题的表格。（学生4人一小组，分工合作，完成课后第二题的表格，明确"我"心情发生变化的原因。）

师：看来，会不会豁虎跳是"我"心情发生变化的主要原因。

教学后记

这一环节在教学设计中注重合作力的培养，在小组讨论中提出自己的见解与同伴交流，与同伴交流讨论时，如果是对的要坚持，如果是错的，要接纳他人建议并及时改正；达成一致后完成小组合作学习的任务。

板块二：角色体验，尝试安慰开导

师：你认为"我"的演出窝囊吗? 你想怎样开导一下"我"呢?

生1：我觉得安慰时亲切的语调很重要。

生2：我觉得安慰时，我可以拍拍他的肩膀，看着他的眼睛。

师：俗话说"恶语一句六月寒，良言一句三冬暖"，回想一下"我"在排练和演出中的所作所为，试着安慰一下"我"吧! 同位两个人可以换角色开导对方。

生1：拍着他的肩膀，亲切地对生2说："你不要难过，其实你演得已经很好了。我们知道你已经很用心地表演了，再说谁说老虎一定要会豁虎跳呢? 观众的笑也是对你的一种肯定啊，老虎不一定都是凶猛的，还可以很可爱!"

生2：谢谢你对我说的这番话，我的心里舒服多了!

教学后记

本环节与单元中的口语交际相结合，结合文中情景，运用角色互换的方式开导对方，落实德育目标的同时，提升学生的口语表达能力和人际交往能力。

思 考

　　本节课的教学设计尤其注重合作力的培养，在小组讨论中提出自己的见解与同伴交流，交流讨论时，对的要坚持，错的要接纳他人建议并及时改正；达成一致后完成小组合作学习的任务。这样的过程就是学生提升合作力的过程。亚里士多德曾说过：能独自生活的人，不是野兽就是上帝。这句话在当今这样一个强调信息共享、强调合作的时代具有重要的寓意。它告诉我们，要想适应未来社会激烈的人才竞争，就必须学会与周围的人交往、合作。因此，为使学生更好地适应社会，必须在课堂教学中培养学生的合作精神与合作能力。让学生能够认识自我，接受自我，认识他人，接受他人，在生活中更好地发挥自己的聪明才智，更好地为自己的未来生活、为国家的发展尽一分力量，实现自己的人生价值。

Daming is getting ready for the trip to the US
——外研版（一年级起）五年级上册课堂教学实录

教 学 目 标

　　（1）通过学生自主阅读课文，提取关键信息，能了解并运用一般过去时说出Simon一家为Daming的到来所做的准备工作。

　　（2）通过图片的提示，学生联系自身待客经验，能运用一般将来时说出将为Daming的到来所做的事情。

　　（3）通过小组合作，完善思维导图，从纽约的天气及地理位置、出行方式、传统特色食物、著名景观、风俗活动五方面为Daming的美国之行制作旅游攻略，在体会待客之道的同时，培养其小组合作能力及口语表达能力。

教 学 过 程

板块一：提取关键信息，注重口语表达

师：Why will Daming go to the US?（为什么Daming要去美国？）

生1：Daming will visit Simon's family.（Daming将要看望Simon一家。）

师：Yes.（是的。）What did Simon's family do for Daming?（Simon一家为Daming做了什么？）Please read the first paragraph by yourself and try to answer the question.（请自己读一读文中第一段来回答这个问题。）

生1：Simon's dad put another bed in Simon's room.（Simon的爸爸在Simon的房间里又放了一张床。）

生2：Simon's mum bought new chopsticks for Daming.（Simon的妈妈为Daming买了新筷子。）

生3：They borrowed a bike for Daming.（他们给Daming借了一辆自行车。）

师：Good job.（你们说得很全面。）What will you do for Daming if you were Simon?（如果你是Simon，你将为Daming做什么？）Please discuss in your group and then tell us.（请在小组中讨论下，然后告诉我们。）

学生在教师展示的图片的提示下，在组内进行讨论，然后进行口语表达。

生1：I will cook yummy food for Daming.（我将为Daming做美味的食物。）

生2：I will buy new pajamas for Daming.（我将为Daming买新的睡衣。）

生3：I will buy a map for Daming.（我将为Daming买一张地图。）

生4：I will show Daming around my city.（我将带领Daming游览我住的城市。）

师：Terrific.（好极了。）You are so friendly and attentive.（你们很友好并且照顾得很周到。）Your oral English is wonderful!（你们的口语表达真的很棒！）

教学后记

《英语新课程标准》中明确要求培养学生的综合语言运用能力，其中口语表达能力最根本的目的就是培养学生的交际能力。因此，教师借由本节课Simon一家为Daming的到来做准备，引导学生学习待客之道，想象假如自己是Simon，将会为Daming做什么。在课堂中，学生能在教师创设的语境下，通过图片的提示，思维方式的引导，不惧羞涩，积极讨论，运用一般过去时与一般将来时进行口语表达，不断提高表达力。

板块二：小组成员思维碰撞，注重培养合作能力

师：Let's make out the travel guides for Daming after reading the picture book *A Trip to New York*.（读完绘本之后，让我们一起为Daming制作旅游攻略吧。）Please talk about it in your group and finish the mind map.（请大家以小组为单位合作学习，就从哪几方面入手制订旅游攻略进行交流并完成思维导图。）

（学生5人为一小组进行讨论并积极完成思维导图。）

师：Please show us your mind map.Which group can try?（哪个小组来展示一下？）

生1：Weather & Location.（纽约的天气及地理位置。）

生2：Transportation.（出行方式。）

生3：Traditional food.（传统特色食物。）

生4：Famous landmarks.（著名景观。）

生5：Customs.（风俗活动。）

师：Well done!（合作完美！）Let's do according to the tips in your group!（请利用"妙笔锦囊"的提示，在组内进一步合作，为Daming制订详细的旅游攻略吧！）

教学后记

　　《英语新课程标准》的二级学习策略明确要求："积极与他人合作，共同完成学习任务。"在本节课中，教师要把学生放在整个教学的中心位置，让学生们在轻松愉悦的氛围中，在研究讨论的环境中，通过"合理分工，相互交流"开展小组合作学习，激发学生的参与热情，实现生生间的实践与交流、合作与帮助。通过从纽约的天气及地理位置、出行方式、传统特色食物、著名景观、风俗活动五方面为Daming的美国之行制作旅游攻略，不同层次、不同学力的学生皆有收获，学生课堂学习的有效性不断增强，语言素养稳步提升。最终，学生完成英语课堂活动任务的同时，提高了其运用英语做事情的能力以及合作力。

思　考

　　领导力的培养可以与英语课程相结合，将其渗透到日常英语教学和实践中，以提高学生的英语综合素养并能运用英语做事情为目标。通过安排小组合作交流活动，培养学生的合作、表达能力，提升学生的自信，进而达到培养学生领导力的目的。

《翰墨绘青岛——创意画青岛》（六年级校本课程）课堂教学实录

教学目标

　　（1）利用不同的水墨技法和生活中不同的工具体验不同的水墨肌理效果，积极参与表现青岛元素的多元水墨创作表现活动。

　　（2）通过探索水墨特殊技法，尝试运用一种或多种特殊技法表达自己热爱家乡的情感，并在发现问题、探究问题、解决问题的过程中，培养解决问题的能力、合作探究的能力。

教学过程

板块一：培养自控力和倾听力

师：今天我们就用水墨画的各种技法来创意画青岛。

看到各组每个同学都带来了生活中的小工具，它们会创作出怎样神奇的画面呢？我们先在各组内进行介绍，然后请每组派一位同学进行全班介绍，请同学们注意聆听他人的分享，哪个组倾听得最认真，我就奖励给这个组一个老师带来的小工具。

生1：我们组同学带来了海绵，可以用它来蘸上赭石色大面积压在宣纸上创作出斑驳的纹理。

生2：我们组带来树叶，可以用拓印的方法来表现。

师：你们的想法太有创意了。刚才1组和2组同学们听得最认真，现在分别奖励给他们一个小圆海绵刷子。

教学后记

平时课堂中，有些学生因为没有良好的自控力和倾听力，所以经常会自顾自地玩着自己手里的水彩笔或毛笔等，导致听不到老师的作业要求。在一节工具众多，又有动手实践的水墨课中，自控力和倾听力尤为重要，学生必须专心倾听老师的课堂要求，根据要求一步步进行实践尝试。每位学生通过约束个人的行为，才能完成个人和团队的各种合作创作。本节课开始，学生的桌子上摆满了他们带来的各种工具：颜料、毛笔、宣纸、棉棒、牙刷、海绵、树叶和铁丝网等，当有学生起身介绍自己的工具时，有的学生就想趁机用手动动自己的工具或是他人的工具，还有想小声交流自己工具的，所以教师就实行了倾听奖励机制，以此来激励同学们不开小差，认真去倾听他人的介绍，真正做到在倾听中收获到他人的创作方法和灵感，为自己后面的创作打下基础。

板块二：培养合作力

播放一个水墨特殊技法的微课。

师：微课中你都发现了哪些水墨特殊技法？

生（抢答）：泡沫法、滴水法、拓印法、漏印法、转印法、破墨法。

（小组竞赛连连看：课件出示不同肌理图片与对应的工具图片连线。）

师：耳听为虚眼见为实，想必每位同学都有自己独到的创意，下面就请同学们小组讨论一下，如何四人合作分工在你们的宣纸上进行创作组合，讨论完了就立刻动手绘画。请随着音乐，用你们特殊的工具在宣纸上创作体验5分钟。让我们看看哪个小组的合作最默契，哪个小组的作品可以和大师媲美！

各组进行讨论，跟着音乐在宣纸上体验尝试，教师巡回指导。

（音乐结束，学生发言大胆介绍自己的小作品。）

师：通过同学们的合作，创作出了这么多意想不到的作品，老师为你们骄傲！

教学后记

学生对团队合作并不陌生，但是如何在水墨课中真正做到合作有效配合默契呢？经常能听到学生说我们在合作，可是他们小组内确实做到了共同协商，共同决策了吗？做到合作中取长补短了吗？这就需要我们在课堂中注重培养学生的合作力，引导学生去与同伴沟通，共同投入活动创作中来感受团队的力量。通过让学生以小组为单位进行竞赛抢答就是合作力的即时培养。在创作体验中，学生通过组内分析交流所带工具特点和对生成肌理的预设来作为体验特殊肌理的切入点，进而转入水墨特殊技法的创作学习。有一位同学用一根棉棒一点一点地点树，速度太慢，于是在组内同学的提议下，将10根棉棒绑在一起点上绿色，一下就可以点出一片绿点，完成一棵小树的创作。带海绵的同学就用海绵的纹理在树下压出了土地，这样两个人就在瞬间创作出一幅有意境的作品了。由此可见团结就是力量，合作就是创意。当时我就表扬了这组同学的做法，以此激励同学们一定要精诚合作激发无限创意。

思考

　　本节课中，每个教学环节都突显了合作力、倾听力和自控力的培养，孩子们也在创作活动中为了实现小组共同目标尽了自己最大的努力，体验到了自律、聆听和团结所带来的成功喜悦，每个小组都得到了完美的作品。在水墨课中教师更应该关注每位学生领导力的各项能力培养，课中每一个孩子都是创造者，他们用画笔创造自己未来的生活，既能与他人友好地合作，又能有效地管理自己的情绪和行为。这需要我们美术教师时时刻刻在课中鼓励着他们，进一步引导着他们成为有品位的未来生活的创造者！

第三章

在领导力课程学习中训练领导力

　　青岛榉园学校领导力有六项修炼，即倾听力、自控力、表达力、合作力、反思力、规划力。有重点目标，有细化标准，将领导力素养的培育渗透在学生日常的学习和行为的多个方面，让学生在体验、实践和反思交流中提升领导力。

第一节　领导力六项修炼

什么是领导力六项修炼？这是青岛榉园学校领导力工作室的老师们基于小学阶段学生的特点，从学生日常反映出来的问题入手，制订出的青岛榉园学校专属的领导力培养目标。一至六年级依次重点培养学生的倾听力、自控力、表达力、合作力、反思力、规划力，制订了《青岛榉园学校领导力素养标准》，对各年级的目标进行了细化，提出了明确的培养要求。

青岛榉园学校的领导力培养，有重点目标，有细化标准，将领导力修炼渗透在学生日常的学习和行为的多个方面，不但使学生知晓了什么是领导力，也明确了自己怎样做才能提升领导力。各年级在重点培养一项领导力素养的同时，也兼顾综合素质的全面提升。

修炼一：倾听力

在课堂上，我们经常发现，部分学生学习劲头十足，抢着发言，而有些学生则不是左顾右盼，就是自顾自地忙着自己的事情；或者是一个学生正在发言，别的学生却已经大声叫嚷，抢着要回答；在倾听别人讲话时不停地做小动作，东张西望……这些现象表明，很多学生没有养成良好的倾听习惯。现在的小学生大部分是家里的独生子女，所以容易形成以自我为中心的学习观念。在与他人交流时，只想自己说，而不想听别人说，或者以为自己的想法是对的，别人的想法是错的，缺少倾听的意识，没有形成倾听的学习习惯。

学会倾听，是对小学生学习能力的基本要求之一。良好的倾听习惯能够让学生安静、认真地倾听别人讲话和表达，并能根据讲话的内容进行及时的回应。学生能够听取教师讲解的内容和同学的发言，是学生在积极地参与活动的过程，并在这一过程中获得知识，提升能力。

青岛榉园学校倾听力素养标准：① 与他人交流时，眼睛能够看着对方，不做小动作；② 与他人交流时，不随意打断对方，如有意见听完后再发表；③ 倾听他人讲话时，能够跟随思考，理解他人所表达的意思；④ 倾听他人讲话时，及时给予点头、鼓掌等回应。

修炼二：自控力

小学生通常自控能力不是很强，往往是遇到感兴趣的事情能够认真完成，但遇到自己应该做但不愿做的事情时，容易出现偷懒、懈怠、不愿尝试和无法坚持到底等情况。此外，在达成目标的过程中，有坚持时间较短、无法自觉完成等情况。在情绪方面，学生的自控能力同样有限，在遇到激动、生气等情绪时，容易控制不住自己，出现大声说话、争吵等情况，既无法解决问题，也不利于同学间的交流沟通。

良好的自控力能使学生较好地融入环境。一个自控力发展良好的学生，由于能较好地根据社会规范和情境的需要来调节自己的情绪和行为，能将自己的需要与他人和集体相协调，因而能较好地融入社会环境，因此在学习和游戏中更能受同伴和老师的欢迎。

青岛榉园学校自控力素养标准：① 遇到自己应该做但不愿做的事情时，能够控制自己尝试完成；② 能够为了达成某个目标，而坚持、自觉地去完成；③ 能够控制自己的情绪。生气时，要轻声慢慢说。

修炼三：表达力

小学生的表达力强弱，直接影响着孩子的学习能力和思考能力。表达能力强的学生，更容易受到老师和同学的欢迎，更容易和同学融洽相处，在学习、生活中也会更加自如。良好的表达力是人生路上的宝贵财富。能言善辩更容易获得别人的尊重和欢迎，也更容易与人沟通、交流，并取得事半功倍的做事效率。

作为未来生活的创造者，要迎接时代的挑战，青岛榉园学校重视人与人之间的双向交流，重视学生的个性发展，表达能力是每位学生不可或缺的领导者能力。结合当下学生现状：有的学生羞于表达；有的学生想表达，但是不会表达，缺乏条理，道不明主题；还有的学生说出的话语让听者不愿听等，这些表达力的弊端阻碍学生成长空间，影响学生全面发展。因此，我们需要通过培养，让学生掌握一定数量的词汇，说出结构正确的句子，而且要指导学生较好地把握交际过程中的诸多因素，能正确理解每一个具体语境下的话语，说出正确、流利、得体的语言，较好地达到自己的交际目的。

我们希望孩子能独立、自主，活泼、开朗、健康，能够自信、有自尊心。同时我们也希望他在未来进入社会化生活时，能够快速融入社会、适应各种新环境，这些都需要同学们掌握良好的表达能力。

青岛榉园学校表达力素养标准：① 表达意见的时候要用到礼貌用语，如"请""谢谢"等；② 发言时能做到大方、自信，声音洪亮；③ 在表达自己的观点时能够做到有顺序、有条理，表达准确；④ 与他人交流时，做到先思后言，不说不合适的话；⑤ 与同伴意见不统一时，先给予对方肯定，再表达自己的想法。

修炼四：合作力

合作力的核心是人，在未来的竞争中，合作显得至关重要。就目前的小学生而言，大部分是独生子女，生活条件优越，而且接受个人教育的范围很广，就个体而言，想要取得成绩相对比较容易，但是想要达到1+1>2的效果却并不是那么容易。物质条件的优越让学生能在短时间内要什么便会有什么，不知道什么是商量，也不会与人商量。当自己的要求得不到满足时要么大发雷霆，要么自暴自弃。因为过多的宠爱与关注，现在的学生太过于自我，任何事情都是以自我为中心，不会考虑他人感受。即使有时候大家能够讨论出一种规则，但在执行过程中仍然会因为自己的主观意识违背约定。在共同完成一项任务时，由于学生自身能力差别，会导致有些自认为好的学生不愿意和差学生一起合作，他们觉得自己一个人就有能力完成所有的任务，看不到其他人的优点，而自认为差的学生往往会因为自卑而觉得无所适从。在讨论交流的过程中，学生都会有从众心理，当大部分同学说出一样观点的时候，即使是错误的，也不会有人指出。有些同学在被批评时，会产生极大的反抗情绪，不愿意接受他人正确的建议。当组内同学发生矛盾时，大部分学生都是群起围攻，而不是静下心来解决问题。因此，综上所述，培养小学生的合作意识非常有必要而且非常重要。只有从小在学习生活中养成良好的相处模式，懂得合作共赢，才有可能成为未来生活的创造者。

青岛榉园学校合作力素养标准：① 能与同伴共同制订行动目标，从情感上接纳信任合作伙伴；② 能遵守制订的规则或公约；③ 能够与同伴共同制订行动规划，并明确分工和职责；④ 与同伴交流讨论时，如果是对的要坚持，如果是错的，要接纳他人建议并及时改正；⑤ 参与活动时要投入，能够协调矛盾，为实现最终目标尽最大的努力。

修炼五：反思力

通过对学生反思活动的考察，我们发现大多数学生在反思过程中一般会表现出以下几个显著特征。

一是没有强烈的自我意识。自我意识体现的是个体对自我的认识及自己与外部世界关系的意识，包括自我感觉、自我评价、自我监督等内容。它是一个人产生自知和自爱的源泉。一个具有较强自我意识的人，有着强烈的改进、完善自我的意愿，更愿意进行自我审视、自我检讨、自我评价，不忌讳自己的缺点与不足，不害怕他人的揭短与批评。

二是缺乏理性的批判精神，批判精神就是有意识地进行批判的心理状态、意愿或倾向，它左右着一定的心向激发或激活个人朝着某个方向去思考，它是对盲从的一种主体性觉醒，能够使一个人用审视的眼光看待事物，避免思想的儒化、停滞和片面，从而保持思维的内在活力。

三是都是被动的具有探究能力。反思力不仅是对行为或活动的"回忆"或"回顾"，更重要的是要找到其中的"问题"及"答案"，即通过反思不仅总结经验教训、问题与不足，而且还深究问题产生的原因及探寻问题解决的有效方法与策略。

四是缺乏坚韧的意志力。反思也是不辞劳苦、冲破艰难困苦进行探究的过程。这一过程如果没有坚韧的意志力很难进行下去。因此反思的意志力，不仅体现在反思活动的持续性、战胜困难和忍受痛苦的"韧劲"上，而且表现在督促自己自始至终盯着那些问题和不合理性上，并敢于解释或承认存在的问题与不合理性，特别是关于自身的。

五是没有有效的行动力。"反思不同于冥思苦想，不是哲学上那种动脑不动手的沉思，而是跟行动密不可分"。即也就是说反思不仅要会"思"，而且还要能做"，反思与行动紧密相连。

小学生由于心理生理等原因，学习习惯、行为习惯，意志品质等方面正处于逐渐形成的阶段，他们往往把学习中存在的问题归结于粗心，把行为中存在的问题归结于年龄小，其实这都是由于学生没有形成反思的意识，没有掌握适合的反思方法所造成的。鉴于现状，小学生反思力的培养就显得尤为重要。

反思能力的培养就是一个习惯的培养，有了一个好习惯也就是形成了一种意识，有了一种好的意识就能形成一种好的能力，有了这种好能力，自身就能得到更好的发展。小学阶段是培养儿童养成良好学习习惯的关键时期，而学习反思习惯的培养则更是重中之重。在老师有意识的引导下，一旦使反思成为学生的习惯，他们将达到一种较高的学习境界。

青岛榉园学校反思力素养标准：① 正确认识自己的优点和不足；② 发现问题或错误，积极寻找原因，勇于承担责任；③ 积极听取别人的意见，同时客观分析他人的意见，并且进行反思；④ 出现问题时能够做到不指责别人；⑤ 能够学会反思经验和存在的问题，无论成败能分析好的方面和不足。

修炼六：规划力

在平日的学习和生活中，我们观察到学生与学生之间存在着许多差异：有的学生做事情井井有条，动作迅速、有序、规整，学习效率高，时间意识强，学习能力强，自信心高；有的学生学习环境脏乱不堪，做事拖沓无序，效率极低，没有时间意识，总是慢人一步；或者在老师、家长和同学的催促之下做事情，也是一幅无所谓的态度。这都是由于做事情没有规划，没有自我掌控能力和时间意识而产生的，导致学生与学生之间的差距逐渐增大，能力差距也越来越大。

良好的规划力能够使学生在做事情时，分辨先后主次，一步一步达成目标，实现事半功倍的效果。通过规划力培养，引导学生清楚地了解和分析自己，结合实际情况制订明晰且合理的大目标和小目标，认识事情有轻重缓急之分，懂得分清主次，有计划、有安排、合理使用时间，着力培养学生自我管理和掌控意识。在培养规划力的同时，提升学生的统整能力，使得学生并非着眼于短期的策略规划，而是长期计划的制订，有长远的目标和计划，将大目标分解成一个个具体的、层层递进的小目标，一步步实践，一个个达成。在实践目标的过程中，学生严格遵守规划，有效利用各种资源，促进规划目标的顺利完成，需要训练和培养极强的沟通能力，还需要有良好的团队协调能力，促使学生想办法、找策略、妥善有效地解决问题和分歧、达成共识，借助团队的优势和资源达成目标，这在无形中培养了学生的沟通和协调能力。同时，学生在认知和实践的基础上，使其学会在执行规划中反思，在实践应用中调整，我们借助理论与实践、合作与探究、反思与调整等方式，有意识地培养学生规划力的同时，提升学生的多种领导能力，使其能够更广泛、更深远、更有竞争力，进而能够更好地促进个人的成长和发展。

青岛桦园学校规划力素养标准：① 能够结合学习和生活，制订明晰的目标；② 能够严格遵守规划；③ 能够在执行规划的过程中，进行自我监控；④ 能够有效利用资源，促进规划顺利完成；⑤ 能够依据成果做出反思，分析成因，听取意见，做出适当调整。

第二节 倾听力微课程

　　青岛榉园学校一年级倾听力修炼课程根据标准，共设计了以下八个课例："学会倾听""倾听花开的声音""表达促倾听""观察的力量""'出乎意料'的鼓励""合作对话促倾听""合格的倾听者""坚持促倾听"。通过课程学习，帮助学生认识倾听的重要性，提高积极倾听的能力，在倾听中学会尊重他人。学会听别人讲话，初步掌握倾听的技巧，学会正确传递信息；通过倾听别人的发言，培养自己处理信息的能力，提出问题和意见，发展思维和口语表达能力。

"学会倾听"——一年级倾听力微课程教学设计

教学目标

　　（1）明确倾听的含义，懂得倾听的重要性。

　　（2）学会听别人讲话，初步掌握倾听的技巧。

　　（3）养成倾听的良好习惯，学会做一个合格的倾听者。

教学课时

　　3课时。

教 学 过 程

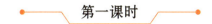

第一课时

环节一：游戏导入

游戏规则：老师把要传的话写在纸条上，发给每小组的第一个同学，然后一个一个地往下传，看看哪个小组传得又快又对。通过这个小游戏我们体会到了，会倾听是多么重要。

环节二：亲历倾听，掌握技巧

怎么做才算是一个合格的倾听者呢？下面让我们一起进入"倾听训练营"，探寻"倾听"的方法吧。

一、专心

（一）欣赏视频

老师在课堂上讲课，明明在下面玩玩具，老师问了一个问题，请明明回答，明明答非所问，引得大家哄堂大笑。

讨论：请同学们说说看了这个画面后你想说什么？

小结：由此可见，我们要学会倾听，首先要做到——专心。

（二）细化要求

怎样才是专心地听讲呢？咱们班谁是听讲最专心的同学？大家推荐一下。

大家观察她平时都是怎样听课的？这是我们所看到的，请你到前面来，给大家讲讲吧。让我们专心地听吧（学生讲：目光跟随说话者，不走神，认真听对方说的每一句话）。

谁来重复一下刚才他说的话，你再说一遍。他们说的是你刚才表达的意思吗？看来大家刚才听得都非常专注。谢谢你与我们分享你的好方法，让我们把感谢的掌声送给他！

齐读（课件出示要求：目光随着老师，认真听老师说的每一句话，不走神，不做小动作）。

（三）游戏考验

大家都学会专心地听了吗？下面老师想考验考验大家，哪些同学愿意接受挑战？

请学生听一则小故事。

介绍游戏规则：故事中会多次出现"老鹰"和"小白兔"这两个词。每当听到"老鹰"这个词时，请站立，听到"小白兔"这个词时，请蹲下。做错的及时淘汰，最后剩下的同学为胜利者。

在很久很久以前，在一片大森林里，有一间老屋。老屋里住着一位老人，老人养着一只小鸡和小白兔。森林里还有一只老鹰和老乌龟。有一天，老乌龟对老鹰说："你不要总是去伤害老人家的小鸡和小白兔，如果没有了小白兔和小鸡，老人就会很孤独的。"老鹰说："不管是小白兔还是小鸡，我都要吃掉一只！"突然，"砰"的一声，老鹰从树上掉下来死掉了，原来老乌龟和老鹰的谈话被老人听见了。

二、用心

谈话：那同学们，专心听，就可以达到倾听的目的了吗？

下面让我们加大难度，敢不敢接受挑战？

这个游戏与其说是一个小游戏，倒不如说是一次"心算小考验"，题目是这样的，好，这次我来读题，我一定读得慢一些！看谁能第一个说出答案！请大家认真听！

附：有一辆公共汽车从总站出发，这时，车上有8名乘客。

（1）到了一站上了5人，又下了3人。

（2）到了另外一站上了3人，没有人下车。

（3）下一站又上了2人，下了2人。

（4）到了另一站又上了1人，没有人下车。

（5）到了下一站没有人上车，下了6人。

请问：大家算出来了吗？

同学们，我们都来想一想，这些同学为什么能又快又准地说出答案？你有什么诀窍呢？（倾听的时候，带着问题，有重点地听，而且一边听，一边记；一边听，一边想。）

同学们说得非常对！看来，我们在倾听的时候，不光耳朵有任务，心和脑也要一起行动，做到用心听，用心记，用心思考。（板书：用心。）

让我们把这些注意点牢记心间吧！（课件出示：带着问题听，边听边记，边听边思考。）

三、耐心

（一）看视频

谈话：同学们刚才总结得不错，下面请同学们欣赏生活中的一个片段，用心想：这个小片段给你什么启发？

（附：情景剧。）

看完这个小短剧，你有什么启发？（耐心听别人把话说完。板书：耐心。）

现实生活中，我们往往因为没听别人把话说完就贸然下结论，而出现谬误，甚至会影响到一件事情的成败。

（二）说一说

在你周围，有没有这样的事？谁来说一说，发生在你身上或者身边的事例。

（三）细化要求

那么你觉得怎么做才算是耐心地听呢？和你的同桌讨论一下。

大家说得都很对，总结一下大家的想法，耐心倾听时，我们要做到——（老师引着学生读）（课件出示：保持安静，不插嘴，不打断对方，要让对方把话说完，说"对""嗯""是"等应和语。）

（四）填"倾听提示卡"

小结：通过"倾听训练营"的训练，我们已经找到了倾听的好方法，那就是要做到——专心、用心和耐心。课前，我们每位同学都准备了一张倾听提示卡，请同学们把倾听的方法记录下来，时刻提醒自己好不好？

你准备把倾听提示卡放在哪儿提醒自己呢？

● 第二课时 ●

倾听再行动

（1）每位同学制订3项有关于倾听的小目标，每天对三个目标的达成度进行自评、互评、家长评价，利用一周的时间进行记录，反思本周的打卡情况。

我的倾听小目标						
1.						
2.						
3.						
日期						
自评						
互评						
家长评价						

● 第三课时 ●

好经验共分享

（1）教师引导学生交流自己的倾听实践过程，总结如何才能做一个合格的倾听者，从中有什么体会。

（2）教师指导学生进行总结：在课堂上、在他人说话时，应怎样倾听？

我的体会：	
合格倾听者的小建议：	
自评：☆☆☆☆☆	互评：☆☆☆☆☆

教 学 反 思

通过三课时的倾听理论与实践课，学生们初步掌握了倾听的技巧。在实施过程中，也会有个别同学不能按照自己制订的小目标进行实践，我们就会帮助学生分析自己所设定的目标的合理性，并重新设定、分解目标。重新设定目标后，学生在实施过程中就能更好地去完成，慢慢养成倾听的好习惯。

第三节　自控力微课程

　　青岛榉园学校二年级自控力修炼课程根据标准，共设计了以下八个课例："认识我自己""认识情绪""我的学习目标""与家人和睦相处""坚持促成自控力""自控力方法大揭秘""我身边的小榜样""反思修正再出发"。通过自控力课程的学习，学生将首先"了解自我"，即能够正确客观地认识自己，知道自己能做到什么，也要知道自己不能做到什么，了解自己的优缺点。在不同的课例中，通过一次次的制定目标和实施目标，学生将学会认识自己的情绪，化压力为动力，逐渐杜绝失控行为；学会在学习和生活中逐渐控制自己，与同学、家人和睦相处；而在一次次的总结、评价与反思中，学生在老师的带领下不断总结自控力提升方法，然后运用到自己的实践中，不断提升自控力。

"坚持促成自控力"——二年级自控力微课程教学设计

教学目标

　　（1）通过丰富的故事和游戏，使学生了解坚持的意义和重要性。

　　（2）通过21天习惯养成打卡体验活动，引导学生坚持完成自己设立的目标，从而体会坚持带来的好处。

　　（3）引导学生结合自身情况进行反思交流，进一步树立坚持的意识，不轻言放弃。

教 学 课 时

3课时。

教 学 过 程

第一课时

一、坚持小游戏

（一）游戏环节

全体同学参与，两脚直立，与肩同宽，双手平伸于胸前，与肩同宽，保持这种姿势不说、不动，体会此时此刻心中的感受，时间是10分钟，能够坚持的时间更长更好。

（二）交流体验

学生交流体验，教师及时点评，进行补充小结，引导学生发现：坚持看起来简单，但是很难做到。而那些能够坚持下来的同学就是自控力很强的人。

二、关于坚持的小故事

（一）故事分享

故事1：柏拉图甩手

一天，古希腊著名哲学家苏格拉底对学生说："从今天开始，我要你们做一件事，每天坚持甩手300下，以锻炼你们的意志。"全班哄堂大笑，甩手，这是再简单不过的事情了，谁做不到啊！

第二天，苏格拉底问有多少人甩手300下，所有学生都兴奋地举起了手。一个月过去了，苏格拉底第二次问时，一大半学生举起了手，表示自己坚持下来了。两个月三个月……一年过去了，苏格拉底再次提起甩手的事，全班鸦雀无声，大家面面相觑，都觉得十分惭愧。这时，只有一个人举起了手。这个举手的学生是柏拉图，他就是靠这种持之以恒的精神，最终成为古希腊的又一哲学泰斗。

故事分享2：达·芬奇画蛋

著名画家达·芬奇，从小爱好绘画。父亲就送他到当时意大利的名城佛罗伦萨拜师学画。老师要他从画蛋入手。他画了一个又一个，足足画了十多天。

老师见他有些不耐烦了，便对他说："不要以为画蛋容易，要知道，1000个蛋中从来没有两个是完全相同的；即使是同一个蛋，只要变换一下角度去看，形状也不同。所以，要在画纸上把它完美地表现出来，非得下番苦功不可。"

从此，达·芬奇用心学习素描，经过长时期勤奋艰苦的艺术实践，终于创作出许多不朽的名画。

（二）小组讨论

你觉得怎样做才是有自控力的表现？

三、制订自己的坚持目标

1. 认识"21天习惯养成"活动

本次活动为期21天，每位学生依据目标计划书，利用21天的时间，尝试坚持做一件事，并记录下过程，通过养成好习惯来实现自我领导力的提升。

2. 寻找自控力小目标

请同学们找出自己在哪件事上缺乏自控力，然后制订自己的小目标，填写目标计划书，为"21天习惯养成"活动做好准备。

目标计划书		
我在哪件事上缺乏自控力？		
我希望达成的目标是？		
我想怎样解决这个问题？	我的想法	同伴的建议
我决定这样做		
自评：☆☆☆☆☆		互评：☆☆☆☆☆

第二课时

利用21天的时间，每天打卡，并记录下过程，养成好习惯、并提升自我领导力。

我的目标							
我是这样做的	1. 2. 3.						
每日打卡记录	日期：	日期：	日期：	日期：	日期：	日期：	日期：
	记录人：	记录人：	记录人：	记录人：	记录人：	记录人：	记录人：
	日期：	日期：	日期：	日期：	日期：	日期：	日期：
	记录人：	记录人：	记录人：	记录人：	记录人：	记录人：	记录人：
	日期：	日期：	日期：	日期：	日期：	日期：	日期：
	记录人：	记录人：	记录人：	记录人：	记录人：	记录人：	记录人：

自评：☆☆☆☆☆　　　　互评：☆☆☆☆☆

第三课时

一、小组交流

以小组为单位，展开交流。

（1）我在21天习惯养成的过程中遇到了哪些困难或问题？

（2）我是如何克服的？

（3）我有哪些做得不错的地方？

（4）我的感受和体会。

二、评价环节

依据评价单，学生进行自我评价，进而小组成员间进行互评。

我的体会：	
我收获的坚持小锦囊：	
今后的目标	
自评：☆☆☆☆☆	互评：☆☆☆☆☆

教学反思

　　坚持，对二年级的学生来说是一个有些抽象的名词。学生只是在生活中听到过坚持的重要性，但几乎没有亲身体会过坚持的过程，所以并不能算是真正理解。因此在第一课时，老师先用一个小游戏，让学生直观地体验时间的流逝和什么是坚持，引导学生发现：坚持看起来简单，但是很难做到。

　　那么这种坚持不懈，拥有很强自控力的人真的存在吗？面对同学们的疑问，老师通过两个名人坚持的小故事，让学生在阅读故事中，感悟坚持的不易以及坚持所得到的收获，从而引导学生感受坚持是一件对自己有好处的事，也让学生发现自控不仅是对于喜欢的事情坚持，有时候，更是对于一些自己该做但不愿意做的事情的坚持。

　　通过阅读故事和小组讨论后，学生逐渐能说出有自控力的表现，也有的同学能提出一些控制自己的好方法，为接下来的制订和执行计划做好了准备。

　　在设定"21天习惯养成"的目标时，有的学生出现了不知道如何设置目标、目标在短时间内难实现或者不容易观测记录等问题，因此教师尝试引导学生从日常学习生活中做的事情出发，设定的目标可以是自己在情绪方面、学习方面、生活方面等任何一个常见的问题。然后通过一个个可操作实施的内容，落实习惯的培养。

例如，有的同学想要达成每天少发脾气的目标，于是设计每次想要发脾气前先默数10个数，让自己冷静下来；有的同学想写字越来越好看，于是每天坚持练半小时字；有的同学想增强身体素质，于是每天坚持跑步、练习跳绳；有的同学从前不爱读书，所以利用这次机会，让自己每天坚持阅读半小时；还有许多同学结合自己的情况，将午餐不剩饭、每天举手回答5次问题、每天向老师请教1个问题、每天在学校完成课堂作业等作为自己的目标并坚持下来……

一个好习惯，一个小目标，在21天的时间里，同学们践行着"自控力"的素养标准，体验坚持的力量，也在坚持中不断自我修正，积累了不少提升自控力的经验和感受。

在第三课时，教师主要引导学生总结收获、进行评价。在交流中，同学们发现原来每个人都在坚持的过程中遇到了想退缩、想偷懒的情况，有的人没能坚持住，但更多的同学克服了这些困难，顺利完成了"21天习惯养成计划"；还有的同学总结出了克服这些困难的好方法，通过交流，每个同学都有了新的收获。

通过本次课程，同学们亲身体验了坚持对于自控力的重要作用，也引导学生思考在今后的学习和生活中进一步提高自控力，不断以此方式设立目标、坚持完成的方式促进自己的进步。

第四节　表达力微课程

　　青岛榉园学校三年级表达力修炼课程根据标准，共设计了以下八个课例："名字里的故事""趣味故事会""'请教'我能行""晓之以理　动之以情""学会安慰""学会转述　准确表达""该不该实行班干部轮流制""愚公应该移山还是搬家"。通过课程学习，让孩子乐于表达、自信表达，激发学生强烈的语言表达欲望，让学生在实践中掌握语言表达技巧，让自己的表达准确、完整、有条理性，提升语言表达能力，善于与他人沟通，通过良好的人际交往和沟通，互相了解、理解和认同。

"'请教'我能行"——三年级表达力微课程教学设计

教学目标

　　（1）能运用礼貌用语，在适宜的时机进行请教。
　　（2）请教时能够结合具体的事例把自己的问题说清楚，讲明白。
　　（3）若遇到自己不了解的问题要学会追问。
　　（4）实践"请教"的过程，学会向别人请教。

教学课时

　　3课时。

教学过程

第一课时　初识"请教"

一、观看视频，引入"请教"

播放学生请教视频，了解视频中请教的问题以及他们是否说清楚问题。通过视频和请教案例，让学生了解请教问题时如何说清楚以及说清楚的重要性，请教的时候要有礼貌，态度也要虚心。

（1）老师拍了一段咱班同学请教的视频，我们来看一看。

注意听，他们都请教的什么问题？（观看视频后学生交流。）

（2）老师想特别表扬一下这位视频里的女同学，她请教的时候很有礼貌，态度上也很是虚心，而这位男生呢，听得特别认真，这都值得我们学习。

（3）过渡：老师这里还有两个同学提出来的问题，被堪称金牌的问题！我们来对比着看一看。左边小组拿到的是"小静"的金牌问题，右边小组拿到的是"小飞"的，你觉得他们说得怎么样？那他们是怎么把问题说清楚的呢？两个小组比一比，看谁先找到了把问题说清楚的秘诀。

（4）每个小组派一个代表说一说你们的发现吧。（说清问题、举例说明。）

二、创设情境，学习"请教"

老师提出较为典型的"请教"问题，全班同学帮助解决。

（1）老师发现好多同学有和老师一样的苦恼——"起床困难户"。谁有这样的苦恼呢？借着这个机会，我们来向在座的同学们请教一下，让他们来帮你们解决。

那台下还有没有不同的起不来床的原因呢？

（2）如果同学给你提出的建议里，还有你不明白或者做不到的事情，你还可以怎么办？（还有没有不同的建议？）

（3）同学们给你们出了这么多主意，你喜欢哪个建议，就采用哪个，好吗？

三、情景再现，分组"请教"

（1）接下来，老师根据同学们交上来的问题将大家分成四个小组，分别是……现在请大家依照桌牌，到自己的小组里去吧。

同学们，请教的时候，老师还有几点要求。

① 把问题说清楚（举例子/说事情经过/我的想法……我的做法……我的说法……）；② 不懂要追问；③ 一个一个发言（其他人可以补充）；④ 可以听取多方建议。

（2）哪些同学的问题，经过大家的帮助，问题得到了解决呢？

（3）你刚才请教的什么问题？别人是怎么帮你解决的？

总结：同学们今天学会了如何在请教的时候把问题说清楚，同时迈出了勇敢的一步，去向不同的人群进行请教。

不过，在平日的生活学习中，请教别人的时候，我们还有一点要注意，一定要选择别人合适的时候，不能够贸然打扰别人。

在《论语》中有这样一段话，我们一起来读一读吧！"敏而好学，不耻下问"，说的就是无论你有多聪明，都一定会有自己不能解决的问题，那我们就应该主动请教他人。

请教别人的时候我们要注意——有礼貌，虚心请教，同时最重要的就是要把自己的问题说清楚。

我擅长的	我的问题
时间　□	
体育　□	
艺术　□	
劳动　□	
其他　□	

第二课时　践行请教

学生根据第一课时学过的请教方法。

（1）有礼貌。

（2）把问题说清楚（举例子/说事情经过/我的想法……我的做法……我的说法……）。

（3）不懂要追问。

（4）可以听取多方建议。

选取自己学习生活中最想解决的一个问题，走进实际生活，请教自己最想请教的人，在实际生活中提高每一位同学请教的能力。

"请教"我能行

我请教的问题	
我请教的对象	
我请教的过程：	

第三课时　分享"请教"

（1）结合"请教"我能行的表格，交流自己"请教"的故事。总结自己用到了哪些方法，自己的收获是什么？

（2）鼓励学生养成"不懂就问，学会请教"的习惯。

我的问题解决了吗？		自我评价	同伴互评
他人的闪光点		☆☆☆☆☆	☆☆☆☆☆
我还需要努力的地方		☆☆☆☆☆	☆☆☆☆☆

教 学 反 思

"请教"我能行活动，注重让学生联系生活实际向其他人进行请教。这样的请教要面向多个人。学生在不知不觉中有交际语和交际策略的改变。

在请教多个对象时，还要学习选择判断采纳不同的意见，学习通过追问选出最佳答案。对于没有得出回应的情况下，也要学会谦虚、真诚地表示感谢。小组合作让学生在情境创设和请教别人的练习中，回顾之前学到的请教的好方法，还能逐步提高主动交往的意识，提升交际中的应对能力。让学生从情境中回到现实生活，总结请教的方法，在生活中得以运用；还让学生明白"请教"不仅有"请"还有"教"，有一颗真诚的心向别人请教，也要有一颗乐于助人的心去帮助别人。

　　青岛榉园学校四年级合作力修炼课程根据标准，共设计了以下八个课例："认识自己，悦纳他人""沟通促合作""制订合作公约""迈出合作第一步——有效分工""合作力量大""信任无价""鼓舞的力量""合作共赢。"本课程正是针对四年级学生进行的系统的、循序渐进的合作能力的培养，引导学生学会自我管理，学会与他人合作，学会过集体生活，学会处理好个人与社会的关系，遵守、履行道德准则和行为规范，在过程中能够尊重他人，与他人建立良好关系；做好任务管理，围绕目标开展工作；做好冲突管理，促进团结协作；做好自我管理，以身作则。

"制订合作公约"——四年级合作力微课程教学设计

教学目标

　　（1）了解"公约"的意义及重要性。

　　（2）学会制订合理公约，人人遵守，具有"公约意识"。

　　（3）借助公约正确处理合作中的矛盾与分歧。

教学课时

　　3课时。

教学过程

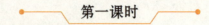

第一课时

一、无规矩不成方圆.

（一）公约意识记心间

（1）老话言"国有国法，家有家规"，实际上就是指的"公约"的制订。公约要求每个人都必须遵守，同学们觉得这种公约的制订有意义吗？为什么？

（2）教师总结：公约是指各个国家、部门、人员之间的一个共同遵守的约定，一般是大家就有关国家、部门、人员之间的利益问题进行公开讨论达成一致的意见，并且同意遵守的一个规定。公约是参与制订群体共同信守的行为规范，它有着不可低估的作用。在我们的合作中，也一定要有这样的合作意识，这是顺利开展合作的先决条件。

（二）我是调解小法官

（1）"星球探秘"小组共有8名成员，在合作讨论的过程中，出现了矛盾与分歧，请参考小组成员先前制订的公约，帮助他们化解矛盾，提出合理的解决方法。

> **"星球探秘"小组公约**
>
> 1. 问题不统一，少数服从多数（必须超过总人数的一半）
> 2. 成员需积极表达自己看法
> 3. 交流中始终用礼貌用语
> 4. 平均分工，合理分工
> 5. 要尊重他人意见
> ……

问题一：小组成员就确定"线上讨论时间"无法达成共识。4人当天19：00后有时间，2人随时有时间，1人当天17：00点前有时间，1人全天没时间，希望明天再开会。

问题二：小组成员就"先研究哪个星球"产生了分歧。小明提议"金星"，小红喜欢"天王星"，小工则对"海王星"一往情深……小壮说："赶紧随便定一个就得了，烦不烦，叽叽歪歪这么久也没定下来，浪费时间！先研究哪个不一样……"说完，其他成员都默不作声了，谁也不敢说话了。

问题三：分工时，有"查阅资料""整理汇总""参观拍照""制作课件""讲解"等任务，同学们都以"家里没有资料""不会制作课件""不知道怎么汇总"为由，纷纷争抢"参观拍照"和"讲解"，把其他任务统统推给组内综合能力较强、学习较好的小红。

（2）教师总结：公约的制订不可以作为摆设，应人人遵守，在遇到矛盾与分歧时，要学会借助公约正确处理过程中的矛盾与分歧。

（三）制订公约我最行

（1）班级成立了两组阅读分享小组，请你选出你认为最好的一份小组公约，说一说为什么。

"书香门第组"公约	"三味书屋组"公约
小美：组长 小红：副组长 小天：图书管理员 小叶：纪律负责人/组织者 人人爱护图书 每天都要读书和分享 读书不少于一小时 每周进行一次书籍漂流	1. 每天中午进行阅读分享 2. 阅读时应做好批注和笔记 3. 需分享交流阅读内容和感受 4. 每人都要分享 5. 每人针对他人发言都要做出点评 6. 不得出现不礼貌或打击性言语

（2）教师总结，公约制订应全面化、内容要有针对性。

（3）请同学们将你认为制订公约时应注意的内容，以思维导图的形式梳理出来。

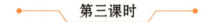

第二课时

公约意识在行动

（1）小组合作，制订一份小组公约。在一周的合作中，记录出现的问题，不断完善小组公约。

小组公约	问题	公约整改

（2）交流讨论在一周合作中自己的表现，继而小组互评。

第三课时

反思促成长

通过一段时间的学习与实践，在制订公约时，应该注意些什么？在操作过程中，自己履行公约的情况又如何呢？

公约制订小锦囊：	
公约履行情况：	

教学反思

在此次课程学习之前，学生多认为"公约"只是一种形式，因为在合作过程中，它的用处微乎其微，究其原因是学生压根不会制订公约，所制订的内容过于宽泛，实际指导意义不大。但通过领导力的学习，针对这一问题，学生有了不小的收获。

为了使学生了解公约的作用，善用公约处理合作讨论的过程中，出现的矛盾与分歧，为了体现以生为本的悦动课堂，特设计了"我是调解小法官"这一环节。学生则以小组为单位，依据"星球探秘"小组制订的公约，帮助"星球探秘"成员解决在交流讨论过程中出现过的矛盾与分歧。在这一过程中，学生明白了公约的制订不可以作为摆设，应人人遵守，在遇到矛盾与分歧时，要学会借助公约正确处理过程中的问题，这不仅有利于团队的团结，更能够使团队合作向着更高更好的方向发展。

不同的情况，要制订不同的公约，公约制订应全面化、内容要有针对性。为使学生明晰如何制订合理、合适的公约，特设置场景：班级成立了两组阅读分享小组，请选出你认为最好的一份小组公约，说一说为什么。然后再请同学们将自己认为制订公约时应注意的内容，以思维导图的形式梳理出来。以此明晰该如何制订恰当的公约。起初我先出示了"书香门第"组的公约，学生感觉倒也没有什么大问题，直到将"三味书屋"组的公约进行对比选择时，学生才发现，公约要细致，只有这样，在操作起来才更有约束力。因此在后期学生自主设定公约时，一摒常态，学生们反复斟酌，用心、用脑结合实际进行了公约的制订。

在为期一周的实践操作中，学生根据实际问题反复调整、修改公约，人人的公约意识显著，自我领导力也在逐步提升。总体而言，课程达成了预期目标，效果较好，使学生对合作时公约的制订，有了新的认识。

第六节　反思力微课程

　　青岛榉园学校六年级规划力修炼课程根据标准，共设计了以下八个课例："理解反思、收获成长""生活离不开反思""调控心情、反思成长""与父母沟通中反思成长""与老师沟通中反思成长""反思促成长""在相处中反思成长""在学习中反思成长"。通过课程学习，培养学生养成自我反思和自我教育的习惯，促进学生的自我认识、自我改进和自我提高；引导学生反思，使学生冷静、客观地分析自己的言行，审视自己，激发学生自主设定改进意向、自主制订奋斗目标和措施，实现从他律到自律的转变。同时培养学生理性思维的习惯，在"慎思"中明辨是非，弥补不足。

"反思促成长"——五年级反思力微课程教学设计

教学目标

　　（1）让学生认识到何为"反思"，对学习到的知识学会正确的"思考"问题。

　　（2）在教师正确的引导和教学下，运用正确的学习方法，锻炼学生独立反思的能力。

　　（3）实践和方法相结合，让学生逐步认识和解决自己学习中的困惑和问题，通过不断反思，提高学习能力。

教学课时

3课时。

教学过程

第一课时

（1）课程开头主打趣味性，首先通过小故事，吸引学生的注意，顺势提出本节课重点疑问——何为"反思"。

（2）学生按照自己的不同理解，就之前小故事对思考问题进行踊跃发言，教师根据学生发言进行补充和归纳，逐层深入提出问题，积极引导学生参与其中，让学生自己去逐步探索答案。

（3）教师初步归纳，提出新一轮的交流问题，从反思的概念逐步延伸到期末复习中。

① 通过列图表等更为明朗和直观的视图方式，让学生根据图表去思考自己在期末学习过程中的困惑及原因；② 引导学生尝试使用不同学习工具，在实践中，从最后的学习效果分析不同学习工具的利弊。

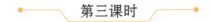

第二课时

（1）强调学生的参与性，锻炼学生能力，让学生的能力在这一部分得到锻炼和提高。

（2）在学生参与的同时，总结此次课程在完成度上存在的差异性，通过这些差异，让不同学生找到学习上问题所在，从而有针对性地提升复习效果。

第三课时

（1）互相交流，在交流中提升。

学生通过互相交流分享，收获了其他同学的有效经验，认识到自己存在的问题，并借鉴他人良好的学习方法。

（2）教师引导进行总结反馈，通过表格等方式，证明学习中反思和对正确学习工具选择的重要性，在实践中锻炼反思能力，提高学习主动性。

教学反思

《反思促成长》这一课程，从实践教学成果来看，效果显而易见，教师步步引导，让学生在学习中主动去探寻反思的重要性，化被动为主动，养成学习上反思的习惯，掌握正确学习方法，让学生适应高年级的学习生活。

通过第一课时的学习，绝大多数学生都能够对反思的含义有一个正确认识，从学生的发言效果来看，多数学生能抓住重点回答。从"反思"的含义到自然引出学生期末复习的过程中，可以自然完成过渡。图表和思维导图等学习工具的运用，锻炼了孩子的独立思考能力。

通过第二课时学习，提高了学生参与互动能力，不同学生的能力差异在这一部分突显，因此学生们的完成度存在个体偏差。通过这些差异，让学生很直观地找自己的问题，从而有针对性地制订复习方案教学。

通过第三课学习，学生之间通过交流，收获了不同的学习经验，认识到自己在反思上存在的问题，学习他人的优势。很多学生表示，反思能力有了明显的提高，在今后的学习中，会借鉴同学更好的学习方法。

这一课程，通过三课时，正确教给学生在学习中如何去"反思"，从而掌握正确的学习方法，获得成长。

青岛榉园学校六年级规划力修炼课程根据标准，共设计了以下八个课例："施主，你往何处去？""目标——引我成功""事半功倍的秘诀（一）""我的规划，我做主""事半功倍的秘诀（二）""我是学习的主人""我是时间的'掌门人'""反思调整铸就成功之路"。通过规划力培养，学生能设定明确的目标，制订具体的执行规划，通过自我监控坚持完成规划。同时，学会调动周围的一切资源为目标服务，还要懂得灵活变通，随时应对突发状况，做出适当调整；在确定规划的时候，分清事情的主次，善于抓住重点，提升效率。

"事半功倍的秘诀（一）"——六年级规划力微课程教学设计

教 学 目 标

（1）认知目标：让学生认识到事情有轻重缓急，做事要有计划，学习要有时间安排。

（2）情感目标：让学生体会到时不我待的紧迫感，了解到合理安排时间的必要性，了解坚持计划的方法。

（3）能力目标：让学生学会根据事情的重要程度，合理地安排时间。

教学课时

3课时。

教学过程

第一课时

一、探秘小游戏

1. 老师引导学生分组体验，以竞赛的形式，比一比哪个组最快完成拼图，各组拼图图案一样。限时3分钟，有一组完成后，全部停止，各组展示自己的"作品"。

2. 教师提出质疑："为什么同样的比赛内容、同样的参赛人数，大家完成任务的速度和效率却各不相同？"

3. 学生充分表达自己的意见和想法。

4. 教师及时点评，进行补充小结，让学生体会到时不我待的紧迫感，要有合理的时间安排。

二、探秘情景剧

通过上面的游戏，大家知道了时间是最珍贵的，如何充分利用好时间，提高做事情的效率，达到事半功倍的秘诀？以下的小故事会给大家带来些许启示。

小美和小丽是一对双胞胎姐妹，虽然样子长得相似，但性格和脾气各不相同。一个内向，一个外向，一个文静，一个活泼，一个急性子，一个慢性子，她们可是一对"相反"的姐妹花。六一儿童节快要到了，班里正讨论组织一次文艺演出，小美大包大揽地承担起策划的重任，下周一开班会前，要把活动策划的具体方案写出来。周五晚上，小美刚想提笔写一写，看到电视正播出她最喜欢看的电视剧，便想着反正明天休息，明天再写也来得及，今天先好好休息休息吧！于是，小美便放下笔，津津有味地看起电视来。不知不觉便看到了深夜，倒头就睡的小美一觉睡到了第二天中午。吃完午饭，刚想写一写方案，小美便接到表姐的电话，邀请她和小丽去樱桃园采摘樱桃。想到晶莹透亮的樱桃挂满枝头，小美的口水直往下流，心想：周日还可以再写，今天先去吃樱桃吧！本想周日一大早起床就开始写方案，但由于摘樱桃玩得实在是太累了，小美睡到日上三竿才起床。正巧许久不见的姑姑来到家里做客，小美可不能怠慢，抱着姑姑聊天、说笑，开心得不得了。送走姑姑，已经是晚上七点多了，突然家里停电了。在漆黑一片中，小美才想起来，不仅方案没写，周末的作业还没完成，急得哇哇大哭起来。

小丽和小美可不同，她喜欢晚睡早起。每天早晨起床，就会拿出课本学习，语文、数学、英语，做完作业再做练习，把学习任务安排满满的，经常学到深夜才睡觉。妈妈看到了，便提醒她要注意劳逸结合，多增加体育锻炼，可以学习一会儿，跳跳绳、休息一下再学习，早睡早起，避免疲劳、低效率学习。可是小丽却不这样认为，她觉得学习就是要不停地写写、练练，学习的时间够长，学习的成绩就提高得大。对于樱桃采摘活动和陪姑姑聊天，她一点儿兴趣都没有，还不如多做一套数学题有意义呢！

1. 小组探究问题：

（1）小美和小丽的时间安排合理吗？

（2）小美的问题是：＿＿＿＿＿＿＿，可以这样改进：＿＿＿＿＿＿＿。

小丽的问题是：＿＿＿＿＿＿＿，可以这样改进：＿＿＿＿＿＿＿。

老师提示：大家可以先自己思考，再和小组成员一起讨论，限时一分钟，稍后全班分享小组成员的想法。

（3）讨论可能的结果：

小美做事没有计划，拖沓性太强，随心所欲地做事情，没有将事情进行合理性的安排。

小丽太注重学习，忽视劳逸结合的重要性。只关注学习时间的长短，没有关注学习质量的高低，没有合理安排休闲娱乐的时间，学习效果自然也不会好。

（4）老师总结学生的交流内容，指导学生进行思路梳理、归纳要点，使学生进一步感受合理规划时间的重要性。

2.教师进行概括，引导大家总结正确规划、调整的方法和技巧。

小美的问题：小美做事没有计划，随心所欲地做事情，没有将事情进行合理性的安排，没有处理好学习与娱乐的关系。她需要分清事情的轻重缓急，先完成作业和方案，再出去玩。

小丽的问题：学习有目的，有计划，但时间安排过于紧密，容易疲劳，学习效果也不会好。她需要劳逸结合地安排学习和娱乐。

三、找困惑　想办法

1.在小美和小丽身上，大家有没有看到平日里自己的影子呢？

老师提问：

你们在平时的学习中，有没有提前做好计划？在计划执行的过程中，进行得顺利吗？遇到过什么问题呢？

学生可能的回答是：比较多的是有计划，但无法坚持执行，老师也要引导学生往这个方向思考。

2.检测自己的时间利用状况，让同学们对照这几个问题，发现一下自己的困惑和问题。

（1）你是否有一边听老师讲课，一边做别的科目作业的情况出现？但到最后既没有掌握这堂课老师讲授的内容，也法高质量地完成作业？

（2）你是否因顾虑其他的杂事而无法集中精神来做目前该做的事情？

（3）你是否觉得一天下来很疲劳，但是却好像什么也没有学到？而且也没有玩好？

（4）你是否觉得总没有时间做自己喜欢做的事？

（5）你是否经常在上床睡觉的时候，突然想起还有一些事情没有完成？

教师进行指导：生活中，你都遇到了哪些问题？检测自己的时间利用状况，让同学们对照这几个问题，发现一下自己的困惑和问题。

说出你困惑的原因，和自己想要达成怎样的目标，及准备怎样去做，并填写活动记录单。

我的困惑	困惑原因	解决目标及方法	我打算这样做
自评：☆☆☆☆☆		互评：☆☆☆☆☆	

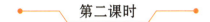

第二课时

一、实践秘诀

教师指导学生从自己总结的困难中，选择一项内容，利用一周时间，尝试进行规划调整，并记录过程和思考感受。

二、记录内容

学生将实践过程中的困惑、做法和效果等内容进行记录，填写到表格中。

我的困惑	
我是这样做的	
取得的效果如何	
我有哪些思考	
自评：☆☆☆☆☆	互评：☆☆☆☆☆

第三课时

一、分享交流

教师引导学生交流表格内容，把自己的实践过程、使用的方法、取得的效果以及思考和体会进行分享和交流。

学生交流。

二、总结提升

教师指导学生进行总结：在今后生活、学习中应该怎样去有效提升效率？

借助学习收获、反思和评价，对本课技能的理解、掌握和运用进行总结，进而能在日常生活中灵活运用，不断提升自己的规划能力。

我的收获：	
我的事半功倍的小秘诀	
自评：☆☆☆☆☆	互评：☆☆☆☆☆

1. 认识到事情有轻重缓急，做事要有计划，学习要有时间安排。	自评	☆☆☆
2. 体会时不我待的紧迫感，了解合理安排时间的必要性，了解坚持执行计划的方法。	师评	☆☆☆
3. 学会根据事情的重要程度，合理地安排时间。	互评	☆☆☆

教学反思

在课程实施的过程中，我们将侧重点放在对时间的把控和分清事务主次两大方面。为了更贴近学生，激发他们参与的积极性，增强训练的实效性，结合本年级学生特点，我们从学生最感兴趣的游戏入手，让学生以竞赛的形式，分组体验，比一比哪个组最快完成拼图。希望在互动中，触发学生感官体验。在游戏环节，设定四组人员参与，每组三人，在限定的三分钟时间内，尽可能快地将拼图任务完成。比赛中，除了每组给一份拼图示意图提示以外，不做任何要求，学生可以随心所欲地安排。在规定的时间内，四组成员虽都未完成任务，但各组的速度和效率各不相同。对呈现的结果，我们从观众和参与者两方面进行反馈交流。观众通过观察交流发现，效率较快的组在有序性方面做得较好。他们在行动之前会先分析范例图片，成员商量分工后，每人专攻自己负责的部分，行而有序，各司其职，互不干扰；在衔接时，又能相互帮助，速度非常快。参与者在交流时，更多地侧重于在有限的时间内，如何提高团队效率，这是他们思考的关键。与其边看示意图边做边说边思考，不如找到任务核心点，先看再分工，最大化的提高行动效率，安排得当，分工合作，磨刀不误砍柴工就是这个道理。通过这场游戏竞赛，较好地实现了我们设计的初衷，让学生在无形中感知想要做好事情，一定要有序、有安排、有时间意识。以这种比赛的状态来处理生活中的许多情况，尽量找出可以减少浪费时间、提高效率的方法，就是事半功倍的秘诀。

细想平日生活中的点滴，是否能够有效地提高自己的做事效率呢？起初部分的学生处于无意识的状态，那么我们通过生活化事例的分析，让学生能够透过事例中两个人物的行为进行评价，结合问题交流自己的想法。对时间没有计划，对于事物轻重缓急没有区分，会让生活变得一团乱麻。那主人公身上是否有你的影子呢？在平时学习中有没有合理的计划？在计划执行的过程中遇到什么问题？在情景事例的设计时，我们有意识地将生活中观察到、发现到的学生存在较为普遍的"顽症"融入事例情景当中，让孩子们从事例中看到真实生活，从主人公的处境中，发现自己的影子，在分析问题、纠正问题、想办法解决问题的过程中，潜移默化地为自己的改变打好基础。在这一环节中，大部分的学生都能与事例中的描述产生共鸣，有烦恼、有疑惑，他们也迫切地想要解决、纠正这些问题，但也苦于无从下手。有了内驱力的协助，老师们借助表格支架的呈现，给学生一个思考和梳理的提示，引导他们从生活中发现最迫切想要解决问题。通过了解，在大部分学生的记录中都有做事前的安排和计划，但这种计划有时更像是"摆设"，计划的合理性与持续性不强，导致他们搜集的困惑中包含无法坚持执行、无法高质量完成任务，做无用功的挫败感较多。这也是他们最真实的想法，也是最难以攻克的"顽症"。针对他们的困惑，帮助他们分析问题、找到解决办法是最终目的。透过分析这些问题，我们可以发现许多共同之处，日常生活中有很多可以发掘的时间没有被合理使用，如果有效利用这些时间，使我们的生活可以轻松点。当然，对于时间安排和要求，有侧重点地对任务进行排序，可以帮助我们梳理好思路，达到事半功倍的效果。

学习和训练的目的在于运用，知行合一是我们的最终目标。有了问题的搜集和整理，有了分析和措施的设想，在实践运用的这一周里，学生便有意识地展开实施和记录。在这一过程中，老师们也在观察他们的行为和变化。起初，绝大部分的学生积极性较高，能够按照计划和设想，逐步展开实践，逐渐有个别学生出现懈怠和半途而废的情况。一周结束后，仅有一小部分的学生能够按照原定计划完成最初的目标，当然每人达成目标的效果各不相同。对于学生呈现的不同的实施状态、完成效果，分享交流、反思总结是课程提升训练中必不可少的关键环节。在计划实施较为完整顺畅的同学交流中，我们不难发现，他们能够透过生活中的一些现象展开思考，初步建立自我调整的意识。通过观察生活中形形色色的人，孩子们发现，有的人完成任务速度快是在于对时间的把控上。时间对于我们每个人而言都是一样的，不多不少，但如果我们能够发掘时间，找出隐藏的时间加以充分利用，那就可以极大地提高我们的做事效率。他们善于把细小细碎的时间加以利用，积少成多，可以帮助我们完成许多小任务，进而省出许多大块儿的时间用来完成其他事情。例如，有的大人善于利用等候与空当的时间来处理一些小事情，有的同学善于利用课间时间完成几道数学题……这些发现都使得他们对时间管理有了初步的认识和感知。当然，对于时间的管理，不仅仅是抓住易忽视的琐碎时间，在什么时间处理什么事情的安排上也是本次训练课程的第二目标。所以，我们在此基础上，进一步引导学生思考用这些时间处理什么事情合适，先处理什么事情，后处理什么事情，这些都需要合理化的安排，才能用好这些细碎时间。通过老师的提示和分析，学生非常清晰地明白要关注事情的重点，将最重要、最紧急的事情先做。虽然有些事情非常紧急，但不适合在细碎的时间里完成，那在自己的事物安排详表中，恰当地调序就至关重要。对于事务的安排，既要考虑时间，又要考虑合理性，这样的边做、边思、边调整，让学生抽丝剥茧经历技能产生的过程，进而加深他们的感悟。当然，对于没有顺利完成实践任务的同学而言，会有一定的挫败感，特别是在实践前期，在他们搜集的困惑中，包含了无法坚持执行这一难题，在这一过程中他们的行为和心理活动是需要引导和反思的。有的同学虎头蛇尾地行事，有的同学随意更改计划，都是导致失败的重要因素。通过同伴的分享和提示，引导他们对应着目标和自己的行为进行相应的评价，对自己的现状有一个直观的、准确的了解和分析，一点一点地修正和调整不当的安排和心理想法，逐步提高他们的能力。

规划力不是一朝一夕就能养成，我们从小规划、小方面切入，在后续的课时训练中，将这一目标进行分解，以具体的、不同方面的、层层递进的训练点入手，由浅入深地展开训练。在生活实践中，引导学生建立规划意识，培养规划能力，逐步促进个人的成长和发展。

第四章

在实践活动中体验领导力

　　领导力的培养重视学生的参与、体验和实践，通过开展各类实践活动，开发学生的社会实践能力和组织领导能力，引领学生在完成项目任务的过程中获得多元发展。

　　学生的领导力从活动中来。领导力教育要重视学生的参与、体验和实践，学校通过开展各类实践活动，开发学生的社会实践能力和组织领导能力，引领学生在完成项目任务的过程中获得多元发展。

　　在实施的各种领导力培养的活动中，其基本方式是校内校外的各类实践活动，以学校活动、班级活动、家庭活动为组织形式，包括综合实践活动、主题教育活动、项目化学习等，这些都是落实领导力的重要平台。领导力的体验需要结合到各类实践活动中，领导力的培养要做到"润物细无声"，在日常的活动中有意识地培养学生的领导力，使学生在体验中成长。学校为学生的领导力发展提供体验的机会和平台，坚持通过大量的实践体验活动培养学生的领导力。其中，我校的"小脚丫走青岛""领导力展示日"实践活动最为特色。

　　由薛清校长主持研发的"小脚丫走青岛"这一市级精品课程，将领导力六项修炼素养融入了活动课程实施过程中的各个阶段。

　　筹备阶段，强调团队协作探究；项目提出阶段，强调对项目活动进行整体的规划，包括规划项目阶段时间、学习方式、学习任务分配等；项目探究阶段，强调各项目学习团队根据计划书，自主进行研究学习，开展相应学习活动；项目实施阶段，强调项目小组和教师之间针对问题分析交流解决办法，进一步完善项目成果；项目展评阶段，强调分享在参与项目过程中的任务完成情况以及收获。项目化实践活动中，学生收获的不只是一个实践结果、一次社会体验，更是协作、团结和正视得失的精神成长。

"小脚丫走青岛"自2017年在青岛榉园学校举行以来，至今已成为学校培养学生领导力的重要载体，以本土化元素为媒介，以领导力教育六项修炼素养为培养重点，借助了STEAM理念下的PBL项目学习，建构"小脚丫走青岛"项目化实践活动课程，从"探寻青岛建筑魅力"和"探寻青岛海洋奥秘"两方面实施，2017年以来，学校每学期开展一次"小脚丫走青岛"项目化实践活动，每次活动全校1000余名学生共同参与其中。中年级以栈桥、八大关建筑、康有为故居、老舍故居、青岛邮电博物馆、德国总督府旧址为实践基地，高年级以海底世界、水族馆、贝壳博物馆、中国海藻生物科技馆、崂山区王哥庄港东村渔码头的潮间带等为实践基地。"小脚丫走青岛"让学生在参与、体验、合作、实践的过程中，领导自我、领导团队、解决问题，实现共同目标，发展了学生的领导力，培养了学生的综合素养。

"领导力展示日活动"学生全员参与，以学生为主导，协同规划及反思。活动中，发挥每一位学生独特的优势，激发和引导每一位学生的潜能，塑造学生独立思考的能力，承担责任与团队合作的意识，在体验、实践中使领导力培养赋能授权。同时，营造校园领导力环境，真正做到将领导力培养与学校文化建设相结合。

人与人的互动是促进班级凝聚力提升最好的资源，通过组织各种班级活动，在互动中培养学生的自主管理能力，促进学生个性发展，是培育学生领导力的有效路径，体现了实践育人的思想。在交流活动、文艺活动、竞赛活动、辩论活动等班级实践活动中，渗透领导力课程理念，通过大量的体验活动培养学生善于倾听、勇于表达、总结反思、统筹规划等能力，在培养学生思想品德、学习方法的同时，塑造学生的创新精神、实践能力和勇于担当、乐于助人、懂得感恩等良好品格。

最完备的教育是家校合力。学校将领导力教育延伸到家庭。给学生创造在家"领导"的机会，把家变成领导者的孵化器。家庭也是一个团队，家庭发展的方向、事务的安排、重要事件的决策，包括每一个家庭成员的分工，对于锻炼孩子的思维、条理，是非常有效的。尽管他们不一定会做得很好，但是从手忙脚乱、无所适从到像模像样，就是孩子所取得的进步。因此，从家庭环境、家庭氛围，家庭习惯中培养学生的领导力，就显得尤为重要。让孩子们在家庭环境中也能实现领导力培养。在领导力教育实施方面建立稳固的家校合作关系，形成良好的家校共育局面。

"小脚丫走青岛"——在项目化学习中提升领导力

背景与主题

　　青岛地区昔称胶澳，有着百年的历史，包容了各式建筑文化和独有的海洋经济特色文化。学校充分依青岛本土资源，根据青岛的特色，对学生进行文化教育、地方特色教育均具有较强的地理人文优势，通过挖掘青岛人文、地理、历史、海洋资源的特色，开发了以PBL项目实践活动为主体的项目化实践活动——"小脚丫走青岛"。实践活动中，将知识学习融入实践活动中，以学生学习活动为主体，突出学生在学习过程中的主体地位，提升学生品味·创造的能力，整体提升学生的综合素养。活动通过探访青岛建筑魅力和海洋奥秘，帮助学生了解青岛文化，探究海洋科技知识，感受青岛的魅力与海洋高科技技术发展，提高学生的综合学习能力和实践探究能力。同时，活动以项目化实践活动的方式开展研究，增进学生对社会，对身边事的关注度，培养学生解决问题的能力、探究能力及创新能力。在活动中激发学生的探究兴趣，培养学生热爱家乡、热爱海洋、热爱科学的情感；通过和小组成员的合作探究，提升自我领导力、培养团队领导力。

设计与实施

活动内容从"探访青岛建筑魅力"和"探寻青岛海洋奥秘"两方面开展。中年级以栈桥、花石楼、康有为故居、老舍故居、青岛邮电博物馆、德国总督府旧址为实践基地，高年级以海底世界、贝壳博物馆、青岛海洋地质研究所、青岛海洋环境检测站、中国科学院海洋研究所、中国海藻生物科技馆为实践基地，让学生在项目实践、学习的过程中，品味·创造，深入了解青岛文化，培养探究能力、解决问题能力、合作能力、创造能力等方面的综合素养，同时让学生在项目团队中发展领导力。

活动设计

一、活动目标

知识目标：通过探访青岛建筑魅力和海洋奥秘，帮助学生了解青岛文化、探究海洋科技知识，感受青岛的魅力与海洋高科技技术发展，提高学生的综合学习能力和实践探究能力。

素养目标：学生以项目化实践活动的方式开展研究，增进学生对社会、对身边事的关注度，以领导力六项修炼为突破口，培养学生解决问题的能力、探究能力及创新能力。

倾听力：在与专家、指导老师、校外辅导员、团队成员说话时，眼睛注视对方，不做小动作；不随意打断对方，如有意见听完后再发表；能够跟随思考，复述对方所说内容，并表达自己的见解。

自控力：活动中能主动积极执行小组内制订的任务和分工；和同伴交流时，用温和的语气轻声表达；在出现不同意见的时候，先给予对方肯定，再表达自己的想法。

表达力：与人沟通时，要关注对方的身份，针对不同的对象采取不同的形式，要有礼貌，经常用到表示礼貌的语言，表达的内容要按照一定的顺序，有条理，表达准确；大方、自信，声音洪亮，让人能够听得明白；乐于与小伙伴们分享自己的想法和收获。

合作力：团队内成员必须有共同的行动目标，相互尊重、信任，一起制订团队公约，并严格遵守；组内分工明确，根据成员各自的强项委派任务，在项目实施过程中，各司其职；对于过程中出现的问题或者组内成员意见不统一的情况，组内成员要学会换位思考；在讨论中要做到人人发言，共同商讨做出重大决定。

反思力：在学习了解新知识后，能针对所学，提出有价值的研究问题，进行自主、合作探究；能在活动中发现自身不足，分析问题成因；当自己无法解决时，有意识地咨询他人的意见；能结合小组同学的评价，接受他人的合理意见并能进行自我反思，思考解决方法；每个同学在活动后，能有意识地回顾整个研究过程，发现其中的优势与不足；针对不足，及时调整目标，制订解决方案。

规划力：明确这次活动的目的，为什么做这件事情，最终我们要达到什么效果；对项目活动进行整体的规划，包括规划项目阶段时间、项目学习方式、项目学习任务分配等；计划书细致周全、切实可行，有明确的执行步骤及负责人；能够有效利用资源，促进规划顺利完成；能对自己的规划进程进行自我监控；依据成果做出反思，分析成因、听取意见，做出适当调整。

情感目标：在活动中激发学生的探究兴趣，培养学生热爱家乡、热爱海洋、热爱科学的情感。

二、活动过程

（一）活动准备阶段

教师团队首先对研究对象进行认知学习，为指导学生开展项目学习做好铺垫。同时，教师要依据项目学习内容和方式制订活动规划，制订学习推进表。

（二）组建团队，初步认知，制订团队计划

各班级召开项目发布会，宣布此次寻访对象。学生组建团队，成立学习小组，自主规划项目阶段时间、确定学习的方式、共同进行任务分配、制订团队公约。随后，各项目团队查阅资料，对寻访地有初步了解，各团

队小组围绕研究主题，制订寻访的方案。

教师在这个阶段指导学生有步骤地完成每一阶段、每一环节的任务，明确项目探究的方向，引导学生通过小组协作的方式完成。

（三）实地寻访，开展研究

"小脚丫走青岛"，不仅仅是知识的学习和研究，也是思想与思想的交流，情感与情感的沟通，生命与生命的对话，品位与创造力的提升。

这一阶段，教师组织学生进行实地寻访、考察，使学生近距离地观察研究对象，将前期所学知识具象化。教师在此环节要帮助学生答疑解惑，使学生更好地了解研究对象。

（四）提出问题，深入探究

在深入探究阶段，各项目学习团队根据计划书，在教师的指导下自主进行研究学习，开展相应学习活动。例如，科普阅读、自主学习、专题课程，等等。科普阅读时，指导教师推荐相关海洋、建筑方面的科普读本或学习资料，学生利用午读进行阅读交流，并认真记录科普阅读过程中发现的问题；自主学习时，学生通过各种途径查找、学习研究对象的相关资料，指导教师组织学生对查找到的资料进行交流分享，帮助学生筛选真实、有效信息。专题课程中，各年级针对研究对象，可以邀请海洋、建筑专业方面的专家进入课堂，对学生们进行专项海洋和建筑课题的授课或讲座，并收集学生的问题进行解答。在这个阶段，学生的探究能力获得了很好的培养、锻炼和提升。

（五）形成结论，成果展评

研学经过实地寻访、深入探究等几个阶段之后，每个项目学习团队都要进行信息整理，制作完成项目学习成果展示。在成果展示阶段，各个项目团队将前期探究的成果素材进行搜集、整理和汇总，包括文字、照片、视频等，根据探究学习的驱动问题，选择适合自己的展示形式，用精美的作品、生动的汇报、创意的表演，进行精彩的展示和汇报。此外，每位学生还分享总结自己在参与实践活动中的任务完成情况以及收获，指导教师给予相应评价。

活 动 案 例

"小脚丫"们是如何在活动中实践、体验领导力的？让我们以"探秘'潮间带'科考之旅"为例，一起来看看吧！

探秘"潮间带"科考之旅
——探寻青岛海洋奥秘

（一）活动筹备，学会规划与合作

在"组建团队、制订计划"阶段，"小脚丫"们先是阅读了《水边的自然课》和《小小少年探索潮间带》等相关书籍。通过阅读知道了什么是潮间带，并且了解了品种丰富、习性神秘的潮间带生物。此次科考之旅，还邀请了中科院海洋研究所海洋生物学博士作为海洋导师，为"小脚丫"们讲解此次科考活动涉及的相关知识，帮助"小脚丫"们学会分辨生物种类，在海洋导师的指导下，小组成员共同制订探究计划，明确此次探究的分工与任务。例如，小A负责查找潮间带生物的食物链；小B要对潮间带生物样本中典型生物进行介绍；小C要收集样本照片，整理资料并制作课件。通过对小组内的任务分工，"小脚丫"们对接下来的学习和活动有了明晰的目标，学会对自己的计划进行自我监控。在这个过程中，培养、提升了自己的规划能力；随后，团队成员共同制订团队公约：大家要团结互助，分工合作，统一行动；探究过程中不打扰他人的研究，在指定区域内活动；团队中每人要发挥长处，一起学习，一起进步等。通过制订团队公约，大家团结互助，提升了自己合作的能力。

（二）实地寻访，提升综合素养

在"实地寻访"环节中，海洋导师带着"小脚丫"们一起去"赶海"，大家带齐各种工具，一起探究潮间带里有多少种生物。海洋导师首先介绍了什么是潮间带，又分别从高潮区、中潮区、低潮区中筛取了样品引导"小脚丫"们进行探究学习。通过海洋导师的讲解，使"小脚丫"们明白在倾听别人讲话时，要能够跟随思考，不能随意打断对方，如有意见听完后再发表，从而提升了自己的倾听能力。

（三）深入探究，实践领导力

"深入探究"阶段中，"小脚丫"们当起"小小研究员"。大家备好工具，穿好实验服，进行取样分析、制作标本。海洋导师介绍了青岛最常见的宽身大眼蟹等海洋生物，在导师的讲解下，"小脚丫"们将样品用镊子放在培养皿下，然后在显微镜下观察样品的形态，思考不同构造所对应的生理功能。最后，在标签纸写下时间、地点、采集人等信息，然后把样品装进样品瓶里保存。在探究阶段中，小组成员互相配合；在交流讨论的过程中，学会接纳伙伴的建议；通过协调、沟通自己的分工和任务，使"小脚丫"们学会尊重、信任自己的伙伴，进一步提升了合作能力。

（四）成果展示，收获领导力

"成果展示"阶段中，"小脚丫"们迫不及待地将各小组探究的主题和收获与大家分享，让大家从多方面、多视角认识潮间带，了解潮间带的生物。有的小组绘制了海洋生物的图画；有的小组制作了海洋生物的纸模、黏土模型，生动直观地为伙伴们讲解了他们研究的海洋生物的种类，以及不同海洋动物的习性、海洋污染为海洋生物带来的灾难性伤害，增强了大家热爱海洋、保护海洋的意识。还有的小组用橡皮泥将显微镜下的海洋生物细胞制成了精美的钥匙扣，分发给同学们；还有的小组进行了宣讲活动，把自己在此次科考中，新的发现、新的认识与大家分享。各小组成员需互相配积极沟通，大家从不同的主题、不同的研究点、不同的研究内容出发，共同合作完成展示，进一步提升了自己的合作能力，综合能力也得到提升，通过展示环节，"小脚丫"们能够积极思考、寻找原因，并学会听取他人的意见，进行反思。整个成果展示的过程，"小脚丫"们集思广益，动手动脑，大家思考、归纳、创作、展示，创造力得到了提升。

（五）评价反思，做探究领导者

探究结束后，班主任老师及各小组成员通过师评、互评、自评等多元评价的方式进行领导力积分，"小脚丫"们通过互评、师评，学会寻找原因，总结得失，为下一次探究做得更好打下基础，争做探究型领导者。

探寻青岛海洋奥秘——探秘"潮间带"科考之旅中，"小脚丫"们开阔了的眼界，增长了知识，学会了合理安排时间，进行自我规划，学会了合作共赢，分工合作解决问题⋯⋯

问题与研讨

实践活动过程中，经常会遇到这样的问题：看到学生正专心进行项目学习，感到十分满意，但当问他们为什么要这样做时，往往会听到这样的答案——因为老师让我这样做。

如果实践体验中加入一个有趣的驱动问题就能避免这种情况的发生。因为驱动问题是知识目标和项目活动的链接，它可以像灯塔一样，避免我们迷失方向。但不是所有问题都可以作为驱动性问题，如何指导学生提出驱动问题？成为实践探究的关键。

对于学生而言，指导学生选择带有挑战的问题可以激发自己的学习兴趣，可以引导学生从已知话题展开更深入的研究，探索表面现象之下的深层原因。

作为老师要知晓，驱动问题的答案并不是唯一的，需要学生运用更深层次的思考，找寻解答问题的最佳方案，写好一个驱动问题需要反复的修改与商讨，我们可以通过以下方式指导学生提出驱动问题：首先，与小组成员讨论驱动问题的合理性，并保持一致；探究过程中，指导学生从若干个问题中分解驱动性问题来贯穿整个探究过程的不同阶段；当探究结束后，与学生共同反思，看看驱动问题是否解决了本次探究的目标。从驱动问题入手，提升学生的学习兴趣，以问题为抓手，让学生真正深入探究探索，提升学生解决问题的能力。

思考与感悟

"小脚丫走青岛"活动的开展，不仅开阔了学生的眼界，也提升了学生的综合素养。几年来的探究、寻访、体验活动，学生们丰富了知识、开阔了眼界，提高了研究和学习能力，更使每位学生学会了合理安排时间、进行自我规划、自我监督，学会与伙伴团结合作、与他人沟通、能及时进行反思等。通过一系列的学习和探究，提升每位学生的领导力，在寻访和探索的过程中，不仅促进了学生各项综合能力发展，也让学生更加了解海洋、了解海洋生物，对海洋相关的事物产生兴趣，促进了学生热爱家乡的情感，使学生在寻访探究的过程中，做家乡的小主人！学生们一路探寻，一路收获，一路成长，在实践活动中体验领导力、提升领导力。

领导力展示日——人人是领导者

案例背景

收获成长的喜悦，品味成长的滋味，经过一学期的努力，榉园学子收获满满，如何将满满的收获向家长们进行展示？学期末，学校开展了"领导力展示日"活动。全体学生参与其中，自己的活动自己来组织，自己的活动自己来筹划，做自己活动的领导者。老师们不再是组织者和策划者，而成为活动的协助者。

案例描述

筹备策划

自己的活动自己来策划，每一位学生参与、商讨、策划班级领导力展示日的活动计划。大家认真倾听，踊跃发言，为班级活动建言献策。人人都是策划师，人人是领导者。每一个班级在活动的准备阶段都会制订班级展示方案，确定展示项目及人员分工。

"人人是领导者"领导力展示日班级方案

班级：6年级2班

班级展示内容：
☐装置展√　☐跳绳　☐排球√　☐头奥√　☐Talk Show√　☐戏剧
展示的理由：

1. 装置展

我们的展览主题是"家乡的艺术之虎虎生威"。"虎"文化是中国传统文化中一个极其重要的组成部分。我们班的展示作品，以虎头帽和虎头鞋为主题，将美术绘画、泥塑技艺与语文传统文化内涵相融合，传承创新，大胆想象，塑造出一个个性鲜明、妙趣横生的人物形象。通过装置展示，让家长们了解我们的学科整合、steam项目研究的成果，和我们一起玩转家乡艺术。

2. 排球

在本学期排球赛中，队员们沉着冷静、团结拼搏的精神让人称赞，分工明确，战术明确，为同一个目标而奋斗，展现出运动员的专业范儿。我们将精彩的场面再次呈现，让没有近距离观看比赛的家长们，更好地欣赏这场体育盛宴！

3. 头奥

结合戏剧表演，同学们从剧本创作到道具制作，从排练到展示，大胆想象，用心创造，激情表演，打造一支特色鲜明、独具风格的头奥队伍。我们将"不知所云"的头奥表演搬上展示的舞台，让家长们近距离感受我们的创意。

4. Talk Show

为了让孩子们更加深入地了解我们的传统节日，加深对中华传统文化的理解，增强民族自豪感和认同感，我们将英语与传统文化学习相结合，让孩子们用英文交流、展示的方式，向大家介绍我们的传统文化，让更多的人了解中华传统文化，也让家长感受我们国际化的学习。

"人人是领导者"领导力展示日班级团队分工

班级：6年级2班
组别：Talk Show 成员：王文泽、王稼轩、王艺诺、常法剑、郑景文、范芳语、孙博雯、胡钰晗、王瑜洋、韩德霖、李柏然
组别：排球组 成员：刘奕廷、张子乔、罗誉桓、董朔齐、张涵凇、马逸达、王颢然、曲展平、周秋炜、曲传熙、李子瑜
组别：装置展组 成员：司之远、袁珺婷、郎雨晴、阎飞帆、赵子德、马伯瑜、王紫菡、刘弦、于榛好、韩佳、王麒峻
组别：头奥组 成员：任轩逸、刘烨、隋晓宁、涂瑞源、马安甫、陈奕好、李尚恩、郑欢畅、陈子瑶、安静宇、黄梓辰

角色应征

学生们根据项目内容思考并建议了各种工作角色：有向家长介绍展示活动的"小小宣讲员"，有带领家长参观各会场的"小小引导员"，有用相机记录活动精彩瞬间的"小小摄影师"，有向家长展示学校各项特色活动的"小讲师""小演员""小健将""小设计师"……反思收获，发现特长。人人有岗位，人人是领导者！

自主排演

为了在领导力展示日当天完成好自己的工作，学生们自主排练。规划参观路线、编写引导词、练习展示内容，学生们是那么投入，每个人都浸润其中，他们期待将最自信、最精彩的一面展现给家长，绽放领导力！

发出邀请

领导力展示日前，学生们为自己的小组设计了不同风格的邀请函，设计草图、涂鸦绘画、绘制邀请函……小小设计员们用自己独特的创意欢迎爸爸妈妈的到来。

领导力展示日，我们来啦

"叔叔阿姨，请往这边走。"小小引导员们礼貌的语言、大方的体态，热情从校门口弥漫校园的每一个角落。

随处可见侃侃而谈的榉园小主人的身影，他们自信满满地向爸爸妈妈们介绍领导力展示日的各项活动。

　　与美术、科技、戏剧、运动、魔方、英语、书法相关联的十几个项目，都是由学生们在进行展示、讲解、接待、拍摄、记录……一切都由学生来组织、负责。

领导力展示日，是一场学生们自己的体验活动。每位学生前期都参与了讨论设计，无论是活动主持、讲解还是展示，学生们都在活动中有自己的岗位。邀请函是学生们自己设计的，活动海报是学生们手绘制作的，展示节目是学生们自己排练的……正是这样的一个过程，共同见证了学生们对领导力的理解和实践。领导力展示日，展现最好的自己！尽力就是完美！

案例反思

学校的领导力展示日活动意在给学生们在自主学习、实践中学习的过程，搭建一个展示的平台，不仅在线下面向同学和家长，还在学校原创的线上微榉园平台进行推送宣传。活动过程井然有序，各展示分会场气氛热烈，校园里随处可见拿着设备记录的"小小摄影师"以及热情的"小小引导员"们。

无论是活动主持、讲解员还是展示，学生们都在活动中有自己的岗位。邀请函源自学生们的创意设计，活动海报是学生们手绘制作，展示节目是学生们自己组织排练……正是这样一个过程，共同见证了学生们对领导力的理解和实践。家长跟着孩子们穿梭在校园中，听着孩子们讲解，看着孩子们展现，感受孩子们的热情，对学校开展的领导力展示日活动赞不绝口。

领导力是一颗美好的种子，它深深地埋在榉园少年的心中、生根发芽，带着他们一直向上，向更高处不断成长！我们坚信，榉园少年，永远是自己成长故事的主角。

——关于垃圾分类的研究性学习

背景与主题

随着人们生活水平的提高，产生的垃圾也日益增多，为了减少土地侵蚀，将垃圾变废为宝再利用，实现物质能源转化，如何合理进行垃圾分类已成为全社会共同关注的焦点之一。2020年1月6日起，青岛市正式施行了生活垃圾分类管理办法，那么何为垃圾分类？作为小学阶段的学生，应该如何理解和践行垃圾分类呢？垃圾分类后去哪里了？带着这些问题，我们展开了一系列的调查学习。

设计与实施

学情分析

低年级学生对世界有着强烈的好奇心和探究欲望，以形象思维为主，乐于动手操作具体形象的物体。在这一时期，应该注重培养学生的科学兴趣、动手能力和探究能力，体验知识探索和生活实践的过程。低年级的学生信任并尊重老师，喜欢参与集体活动，在老师和家长的帮助下，能够主动搜集资料，进行简单的调查研究。

活动目标

（1）通过学习，认识垃圾分类标志，能够分辨可回收垃圾、有害垃圾、厨余垃圾、其他垃圾。

（2）在趣味活动中，初步尝试进行垃圾分类；自主动手，变废为宝，在生活中也能够养成垃圾分类的好习惯。

（3）通过自主调查研究，结合参观垃圾处理厂的活动，进一步了解垃圾分类后的去向。

（4）了解垃圾分类的意义，懂得保护环境、节约资源，提高环保意识。

活动过程

一、垃圾分类小课堂

我们请来了校外辅导员李老师为同学们进行了讲解。李老师通过视频、图片为主、文字为辅的介绍方式，让同学们了解了如何实施垃圾分类、认识了四色桶以及分类后垃圾的用处。知道了生活垃圾有不同的家，有害垃圾进危废处理企业进行无害化处理；把可回收物重新收回、利用、变废为宝；将湿垃圾分出去堆肥，滋养我们的土地；送干垃圾去焚烧发电等。同学们认真倾听李老师的讲解，对垃圾分类有了初步的了解。

二、查阅资料，制作垃圾分类手抄报

听了老师的讲解，同学们对于垃圾分类的作用和意义有了进一步的了解。课后，通过再次查阅资料，同学们根据自己的认识，制作了垃圾分类手抄报，并进行了交流分享，向周围的人宣传了垃圾分类的知识，提高了自身的表达力和合作力。

三、实践学习——垃圾分类趣味比赛

1. 垃圾分类趣味比赛

为了进一步学习垃圾分类的知识，实践垃圾分类的方法，同学们来到了青岛市科技馆，参加了一次别开生面的"垃圾分类趣味比赛"活动。比赛时间为十五分钟，同学们分组进行合作，将眼前代表着生活中各种垃圾的卡片正确分类，放入不同的垃圾箱内。通过认真思考、仔细比对，同学们最终顺利通过闯关。

2. 班内宣讲及体验

通过本次垃圾分类社会实践活动，同学们不仅学会了垃圾如何分类、投放，而且增强了环保意识。还把学到的知识带回班级，在班级内进行宣讲。通过不断的学习、倡议和行动，力求带动更多的人参与垃圾分类行动，为保护生态环境助力。

四、拓展学习——参观垃圾处理厂

1.搜集资料,自主探究

垃圾分类后去哪了?为了解决这个问题,同学们进行了更为深入的研究。先自主查阅书籍、网络等资料,初步了解了垃圾分类后的去向,以手抄报的方式记录下来,并进行了交流分享。

2.参观垃圾处理厂

同学们来到了青岛固体废弃物处置有限公司,进行实地参观学习。同学们了解到垃圾处理厂主要承担青岛市区大部分生活垃圾的中转和综合处置。透过主控室的玻璃窗,同学们参观了垃圾中转工作现场,了解到目前我国城市生活垃圾产生量每年都在增长,垃圾分类、保护环境刻不容缓。活动中,同学们以问答形式进行互动,大家畅所欲言,都想成为环保宣讲员,将学到的知识传播给身边更多的人,共同保护我们的环境。

五、生活实践

在充分学习了垃圾分类的知识后，同学们在家中也积极践行垃圾分类，并将可回收垃圾变废为宝，自制了垃圾分类桶，让家中的垃圾分类更方便。通过自己的实际行动，真正地将所学的知识运用到生活之中。

问题与研讨

通过活动的前期调查研究，学生能够理解垃圾分类的意义并用自己的行动努力践行垃圾分类，在生活中变废为宝、守护我们的生活环境，但是对于垃圾分类有什么好处，学生只是停留在查阅资料阶段，因此，我们充分利用了社会资源，联系了垃圾处理厂，让学生亲自参观体验，知道了垃圾分类后的去向，更深刻地理解了垃圾分类的好处和意义。学生还将自己了解到的知识向周围的人进行宣讲，但是在这个过程中，学生发现，人们的垃圾分类投放意识比较薄弱。由于垃圾分类制度目前还处在起步阶段，很多人还不具备垃圾分类的自觉意识，有的学生说自己家的小区生活垃圾并没有很好地进行分类，给学生的社会实践带来了困扰。垃圾分类不是靠制度一夜之间就能实现的，可能需要一代人甚至几代人的努力和坚持。习惯决定效果，应该教育学生从自身做起，养成垃圾分类投放的生活习惯，助推垃圾分类成为城市新"时尚"。

思 考 与 感 悟

由于人口日益密集，生活垃圾所占的比例非常大，我们的孩子都知道垃圾要放入垃圾桶，然而其环保的观念也必须与时俱进。在此次垃圾分类的项目学习活动中，学生参与活动的兴趣非常浓厚，因为活动主题来源于我们身边，与我们的生活息息相关。教师引导学生在调查、参观、考察中自主进行活动，学生走出了课堂、走进了社会，经历了提出问题、自主学习、实地参观探索、课外拓展、生活实践的全过程，在开放的活动情景中去体验，去感悟。这不仅大大提升了学生自身的倾听力、表达力、合作力，还有效地培养了学生的团队领导力，提高了学生的环保意识，更激发了学生的社会责任感，力争成为这个时代出色的小主人。我想，环保观念首当学校先行，因为教育好一个孩子，会带动一个家庭乃至文明整个社会，当我们的孩子有了垃圾分类观之后，今后的生活环境才会得以保障。

戏剧活动《三只小狼和一头"大坏猪"》

背 景 与 主 题

当阅读与戏剧碰撞，会擦出什么样的火花？在2019年12月31日，我校将戏剧活动推向了人民会堂的舞台。在此之前，学生通过学校的阅读推荐书目，将他们最喜爱的一本绘本《三只小狼和一头"大坏猪"》从图片到文字，从文字到情景，从情景到理解、改编、排练、登台，感悟收获。让学生们不仅体会到了阅读的魅力，也在活动过程中培养了团队领导力。

设 计 与 实 施

学情分析

1.内容分析

《三只小狼和一头"大坏猪"》是一本"颠覆经典"的绘本作品，它的原型是《三只小猪》，但主要的角色和性格特点刚好进行了互换：单纯弱小的小猪变成了蛮横、爱搞破坏的"大坏猪"，邪恶狡猾的狼成了善良的弱者。小狼们盖的房子也发生了变化：先是砖头房子、水泥房子，再到钢丝铁链环绕的房子……但这些房子都抵挡不了"大坏猪"的铁锤、电钻，甚至炸药。筋疲力尽的三只小狼最后无奈盖了一间花房子，这弱不禁风的花房子却抵挡住了"大坏猪"的奋力一吹……

通过阅读这本绘本，同学们不约而同地感受到了"美"和"爱"的奇妙力量。原来，友谊需要温柔和爱心来滋养，与人相处时，我们也可以试着用温暖和善意来软化对方内心的保护壳，收获更多的友谊和快乐。

2. 学生分析

经过了一学年的绘本阅读与积累，二年级的学生在阅读绘本时更能关注到图画所传递的内容，同时对绘本中的语言的理解也有了一定的进步。学生在读过《三只小猪》的故事后，都被书中"颠倒"的人物设定迷住了，相似又不完全相同的情节也调动起了他们的积极性。再加上绘本中色彩缤纷、大胆夸张的图画，使学生的想象力得到开发，脑海中很快形成了对这本书的印象。因此，学生纷纷选择将这本《三只小狼和一头"大坏猪"》改编为戏剧，作为戏剧节展演的内容。

3. 活动目标

（1）了解《三只小狼和一头"大坏猪"》的故事内容，感受文中人物形象和故事传递的精神。

（2）培养合作意识，提升能力素养。

（3）通过戏剧活动激发学生阅读兴趣，感受阅读与表演带来的快乐。

（一）通读绘本

结合课件，带领学生通读绘本《三只小狼和一头"大坏猪"》，读完后让学生说一说对大坏猪、三只小狼、狼妈妈等主要角色的看法。出于对故事的理解与喜爱，学生们侃侃而谈："大坏猪其实也没有那么坏，他只是想交到好朋友。""是啊是啊，大坏猪不会表达心里的喜欢，所以才总做错事。""小狼们真善良，用爱心改变了大坏猪"……

（二）角色安排

从绘本出发，找出绘本中的主人翁：三只小狼、"大坏猪"、狼妈妈，通过观察、分析、想象，加深对人物形象的了解，为后续表演做铺垫。在原有绘本的基础上，再通过小组讨论、全班交流，结合故事情节展开想象：是什么事情造成了大坏猪的"坏"？大坏猪还可能有哪些不好的行为？大坏猪改变后又会发生什么？从而创造出小鸟一家、老鹰突击队、拳击手小狗、森林工程师等各式各样的角色，为更多的同学提供了表演与展示的机会。

（三）反复排练

有人忘词了、有人走错了位置、有人笑场了……起初，对于从未有过戏剧表演经验的二年级同学来说，排练是一件十分有意思的事情，排练中的任何一个"小插曲"都能让他们开怀大笑，但总是达不到令人满意的效果。随着时间的推进，有一部分孩子认真了起来，他们想在舞台上更好地展现自己，所以努力背词，不允许自己出错，也不想让同伴出错。慢慢地，排练的队伍里又多了争吵的声音：有的人台词没对上，有的人忘记定好的动作……排练的时候依旧效率不高。

直到有一天，同学们将开头的片段反反复复排练了一节课都没有成功。后面出场的同学等不及了，开头的同学也筋疲力尽。一位同学说："我们是一个集体，只要有一个人不认真，那么其他人再认真也会白费。我们这样既耽误同学的时间，又让老师这么辛苦，实在是太不好了。""我觉得不管是不是你表演，首先我们要保持安静，表演的时候再大声说台词。""是啊，如果没轮到自己，我们就互相监督，都不要打扰别人。我们是一个集体。"

我们是一个集体！在一次次"失败"的积累中，同学们终于有所感悟、有所收获。接下来的排练时间，同学们很少吵闹，更多的是在讨论台词怎么说会更好、我该站在哪里、我应该是什么表情和动作……

（四）正式演出

正式演出前，大家像是绷紧了弦的弓，在后台候场时孩子们静悄悄的，有的在深呼吸，有的在反复练习自己的台词，而他们的眼中无不充满着信心与期待，我想，这其中也一定有着一份责任与集体荣誉感。

问题与研讨

　　戏剧是阅读与艺术的结合，不仅能提高学生的阅读能力，让他们对阅读更有兴趣，还能在戏剧排演的过程中，培养学生的领导能力，促进学生多方面能力的发展，戏剧活动也符合学生活泼好动、爱表演的天性。在本次戏剧排演的过程中，也存在这样一些问题：一是由于学生的认知水平、表演能力存在差异，个别同学表现力较弱，在舞台上表现比较拘谨。二是个别同学认为自己不是主角，因此不重要，表演时比较松散，提不起精神。基于以上的问题，我们应该让学生在表演之前，首先端正态度，让他们认识到，不管大角色、小角色，都是舞台上独特的存在，都会散发出自己的光彩。同时，教师也要本着一视同仁的眼光，根据学生的特点，为他们创造不同的角色和机会去展现自我。在表演的过程中，培养学生的领导力，增强学生的自信心。

思考与感悟

　　这次戏剧表演受到了现场观众的热烈好评，每一名参演的小演员都乐在其中，十分享受。探究其原因，一是这次的绘本"阅读"比传统教学中的"看图""识字"更加丰富，二是戏剧的形式、整个排演的过程也比形式化的活动更有内涵。在每一天的排练中，也让同学们更加珍惜彼此之间的友谊，明白了团结协作的道理，学会了更好地与同伴相处，提升了自己团队合作的领导力。只有在传统活动上有突破，学生的能力才会有发展。

合理安排　有始有终

【问题产生的背景】

突如其来的疫情改变了我们的生活。老师、学生及家长都开始了一段特殊的学习经历，家长和孩子有了长时间的陪伴，对孩子的生活、学习习惯有了更深的了解，老师们精心准备"空中课堂"的网络教学，也促使孩子之间有了更多的互动。家长从一开始的忐忑不安到慢慢地适应，通过及时跟老师沟通，调节孩子的情绪。

在居家学习中，通过每周的居家领导者评价，观察孩子的自主性改进，从开始的着急、紧盯死守，慢慢调整适应后，转为适当监督、佐以辅导，家长和孩子紧蹙的眉头也开始慢慢舒缓，孩子的自律性得到了很大的提升，从以前事事都要家长督促，到现在开始自主安排自己的学习，这让家长和老师都感到非常的欣慰。

【问题情境叙述】

居家学习需要多久我们都不知道，为了避免突然开学不能按时起床，所以从一开始就要求孩子尽量按照学校的作息时间来安排起居。孩子们对于这样的学习形式感到很新鲜，所以，一开始都能够做到，就连早上起床吃饭的时间都跟以前一样，尽量保证在八点开课之前坐到学习桌前。空中课堂是录播课程，没有老师的点名监督，这样的坚持也就只是一段时间的新鲜感，因此，新鲜阶段过了也需要老师和家长的不断提醒和督促，需要慢慢地养成好习惯。

开始时，班里的一位小男生经常是每门课的作业都只能完成一部分，不能全部按时提交，开始经常被各科老师提醒交作业，家长着急，孩子也觉得委屈。家里避免不了争吵，可总也解决不了问题。后来通过沟通，家长和孩子都很认真地做了一下分析，发现孩子以前是每一门课程的视频观看结束后，稍做休息再写作业，往往一门作业没写完，下一门课程又开始了，所以总会留下"小尾巴"。

和孩子商议后，我们建议孩子尝试先把一门课听完，做完作业后，再进行下一门课程，试验的结果就是，孩子作业每次都能提前完成，再也没有出现被老师提醒交作业的情况。所以，一直到居家学习结束，我们都是这么来安排每天的学习的。

有了规划面临的就是执行的问题。为了方便执行，家长给孩子买了一个规划本，每天要做的事情都详细地列在上面，自己完成了就打个对勾，争取做到当日事当日毕。孩子的天性就是玩，所以前期的执行少不了家长的提醒和督促，不过一旦养成了好的习惯之后，家长孩子都会轻松很多。

家长在孩子做得好的地方及时给予了肯定和鼓励，比如自己打印新一周的学习资料，收纳整理已经完成的资料单，事情虽然看起来很小，但是也锻炼了孩子的整理收纳能力，做事情也更有条理性了。这也让孩子获得了自信，更愿意去改进自己的行为。

【问题解决结果或效果的描述】

通过这样一个阶段的调整，孩子的学习真正变成了自己的事情，不再过多地依赖于家长、老师的提醒和督促，做事情变得有了条理，有了秩序。这不仅仅在事务上有所改变，当孩子自己有了规划的意识，思考和表达也得到了提升，让自己的表达更加清楚明白。

思考与感悟

居家学习对我们所有人来说都是一种新的体验和挑战，要培养孩子自主学习的能力，我们要先为孩子自主学习时间观念做支撑，这是孩子进行自主学习的重要保证。将领导力在家庭中实践，也是我们适应新形势下做出的改变和应对。居家学习正是一个可以让我们和孩子一起锻炼时间规划能力的难得机会。通过居家领导者的评选，让孩子们更加自觉地去完成自己的任务，从而提高自主学习的意识、激发自主学习的愿望、养成自主学习习惯，让孩子在规划力、执行力的训练过程中激发出主动性，使孩子逐渐调整、掌握自己的节奏，并乐在其中。

"疫"起成长，共助花开

【问题产生的背景】

2020年注定是不平凡的一年，新型冠状病毒的突袭，打乱了人们生活、工作和学习的节奏，孩子们更是开启了前所未有的居家学习模式。学习方式和居家生活的改变，给孩子们带来了不小的挑战。如何有计划地学习，如何有规划地做事情，如何有效果地达成目标，这些都是迫在眉睫要着重关注的方面，领导力在其中便起到了至关重要的作用。如何在特殊时期，帮助孩子培养良好的居家领导力呢？我们可以从下面的事例中，获得些许启示。

【问题情境叙述】

在居家学习期间，有计划地学习很重要，有规律地强身健体、增强体质更重要。班里的一对父子在居家运动的过程中，通过亲子互动、相互评价，不断地反思调整，不仅较好地提高孩子的居家领导力，还在无形中增进了亲子感情。居家运动起初，孩子运动的兴致极高，通过体育老师的视频教授，能够跟着老师的指导进行科学的居家运动。但渐渐地随着时间的延长，惰性的滋长，慢慢泄了劲儿。作为独生子女，关在家里，没有伙伴的陪同，更是让孩子的运动热情消退得飞快。有时，他会对忙于工作的爸爸提出要求，陪同他一起运动。但忙碌了一天疲乏的爸爸会寻找各种理由去推辞，居家运动计划便一再被搁置。看着孩子在家吃了玩、玩了学、学了睡的状态，爸爸开始对孩子的体质担心，便不由自主地嘟囔起孩子要多运动。躺在沙发上，边吃零食边看电视的孩子毫不在意地对爸爸说："你不是也不运动吗？"面对有些叛逆的儿子，听到他不经意的一句话，爸爸的心里掀起了波澜，该如何调整和改变这种状态呢？一时间，手足无措的爸爸便找到我来寻求帮助。

【问题解决结果或效果的描述】

其实，面对出现的这一状况，反思和修正是解决问题的首要任务。在帮助家长分析孩子心理和现状的基础上，帮其解忧才是最重要的目的。我们便制订了"三步走"的模式。

第一步，合理规划，恰当安排，重新激发孩子的运动热情。亲子运动是重新点燃孩子运动热情的关键，所以，爸爸的参与可以让孩子获得更多的陪同和乐趣。当然，家长的参与不只是在运动上，怎样制订运动计划、运动项目、安排时间、制订标准等都需要爸爸的参与。我们借助学校居家领导者的计划单，定制了父子特殊的运动计划，每天进行什么项目的运动、什么时间进行运动、运动时长怎样安排……父子俩静心地坐下来，一边商量，一边规划，一边记录，孩子更是用水彩笔和小粘贴做了精心的装饰。重拾积极性的孩子，在爸爸的陪同和指导下，逐步明白做事情要有计划、有安排、有合理性。

第二步，持之以恒，相互监督，在相互评价中，提升孩子自我监控的能力。有了上一次的半途而废，这一次的持之以恒显得尤为重要。所以，父亲的以身作则、身体力行，对孩子具有潜移默化的影响力。借助学校居家领导者的评价单，我引导家长和孩子重视对每日、每周计划的达成情况进行记录。亲子互评，一方面拉近了孩子与家长之间的距离，以竞赛的方式进行亲子对抗赛，另一方面激发了孩子持之以恒完成目标的积极性和热情。同时也引导了孩子懂得做任何事情都要有反思的意识和能力。

第三步，有思考、有调整、有提升，逐步提升孩子的反思力和领导力。家长和孩子在每日、每周评价单记录的同时，亲子交流运动过程中的状况，相互建议，调整修正，父子相处其乐融融。结合学校每周居家领导者的评定，孩子更是积极地参与选评，在获得成就感的同时，也收获了运动的快乐。

思 考 与 感 悟

路漫漫其修远兮，领导力的训练与提升，说大不大、说小不小，说难不难、说易不易，更需要我们不断地探索。只要将有心、耐心、恒心放入生活和学习的点滴中，有方法、有策略、有计划地进行，就一定会让孩子们有更多的收获和提升。

时间的指挥官

2020年2月17日，本该是新学期开学的日子，但是受新型冠状病毒疫情的影响，学校无法吹响集结号，停课不停学，我们在行动，学校的网络课堂正式开课。学生们把书房变课堂，客厅当操场，隔着屏幕在老师的指导下学习、生活和锻炼，开启了一段非比寻常的居家学习生活。

【问题产生的背景】

居家学习，看似容易，实际上对于学生来说，是考验毅力和耐力的时刻。为了提高学生的自我领导力，每位学生都制订了属于自己的居家学习目标和计划，自主管理时间，劳逸结合，做自己时间的领导者。居家学习的日子，时间被孩子们规划得有条不紊。认真的学习，合理的运动，充分的阅读，适当的劳动，学生们自主自律，做自己时间的指挥官，人人争做居家领导者。

【问题情境叙述】

六年级小李同学，每周都认真制订"居家领导者"计划书，从"学习习惯""阅读习惯""运动习惯""劳动习惯"等方面制定目标，并记录一周习惯养成的完成情况。每周反思，每周再根据反思的问题制定目标和计划。21天养成一个好习惯，已经坚持了三个21天的她，在阅读方面收获非常大。她很喜欢读书，文学、历史、科幻、漫画等各种书籍都会看得津津有味！但是，她发现有时读书会浮于表面。这怎么办呢？

【问题解决结果】

于是她在居家学习阶段，制订阅读计划时，对自己有了新的要求：阅读中遇到的好词好句记录到笔记本上，阅读时可以做些批注，积累修辞手法，体会作者心情，写写自身感受。她相信经过这段时间的积累，阅读能力会有质的飞跃。同时，她为落实阅读目标，养成阅读习惯，为全家制订了一份家庭读书计划。

家庭阅读计划书

为鼓励阅读，创设家庭读书氛围，现制订琳宝之家家庭阅读计划书，采用读书打卡、获取积分等形式，具体如下。

一、读书打卡规则

读书以30分钟为一个单位，每30分钟打卡一次，每周每人最低打卡次数为7次。

二、积分分配方法

（1）每月拿出800读书积分，按周评比发放，每周200积分。

（2）如每周达到最低打卡次数，达到者可得50积分；如未达到，则本周无积分且不参与排名。

（3）达到最低打卡次数者，可以参与排名，按名次进行积分分配，具体如下：

①打卡次数第1名：除最低次数的50积分外，再奖励50积分；②其他名次：拿到最基础的50积分；③未参与排名者（本周未达到最低次数者）：本周无积分。

（4）激励措施：每周打卡达到十次以上的（含十次），额外激励50积分（所有人均可参与此激励措施）。

（5）惩罚措施：每周打卡次数低于5次者（不含5次），扣除100积分。

（6）如遇不可抗外力，当天学习课程密集、工作必须加班等，打卡最低要求的减1次。

三、积分记录注意事项

（1）自觉阅读，诚信记录打卡次数，不得冒领积分，否则积分清零。

（2）不得重复使用同一张积分票，积分票在兑换完时请自觉放入积分票保管箱。

（3）如积分票不慎丢失，可凭打卡记录及每周排行榜记录表到公共银行办补失，并做好记录，否则银行不给予补失。

四、积分兑换方法及使用要求

（1）一积分可在公共银行兑换一元奖金。

（2）积分兑换奖金只可用于购买书籍、文具等学习用品。

为了鼓励大家能够按时完成任务，她采用打卡积分的方式促进家庭各成员的读书积极性，读书时长30分钟打卡一次，每周根据打卡次数评比，赢得达标积分和奖励积分。

家庭阅读打卡记录表
__月__日—__月__日

姓名	周一	周二	周三	周四	周五	周六	周日	打卡合计	积分

在居家学习阶段，全家人按照制订的时间规划一起读书，读到开心时会相拥大笑；读到伤心时，会偷偷抹眼泪；读到疑惑时，找资料答疑解惑。这样的阅读不仅增进了孩子和家长之间的感情，还提高了孩子的阅读积极性，培养了学生良好的阅读习惯，让学生真正成为自己时间的主人，在学会规划自己时间的同时，提高自我领导力。

【问题情境叙述】

小林同学居家学习的第一周无论是在生活还是在学习方面都是杂乱无章，在线上课迟到，作业也不能及时提交，早上不起，晚上不睡，任何事情都需要家长的督促。爸爸妈妈又面临上班，全靠他自己学习，这可怎么办呢？

【问题解决结果】

经过全家的讨论，正好可以结合"居家领导者"计划书制定自己的目标和规划。于是，小林同学认真的根据自己的学习和生活的情况制订了属于自己的时间规划，慢慢地家长只是偶尔提醒。为了让自己的学习更有条理，他和爸爸妈妈一起订制了"作业完成情况表"，每按时完成一项就画"√"。

4月完成作业情况

日期	语文			数学			英语
	练字20分钟	阅读30分钟	生活随笔	计算练习	口算练习	应用题练习	绘本阅读
2020.4.11							
2020.4.12							

通过一段时间的观察，他的这种时间规划非常有效，每天的作业都能保质保量地按时完成。小林同学通过时间规划，不仅高效地完成了学习任务，还有很多空余时间做自己想做的事情，让自己的居家学习生活变得丰富多彩。

"居家领导者"计划，让原本杂乱无章的生活，让在家毫无头绪的孩子，有了方向，有了目标。

【问题情境叙述】

小王的妈妈每天都很烦，因为她的孩子在家总是不停地问："妈妈，下面我需要做什么呢？妈妈，我干点什么呢？"小王对于自己的事情完全无计划、无打算，永远不知道下一步做什么。

【问题解决结果】

自从学校有了居家领导者的评比，他就积极地规划起自己的事物。通过居家学习阶段的引导与坚持，小王的妈妈欣喜地发现，那个每天醒来不知道应该先做什么，总是追在家长后面问作业，玩得兴奋忘记时间的孩子真的变了。根据一起商讨制订的时间规划，每天早上闹钟一响，小王就开始有条有理地忙起来，7点10分洗漱，7点30分吃早餐一气呵成。8点之前，小王定能端端正正地坐在电脑前准备好即将开始的网课，所有的一切都是按时间计划行事。

通过居家学习，小王真正地学会了合理规划自己的时间，看到小王的成长，给小王的爸爸妈妈带来了太多的惊喜和收获，时间规划，提升学生的自我领导力，在居家学习阶段发挥着至关重要的作用。

思考与感悟

叶圣陶先生曾经说过："好习惯养成了，一辈子受用。"居家学习的自我领导力培养对于学生养成良好的习惯，具有事半功倍的作用。学生的时间规划和目标的确立都是自己制订的，自己有责任去实施完成，不仅提高了学生的自我领导力，也培养了学生的责任感。希望每一位学生都能够成为自己时间的最佳指挥官，让自己的生活既充实又丰富多彩。

濯清泉以自洁　静候繁花满树

【问题产生的背景】

大教育家陶行知曾经说过："思想决定行动，行动养成习惯，习惯形成品质，品质决定命运。"2020年是不平凡的一年，突如其来的一场疫情，改变了我们原有的学习模式。学校为了使学生们的居家学习规律而且科学，养成良好的学习、生活习惯，围绕"领导力教育"这一育人特色，引领学生自主学习，自我管理，做好居家学习、生活的小主人。学生们根据学习内容、活动安排，与家长共同制订自我领导力行动计划书。将学习内容、体育锻炼、家务劳动、阅读书籍等内容提前做好计划，每日依据规划开展学习活动，及时进行反思修正。当然，实施的过程并不是一路坦途，需要家长与学校携手，帮助学生不断地进行自我修正，才能达到预期的教育效果。

【问题情境叙述】

班里有个女孩子乔乔，在校学习期间非常优秀。可居家学习的一段时间却一改常态。每天打游戏，看电视，因为一点小事与爸妈争吵，静不下心来看书，做什么都敷衍了事，每天晚睡晚起⋯⋯这种状态一度使她与父母的关系非常紧张。经过与家长的深入交流，我们决定借助计划书，激发孩子内在的驱动力，引导她对自己的行为进行修正。家长也不再事无巨细地唠叨，与孩子达成了"君子协定"。

万事开头难。计划实施的第一天，因为假期睡眠的生物钟被打乱，早晨闹钟疯响，家长站在床边一遍遍催促；刚洗漱完毕，早饭都来不及吃，课程就开始了……因为刚起床，心情比较烦躁，听课不认真，又惹来家长的一通训导。如此恶性循环，下面的运动、劳动、阅读，都带着情绪，所以完成质量不高。得知这种情况，我通过微信给她鼓励，告诉她坚持下去一定会好的。乔乔也暗下决心，一定要让计划书顺利实施，不辜负与妈妈的君子协定。第二天，乔乔克服了睡懒觉的习惯按照平日上学的时间起床，吃了妈妈精心准备的早餐，餐后又将自己的书桌整理干净，帮妈妈擦了地，看了一小会儿书，然后开始一天的学习。乔乔再次沉醉在丰富多彩的课程里，课后认真完成了任务单，妈妈也露出了久违的笑容……接下来的每一天，在计划书的规划里，在充实的各种任务里，乔乔忘记了电脑游戏，忘记了电视，耳边也少了妈妈的河东狮吼……韩非子说过："立志难也，不在胜人，在自胜。"在按照领导力计划书进行的过程中，乔乔在老师和家长的引导下自我监管，不断地进行自我修正，反思自己的行为，提升了自我领导力。

【问题解决结果或效果的描述】

乔乔的妈妈说：居家学习的领导力养成教育，让我们做家长的感觉耳目一新。在旁观孩子从自己制订计划到一一实施，再到孩子虚心请我们打分评星的过程中，我们看到了孩子潜在的能量，认识到放手让孩子做力所能及的事情，以及对孩子给予充分的肯定、信任、鼓励和表扬是多么重要。我们从以前事事包办、劳心劳力却不讨好，亲子关系紧张，家庭氛围声嘶力吼、乌云密布，到现在的各司其职、自得其乐，亲子关系其乐融融，家庭氛围欢声笑语、晴空万里……在这个过程中，我们家长也不断地进行自我反思与修正，随着孩子的生命体验共同成长，这种融洽和贯通，使我们都如沐春风，这是不是另一种形式的'守得云开见月明'呢？

思考与感悟

孩子的进步不是一蹴而就的，好习惯的养成也不是一朝一夕的事情，感谢学校这种高瞻远瞩的教育理念，给了学生们美德美育的良好起点。"志不立，天下无可成之事"，相信这种着眼于孩子未来的育人方式，就是孩子将来攀登高峰的阶梯，就是孩子将来翱翔的羽翼。看着孩子认真制订计划书，到初始实行计划的挫折，以及挫折过后的自我修正，努力达成目标的坚持不懈，我的心里充满着感动和欣慰……每当孩子哼着小曲费力擦地时，每当孩子收拾的书桌不再杂乱无序时，每当孩子认真阅读与我分享心得体会时，尤其是孩子深有感触地说出以前我教育她的话"一屋不扫何以扫天下"时，我知道她心里的一棵树已经悄悄地发了芽，我们只需认真灌溉，静候繁花满树……

"大鹏一日同风起，扶摇直上九万里"，愿这领导力的教育新风暴，成为每个孩子扶摇直上的助推力，孩子们，加油！

小鬼当家·合理膳食

背景与主题

本次项目学习是小学四年级下学期的项目。居家期间，学生一日三餐都在家中进行，是了解家庭一日三餐的搭配、购买及制作的好机会。因此，通过"小鬼当家·合理膳食"主题的项目学习，让学生体验做一次"一日家长"，在实践的过程中了解营养膳食知识、提升家务劳动能力、提升自我领导力。

设计与实施

学情分析

对于四年级的学生来说，前期参与学习的倾听力、自控力、表达力、合作力等领导力学习项目多是运用于日常的学校生活中，在家庭劳动方面的体验较少。因此，以家庭生活为主的领导力家庭项目较好地适应了全面培养学生领导力的需要。

此外，四年级的学生已经初步学习了运用计算机、网络查阅资料，学习了统计图和相关的计算知识，参与过一定的社区活动，因此对于完成调查家庭成员喜好、查找科学饮食搭配、分配预算金额、自主购买食材任务等具备了一定的能力。

教学目标

（1）通过调查、访谈与查阅资料等方式，了解家庭成员的饮食喜好和科学的一日饮食应该如何搭配，并制订一日三餐的食谱。

（2）通过流程图、统计图、思维导图等形式，确定一日三餐所需的食材配料，并合理分配预算金额和工作时间。

（3）自主购买食材并动手制作一日三餐，培养学生语言表达、交流沟通及动手等能力。

（4）通过反思，分享收获、思考不足，引导学生体会家长安排一日三餐的辛苦，激发学生的家庭责任感。

教学过程

一、前期准备阶段

（一）调查发现，查阅资料

（1）请调查家中每一位成员的饮食喜好，并记录下来。

（2）科学的一日饮食搭配应该是怎样的呢？请查阅资料，思考并记录。

（二）依据问题，做出规划

（1）结合家庭成员的饮食喜好和了解到的科学饮食搭配资料，制订家庭一日三餐食谱和营养成分表，在自我评价的基础上邀请家人对食谱进行评价。

（2）依据制订的食谱，对所需调味品和配料以及三餐的预算金额进行整理和合理分配。

（3）制订具体时间规划，包括购买食材、制作三餐的时间等。

二、开始实施阶段

（1）前往菜市场购买食材。

（2）为家人制作一日三餐。

三、开始实施阶段

（1）展示制作的美食。

（2）总结收获，进行评价。

（3）反思不足之处。

问题与研讨

本次项目学习以居家活动为主，因此主要采取了自评和家庭成员互评相结合的模式；同时，为保证一日三餐的顺利采购和制作，还将评价贯穿于活动的每个环节中，这样能随时指导学生对自己的计划和行动进行修正。

由于在日常生活中缺少这样的体验，学生普遍对购买食材所需的费用不太清楚，在制订预算时多需要借助家长的帮助进行。同时，对于四年级的学生来说，每次用餐的制作时间较长，也需要家长帮助共同进行。在这两个过程中，学生既学到了生活常识、锻炼了动手能力，同时也学会了如何与家人合作、与家人更好地相处。家人间的合作与关爱让这些问题迎刃而解了。

思考与感悟

居家学习，让学生在完成学习任务之外，有了更多的时间。

本次"小鬼当家·合理膳食"项目学习，让学生以家务劳动的方式锻炼了自身领导力，他们通过调查了解了家人的饮食喜好，学习了合理膳食的搭配方法，自主设计菜谱、买菜计算然后自己做饭，收获颇多。

首先，学生的规划力得到了锻炼。怎样合理规划一日三餐、如何搭配才能营养均衡，这都是学生需要率先考虑的。其次，学生还要考虑买多少食材？预估的价格是多少？如何更快更好地完成一顿饭的制作？这些都是在实践过程中需要提前想好并且制订计划去执行的。在活动过程中，学生基本能在家长的提醒下，自主完成这些计划的制订，自身的规划力得到了一定提升。

学生的沟通能力也有所增强。活动中，学生和家庭成员组成一个组合，由学生担任组长，家庭成员间分工明确，各自完成任务。负责采买的重任通常落在同学们的身上，他们穿梭于各个菜市场、超市，购买相应的食材，而如何询问单价并还价、付钱等又需要与陌生人沟通，所以通过这次项目学习，学生的沟通能力也得到了提高。

在实践过程中，学生也遇到了许多问题，但他们积极应变，顺利解决：有的学生买菜的时候遇到了菜场关门的情况，还有的菜比较分散，无法在一个菜摊买齐；有的菜又和清单上需要的品种不一样，着实考验了学生的应变能力。

每次实践对学生来说都是一种历练，一种收获。在本次项目学习的过程中，学生不仅学习了知识，也提升了家务劳动能力、自我领导力。在体验的过程中，除了"小鬼当家"的新奇，更多的学生感受到了当家的不易和爸爸妈妈平日家务劳作的辛苦，与父母的感情更融洽了。

第五章

在学生干部培训中发展领导力

青岛榉园学校在学生干部选拔中，实施全面竞争上岗，并通过领导力训练营，培养学生干部发现问题、解决问题的能力，让他们在学校和班级管理中真正做到懂管理、会管理，促进学生领导力的发展。

第一节　团结就是力量

——领导力训练营学生干部培训教学设计

　　学习生活中，任何事情不能仅靠某一个人的力量，大家团结互助，才会达到最好的效果。由此可见，学会合作对每一位学生，尤其是学生干部来说都是不可或缺的能力。通过"团结就是力量"学生干部培训，强化学生干部的合作意识，使学生干部掌握合作的方法，学会协调沟通、互相配合、解决矛盾、能为达成目标共同努力；通过交流经验，分享自己的感悟收获，提升学生干部的合作能力和合作意识，使学生干部学会合作的同时，能带动小组、班级同学以及伙伴更好的合作，并将合作精神践行于日常生活中，成为团队合作的重要力量。

教 学 目 标

　　（1）引导学生干部理解合作的意义，了解与他人合作的重要性。

　　（2）通过体验实践使学生干部掌握协调沟通、互相配合、合理分工等合作的方法。

　　（3）培养学生干部的合作精神、合作意识，增强伙伴间互相尊重、互相信任的情感，提升学生干部的合作能力。

教 学 课 时

　　3课时。

教学过程

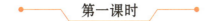

第一课时

环节一：小故事　大道理

故事提示：从前有一座山，山上有座小庙，庙里有个大和尚。他每天挑水、念经、敲木鱼，给菩萨案桌上的水瓶添水，夜里不让老鼠来偷东西，生活过得安稳自在。不久，来了个二和尚。他一到庙里，就把半缸水喝光了。大和尚叫他去挑水，二和尚心想一个人去挑水太吃亏了，便要大和尚和他一起去抬水，两个人只能抬一只桶，而且水桶必须放在担子的中央，两人才心安理得。这样总算还有水喝。后来，又来了个小和尚。他也想喝水，但缸里没水。大和尚和二和尚叫他自己去挑，小和尚挑来一担水，立刻独自喝光了。从此谁也不挑水，三个和尚就没水喝……为什么会出现这种情况？

教师讲述《三个和尚》的故事，引导学生干部说一说三个和尚没有水喝的原因，并帮三个和尚想想办法，怎样才能喝到水。学生干部进行互动交流，教师及时点评，引出团结合作的重要性。

"三个和尚在大家的帮助下每天都有水喝了，从这个故事中你懂得了什么道理？"随后，指导学生干部进行交流，使学生干部明白，在学习生活中，要懂得与伙伴团结合作。

教师引导学生干部分享自己与伙伴合作成功的经验，并指导学生说出应该怎样去合作，其他学生干部进行补充和点评。通过交流，使学生干部了解、掌握合作的方法。

环节二：团结小游戏

游戏提示：所有同学手牵手围成一个圈，每个人都要记住自己的左右两边的人，听到"解散"口令后，开始随意在圈内走动，听到"停"的口令后，停止运动，然后找到刚开始在自己身边的人，保持原地不动，重新牵手，20秒内想尽一切办法恢复到原来的牵手状态。

147

教师指导学生干部进行初次游戏体验，游戏过程中，教师随时记录学生干部的表现，及时给予指导。第一次游戏结束后，引导学生干部总结游戏成功或失败的原因，随后尝试运用总结的方法再次进行游戏，并观察记录，让学生干部体会合作的重要性。

游戏结束后，引导学生干部交流自己刚刚的做法，说一说自己有哪些做得好的地方，哪些地方还需要改进，回忆自己用到的合作方法，反思如果再次游戏应该如何做。

我是这样做的	成功之处或不足	合作目标与方法	再次游戏，我会这样做
自评：☆☆☆☆☆		互评：☆☆☆☆☆	

第二课时

会合作　我能行

"如何正确合作你学会了吗？该如何更好地与伙伴共事合作呢？"教师指导学生干部，从课堂、活动等方面，选择1～2件事情，利用接下来一周时间进行实践体验，与伙伴进行有效合作，在实践过程中，及时记录下自己的做法以及运用到的合作方法。

我是这样做的：	
我用到的合作技巧	
自评：☆☆☆☆☆	互评：☆☆☆☆☆

第三课时

我体验 我快乐 我成长

教师指导学生干部讲述自己一周的合作经验，分享自己的合作感受并总结运用的合作方法。

学生干部根据伙伴讲述的经验进行点评，点赞他人做得好的地方以及自己今后应该如何正确地去合作。

合作，我会这样做：	
我收获的合作小妙招：	
自评：☆☆☆☆☆	互评：☆☆☆☆☆

教学反思

此次的学生干部培训活动，借助合作小故事、合作小游戏，强化学生干部的合作意识，使学生干部掌握合作的方法，引导学生干部在生活中、课堂上、活动中，尝试着运用自己学到的合作方法，在合作遇到困难时学会沟通协商、尊重伙伴、解决矛盾，一起为达成目标而共同努力，从而提升学生干部的合作能力和合作意识，使学生干部能带动伙伴更好地进行合作；结合校园生活进行实践体验，引导每一位学生干部把自己学到的合作方法和技巧运用到日常生活、学习活动以及课堂学习中，用自己的力量帮助伙伴更好地进行团队合作。在体验实践环节后，每位学生干部都畅谈自己的收获，并且及时进行总结，撰写自己的实践感悟，从学生干部的精彩分享中，可以感受到学生干部懂得了合作的重要性，学会了合作的方法与技巧，同时感受到了合作带来的快乐，增强了学生干部的合作能力，并将合作精神践行于日常学习和生活中，成为团队合作的重要力量，提升了自己的合作能力。

第二节　架起沟通的桥梁

——领导力训练营学生干部培训教学设计

表达是一种艺术，沟通是人与人之间交流的桥梁，学生干部在学习生活中需要上承下达、组织活动、协助老师开展工作，要经常发表讲话、主持会议、与同学师长交流。因此，表达得是否正确、表达方式是否艺术往往会影响最终的效果。提升学生干部表达能力，可以使学生干部与伙伴、师长建立密切的关系，为开展各项工作创造宽松、愉悦的环境。"架起沟通的桥梁"这门学生干部培训课程，通过简单、有趣的小游戏，让学生干部掌握正确的表达技巧和方法，利用一周的时间进行体验实践，让学生干部将学到的表达方法运用到生活中，帮助老师、伙伴以及家人，解决难题，增进关系，发挥学生干部"纽带"的作用，架起沟通的桥梁。

教学目标

（1）使学生干部了解正确表达在日常生活中的重要性，学习表达的技巧和方法。

（2）通过体验，引导学生干部认识自己在表达方面存在的问题，并找到解决的方法。

（3）培养学生干部的表达能力，运用学到的表达方法，解决学习生活中的难题，提升学生干部解决问题的能力。

教学课时

3课时。

教学过程

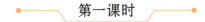

第一课时

环节一：沟通小游戏

游戏提示：学生干部根据提示进行操作，把张纸上下对折，再左右对折，在右上角撕掉一个三角形，然后把这张纸左右对折，再上下对折，在左下角撕掉一个三角形。

老师引导学生干部进行游戏体验，操作完成后，每位学生干部展示自己的"作品"。随后，教师提出质疑：为什么同样的材料、同样的提示，撕出来的"作品"形状会各不相同？

学生干部思考交流自己的想法，教师及时点评，进行补充小结。

"那么，在与他人沟通，表达自己想法时应该注意什么？"教师引导学生干部讨论在表达自己的意见和想法时应注意的问题，使学生干部在交流中掌握沟通的方法。

环节二：沟通情景剧

创设情景：自习课上，两位同学因一件小事吵了起来，老师请你去了解一下情况，并帮助同学解决问题。

老师创设情景，学生干部自由组建团队，根据情景提示分组创编"沟通情景剧"，并进行现场表演，进一步感受正确沟通的重要性。

学生干部演绎三种不同的表达方式（第一种不敢去问，没有帮助同学解决问题；第二种语言生硬，导致同学之间关系疏远；第三种巧妙运用方法，帮助同学解决误会。）

表演结束后，教师提出问题："不同的沟通方式分别会产生什么样的结果？"教师指导学生干部进行交流发言。随后，教师进行总结概括，引导学生干部说出正确沟通的方法和技巧，使每位学生干部懂得：表达时要有礼貌；要敢于、愿意分享自己的想法；当想法或意见不一致时，先给予别人鼓励肯定，再说自己的想法；并且，不说伤害他人的话。

环节三：找困惑　想办法

教师指导学生干部进行实践体验：作为学生干部，你在工作、学习中，与伙伴和辅导员老师沟通时遇到过哪些困惑？说出你困惑的原因，和自己想要达成怎样的目标以及自己准备怎样去做，并填写活动记录单。

我的困惑	困惑原因	表达目标及方法	我会这样做
自评：☆☆☆☆☆		互评：☆☆☆☆☆	

第二课时

会沟通　在行动

教师提问：正确的沟通方法你学会了吗？你能运用学到的方法解决生活中遇到的"难题"吗？

学生干部选择一项自己在沟通中遇到的困难，利用一周的时间进行实践体验，尝试进行一次有效的沟通，并记录下过程。

我的困惑	
我是这样做的	
自评：☆☆☆☆☆	互评：☆☆☆☆☆

第三课时

好经验　共分享

实践结束后，教师引导每位学生干部交流自己的沟通实践过程，总结自己用到了哪些方法，从中有什么体会和收获。

随后，教师引导学生干部讨论交流，分享自己收获的沟通锦囊，并记录下自己的心得和体会，引导学生干部将锦囊妙计运用到日常生活中，成为伙伴间、师生间沟通的桥梁。

我的体会：	
我收获的沟通小锦囊：	
自评：☆☆☆☆☆	互评：☆☆☆☆☆

教学反思

同学之间出现矛盾怎么办？和同学讨论小组任务时，总是有组员不明白该如何去做，这到底是什么原因？这些都是学生们经常遇到的问题。那作为学生干部该如何帮助同学解决这些问题呢？为了使学生干部了解正确沟通的重要性，学会沟通的技巧，提高自己的沟通能力，我们做了如下尝试。

课程通过折纸小游戏帮助学生干部找到了答案，让学生干部体会到表达得是否清楚会影响事情的结果，如果表达得不够清楚，在学习生活中会产生误会。借助真实的情景演绎，通过自编自演的形式，使学生干部感受到不同语气的表达效果是不同的，体会到正确沟通、正确表达的重要性。在自主演绎、交流分享中，学生干部明白：在沟通时，首先要注意自己的语气和态度，不能说伤害别人的话；还要多站在他人的角度考虑；遇见分歧时不要着急去否定别人，还要委婉地说出自己的想法，成为敢于表达自己想法、并且能运用学到的方法帮助师长和伙伴打开心扉、协助伙伴解决难题的"桥梁"。过程中，学生干部由原来的不敢表达到乐于表达，从不会表达到艺术地与他人沟通，不仅仅增强了学生干部的自信心，也提高了学生干部的表达能力和解决问题的能力，起到了"纽带"的作用，真正地成为伙伴之间、师生之间沟通的桥梁。

第三节　做更好的自己

——领导力训练营学生干部培训教学设计

反思能力是学生干部自身发展的需要，也是学习生活的需要。学会反思，能够让学生干部及时总结自己的得失。在"做更好的自己"领导力培训活动中，通过"与自己对话"、讲述"反思小故事"等方式使学生干部了解自身在学习、交往、生活中存在的优势和不足，学会听取他人的意见，并能够及时进行调整；利用体验与实践环节，将学到的方法进行运用，合理反思自己的优点与不足，从而提升学生干部的反思能力，养成及时总结的习惯，学会合理调整；通过交流自己的体验过程与反思经验，使学生干部发现问题、解决问题，从而提升学生干部对事情的分析能力，将反思融入自己的学习生活中。

教学目标

（1）使学生干部明白反思的意义，正确分析自己的优点和缺点。

（2）通过学习，引导学生干部学会听取他人的意见，能从不同的角度反思自己。

（3）引导学生干部养成反思的习惯，能对自己的行为进行反思和改进。

教学课时

3课时。

教学过程

第一课时

环节一：和自己对话

教师引导学生干部回忆成长过程中印象最深刻的一件事，并说说原因。学生干部交流发言，交流自己的经历。教师进行总结，使学生干部懂得找原因的过程就是在进行反思。

教师提问：平常生活中，你反思过什么事情？针对这件事情，你进行了怎样的思考？队干部分享自己的反思过程。其他学生干部进行评价，教师适时引导学生思路。

环节二：反思小故事

故事提示：

稻草人每次考试都不能取得好成绩！他感觉很对不起自己、父母、班主任和科任老师。于是，每次考试后，他都痛下决心对他的朋友说：我一定要认真学习，下次考个好成绩！他的朋友也想要帮助他。许下承诺后，他真的认真学习了，还让那些常找他玩的同学不要来打扰他学习。但是，他每次最多只能坚持三天。当他看到同学们在外面玩时，就马上忘了自己的承诺，丢掉学习，恢复了以前的样子。久而久之，那些想帮助他的同学也对他失去信心了。上次期中考试，他还是考不好。于是，他开始反省自己为什么每一次明明下决心了却还不能取得好成绩……

教师向学生干部讲述反思小故事，并提出问题引导学生干部思考："你觉得稻草人做得对吗？他应该反思些什么？如果你是他的朋友会怎样帮助他？"队干部小组讨论，交流发言。

教师及时点评，总结在反思事件过程中应该着重关注的方面，如稻草人有一颗想要学好的心但却执行不了，引导学生干部掌握正确的反思方法，学会如何进行反思。

第二课时

环节一：养成反思好习惯

教师提问：小干部们，你善于反思生活中发生的事情吗？根据自己的实际情况，填写表格，并想想该如何去做吧！

学生交流回忆并填写表格，教师适时指导学生。

	能否做到	应该如何做
和同学友好相处		
认真听讲		
积极承担责任		
合理安排好自己的时间		
自评：☆☆☆☆☆		互评：☆☆☆☆☆

环节二：反思中成长

教师提问：小干部们，当你犯错误时，你是先追究他人责任还是先反思自己？当你放学回到家时，是否会总结一天中发生的事？仔细回想一下，学期初，你的目标是什么？你完成了吗？队干部自主进行反思。

最后教师引导学生干部，通过具体事例，写下自己的目标，并反思自己的做法，及时进行记录。

我的目标	是否做到	该如何做得更好
自评：☆☆☆☆☆		互评：☆☆☆☆☆

第三课时

环节一：反思行动

教师引导学生干部分享自己一周的经历，并进行自我总结，从多方面思考自己是否可以做到时常反思，反思的意义是怎样体现的，并与伙伴分享自己的收获以及今后应该如何做。

我的感受	
我会这样做	
自评：☆☆☆☆☆	互评：☆☆☆☆☆

教学反思

反思是发现问题、改正问题的途径，为了使学生干部了解反思的重要，学会思考，提高自己的反思能力，通过"和自己对话""养成反思好习惯""反思中成长""反思行动"四个环节帮助学生干部掌握了反思问题的方法。"和自己对话"这一环节意在让学生懂得何为反思，为何要反思，身边的同学是如何反思的。

"养成反思好习惯""反思中成长""反思行动"借助表格等直观教学方法，引导学生们认识到自己身上的不足，在哪一方面还需要改进，并且先行思考该如何做。整个课程使学生能正确认识自己的优点和缺点，学会听取他人的意见，能从不同的角度反思自己，养成反思总结的习惯，定期对自己的行为进行反思和总结，慢慢成为"更好的自己"。

第四节　我的时间我做主

——领导力训练营学生干部培训教学设计

学生干部是学生团体的中坚力量。在学校中，学生干部肩负着学习和协助老师工作的双重任务，学生干部需要自主协调学习和工作的重任。因此，培养学生干部的时间管理能力和自我规划能力十分重要。"我的时间我做主"领导力培训活动，通过"消失的时间条"使学生干部了解合理规划时间和事物的重要性。引导学生干部走进"时间诊所"进行情景演绎，从而认识到自己的不足，并找到改正的办法，使学生干部学会合理规划自己的时间和事情。实践过程中，引导学生干部根据事情的轻重缓急，进行合理规划，监督自己按计划完成目标，在执行过程中，根据实际情况及进行反思，做出适当的调整，提升学生干部的规划能力，这样才能更好地协助老师工作、为伙伴同学服务。

教学目标

（1）使学生干部了解时间的重要性，并学会合理规划自己的时间，安排自己的事情。

（2）引导学生干部通过实践体验，能够遵守自己制定的规划任务，并且进行自我监督。

（3）使学生干部在学习和工作过程中，能够根据自己的情况及时调整计划。

教 学 课 时

3课时。

教 学 过 程

环节一：消失的时间条

教师引导学生干部进行游戏体验：给每一位学生干部下发一张道具纸条，这张纸条代表着一天的24小时，每一格子代表一小时。学生干部通过填写时间条，回顾自己一天的时间是如何度过的。

游戏提示：回想自己每天的活动大概花了多长时间，请把它们按比例填写到纸条上。

教师提出质疑："你每天充分利用的时间有多少，对于自己的时间安排满意吗？为什么？"学生干部进行思考，小组讨论后，交流自己的想法。

教师根据学生干部的发言进行点评，引导学生干部认识到合理规划时间、事物的重要性。

环节二：走进"时间诊所"

教师创设情景，学生干部根据提示，现场演绎情景剧。

情景提示：阿呆同学上课总是发呆；"小忙人"总是在做前一天的事情。

表演结束后，师：平时大家是不是也经常会出现这些现象？我们身边还有哪些类似的不良习惯？学生干部进行交流，填写学习单，教师及时进行总结，引导学生干部认识到自己的不足，并找到改正的办法，学会合理规划自己的时间。

（预设：胡思乱想、东寻西找、乱写乱画、电视吸引、他人干扰。）

不良习惯	我的好办法	我要这样做
自评：☆ ☆ ☆ ☆ ☆		互评：☆ ☆ ☆ ☆ ☆

第二课时

环节一：出谋划策

教师进行引导，作为学生干部，平时的工作学习该如何合理规划？你有什么好办法？学生干部交流想法，并提出要制订一份属于自己的一周计划，认真执行它。

教师指导学生干部合理制订时间规划表，并提示学生干部注意时刻监督自己是否按时、有效完成。

本周我要做的事情（是否按时有效完成）			
1. 2. 3. 4.		星期一	
星期二		星期四	
星期三		星期五	
自评：☆ ☆ ☆ ☆ ☆			互评：☆ ☆ ☆ ☆ ☆

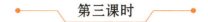

第三课时

环节一：我思我行

教师提问：小干部们，你是否能按照规划执行自己的事情？在执行的过程中都遇到了哪些困难？哪些困难你能克服，哪些困难导致了你的计划失败？学生干部交流自己成功或者失败的原因。

教师进行引导：该如何合理规划自己的时间和事情？遇突发情况该怎么办？学生干部自由发言，谈谈自己是怎么合理规划时间的，用到了哪些方法。教师进行总结。

教师指导学生干部进行总结，作为学生干部，通过这次训练营有什么感悟？今后想怎样规划自己的时间？

我的收获	
我会这样来规划	
自评：☆☆☆☆☆	互评：☆☆☆☆☆

教 学 反 思

本节课对学生干部对于时间的规划安排进行了系统性的指导。借助学生干部的交流分享、小表演等形式强化学生干部的时间安排意识，使学生干部掌握规划时间安排的方法，合理安排少先队的工作、平日的学习和生活，还有休闲和娱乐，做一个对自己有要求、对生活有规划、对学习有目标、对休闲娱乐能自控的学生，并将这些能力用在以后的学习生活中。养成充分利用时间的好习惯，这对自己未来的发展起到关键性的奠基作用。

第六章

领导力同期声

对学生而言，领导力是学生成长的生动体验；对教师而言，在教育中理解领导力、体验领导力、运用领导力能够带动个人专业成长；对家长而言，领导力是家校共育的载体，为合力育人打开新局面。

用心培养未来品位生活的创造者

根深叶茂的榉树，见证着青岛榉园学校的激情与创新。

朝气蓬勃的少年，感受着青岛榉园学校的活力与发展！

作为一名有着30多年教育教学经验的教育工作者，我始终在思考，教育的目的到底是什么？要让孩子掌握哪些技能？我们要为这个社会、为这个国家和未来培养出怎样的人才？

正是带着这一连串的疑问，我来到青岛榉园学校，开启了一段寻梦之旅。

青岛作为国际化大都市，呼唤国际化人才，而人才基础的奠定就在小学阶段。我希望青岛榉园学校的每一名学生，都成长为有道德坚守、有理想追求、有学识能力、有生活情趣和审美素养、能掌控自己情绪并持续自我激励的人，能主动地去选择、创造生活。

创造教育先驱陶行知先生曾指出：处处是创造之地，天天是创造之时，人人是创造之人。从小培养孩子的创造力，对孩子未来的发展极为重要。

儿童教育家陈鹤琴也曾说过：儿童本性中潜藏着强烈的创造欲望，只要我们在教育中注意诱导，并放手让儿童实践探索，就会培养出创造力，使儿童终成为出类拔萃的符合时代要求的人才。

对每一名有梦想有情怀的校长而言，在规划学校发展蓝图时，必须怀着对教育的敬畏之心，对师者的清醒认知，对学生的殷爱之情。

朝气蓬勃的学生，代表着社会和国家的未来。

今天我们给予他们的，也正是明天他们给予世界的。

站在互联网飞速发展的当下思考教育的本真，对小学阶段的教育而言，重要的不是让学生掌握了多少生字、熟悉了多少算法、认识了多少单词，而应该教给他们一种能力，一种会寻找解决问题方法的能力，一种懂得自我定位和团队协作沟通的能力，一种能透过现象看到事物本质的思考能力。我们将其总结为创造力、领导力和思考力，并相应将这种三种能力作为培养学生的目标，让每一名榉园学子都能成为创造者、领导者和思考者。

创造力是孩子成长的生长点，善待它就是善待孩子的生命，保护并且发展孩子的创造力，是培养造就创造型人才的第一步。

人类生活的本质就是创造，人类文明的源泉就是创造。在小学阶段，让学生能通过科学的教育和训练，不断激发创造力，将隐性的创造潜能转化为显性的创造能力，能发现和解决问题、提出新的设想、创造新事物，为学生幸福生活创设条件。因此，青岛榉园学校把创造力作为科技创新特色来开发和探究，在学校层面进行了系统化的理论学习和梳理，围绕学生的"创新能力、问题解决能力和批判性思维能力"等核心素养的培育，在学校课程建设、教师教学方式、课堂教学实施以及特色活动的开展等方面进行了研究和深度变革，形成了较为完整的操作策略和实施方案。

正如"在品味中创造，在创造中升华"的校训所示，如今的青岛榉园学校，创造的血液涌动在每个学科、每个班级、每项活动，创造的热情澎湃于每位教师、每位学生、每位家长。

单丝难成线，独木不成林。

为给学生插上创造生活的翅膀，在小学阶段就应赋予孩子们一些能力，其中就包括领导力。所谓领导力，包括自我领导力和他人的领导力，以及在群体当中的一种领导力。自我领导力最重要的是自律，也就是日常行为习惯的培养。在一个团队当中，除了要有领导他人的能力，也要有被领导以及和别人共同相处的能力。实际上，这些能力对于孩子现在的学习和将来的生活都非常有用。因此，青岛榉园学校把"领导力教育"作为学校的德育特色来开发研究和探索，通过重点打造"领导力教育"德育品牌，开发和培养学生的领导力，学生的学习能力综合素质和核心素养不断提升，适应未来社会的能力不断提升。这对于建设一所"厚基础、高品位、国际化"的个性化教育的学校，对学生的全面发展和健康成长，有着极为重要的意义。

每个孩子都应该有自己的品位和影响他人的能力，通俗地说，每个人都应有单属于自己的、独一无二的气场，我们希望从青岛榉园学校走出去的孩子每个人都有自己的气场。领导力教育更多的是在课堂之外，在生活的每一个环节中。为将这项能力培养贯穿下来，学校设立了领导力教育积分办法，通过评价体系让孩子受到领导力教育。

《思考力：哈佛教你打破一切常规、超越障碍的深度思考》一书中提道：透过现象能够看到问题本质的能力称为思考力。思考力是在思考过程中产生的一种正向的、具有积极性和创造性的作用力，是能够帮助我们解决问题的关键能力，我们首先要清楚，思考不是简单地想。

思考力的差异决定了思维与解决问题的差异，同样的一堂课，同样的学习时间，但每人吸收知识的程度不同，这是由于思考力不同导致了学习层次的不同，从而影响了学习的效率。学校教育教学的重要使命之一就是使生命个体走向智慧，而走向智慧的重要途径就是学会思考。

教育是一个潜移默化的过程。教育的变化是极其缓慢、细微的，它需要生命的沉淀。教育给予学生最重要的东西，不仅仅是知识，而且是对知识的热情、对自我成长的信心、对生命的珍视以及更乐观的生活态度。

薛　清

2021年3月20日

雨露洗礼繁花开，情理共融促成长

刘　凤

在一个班级大家庭中，有性格张扬的自信生，有默不作声的内敛生，有积极向上的进取生，还有调皮捣蛋的贪玩生……他们犹如花园里的花朵，有的已经微微绽放，有的还在等待花开的契机，每一朵花都别具特色，姿态万千，各不相同。花儿的成长不仅需要阳光雨露的滋润，还需要风霜雨雪的洗礼。领导力训练的引导，任重而道远，不仅有平路坦途，还会有坎坷曲路。恰当地利用好训练过程中的"小插曲"，能帮助我们更好地达成教育和训练的目标。

学习训练的目的在于实践运用，知行合一是我们的最终目标。不同的学生，实施状态和达成效果各不相同，也会有许多学生出现懈怠和半途而废的情况，虎头蛇尾的行事态度，更改计划的随意性，这些都是导致失败的重要因素。对于没有顺利完成实践任务的同学而言，会有一定的挫败感。在这一过程中，他们的行为和心理活动需要我们及时的引导。抓住挫折"小插曲"，借助同伴的分享和提示，引导他们对自己的现状进行直观、准确地了解和分析，引导学生对应着目标和自己的行为进行相应的评价，一点一点地反思、修正和调整不当的安排和心理想法，不仅能够帮助他们疏导挫败的心理，还能在潜移默化中逐步提高领导力。

同样，团队领导力的训练也是如此。不仅需要每个人各司其职，更需要有团队意识。当这些性格迥异、各有千秋的"小皇帝""小公主"聚在一起时，习惯了整日被"捧在手心怕摔了，放在口中怕化了"的宠爱，在参与日常学习和活动合作中，会习以为常地以自我为中心去思考和做事情。当出现问题时，大家相互推卸责任，相互责怪埋怨，不懂得相互合作，矛盾层出。责任感和合作力是成功的基石。当出现问题时，结合问题剖析现状，借助同伴经验分享，针对"插曲"对症下药，让学生明白在团队合作中，每个人应该如何去操作，如何达成目标，汲取成功的经验，在交流学习中，明确自己的职责，明白合作的方法，建立团队意识和责任意识。教育的成效更多地来源于自我效能感。每一位学生都有自己的思维与追求，渴望得到他人的信任与赏识。当我们有意识地帮助孩子们应对"小插曲"，告诉学生老师的期望，结合实际帮助他们设立不同的小目标，并及时给予各种各样的鼓励，使之变成他们的"自我期望"。再一次的尝试，会让他们有多一次的纠正和调整的机会，多一份的信任，可以帮助他们更好地提升领导力。

实践出真知，挫败中的经验会更好地帮助学生扬长避短。一花独放不是春，百花齐放春满园。在领导力训练的路途中，需要我们多用心去观察学生的成长特点，以阶梯式的教育方式，帮助和引导他们不断地迎接挑战、克服困难。相信终有一日，他们一定会开出最艳丽的花朵，向着阳光，迎风摇曳。

"故事"中的领导力

张 鑫

人人是领导者，人人有领导力。2019年，初到榉园，虽然多次听闻学生领导力培养，却是第一次近距离接触。一年的时间里，在学校领导力工作室的带领下，我与老师们、学生们乘风破浪，共同学习并践行领导力，在学习实践之路上使我受益颇多。学校为提升学生领导力，开展多项实践活动：争做居家领导者、领导力展示日、小脚丫走青岛、领导力训练营、21天好习惯养成计划、我是小小演说家……我时常在想，作为老师，如何在丰富多彩的活动中使学生学会自我管理、有效提升学生的自我领导力和团队领导力、养成好习惯。现如今，我成了一名一年级的班主任，经过反复思考，我认为要想有效提升学生的领导力，授之方法与有效评价是重中之重。

授之以鱼不如授之以渔，教给学生方法很重要，如何正确倾听、怎样和伙伴合作、怎样表达自己的想法、如何规划好自己的时间，通过小故事、小游戏让学生从自己体会、感悟、寻找养成好习惯的方法，知道该如何去做，并将这些方法运用在学习生活中，提升领导力。

好习惯的养成需有法可依，有章可循。方法学会了，采取什么样的措施才能让学生的领导力真正得到提升？通过多次参与实践和不断反思，我发现，及时进行表彰和评价是必不可少的。作为老师，首先要相信学生的能力，越是相信，学生就越能达到预期的目标。其次，要对学生的好做法及时做出认可，并富有创造性地评价学生的好行为，在恰当的场合和时间，及时给予学生"特殊"的奖励。例如，在领导力训练营的好经验分享环节中、我是小小演说家活动中，学生特别喜欢讲述自己亲身经历，分享自己的实践收获，就像现在，我也迫不及待地想要分享自己和领导力的故事一样。于是我想，把"讲自己的故事"作为一种鼓励和表彰的方式，让学生通过讲述自己的好做法，把"故事"讲给同伴听，使讲故事、听故事成为学生的一种期待，让这种特殊的评价方式成为班级管理生活的一部分，在听与讲的过程中互相学习，互相激励，相信大多数学生都能受益匪浅，有的学生能在讲述中反思自己，有的能从伙伴的讲述中有所收获，从而提升学生的领导力，助力自主管理，促进好习惯的养成。

提升学生领导力，每一个活动，每一项实践都需要精心策划，及时进行反馈；作为老师，更是需要不断探索新的培养方式、创新评价方法，在提升学生领导力的同时，自己也要不断向前，不断攀登。听完我的小故事，相信你一定也有收获吧！那让我们一起，在听故事、讲故事中携手前行吧！

践行在领导力培养的路上

黄海燕

谈到领导力，相信很多人和我开始的认知是一样的，会狭隘地认为领导力就是"领导者"在一个集体、团队中所具备的能力。其实不然，通过学习，我理解对于小学阶段的学生而言，领导力并不仅仅代表领导他人的能力，而是首先"领导自己"、进而"影响他人"的能力。

具体来讲，学校的领导力课程重在使学生学会"掌控"自己，领导力培育的目的主要在于帮助每一个学生具备自我管理、交流合作、独立解决问题的能力。进一步来说，学生领导力是一种包括价值观、知识、能力在内的多维度综合素质，其核心特征是具有一定的沟通、协调、合作、决策、执行等能力及创造性思维等。

学校的领导力课程对学生的规划力、倾听力、自控力、表达力、合作力和反思力，进行了目标设定，循序渐进地促进学生领导力的培养。这样系统的课程让我在践行学生领导力培养的道路上有了抓手，并且是两条腿走路。学生领导力的培养既包括系统的领导力课程学习，又可以通过各种教育活动来激发和培育学生，如"认识自己，悦纳别人""晓之以理，动之以情"……这些领导力课程，根据学生年龄特征面向全体学生，促进不同学段学生有个性且全面地发展，提高学生的社会责任感，培养学生勇于探索的创新精神以及善于解决问题的实践能力等。

在教育教学的过程中，领导力可以在各个学科、各种活动中落地生根。有计划地渗透领导力学习，通过班级活动、阅读活动、实践活动等方面，形成学生领导力培养的多角度渗透模式。教育教学不是一种灌输，更多的是学生的一种体验、探究和感悟。课堂应该是学生求知、创造、展示自我、体验成功的平台。领导力是在这种学习活动中，引领学生按照社会公认的价值观去改善社会的行为过程，包括社会责任感、服务意识、积极人生观、创新能力、沟通能力、合作能力等一系列综合素质与能力。

通过一系列的学习、研讨、实践，我深刻理解了领导力在学生成长道路上起到的决定性作用。在探索学生领导力培育活动中我们达成共识，从而使小学生领导力培养受到高度的关注。因此，为了榉园的每位学生，我们将继续践行在培养学生领导力的道路上……

寻找自控力

丁　园

升入二年级，我和班里的孩子们迎来了领导力修炼的一座新的高峰：自控力。

自控力说来简单，就是控制自己呗！在认识自控力的第一节课上，孩子们叽叽喳喳，充满自信："我能专心拼好几个小时的乐高！""我在画画的时候从来不怕被打扰，特别专心。""我在体育课、音乐课的时候自控力最好。"

"可是同学们，这些都是你们喜欢做的事呀！如果遇到自己应该做但是不愿意做的事情时，你们还能控制自己，尝试去完成吗？"我问。

"能！"孩子们不假思索，答得异口同声。可是这样的事在哪里呢？我将这个问题留给了他们，看谁能找到身边的自控力。

时间一天天过去了。第一堂自控力学习课，就像在孩子们的心里埋下了一枚小小的种子，每个人都在寻找自控力的过程中，把自控力标准背得滚瓜烂熟，也在不知不觉间，努力让自己的行为向标准看齐。但关于"自控力在哪里"的问题，却一直没有人来解答。

直到一天午饭时间，有三个同学正在打饭的队伍里讲话，我按照惯例请他们先回到座位上，然后我便继续低头忙碌。等到排队打饭的队伍所剩无几时，我开始张望那三个孩子的身影，心里想着，不知道他们有没有在座位上安静坐好。

抬头一看，他们果然没有再讲话，更令我惊喜的是，他们齐刷刷拿出了作业本，正在那认真书写未完成的课堂作业呢！那一刻，我请全班同学一起看向这三位同学——"你们想到了什么呢？"

"他们特别爱学习！""他们知道抓紧时间完成作业了。"

"那你们平时愿意写作业吗？"我继续引导。

"好像……不那么愿意。""我知道了！这不就是自控力嘛！"

一时间，同学们欢呼起来，又好像一下子都发现了自控力在哪里：晨写时，大家能越来越快地安静下来；不能外出活动的课间，有更多同学能打开一本课外书，或是拿出作业本，而不再叽叽喳喳；还有一些原本爱拖拉的同学已经连续好几天按时完成作业了……

写作业、主动写作业、安静地写作业，这些都是二年级的小同学们"应该做"却常常"不愿做"或"做不好"的事。能控制自己主动地完成作业，能在空闲的时间控制自己不讲话玩闹，不正是他们自控力的体现吗？孩子们不仅找到了自控力，更在这个寻找的过程中用自控力修炼标准不断地暗示自己、激励自己，做到了自控，懂得了坚持。

我们的领导力修炼总是这样，没有生硬的规定，有的只是一个个鲜活的个体，在行动中不断发现、不断尝试，修正自我、完善自我、提升自我。从寻找自控力到拥有自控力，孩子们，恭喜你们又征服了一座高峰！

受益于领导力的青年教师

徐 璐

"领导力"作为我校的一大品牌特色，改变了不少的孩子，甚至可以说在润物细无声中，影响了他们的一生。最为明显的是毕业后步入初中的孩子们，他们偶尔和我聊起来，因为小时候养成的良好习惯，培养的领导力，在面对课业繁多的初中生活时，能够较快地调整好自己的心态，融入新的环境，统筹好自己的时间，有条不紊地学习。但其实，在培养孩子们形成领导力的同时，我自己也是其中受益的一分子。

在学校刚刚提出领导力教育的时候，我还只是个初出茅庐的新教师，一个青年班主任。面对这么多学生，这么多家庭，这么多工作任务，有时候确实希望自己能有个三头六臂，来处理这些繁重而又琐碎的事情，但是在引导学生做好规划力的同时，我也自然而然地加入其中，并体会到了规划力给我带来的影响。首先我会把自己的工作进行总的规划，落实到我这一学期会有什么样的目标，我要在业务能力上有一个怎样的提高，然后在班级管理上，我希望能让我的学生达到一个什么样的程度，随后将大目标不断细致化，例如，将学生按照能力划分，制订不同能力段学生的阶段性目标及提升策略，按计划执行。我通过这样一个模块分解的形式，为自己做好了由总到分的规划，循序渐进地实行。那些本觉得坚不可摧、无从下手的问题，变得容易、可行了许多。

具体到每一天，我也会把自己的工作做一个安排，把自己该做的事情按照轻、重、缓、急进行罗列划分。每天孩子们需要完成的任务也不少，我便会运用同样的方法，将每天需要学生做好的事情，一一罗列在黑板上，这样孩子们就能够清楚地知晓自己一天需要完成的任务，哪些是在校要完成的，哪些是需要复习掌握的……孩子们会基于我的计划，去制订自己的计划，老师学生每日践行规划力，逐渐养成了一种规划习惯，使每天的生活都变得充实而有条理，效率与质量都得到了提升。

生活除了规划，还要有反思。每天放学前，我都会拿出两分钟，让孩子们进行一日反思，从课业到习惯，由人际至状态。而我呢，也开始做好自我反思，我会把我这一周中，孩子们遇到的问题，随时记录在我的本子上，然后每周五去反思一下我哪些事情做的还欠妥当。作为一个新教师，包括在和家长沟通完之后，我都会自我反思，甚至是转换身份站在家长角度换位思考，我们的沟通，有没有给予家长帮助？有没有解决家长的顾虑和困惑呢？我在不断的反思中，真的能够发现自己的很多问题，同时也更加理解家长的焦虑与爱，于此我及时调整自己，然后去弥补，少走了很多的弯路。

就这样，这两个习惯坚持到现在也有几年的时间了，看着一届一届的学生不断成长，我也有了不小的进步，这不得不归功于领导力。它让所有人都遇见更好的自己。

美术教学中如何培养学生的"领导力"

林真如

领导力是什么？是能够领导自己，并影响他人。把这种能力融入学习和生活中的一点一滴，会倾听、能自控、乐表达、懂合作、勤反思、善规划，在习惯养成中逐步发展领导力。

领导力的培养，对学生的成长起到关键作用。我在多年的美术教学中深切体会到，培养学生的能力是个循序渐进的过程，领导力的培养更是学生综合能力的培养。

美术活动是锻炼学生能力，激发学生潜能的有效途径。在美术课中通常运用的教学方式就是小组合作，所以学会合作是培养学生领导力的重要目标。

例如，我在上六年级《家乡的老房子》这节课时，课前我先布置学习任务，让学生了解课上我们要做什么。我以小组合作的形式来进行教学，以青岛的老房子为主要线索，引导学生去探究老房子的不同建筑风格、不同的历史文化背景，以及要用什么方法表现老房子。每个小组中需要选出一名组长起到领导作用，组长需要具有较强的组织能力和表达能力，有一定的领导力，主要负责组织本组的人员分配以及统筹规划整个探究活动的安排和设计流程。组长在小组活动中的角色就是"小老师""带头人"，能够担当起组织小组合作学习的任务。组长制订任务规划书，进行合理的安排，明确组内每位同学的工作任务。根据每位学生的专长，进行不同的分工安排：有的组员进行上网查找，有的组员进行书籍查找，有的组员走进百姓生活，进行实地考察等。在实践活动之后，各组同学再将查找的资料进行共享，互相交流，表达想法，仔细聆听，反思修改。在小组合作学习中，小组成员要注重沟通，相互交流，认真倾听对方的想法，接受同学们的建议，共同完成学习任务从而最终制订出一个最富有创意的方法来表现家乡的老房子。有的小组是用泥塑制作老房子，有的小组是用绘画的形式画出老房子，还有的小组是用手抄报的形式记录老房子等。在这整个过程中，每位学生都能够参与，配合默契，充分体现了学生们的规划力、倾听力、表达力、合作力和反思力。因此，通过小组合作的形式，体现了学生的领导力，培养学生的领导力。

在美术教学中，培养学生的领导力，教师也发挥着关键的作用。例如，在欣赏课中，教师和学生的交流互动应该更为充分，教师要引导学生大胆表达自己的想法，鼓励学生敢于去分析评价美术作品的感受。在此过程中，学生的表达力才会慢慢锻炼出来。同时教师也要耐心地聆听学生的发言，并洞察他们想法的缘由，针对不同的情况，进行相应的引导，或者组织持不同见解的学生进行讨论，进一步进行提炼与概括。

因此，教师在培养学生的领导力的同时，也要具备一定的领导力。教师的职业性质决定了其必须具备领导力，必须扮演各种身份与角色，才能激励学生更好的发展。

作为一名美术教师，要努力培养学生成为一名有品位的未来生活的创造者，激发学生的领导潜能，培养领导力。我会以此为目标，切实担负起教师应尽的责任和义务，承担起美术教学的使命和重任。

　　在自我领导力之中，勤奋与自制力是必不可少的。

　　爱迪生说过："天才是百分之一的灵感加上百分之九十九的汗水。"中国也一直有"台上一分钟，台下十年功"的说法。而我也认为一个成功的人，一定挥洒了无数的汗水，经历了无数次失败。

　　而在成功之中，自律也是必不可少的。在2020年初，新冠病毒的传播，让我们居家学习了十四周。在这14周里，自律就起到了很大的作用。我天天认真学习，做笔记，按时完成学习任务单，没有丝毫松懈。这让我的学习成绩有了很大的提升。

　　虽然实现自我领导力的过程很辛苦，但我相信同学们一定会战胜困难，做自己的领导者！

——2016级1班　罗天麟

　　我马上就上五年级了，同学之间的友爱，老师给予的关爱，使我在过去的四年时光里留下了美好的记忆。我坚持按照学校"七礼"内容约束自己，并向周围的同学宣讲"七礼"。在辅导员老师们的指导下，我以饱满的热情参加了少先队工作，树立为全体少先队员做好服务的意识，锻炼了自己，提高了自己各方面的能力。在领导力训练营里，通过培训，我真正懂得了"团结就是力量"的真正含义，理解了"合作力"给工作和学习带来的好处。在"21天习惯培养"活动中，我作为小小演说家之一，勇于展示自己，学习别人的长处，发现自身的不足，在今后的生活学习中不断完善自己，争取成为一名新时代的优秀榉园好少年。

——2016级2班 张盈爱

领导力是学生道德、知识、能力、态度等综合素养的集中体现，是我们适应未来社会需要的必备能力。

我们青岛榉园学校的宣传标语就是"人人是领导者"，的确，我们每个人都可以做领导者，都可以成为那只领头的大雁。

在家里，爸爸妈妈会放手让我安排家里的一些事情，看似一件件小事，做起来还真不容易。从策划开始，一系列的过程都需要精心安排。有时会遇到困难，爸爸妈妈不但不责怪我，反而会用一些激励我前进的故事来鼓励我，陪我一起查找问题，解决问题。每一次成功，我都特别有成就感！从而增强了我的自信心！

在学校，我负责班级的板报宣传工作，我会组织几名有美术特长和写作特长的同学按时更换班级板报内容，以展示我们班的精彩瞬间。从设计到排版再到装饰等每个环节，我们默契配合，齐心协力为班级做好宣传。我会积极参与学校的各项活动，在"小脚丫走青岛"活动中我曾被评为优秀组长，我们组的探究成果在全班脱颖而出，得到老师和同学们的一致好评！疫情期间，我在居家学习和锻炼等方面也一直起到班级带头作用，被老师评为优秀学生，还在家长会上分享了我的居家学习总结。每学期我都会取得较高的领导力分数。

我经常跟着爸爸妈妈参与一些社会公益活动，我们家被评为"青岛市十大最美公益家庭""市南区最幸福家庭"。我的家庭培养了我的爱心和奉献精神，让我做到"心中有他人，心中有祖国"。一个领导者要有良好的道德形象，要勤奋好学、自强自勉、明辨是非、积极进取，树立良好的责任担当形象。有了良好的领导力，就可以提高自己，帮助别人，并能加强我们与朋友和家人的关系以及与社会的联系。

"碧空飞翔领头雁，人字队形飞行远。"

——2016级3班 周景樾

光阴似箭，日月如梭。转眼间我成为榉园学子已经四年了，从入学初懵懵懂懂的孩童成长为一名能够合理安排学习、工作和生活的班级中队长。每年获得"领导力少年"荣誉称号，荣获领导力四级等级认定，疫情居家学习期间每期获得"居家领导者"称号，这要感谢我的学校，我的老师，感谢你们用领导力特色教育理念培养了我，让我变得优秀，变得自信，变得能够从容面对一切困难和挑战。

在自我领导力方面，我形成了良好的自主学习习惯。课上认真倾听老师讲课和同学们的精彩发言，课后做好总结，高效完成作业，主动复习当天学完的课程并预习新课，有一定的自控能力。

在团队领导力方面，我作为班长，和其他班委分工合作，做好老师的小助手，团结同学，带动大家一起为班级多做点事。我将会把从领导力教育中领悟的知识运用到工作中，不断锻炼自己的规划能力、合作能力和表达能力。

坚持好习惯，做事有计划，持之以恒地执行一个个小目标，使我在自主管理中努力提升自己，不断进步，为自己和他人带来正面影响。

——2016级4班　赵文琦

我很喜欢弹钢琴，就连弟弟都爱听我弹琴。久而久之，我练的很多曲子弟弟都会唱了。

一次，我弹到一个跳音的位置总是弹错，我心烦意乱，这时弟弟又缠着我让我陪他玩。我冲弟弟喊："你自己玩，我还没练完琴呢！"妈妈过来说："馨予，你弹这么久了，先休息下吧！""可我的曲子还没练好呢！""你和弟弟玩会儿'小老师'的游戏吧，也教给他唱唱。""好呀，好呀！""小老师"可是我最喜欢的游戏！

于是我就教弟弟哼唱这段曲子，为了教会他我绞尽脑汁想了很多方法，终于弟弟能跟着我全哼对了！我高兴地跳上琴凳，弹起了曲子，好奇怪呀，刚才出错的地方竟然像被施了魔法似的一遍就弹过了！我开心极了，抱着弟弟亲了又亲。原来，在玩游戏的过程中也能学到好多自己不会的东西！

——2018级2班　胡馨予

虽然我一二年级都被评为"领导力少年"，二年级还当选了中队委，但是对于什么是领导力，我是在参加了学校2019年11月份开展的"21天习惯养成计划"活动后才真正明白。领导力主要体现在倾听力、自控力、表达力、合作力、反思力、规划力六个方面上。大家都知道，作为八岁大的孩子自控力和规划力都不是很好。于是我和爸爸妈妈认真讨论习惯养成计划方案，我们决定从锻炼我的自控力和规划力开始。深思熟虑后，我决定我的习惯养成计划分为三个部分：认真听讲、坚持体育锻炼、每天帮助妈妈扫地。养成计划制订完毕，开始实施，我就必须认真完成。

21天以来，我认真执行计划，上课认真听讲，坚持体育锻炼，每天饭后帮妈妈做家务。我的坚持，在后面的居家学习和复课及暑假期间给我带了非常大的收获。我懂得了合作、明白了如何表达自己的意愿、学会了反思和自控。学习方面，期末考试我成绩全优；体育锻炼方面，尤其是足球，我每个星期要上三次课，无论天气好坏，我都能坚持在风雨中、在烈日下上课，从不请假。

一分耕耘一分收获，我希望在即将开始的新学年里，在老师和爸爸妈妈的帮助下，成为一名出色的领导力少年。

——2018级4班　姜山

秋日的阳光，闪耀着金色的光芒。它的和煦与温暖，让我感到快乐和幸福。伴随着这份美好与期待，我即将开启在青岛榉园学校新学年的学习生活。

在榉园的每一天，我都是如此快乐。这里有我最亲爱的老师和同学，有我最喜欢的课程和活动。当然，也少不了帮助我养成好习惯的领导力教育。

我是一个活泼好动的男孩。一年级的时候，我总会在课堂上偷偷地走神儿。一会儿我被教室外面小鸟的叽叽喳喳声所吸引，一会儿又被教室里的宣传板报所吸引。有时候，我的这些小心思也会被老师发现的，可老师从来没有严厉批评过我。老师会耐心地让我不断提升自己的倾听力，养成上课集中精力听讲的好习惯。

到了二年级的时候，我们又开始接受自控力的领导力养成教育。我发现，当我的自控力提升时，生活中的一切都变得井井有条了。

我不仅上课不会走神儿了，还会积极回答老师提出的问题。课后，我也总是按时提交作业，吃饭时践行"光盘行动"，坚持每天读书和锻炼。

两年的时间，我通过学校领导力的教育从一个懵懂无知的孩童，变成了一个有规矩、明事理的少先队员。未来的日子里，我一定会继续努力学习知识，并通过领导力教育的培养，让自己拥有更多的好习惯，为以后的成长之路奠定坚实的基础！

——2018级1班　张竣然

二年级的下学期，我们几乎都是在家学习度过的。

刚开始的时候也有点不适应网课，后来在爸爸妈妈的陪伴下，我找到了适合自己的学习方法和节奏，而且我还发现，能够自己规划一整天的时间，是一件有趣且充满挑战的事情。

除了学校的课程，我还每天坚持书法练习、舞蹈练习和阅读，在每天的坚持和自我管理的过程中，我意识到自控力的提升对于养成良好的习惯是非常重要的。

当我们能自我管理好时间，规划好学习日程，又有良好的习惯来助力时，进步是水到渠成的事情。

感谢这段时间，让我有了不一样的体验，让我更有自信。我会继续努力，做更好的自己。

——2018级3班　于昕宜

通过学校组织的"领导力"活动我受益颇多。首先我明白了，所谓领导力不是天生的，是通过自己的努力去实现一个又一个小梦想。在此过程中不断地锻炼自己，不断地享受成功的喜悦和挫折的泪水，帮助我不断地认识自己，分析自己。原来的我对于完成一项任务，脑海中并没有具体的规划，缺少条理性，但是通过这几次活动，我知道了做任何事情都要统筹规划，并且，我也知道了在一个集体中相互的配合是很重要的，我们大家各司其职，有的设计邀请函，有的制作活动海报，大家凑在一起集思广益，一起排练，渐渐地完成了整个活动。至少我展现出了最好的自己，我成了活动的主人公，在今后的日子里，我也会继续发扬领导力活动中的闪光点，成为一名优秀的领导力少年。

——2018级5班 王艺硕

大教育家陶行知曾经说过"思想决定行动，行动养成习惯，习惯形成品质，品质决定命运。"我们学校开展的领导力教育，让我对这段话有了深刻的认知。

学校开展了各种丰富多彩的活动，强调每一个同学的参与度和话语权。每一次的小组项目式活动让我们认识到团队合作的重要性：科普大讲堂、戏剧节、小脚丫走青岛、社团、头脑奥赛、亲子大阅读等活动的开展，锻炼了我们的表达力、倾听力、自控力等。

2020年是不平凡的一年，在为期十四周的居家学习中，我更加觉得学校平时对我们领导力教育的重要性。每周伊始，我们每个人都会做出详细的学习、锻炼、卫生、生活计划，从一点一滴的小事做起，端正心态，使我们漫长的居家学习不至于整天与游戏和电视为伍，浑浑噩噩，虚度光阴。哪怕只是将被子叠得整整齐齐，地板擦得光亮如镜，练了一篇字，读了一本好书，也感到生活的充实和幸福，并且在自己制定计划，认真实施时，会时时反思，提醒自己，开始理解老师和父母的良苦用心！

韩非子说："立志难也，不在胜人，在自胜。"在按照领导力计划书实施的过程中，我深深地体会到要做好一件小事也并非易事，我希望自己不急躁，不骄傲，认认真真，踏踏实实地做好身边的每件小事。千里之行始于足下，希望我们都能如老师、父母所愿"长风破浪会有时，直挂云帆济沧海"。世界，我们来了！

——2015级3班　高紫菡

身为青岛榉园学校的学生是无比幸福的。因为在学校的日子，老师们不仅传授书本上的知识，还会为我们的未来打基础，培养我们的领导力，学校的各种领导力活动让我受益匪浅。

虽然现在的我只有十几岁，不过展望未来在我长大的每一天、每一年都需要与人打交道。在学校有校长、老师、同学，这每一个级别的职务，都为我们展现了领导力的意义。所以，领导力是我们需要一生学习提升的能力。

目前作为一名小学生，我团结同学，尊敬师长，努力学习。落实到每一天，能做到自律地认真预习第二天学习的功课，课上仔细听讲，做好笔记。课下先复习再做作业，克服懒惰粗心等毛病。

我认为严格要求自己的各种行为，团结热爱身边的同学老师，发自内心地喜欢大家，帮助同学就会有更多的朋友和我统一战线成为盟友，在我需要帮助的时候，我相信他们一定会挺身而出。我认为这种来自内心的互助友情和奋发学习，会有效提升自己的领导力。

——2015级1班　李雨桐

本学期通过自我领导我学会了主动组织项目，主动升旗，主动倒垃圾等。以终为始，我会提前计划和设定目标，按照计划，劳逸结合地完成事情。我会把时间花在那些重要的事情上，不会浪费时间，积极践行自我领导。在进行领导力项目的过程中，我也学会了如何去拥有宽广的胸襟，如何去发展过人的才能。自我领导力的课程锻炼了我的组织能力和团队合作精神，我会不断充实自己，改正缺点，发扬优点。通过自我领导力的学习，我要继续散发正能量，在合作中践行领导力。

——2015级2班　颜熙程

在学习中完善自己

起步领导力，从进步走向卓越！学校"领导力训练营"的开展加深了我对领导力的理解，也不断完善了我的能力。

团结奋斗，团队领导力；特立独行，个人领导力。在学校组织的提升领导力的这些活动中，我与伙伴们建立了深厚的友情，而自己在组内，有时也会带领组员们一起去完成一些任务，可以说，由以前家长提醒我们做什么变成了我可以想到我需要做什么。

领导力包括三个方面。第一个方面，包括领导者的学习能力、做事的能力、亲和下属的能力、沟通的能力、协调的能力、决策能力、分析判断能力、激励能力、指挥能力等，还有领导的威信；第二个方面，领导者用权力的艺术，该放权的时候就放权，该集权的时候就应该集权，放权、集权有度；第三个方面，是领导者的风格。每一次的项目式活动，随时随地地考验着我们每一个人。如何调动大家的积极性，如何高效运转，如何更好地沟通，这些都是会无形当中进入我的头脑，久而久之成为本能。

好的领导者必须通过其领导风格，把他或她的战略意图以及组织价值体系传播给人们，以达到领导目标。那就要求我们语言简单清晰明了，指向性强。

学习力、决策力、组织力、领导力、执行力、感召力，这是作为许多小小领导力创作者们之一的我，包括每一位朋友都应该去学习，去拥有的。

"在品味中创造，在创造中升华！"在领导者培养中，我们在这些活动中提升自己、升华自己，遇见更好的自己。

——2015级4班　赵若溪

我是2015级5班梁穗尔，在担任学校大队委的一年里，我懂得了自我领导力是团队领导力的基础，自己首先要遵守班规校规，养成良好学习习惯，卫生习惯，讲文明懂礼貌。居家学习期间我也会结合自身情况做出学习计划。作为大队委员，在学校里更要和同学团结一心，有责任心，团队协作时善于倾听同学的想法，积极与同学沟通，交流，及时反思自己的缺点……领导力对每个人来说都很重要，它就像一盏明灯，指引我们前行，让我们一起在领导力教育中成长吧。

——2015级5班　梁穗尔

去年九月，我很开心地成为一名小学生，这是我一直期待的事情，说明我又长大了一点儿。我很期待长大，长大了，能学会更多的事，能够做更多的事。妈妈说，长大了，要自己管理好自己，老师说，这叫作自我领导力。我所理解的自我领导力，是自查、自律、以身作则。自查，就是应该做的事情，自己检查自己有没有做到，有没有做好。自律，是不应该做的事情，不论大小都坚决不去做。以身作则，是用自己的行动做出榜样。

一年级的第一、第二学期我都获得了"领导力少年"的荣誉称号，并荣获了领导力一级等级认定。但是我也有一个遗憾，就是由于疫情的影响没有能够正式加入少先队。进入二年级，我希望能够尽快成为一名真正的少先队员，我会更加努力，成为更优秀的领导力少年！

——2019级1班　徐紫涵

我是青岛榉园学校一年级2班的陈博远，马上就要升入二年级啦！在我们温暖的2班，老师们轻言细语，同学们团结友爱，我们开心地学习，热烈地讨论，大家一起快乐地运动和劳动，每一天都有很多收获。班主任韩老师告诉我们："想要领导别人，首先要管理好自己，大家想一想，如果连自己都管不好，怎样去领导别人？管别人？"我牢牢地记住韩老师的话，学着管理好自己——听老师的话，守纪律守规矩，努力成为大家的榜样。上课我认真听讲、积极举手发言，分组讨论的时候，我积极出主意带领大家完成老师的要求。我很热爱我们班集体，积极报名参加各项活动，如在学校科学素养知识竞赛中，我与班里另两名同学一起努力，为我们班赢得了二等奖。在居家学习期间，我仍然坚持管理好自己，按照老师的要求认真制订并完成居家学习和运动计划，积极参加学校"云上运动会"，在仰卧起坐和踢毽子两项运动中取得了名次，还连续十二周被评为"居家领导者"。

在我偶尔"忘形"调皮的时候，韩老师及时制止我说："老师相信你能够约束好自己，做大家的好榜样，让大家跟你学！"现在，我也想对老师说："我又长大一岁了，更有信心了。我也相信自己会做得更好，成为大家都喜欢的人！"

——2019级2班　陈博远

今年的寒假好神奇，它不仅是我升入小学的第一个寒假，还是我经历过的最长的寒假。爸爸妈妈告诉我，因为新冠病毒，我们没法按时开学了，必须乖乖待在家里自己学习。又有一天，妈妈突然对我说，我们要开始"空中课堂"了！这让我非常开心，终于又可以跟老师同学们一起学习啦！

最开心的是，我再也不用心烦不知道该做什么，再也不用担心完不成妈妈布置的任务，再也不会觉得无聊没意思啦！我们在老师的带领下，制订了"居家领导力目标"，每天，我们都可以按照目标要求安排自己的时间，完成每一项任务。我们还有很多很多有趣的课程，跟在学校的课程一样好玩儿，一样让人开心！

现在，我感觉我是自己的小管家了！我要做时间的小主人，自己安排每天要做的事情。这种自我领导的感觉太棒了！我会继续努力，继续加油的！

——2019级3班　王硕钒

人人是领导者，做自己的领导者。作为一名榉园学生，领导者的能力、影响力首先从领导力的各项能力开始学习和锻炼，不断提升领导力素养，挖掘领导者潜能。在一年级时，老师带领我们通过建立21天目标计划书，培养了我们倾听的专注力和记忆力，学校与家相结合，做到在学校课堂专注倾听老师讲话，能够听懂并记住老师讲的内容，有效沟通，进行交流时眼睛能够看着对方，不随意打断对方讲话，做到在思考过程中能够等待他人讲述完毕后再发表自己的观点，在家亦是如此，这既是一种能力又是对他人尊重的体现。围绕领导者在日常的学习生活中能力的体现，我们在校参加了海洋知识小小演说家、学校戏剧节演出、礼仪小榜样评选等活动，在表达力、合作力及道德品质修养方面得到了锻炼和修炼。在过去的寒假生活中，居家领导者活动让我们在自控力方面有了一系列的认识，自己制订每天的学习计划、健身计划、课外活动计划，根据计划完成的情况由开始的家长督促完成，到慢慢地自主完成实现目标，看到这些成绩相信我们每个人都会感到欣喜。在人生的成长轨迹当中，不仅仅是接受文化知识的学习和道德品质的教育，还有必备的能力需要培养，相信经过前期的学习铺垫，我们将更加有信心地接受和完成更多的领导力素养的培养，在学习和体验中不断提升，自我完善，从而拥有领导者所具有的影响力及人格魅力，有担当、被信任。

——2019级4班　林润好

领导力之自我管理

2016级1班　罗天麟家长

2020年初，一场疫情使得孩子们被迫居家学习十四周，榉园各科老师带领孩子们开展了"自主学习""自主劳动""自主悦读"等一系列活动。老师们指导孩子们做计划、定目标、有行动、勤反思、争做"居家领导者"，让孩子在自我坚持中慢慢成长。

看到孩子在家自觉地学习，按计划完成各科老师的任务，孩子在一到四年级养成的良好习惯起到了重要的作用。作为家长心里也是美滋滋的。这也让我对学校提出的"人人是领导者"教育理念有了进一步理解。

每位家长无不对孩子抱有殷切期盼，父母都希望自己的孩子能很好地管理自己，同时对周围的同学产生良好的影响。这也就是自我领导力的体现。一个具有自我领导力的孩子，在未来的工作中更容易取得事业上的成功，成为更受欢迎的人。

自我领导力，是需要在学习和生活中一点一点坚持，一点一点积累，慢慢养成的自我管理的习惯。培养孩子领导力不只是在学校的时间，回家后家长的监督鼓励和孩子的坚持同样重要。父母不仅要注重孩子的学习成绩和良好的思想品德，鼓励他积极参加学校各项活动也同等重要，德智体全面发展了，孩子的自信心自然就有了，学习的积极性也就高了。

学校分六步有计划地培养学生的领导力：倾听力、自控力、表达力、合作力、反思力、规划力。相信按照学校的教育规划，榉园学子们一定都会有美好的未来。

我看"人人是领导者"活动

2016级2班　张盈爱家长

"人人是领导者"，这句令我耳目一新的话第一次听到时，我真是懵懵懂懂，想现在的一些口号真会花样翻新，不以为然。可当孩子看到我的反应知道我的想法，便撅起小嘴不愿意了："我们每个人都是自己的领导者，应该管理好自己，学校将会开展一系列活动，都是为了提升学生的全面素养。"孩子振振有词地说。在接下来的一项项活动中，孩子给了我惊喜并且我看到了希望。

时间飞快，孩子在学校安排的紧张有序的学习生活中收获了知识，小小的心田得到了老师们春风化雨般的滋润，围绕提升领导力的活动也丰富了孩子们的精神世界，提升了孩子们的全面素养。每学期学校开展的特色活动"小脚丫走青岛"，老师循循善诱地指导，家长们热心地配合，孩子们发挥主动性的自我规划，并且分工合作解决问题，不但使孩子们懂得了合作共赢的道理，还增长了知识、开阔了眼界。

触动我最深的就是"争做居家领导者"活动。2020新春，突如其来的疫情让孩子们不得不居家学习，这让家长们很发愁：没有老师的管教，孩子哪能管好自己，岂不是成了"野孩子"。可学校又给家长们解决了后顾之忧，在十四周的居家学习中，学校每周都根据孩子的实际，扎实有效地开展了一系列活动，做到有评比有督导。孩子不断完善居家计划，并坚持实践完成，自主锻炼，自主劳动，自主阅读，每天都安排得井井有条。每天的网课时间，孩子都认真聆听，勤做笔记，按时保质保量完成老师的作业，一些不懂的地方看回放再学习和家长探讨，不让老师们辛苦认真准备的知识付诸东流，从中也能感受到孩子对老师们的感恩之情。

通过一次次活动，我也深刻地认识到"人人是领导者"提升领导力的活动，锻炼了孩子们全方位的能力，犹如给孩子们插上了遨游天际的翅膀，无畏风雨，勇敢飞翔！

细微之处培养领导力

2016级3班 周景樾家长

爱看《三国演义》的人都知道，刘备虽说文不过曹操武不过孙权，但他却是一个优秀的领导者，具备优秀领导人的基本素质，最终能和曹操、孙权形成三国鼎立之势！领导力是领导者的个体素质、思维方式、实践经验及领导方法等综合体现。领导力是适应未来社会需要的必备能力！

作为家长，我们要培养孩子树立领导意识，传授给他们相关的领导技能，正面引导孩子，激发他们的上进心。

首先，培养孩子的自信心。在家里，家长不要像孩子的保姆似的无微不至地照顾他们，要让孩子有发言权，试着让他们自己做主，培养独立性。当遇到困难时不是责怪，而是鼓励孩子不要退缩，找出原因，克服困难，敢于挑战。要信任孩子，让他知道"我能行"，学会应变能力。当努力过后，达成目标时，孩子就有了成就感。我会通过生活中的一些琐事来锻炼女儿，让她做自己真正的主人，给她安排事情，让她自己决策，我们家长只是一个积极而热情的参与者、支持者、鼓励者。给孩子犯错的机会，因为这是一个总结经验、吸取教训的机会。在一次次锻炼中，我发现女儿有了责任感、主动性，有时间观念，有较强的观察力和创造力。在生活的"磨练"中，提高了她的领导力！"不经一事，不长一智"，人的成长一定要从生活的实践中得来。

其次，鼓励孩子积极参与学校和社会活动。我的孩子是三年级下学期转入青岛榉园学校的。在之前的学校是大队委员。她很要强，新的学习环境给她带来了一定的心理压力，作为母亲我能及时发现孩子的情绪变化。经常找她谈心，女儿的情绪慢慢稳定下来，自己还认真准备了班级中队委的竞选材料，在同学们面前自信地展示，通过投票，最终顺利当选在之后的班级工作中得到了老师和同学们的认可和好评！每学期学校有"小脚丫走青岛"的活动，这是学校的一个亮点。女儿在"走进老舍和康有为故居"一期活动中，被选为组长，她带领组员积极参与其中，策划、组织、管理、实施。大家各司其职，各尽其责，在成果展示报告会上，他们组脱颖而出，领导力在活动中逐渐发展起来。学校的活动丰富多彩，孩子一直积极参与，每学期都能取得较高的领导力分数。我们还经常带孩子参与一些社会活动，特别是公益活动，带着她去慰问贵州大山里的平坝小学学生，去看望江西婺源程村小学留守儿童，跟着微尘探访黄岛贫困儿童、慰问青岛劳模……从小培养她"心中有他人，心中有祖国"的精神，参加这些活动还增进了亲子关系，培养了孩子对社会的认知感，也培养了孩子的爱心奉献以及向善心理，让孩子充满正能量！

再就是，要帮助孩子树立自身良好的道德形象。家长要学会倾听和了解孩子，要尊重他们。培养孩子明理践行、勤奋好学、争取成绩、坚持真理、明辨是非、自强自勉、自立自主，树立良好的责任担当形象。树立自我形象很重要，平时要养成读书习惯，书中包罗万象的知识，可以使人更充实、丰富，使思想训练、境界提升，对人的言行举止，处事方式都有益处，对领导力的培养有重要作用！

孩子的成长过程也是家长的成长过程。家长的教育理念也日趋科学化、时代化。关注孩子学业、能力并重。家庭文化是传统文化的堡垒，也是文化冲突的避风港。在家庭生活中有目的地进行孩子领导力培养与训练势在必行！

在品味中成长

2016级4班　赵文琦家长

没有阳光，就没有万物的生长；没有雨露，就没有百花的芳香；孩子点滴的成长与进步得益于学校的教育和培养。学校以国际前沿的办学理念为引领，注重在教学和实践活动中进行领导力特色教育。领导力是什么？即规划力、倾听力、自控力、表达力、合作力、反思力六种能力。围绕领导力六项修炼，把它们融入日常学习生活中，领导自己、团结合作、影响他人。

自入校以来，孩子在老师的引领下，上课时能做到认真倾听，积极发言，勤于思考，善于表达。课后独立完成作业，自觉复习老师课堂讲授知识，每天坚持练字，书写有了很大的进步。每晚读书交流打卡活动已经成为学习中不可或缺的重要组成部分，在养成良好的读书习惯的同时，逐渐激发自身求知欲，孩子变得优秀而自信，潜移默化中领导力教育理念逐步展现。

在每年开展的"小脚丫走青岛"活动中，从开始的老师主导策划孩子积极参与，逐步演变成为孩子自己策划有序开展。孩子们分组讨论，各抒己见，团结合作，踊跃发言，为活动建言献策，个个都是策划师，人人都是领导者，进一步培养了孩子们的团队合作意识，有自信的积极面对困难和挑战，突出领导力教育理念的科学性和前瞻性。

2020年的寒假，因为疫情变得非同寻常，学校遵循"停学不停课"的原则，精心为孩子们制订了延迟开学自主学习和居家学习自我领导力提升计划，安排的线上教学内容丰富、形式多样。孩子合理安排时间制订自己的学习目标及计划，有效开展学习，做到自律，实现了自我领导。居家学习期间，孩子将学习生活安排得井井有条，处处展现出榉园学子自身的倾听力、自控力和规划力优势，进一步彰显领导力教育理念的重要性和必要性。

每年假期的戈德堡实验活动，充分发掘和提高了孩子的创造能力。鼓励孩子发挥想象力，开拓思维，动手实践，边玩边学，在玩中学，在学中思，以科学实践鼓励孩子独立思考，提出自己的想法，最大限度地激发孩子的学习欲望，达到科学教育的最终目的。实践的检验强有力地证明了领导力教育理念的合理性和务实性。

我们家长因选择榉园倍感荣耀，庆幸孩子能够成为榉园人，期待在领导力教育理念引领下，孩子能够在积极参与中学习领导力，在团结合作中提升领导力，在互学互助中践行领导力，做有品位的榉园少年，成为未来生活的创造者。

寓教于乐 寓学于乐

2018级2班 胡馨予家长

在孩子的学习方面，作为家长，我总会拿出百分之百乃至百分之二百的精力，但往往感到事与愿违，达不到预期。孩子的进步不大，反而还增加了她的负担。我时常翻阅资料也请教过许多家长，始终没有找到合理的解决方案，一度使我感到困惑迷茫。到底应该怎样引导孩子学习，帮他提高学习效率呢？

一次偶然的发现使我眼前一亮，仿佛看到了希望。一天，孩子在家弹钢琴，练得很认真，时间也够长，但弹到某一小节时，总是不准确，她反复弹，反复错。她急我也急。作为家长的我，实在有些不忍心，就让她停下来，去跟弟弟玩会儿。玩了一阵儿，就听到她又跑回琴上连弹了几遍竟然一点错都没有。原来她是在和弟弟玩"小老师"的游戏，她想尽办法，教弟弟哼唱这首曲子的过程中，竟然发现了自己练琴的误区。我恍然大悟，玩是孩子的天性，应该在玩的过程中积累更多的知识与经验。

例如，自然界中的许多动物在幼年时，它们一起嬉戏打闹。看似在玩，其实是在学习和锻炼生存的经验，为其将来成年后建立强大的族群、保护其广袤的领地打下坚实的基础。然而，人工饲养下的动物却没有这样的童年，当它们回归自然界时就很难生存。这使我有所感悟，是不是应该利用好孩子爱玩的天性？如果让她玩得开心，她便可以学得更好，效率更高呢？于是，在疫情长假期间，我就有意识地让她玩、带她玩、陪她玩，甚至还曾经逼她玩。一段时间下来，结果出人意料，孩子的学习效率有了显著地提高，就连性格也变得更加开朗了……

我在想，这应该就是寓教于乐、寓学于乐的哲理所在吧！

如何正确认识学生领导力

2018级4班 姜山家长

随着2018年9月孩子进入青岛榉园学校，一个崭新的名词也从学校走进了我们的生活，那就是——学生领导力。

最初作为家长，我们对领导力的认识都很浅显，认为孩子自己学习好，有能力当个班干部，帮老师管理好同学们就行了。但是当真正参与了学校组织的关于学生领导力的各项活动后，才真正明白其中的道理。

学生领导力，并不是简单地强化学生的"官本位"意识，而是在倾听力、自控力、表达力、合作力、反思力、规划力六个方面进行养成教育，是素质教育的一种新角度、新途径。

2019年11月份学校开展"21天习惯养成行动计划"活动后，姜山在各方面的表现都有了质的飞越，并被评为学校2020年度上学期"领导力少年"。2020年寒假恰逢疫情，孩子们不得不在家开始居家学习。居家学习阶段姜山在自控力和规划力上的表现尤为突出，每天按时上网课，认真完成课后作业。与此同时，我们还帮助他制订了健身计划，在健身计划执行期间，从没有因为任何原因中断过，尤其是暑假期间的足球集训课，从来都是风雨无阻。说实话，作为父母，看到足球训练场内在大雨中奔跑的孩子，在炙热的太阳下奔跑的孩子，真的是非常心疼，但是当看到他向我们投来询问的眼神时，我们给他的唯有鼓励。这一切均源于曾经对"21天习惯养成行动计划"的承诺，对自控力的培养。复学后，我们通过与老师沟通交流，与孩子谈心，感受到孩子在合作力和反思力方面的巨大进步，他能替同学着想，能够积极反思自己的不足，看到同学的长处，积极配合老师与其他班委一起做好班级的各项工作，真正成为老师的得力小助手，以自己的实际行动感召同学，发挥真正的领导力作用。看到孩子的进步，明白学校煞费苦心的开展学生领导力教育的目的，我们不能让孩子缺失素质教育。

说到这，我想起我曾经看过一篇文章说：近几年申请常青藤名校的家长发现有很多孩子的SAT（学术能力评估测试）考了2300多分，甚至满分，也无法获得哈弗耶鲁等名校的青睐。反而是考了2200分的"中等生"却收到了名校的offer。对此，前耶鲁大学招生官解释说，类似耶鲁这类名校在录取过程中，除了要求成绩优秀外，极为重视对学生领导力的观察。"这种能力不是一蹴而就的，需要学生发掘自己的兴趣点，持之以恒，最终成为一个有主见、有影响力的领导者"。

希望榉园的学子们，珍惜一起学习提升的机会，并根据自己所长充分发挥自己的领导力。

细微之处见证教育之功

2018级1班　张竣然家长

人生是一场马拉松而不是百米冲刺。

当周围很多家长误把马拉松的起跑线当成百米冲刺起跑线的时候，他们总会在不经意间流露出心底的焦虑和不安。他们担心孩子的未来，过度在意孩子成长路上遇到的挫折和失意。他们一味地要求孩子勇往直前、勇攀高峰。惶恐之下，孩子慢慢变得谨小慎微，也倍感压力。原来幸福的生活，被一张张试卷所填满，眼睛里看到的只有分数和名次。

其实，不仅是孩子的人生需要合理规划，家长的观念也需要与时俱进。

身为榉园家长，我是幸运的。在儿子初次开始青岛榉园学校生活之前，我就参加了学校组织的新生家长会。在会上，我详细了解了榉园的办学特色和教育理念以及过往曾经取得的诸多成绩。我的很多育子困惑，也因这次家长会而烟消云散。同时，我也非常认可学校列举出的"十年树木，百年树人"的道理。学校将用六年的时光，借助领导力培育养成计划，为榉园孩子们的美好将来打下一个坚实的基础。

通过两年多的时间，我越发感受到领导力教育带给孩子的成长和改变。

首先，儿子树立了非常正确的三观，能够从道德根本明是非、辨黑白。这种改变体现在孩子生活中的一言一行。比如，我和他同行时，突然看到他会反复踩着地上的什么东西。看到我的疑惑表情，儿子会宛然一笑，告诉我说，是一个未熄灭的烟头。如果不把它踩灭，很可能风一吹，遇到枯枝树叶就会发生火灾。再比如，我们去年外出旅游时，在酒店餐厅发现一部被遗落的手机，孩子内心能在第一时间感同身受失主丢失手机的失落与着急，顾不上吃早餐，赶紧主动联系酒店工作人员，最终将手机交还失主手上。

作为一名父亲，儿子的这些举动无不带给我深刻的震撼。教育的目的不正是于此吗？儿子小小的行为背后，是学校领导力教育下那颗至纯至善的心灵啊。后来，儿子因为拾金不昧这件事，收到了失主写来的表扬信，还在学校升旗仪式上被学校授予礼仪领导者荣誉。那天，儿子回来特别开心，他兴奋地告诉我说："今天，薛校长亲自为我佩戴上荣誉徽章，丁老师还给我进行了领导力加分呢！"

正确地教育，施以恰当地引导，才让领导力素养在孩子们的内心生根发芽。

二年级上学期时，儿子班级举行过一次21天自我领导力目标计划活动。那次活动，我也记忆犹新。因为，二年级的领导力计划是培养自控力。于是，丁老师让孩子们写下自己贯彻"自控力"的引领指标，并通过家长和同学的监督，每天进行追踪并签字。孩子们原来的某些不良习惯，或很难坚持的优良习惯，通过这次活动的引导，逐渐变得规范和自律。儿子坚持看书、坚持探求新奇事物的习惯，也得益于那次活动呢。

哲学家培根曾说：习惯真是一种顽强而巨大的力量，它可以主宰人生。因此，人自幼就应该通过完美的教育，去建立一种好的习惯。而青岛榉园学校通过领导力教育的完美实践，让孩子逐渐养成生活中的良好习惯，真正实现了学校所倡导的"培养高品位的未来生活创造者"的教育目标。

细微之处见证教育之功，关于领导力下儿子的改变还有很多不胜枚举的故事。最后，我代表所有榉园家长为学校的领导力教育点赞！

榉园系列领导力活动之我见

2018级5班　王艺硕家长

　　领导力是孩子未来最核心的竞争力，但是领导力不是与生俱来的，培养孩子领导力必须从小开始。我们青岛榉园学校组织的一系列培养孩子领导力的活动，让我们切实看到了孩子的成长。

　　校园领导力展示日活动，孩子们自己的活动自己做主，从筹备策划、角色应征、自主排演、发出邀请、展示自我，无一不展示了孩子们的博学风采，你们就是自己成长的主角，我们为你们点赞！

　　领导力训练营活动，从"讲故事""实践体验""收获反思"三个环节，让学生干部们理解合作的重要性，通过参与此次活动，使学生干部们懂得了合作的重要性，学会了合作的方法与技巧，感受到了合作带来的快乐！

　　学生居家领导力提升经验分享活动，我们看到了优秀的"居家领导者"们是如何严格要求自己，自觉自律、自我管理、自我督促，是他们提升领导力的"秘诀"，这是我们作为家长要帮助孩子去学习的地方，我们要积极培养孩子学会自律、主动学习，在反思中成长，于分享中收获。

　　"小脚丫走青岛"活动，展现了他们精彩的实践活动成果，约会八大关，听老建筑讲话，走进名人故居，树立保护古建筑思想，探索贝壳博物馆，学习海洋知识，遇见海藻科技馆，探索海洋……这一系列活动，不仅让孩子们探究了海洋奥秘，还了解了青岛建筑的独特魅力，丰富孩子们的知识、眼界！

领导力伴随学生成长

2018级3班　于昕宜家长

　　始于2020年初春的一场新冠病毒疫情，让所有的家长和孩子们一起经历了史上最长的一次寒假。不能出门，不能回到学校，网课这个新鲜事物应运而生。对于低年级的孩子来说，如何利用好网课资源，跟上学习进度，做好自我管理变得尤为重要。

在这段特殊的时期里，我们着重从学习计划的制订，学习习惯的养成，以及时间管理能力的提升等方面帮助和引导孩子，力求停课不停学的宗旨能够真正落实。从最初的不熟悉，不适应，到后来每天晚上我们下班回家，一进门，孩子就迫不及待地向我们展示着一天的学习成果，任务单、手工作业、绘画作品、科学实验……一件件摆在眼前，是展示，更是一种炫耀，是对自我管理一天成果的自信的宣扬，作为父母，也被这种成长的力量深深触动。

在这里，真的要感谢所有的老师们，为孩子们精心准备了每一科目的网课内容，除了课本内容，还有好多体验式小彩蛋，我们跟孩子一起进行了各种类似节日食品制作，科学实验等既有趣又有知识收获的体验，极大地丰富了孩子居家学习的内容。

看到孩子眼中日益增长的自信，我感受到，从居家学习的体验里，她得到了更宝贵的自控力，自我管理能力等各项领导力的提升。在这样的年龄，这段特殊的经历，相信能够带给她值得一生珍惜的宝贵体验。

帮助孩子养成良好的学习习惯，培养其时间管理以及自我管控的能力，从每天不间断的重复与坚持中，最终我们一定会看到孩子的进步。相信每个孩子，都是会发光的金子。

世界，我们来了

2015级3班　高紫菡家长

怎样培养孩子认知世界的角度？怎样打开孩子的视野和胸怀？怎样给孩子打好基础，累积知识，有明确的价值观，科学观，从认知到创造，兼容并蓄，成为时代洪流中的领导者呢？所谓"合抱之木，生于毫末；九层之台，起于累土；千里之行，始于足下。"孩子的成功教育从好习惯开始。青岛榉园学校的学生领导力培养教育，从合作力、表达力、自控力、倾听力、规划力、反思力六项修炼着手，对孩子好习惯的养成，自控自律的提高，德育的完美塑造，创造力的提升，孩子潜在才能的激发各个方面影响深远。社会日新月异，教育也要与时俱进，刻板的、模式化的灌输式教育，已经无法满足在信息爆炸大环境下成长起来的新一代少年。青岛榉园学校的领导力教育就是一个先进的教育拓荒，另辟蹊径，让孩子一点一滴从规划自己日常学习生活开始，先做自己的领导者，在责任和担当的基础上引领孩子成为明天世界的主人！这种潜移默化的渗透，助力学生生命成长，培育学生素养，为孩子树立起良好的规范意识，是孩子人生路上的航向标，是造就孩子第二天性的土壤。

青岛榉园学校的领导力养成教育，让我们做家长的耳目一新，孩子自己制订学习和生活计划，稚嫩的触角努力地伸展，成长道路上奋力奔跑，虽然每个人摔倒和站起来的姿势不同，但是每一滴挥洒的汗水，每一抹青春的身姿，都是一道亮丽的风景线，明媚耀眼，如雨后的彩虹，让我们看到了未来无限的可能性……我们看到了孩子潜在的能量，认识到放手让孩子做力所能及的事情，以及对孩子给予充分的肯定、信任、鼓励和表扬是多么重要。在这个过程中，我们随着孩子的生命体验共同成长，这种融洽和贯通，使我们都如沐春风，这是不是另一种形式的"润物细无声"呢？

孩子的进步不是一蹴而就的，好习惯的养成也不是一朝一夕的事情，我们做家长的很感谢学校这种高瞻远瞩的教育理念，给了学生们美德美育的良好起点。志不立，天下无可成之事，相信这种着眼于孩子未来的育人方式，就是孩子将来攀登高峰的阶梯，是孩子将来翱翔的羽翼。当孩子以"一屋不扫何以扫天下"立志时，我知道她心里的一棵树已经悄悄地发了芽，我们只需认真灌溉，静候繁花满树……

"大鹏一日同风起，扶摇直上九万里"，愿这领导力的教育新风暴，就是将来每个孩子扶摇直上的助推力，孩子们，加油！

润物细无声

2015级2班　颜熙程家长

作为青岛榉园学校学生的家长，非常荣幸谈一谈这几年家庭教育和学校教育相结合的感受和心得。

回首孩子在青岛榉园学校学习生活的这几年，自己也经常会庆幸当初的选择十分明智。学校"以学生为中心"的STEAM教育理念渗透到了孩子生活的各个方面，其中学校对孩子们的领导力培养，让我感受颇深。

谈起领导力，现在一些人容易理解错误，一说培养领导力可能就会想到要去做班干部，实际上这种理念比较狭隘。领导力研究专家科特讲过一段话："一个领导者必须正直，诚实，顾及他人感受，不把个人的利益摆在首位，否则人们就不会追随他。"可见一个领导人最重要的素质是具有吸引别人追随的个人魅力，其中，优良的品性以及团队合作的协调能力是必不可少的核心。青岛榉园学校在这一方面给学生们提供了很好的舞台，无论是悦动课堂、校外课题实践还是美术创意展，学生们都有自己的主题，充分发挥自己能力，去展示自己学习之外的方方面面。

从孩子一年级开始，学校的各种活动激发了孩子的兴趣，也让她增强了自信心，学校的各种领导力银行和积分也激发了孩子的上进心，这种在学校的互动也渗透到生活中，孩子能够积极主动地承担分析事情。作为家长真的很欣慰。

学习是一辈子的事情，而学校也不仅仅是一个学习的地方，看到孩子的进步和成长，作为家长我感到很欣慰，也会紧跟学校的步伐，共同进步。

在学习中共同成长

2015级4班 赵若溪家长

作为2015级学生的家长，有幸参与了学校领导力培养的项目。在这个项目中，学校作为指引者，家长作为陪伴者共同见证了孩子的成长。

作为好的陪伴者并不简单，人民日报曾经刊登过一篇文章《教育改革要从家庭教育开始》，其中把家长分为了五个层次，分别是：舍得为孩子花钱、舍得为孩子花时间、开始思考教育目标、为教育孩子而提升和完善自己、尽己所能支持鼓励孩子成为最好的自己并以身作则。但是在现代社会紧张的工作环境下和初为人父母的经验不足中，我们总是不能够很好地一次性解决问题，甚至方向也找不准，那怎么办？在这个时候，学校推出的领导力项目，就让我们家长和孩子有了很好的成长扶手，在这个过程中，作为家长的我可以感受到学校在无形中也助力我们成为高阶层的家长。

家长对待领导者任务的态度决定了孩子参与的态度，家长在面对困难时的情绪就是未来自己孩子面对困难时的情绪，家长对待事情的方式方法、沟通方法就是孩子潜在的发展方向。孩子是父母的一面镜子，所以通常在领导者过程中，发现了孩子身上的问题时，要想能更好地解决，我首先都会先反思自己，这个问题到底是我的问题还是孩子的问题，对症下药远比一剂无用的猛药要强得多。

另外，作为陪伴者，增加了我们和孩子共处的时间，这些共处的时间加深了父母对孩子的了解，可以互相体谅，而这些在我看来为人生中遇到其他问题时提供了一个好的基础，如孩子的青春期和家长的更年期，如果我们在这之前就已经有共同成功解决家长和孩子冲突的方法，那么我们就可以信心十足地面对这两个让大家闻之色变的年龄阶段。

最后，我想，领导者项目就像一个纽带，把学校、家长和学生连接在一起，三者的合力成为学生发展的动力，增加了家校的合作，增强了凝聚力。

独行快、众行远。愿每一个孩子在学校和家长的助力中能更好地迎接未来。

追求梦想，追求卓越

2015级1班　李雨桐家长

作为家长，我非常理解学校培养学生领导力的初衷。让孩子在学业进步的同时，也可以与身边人做好团结，友善互助。我认为领导者的地位首先是服务于他人的一种形式。能够很好地服务于他人和以身作则，是成为优秀领导者的两大要素。

我相信每个人都渴望自己拥有强大的领导他人的能力，让别人追随自己。可以说，一个人能够取得多大的成就，直接取决于领导他人的能力。然而，衡量一个人领导力的真正尺度是个人影响力，如果没有影响力，不可能真正领导别人。

真正的领导力往往源自一个人的内在，一个人拥有强大而迷人的人格魅力，他（她）便会吸引越来越多的追随者，因为人们通过与他的交往，能够真切地感受到他性格中深层次的东西。

领导力的提升是日积月累的结果，绝不会一蹴而就。日常需要严于律己、坚持不懈、高度自律，最终会吸引更多人的追随，从而提升自己的领导力。

信任是领导力的根基，是重中之重。作为领导者，不可能一次又一次失信于他人，却还保持对他人的影响力。品格是信任的根基，而信任是领导力的根基。如果一个人内在没有优秀的品格，则不能够获得外在的尊重，而尊重对于保持长久的领导力是至关重要的。

凡事之兴衰成败皆系于领导力。生活中越努力，就越能发现领导力的作用，提升领导力的水平，追求梦想，追求卓越，实现自己的梦想。

变化源于培养

2015级5班　梁穗尔家长

我是2015级5班的一名学生家长，自从孩子成功竞选成为学校大队委员并参加领导力训练营以来，能够切实感受到孩子发生的成长变化。

时间管理者：在疫情期间居家学习时，孩子能够在前一天安排好第二天的学习和生活重要事项，并在第二天基本按照计划完成学习和生活计划，也基本能做到集中精力学习，劳逸结合，提高效率。

礼仪倡导者：孩子在日常生活中，待人接物、朋友交往都能够做到懂礼貌、知礼仪，懂得尊老爱幼、团结同学、宽以待人。

规则践行者：孩子现在非常了解并重视学校和其他公共场所的基本规定，能够做到时刻遵守，并提醒身边的人重视和遵守规则。

沟通能力加强：沟通是消除障碍最好的方式，孩子自从参加了领导力训练营以来，沟通能力得到了锻炼和加强，更重要的是孩子现在有了沟通的意愿，知道通过沟通解决问题。

责任心：再强的能力都需要责任心来保驾护航，孩子现在十分重视老师安排的任务和平时的学习，基本能在第一时间完成，大队委的工作也能够尽其所能地去完成，责任心有明显提升。

作为一名家长，我很乐意、很欣慰看到孩子积极的正向变化，这些与领导力训练营老师的教导密不可分，长期坚持领导力训练定能让孩子在以后的学习、生活和工作中受益匪浅，感谢学校给予的机会，感谢老师的辛勤教导，祝愿学校领导力训练营越办越好。

起步领导力

2019级1班　徐紫涵家长

从一年级入学，学校就有一个特色鲜明的主题活动，叫作领导力少年，这个活动将贯穿一至六年级的全部阶段，引导孩子一步步完成。还记得一年级上学期的主题是倾听力，就是让孩子自己设定几个分段小目标来达成一个阶段性的大目标。其实对一年级的孩子来说，并不能很好地理解倾听力和领导力是什么意思，但是当大目标分解成一个个的小目标的时候，要求变得具体了，既易于理解，又容易做到。就像通关打怪一样，最终目标的达成变得力所能及。

平时，我会耐心地跟孩子一起分析要做的事情是一件什么样的事，是必须做的事情，还是不能做的事情。必须做的事情是绿区，不但要做，还要做好，如去幼儿园、去学校、完成作业等；不能做的事情则是红区，如接受陌生人的食物、闯红灯等。必须要做的事情不一定是自己喜欢做的事情，但是，如果自己不喜欢的事情却是必须要做的事情，那的确会很不开心的，所以我会跟她一起来想如何将必须做的事情用快乐的方式去完成。我不会跟她讲学习是快乐的，我会告诉她学习是非常辛苦的，经常需要无数次的练习，并且，有时即使经过反复的练习还是没有获得预期的效果。但是，我们可以寻找快乐的方式去学习，如用唱歌的方式来背诵唐诗，用玩游戏的方式来学习数学。也正是因为划定了绿区与红区，在红区以外的范围内，孩子可以选择自己喜欢的方式去完成，给了她最大的自由度，锻炼了她的自主性。

做好必须做的事情，勿以恶小而为之。也许就是这两条看上去最简单的要求培养了她的自律，也刚好就是领导力少年中所传达出来的自己做自己的主人，自己管理自己，自己领导自己。

领导力与竞争意识

2019级2班 陈博远家长

犹记得新生入学家长会上，老师问道："在座的各位家长，请说说'什么是领导力？'"有家长说，领导力就是领导别人的能力；有的说，领导力就是带领大家做事的能力，还有的说……一时间大家众说纷纭。老师听后笑答："领导力，首先是领导自己的能力而不是领导他人的能力，只有具备了自己领导自己、约束和提升自己的能力，才能去领导他人、引导他人，而这种能力必须是从小培养的，我们青岛榉园学校非常注重对孩子们自我领导能力的培养和教育……"

老师的话言犹在耳，如今儿子陈博远即将升入二年级，入学这一年中，孩子的自我领导能力、约束能力、规则意识，甚至竞争意识等方面果然快速成长。学校对孩子领导力课程的设计别具一格，处处渗透于无形。孩子会对我说班里民主投票评选"品味少年"的过程和感受，第一次评选因一票之差落选了，他主动跟我分析原因，认真地想评上的同学身上的优点，找出自己的差距，他会告诉我他最近哪些方面表现不好，而谁在哪些方面表现特别好，大家都喜欢他（她），以后也要跟他（她）学习，等等。我静静地听着，孩子在学校当中的小小形象，通过他的描述在我心里逐渐清晰和饱满起来，那是一种温暖的成长——在老师们的温暖对待中，在学校的温暖教育中，孩子们也在温暖相融，共同成长！在疫情停课期间，学校也丝毫不放松对孩子领导力方面的教育和培养——"居家领导者计划"，让博远学会了根据学习和运动任务，每周自己分配时间、制订出计划，我们负责督导他按时完成、并让他自己进行评价，然后再帮助他分析、给出我们的意见供他参考，几周后我明显感觉到他的自主学习能力和自我领导的主人翁意识有了很大进步，如遇到完不成计划时，他会主动跟我沟通，说明原因，并想办法做出更为合理的调整，这时的他会像成人般思考和修正，模样专注而迷人……这是令人惊喜的变化，是我们以前一直希望看到的结果。

这一年来，我经常跟周围的人感慨，幸亏当初选择并有幸来到了青岛榉园学校，这样的用心关注的是孩子的一生，而不仅仅局限于当下，这样的教育处处体现出人文情怀和责任担当，彰显出品位。相信在接下来的时光中，浸润在榉园的孩子终会成长为一名出色的少年！

领导者的养成

2019级4班 张博涵家长

学校是孩子的摇篮，孩子是家长的希望，家长便是互通希望的桥，三者的紧密结合建立起了家校关系，而最能稳固这种关系的核心便是与学校教育理念的共识，如学校开展的"人人是领导者"主题活动，作为家长，我切实看到了学校在领导力教育培养方面的用心，并学习这种方式结合到家庭教育中，更有了深刻的体会和感悟，从而让孩子得到进步与成长。

家庭教育中，我会引导孩子自我认知，做最好的自己，同时尊重同学，在活动中学会与他人沟通，学会组织和协调能力，与同学互相学习，共同成长。要养成诚信、正直、谦虚、自律的人格品质，以自己的人格去影响他人。

在学习、生活中培养计划性和执行力，通过引导教育、谈话鼓励，与孩子一起制订"家庭21天学习计划自评表"，把家务劳动加入计划内，结合学校的"习惯养成计划"，设置可控的目标，使得目标具有可实现性，这样做的目的是积累每一点小的成功，最后逐渐完成目标，在完成一项计划后，孩子会主动进行后项，执行力也得到了提升。孩子期待每天的自评，从中尝到了"甜头"，顺利完成后的喜悦使得他越来越自律，愿意去自主完成目标，作为家长也可以放心地让孩子自己去做，给予肯定，从而有效培养了居家领导力。

以集体观念培养孩子的领导力，积极参与学校、社会实践活动，与同学、好友在生活学习中多互动交流，在沟通中锻炼表达能力，从而培养服务、组织、管理、协调、团队意识，培养责任感、使命感、正义感，适应社会发展的需要。

培养学生的领导力就是培养国家的未来，未来社会需要领导者的储备。学生领导力培养这个主题非常重要，也非常具有前沿性。它要从学校和家庭延伸，缺一不可。我很庆幸青岛榉园学校能领先开展此项教育活动，让孩子在活动中学习，在活动中感受和体会，在活动中锻炼成长，为社会造就优秀的新生力量！

居家领导力提升培养，让孩子成为时间的主人

2019级3班　王硕钒家长

2020年的寒假，因为疫情变得非同寻常。每个孩子，每个家庭，因为无法正常开学，都面临着全新的挑战。很庆幸我们的孩子，生活在青岛榉园学校这样一个有爱的大家庭。老师们不但时时关心着孩子们在家的生活，更是给了我们科学合理的方法。居家领导力提升培养课程，让我们原本杂乱无章的生活，让在家毫无头绪的孩子突然有了方向，有了目标。

通过这段时间的坚持与引导，我们欣慰地发现，那个每天醒来不知道应该先做什么、那个总是追在我们身后问我们有什么作业、那个玩儿到兴奋忘记其他事情的孩子真的变了。

每天早上，闹钟一响，孩子就开始了一天按部就班的忙碌。洗漱，吃饭，一气呵成。8点钟，当我们推开孩子房门，孩子早就端端正正地坐在书桌前，开始上早课。之前早晨的忙乱情形再也不见了。

因为课程丰富、生动，孩子上课的过程也完全不需要我们过多参与、管理。语文课朗读的声情并茂，数学课数独游戏的投入、着迷，英语课唱唱跳跳的开心，还有各种有趣的美术、音乐、实践课程以及科学实验时间……

因为喜欢，因为兴趣，每个时间段，每项任务，孩子都能百分百地投入其中，渐渐的，这些时间点与任务成了孩子的日常习惯。现在，孩子的时间观念越来越强，每天，孩子说得最多的话就是："几点了？我要开始上课了……几点了？我要去写硬笔书法了……现在是老师在线答疑时间……"

居家领导力的提升让我们的孩子有了看得见进步与成长，这个课程给了我们太多惊喜，太多收获！感谢青岛榉园学校，感谢老师们的专业与耐心！看着孩子一天天地变化，我们再也不需要焦虑、担心。我们唯一能做的就是尽可能地陪伴，和孩子一起享受时间管理与学习的乐趣、一起分享成长的喜悦！

图书在版编目（CIP）数据

品味·创造系列丛书 / 薛清主编 . —青岛：中国海
洋大学出版社，2021.5
ISBN 978-7-5670-2833-3

Ⅰ.①品…　Ⅱ.①薛…　Ⅲ.①科学知识—教学研
究—小学　Ⅳ.①G623.62

中国版本图书馆CIP数据核字（2021）第101581号

出版发行	中国海洋大学出版社
社　　址	青岛市香港东路23号　　　　邮政编码　266071
网　　址	http://pub.ouc.edu.cn
出 版 人	杨立敏
责任编辑	邹伟真
电　　话	0532-85902533
电子信箱	zwz-qingdao@sina.com
印　　制	青岛海蓝印刷有限责任公司
版　　次	2021年6月第1版
印　　次	2021年6月第1次印刷
成品尺寸	170 mm × 240 mm
印　　张	13.75
字　　数	286千
印　　数	1–2500
总 定 价	188.00元
订购电话	0532-82032573（传真）

发现印装质量问题，请致电0532-88785354，由印刷厂负责调换。

顾明远

北京师范大学资深教授，新中国比较教育学科创始人之一。多次担任国家及教育部重大项目负责人，先后撰写论文600余篇，著述40余部。由他主编的两部大型工具书《世界教育大系》和《世界教育大事典》，被誉为传世精品。

顾教授对青岛榉园学校的发展一直很关注，并为学校亲笔题写校名。本次《品味·创造系列丛书》的出版，顾教授题写了书名，总序也是顾教授所写。

教育学博士，华东师范大学教授、博士生导师。先后出版《课堂管理与沟通》《课程管理与课程评价》等学术著作。在《教育研究》等刊物发表"素质教育的目标体系构建"等学术论文140多篇。主持完成教育部社科基金项目、全国教育科学规划重点课题。

戚教授一直是青岛榉园学校的指导专家，学校的发展方向、办学理念，均由戚教授进行了高站位的引领。学校"十三五""十四五"规划，戚教授也参与指导、把脉。本次《品味·创造系列丛书》的分序是戚教授所写。

戚业国

王毅

现任青岛丰源实业有限公司董事长、总经理、党总支书记、青岛榉园学校董事长。自1997始，连续多届当选青岛市人大代表、市南区人大常委会委员，先后被评为青岛市优秀共产党员、市南区优秀共产党员。

PINWEI · CHUANGZAO XILIE CONGSHU

品味·创造系列丛书

REN REN SHI CHUANG ZAO ZHE

人人是创造者

薛　清　主编

中国海洋大学出版社

·青岛·

编 委 会

总 序

第十三届全国人民代表大会第四次会议通过了《中华人民共和国国民经济和社会发展第十四个五年规划和2035年远景目标纲要》，提出要建设高质量的教育体系。

什么是高质量的教育？就是全面贯彻党的方针，坚持社会主义办学方向，办好人民满意的教育。

对于学校来说，高质量教育就是要办好每一所学校，教好每一个学生。要教好每一个学生，就需要了解每一个学生的天赋、特长、爱好。大家都知道，每一个学生的天赋不同、性格各异，生活的环境也各不相同，教育要因材施教，所以我认为，适合每一个学生发展的教育才是最好的教育，最公平的教育。学校要营造一个生动活泼，让每一个学生都能健康成长的环境。

立德树人是教育的根本任务。小学阶段是基础教育中的基础。基础教育要打好三方面的基础，即身心健康发展的基础、终身学习的基础、走向社会的基础。这就是小学教育的本源。

当今科学技术日新月异，国际竞争日益激烈。国际竞争说到底是人才的竞争。今天的教育是要培养实现第二个百年奋斗目标的人才。只有具有理想信念、扎实学识、奉献精神、创新能力的人，才能担负起实现强国的重任。

青岛榉园学校是一所民办学校，在青岛丰源实业有限公司董事长王毅、青岛榉园学校校长薛清的带领下，经过多年探索，确立了以"培养有品位的未来生活的创造者"为育人目标，聚焦于"领导力、创造力、思考力"的培养，使每一个学生做未来生活的创造者，培养有道德坚守、有理想追求、有学习能力、有开朗性格、有生活情趣和审美素养，能掌控自己情绪并持续自我激励的学生。经过几年努力，已经取得了可喜的成效。

　　这"三力"的培养目标都很重要。当今是创新的时代，具有创造力才能适应时代的变化。要创造就要思考，思考出创新。我们的教育就是要培养学生的思维，教学的本质就是培养思维。一堂课好不好就是看它能不能启发学生的思维。至于领导力，并非当干部做领导去领导他人，更重要的是领导自己，了解自己的优势和劣势，能够掌控自己的情绪并鼓励自己与他人交往、沟通、合作，在团队中用自己的言行影响他人。

　　《品味·创造系列丛书》就是青岛榉园学校几年来办学经验的总结。青岛榉园学校定会再接再厉，在新时代迈向新征程，谱写新篇章。

顾明远

2021年3月23日

序

创造让生活更美好

我们所处的世界正在发生百年不遇的大变局。其中，最为重要的推动力是科技进步全面改变着人类的生产和生活方式。科技成为社会财富的最重要来源，成为国家竞争力的核心。科技进步的根本是持续不断的创新。从科技发展到人类文化与文明，创新创造已经成为当今社会全面发展的不竭动力。未来社会创新创造无处不在，每个人都面临创新创造能力的考验，创造力已经成为每个人核心竞争力的主要来源，是应对未来的关键能力。

很多人把创造力看得非常神秘，认为是伟大创造者特有的能力，似乎与普通人关系不大。其实，这是一种误解。创造力是人人皆有的能力，只是不同的人创造力不同罢了。创造力虽然受个人天赋影响，但是是可以培养的。尤其在个人成长的早期阶段，通过适当的创造力训练，可以在很大程度上提升和发展人的创造力。

有人说孩子是天生的发明家，儿童早期的思维特质更接近创造的要求，随着社会化程度的不断提高，头脑中的思维定式和规范越来越多，影响了创造力的发展。因此，如何更好地保持早期创造特征，并结合学校教育，对提升创造力具有重要的现实意义。小学阶段对人的创造力发展尤其重要。学生好奇心的持续发展、探究与实践活动、思维方式训练等都可以较好地发展学生的创造力。因此，在小学阶段开展适当的创造力训练，可以更好地保持和发展学生的创造天赋。

青岛榉园学校很早就注意到了这一点。在专家的指导下开展了系统的创造力培养训练，从创造思维训练到"小脚丫走青岛"，从家庭小妙招到戈德堡比赛，通过课程与方法学习、校园活动、社会实践等多途径对学生进行创造力的培养和锻炼，取得显著成效。

《人人是创造者》是青岛榉园学校开展小学生创造力教育的探索与实践的总结，汇集了学校创造力教育的主要经验与做法。正如题目所称，其特点是面向每一个学生，全体学生参与、结合教育全过程、从校内到校外全空间，在点点滴滴的教育活动中潜移默化地影响着学生的创造力。这样的活动将在每一个孩子心中埋下创新创造的种子，相信在未来的成长中一定会生根发芽并结出创新创造的甜美果实。

2021年4月10日

目录
Contents

第一章

创造力

—— 创造未来生活的必备能力

学校一直将"品味·创造"作为办学理念，以培养有品位的未来生活的创造者为育人目标。通过学校老师、学生、家长的共同努力，使学生积极成为美好生活的创造者。

创造力是学生发展的关键能力，我们要保护学生的创造性思维，保护学生的想象力，给学生提供创造的空间，注重学生的个性化发展，着力发掘学生的特长和优势，促使学生能够在全面发展的前提下，学有所长，为其以后的学习和方向选择奠定基础。

每位学生都有创造的潜能，未来是由学生创造的，培养每一个学生主动地去选择生活、去创造生活，利用人类文明的全部成果让生活更加美好、让人生更加精彩。因此，无论从当今社会的需要看，还是面向未来的竞争挑战，学校必须更新教育观念，充分认识到提高学生的创造力在基础教育中的地位、作用。

第一节　创造力是学生发展的关键能力

当今社会是一个信息社会，在信息化和国际化的背景之下，民族的创造力从根本上决定着国家的前途和命运。在当今时代建设创新型国家的要求之下，杂志、电视、广告、网络上各式各样的视觉影像充斥着人们的头脑，学校在培养学生各类应试教育能力的同时，应该挖掘学生的各种潜能，重视对学生的兴趣和创造能力的培养，通过各种方法来发展学生的创新思维，来提升学生的创造力。

什么是创造力？为什么人类有创造力？为什么学生要有创造力？为什么创造力是学生发展的关键能力？这一系列问题，是学校在培养学生的过程中需要重点了解与解决的问题。为了帮助大家快速地了解创造力，我们先通过一个小案例来帮助大家了解一下。

在一个瓢泼大雨的下午，一位小学生放学回家，虽然这位小学生身着雨衣，但是雨衣贴着裤腿，雨水顺着雨衣灌满了他的两只鞋子。于是，他有了这样一个想法："能不能让雨衣不贴在身上呢？"

有一次，他和父亲去观看演出，演员在舞台上跳舞，不停地旋转，裙子下面的裙摆像雨伞似的，可以撑开。他的脑海中立刻闪现了让雨衣不贴身的想法，"让雨衣像裙摆一样张开，就可以不再让雨水往鞋子里灌了！但是走路又不能旋转，该怎么解决呢？"回家后，他看到了家里的游泳圈，他想：把雨衣下边做成游泳圈的样子，不就能撑起雨衣了吗？也可以解决灌水的问题了！好的想法、好的创意帮他解决了难题，"充气雨衣"也在这位男孩的细心观察、大胆创意下诞生了，他还因此获得了第一届全国青少年科学创造发明的一等奖。

由张开的裙摆联想到不贴身的雨衣，通过分析、比较、概括等思维活动，获得了出人意料的结果。通过以上的故事，我们可以发现所谓的创造力，是指人们在创造性解决问题的过程中表现出来的一种个性心理特征，是根据一定的目的，运用一切已知信息，产生出某种新颖、独特、有社会或个人价值的产品的能力。一个人的创造力，跟他未来观看世界的方式和解决问题的方法是挂钩的。具备创造力的人常常能以独特的视角，发现一些同龄人难以发现的事情，这会给他们的知识积累，以及未来的工作能力加分。美国心理学家保罗·托伦斯更是给出了具体的结论：创造力与成就有正比的直接关系。具备创造力的人在面对问题时，能轻易找到最佳的解决问题的方法，并且颇具创造性，这是他们拔尖的先天条件。所以，我们应该重视学生天生的创造力，保护学生的想象力，让创造力成为学生未来生活的关键能力。

一、保护学生的创造性思维

首先，要保护学生的创造性思维。创造力的核心是创造性思维能力。在小学阶段中，我们能发现低年级的学生由于未受任何约束容易有创造性思维，也常常表现出创造力和尝试精神。在日常教育教学中，也能找到与下面相似的情景：一位女同学拿着蜡笔到处涂抹，书皮上、书包上、墙面上；一位男同学把课本、铅笔、尺子、橡皮组合起来拼成了一种"武器"；一位男同学用书包堆成一座"小山"，跟老师说火山马上就要喷发啦；一位女同学指着一大朵白云说："老师，你看这个云彩是一座城堡！"；一位男同学把其他同学丢弃的纽扣、彩纸用双面胶粘起来，跟铅笔盒一起粘成了一辆"小汽车"……创造性思维过程通常是由问题引起的，学生对某一问题感兴趣，思维就积极活跃起来，所以培养学生的创造性思维，需要引导学生善于发现问题，及时解决问题。

创新思维不是天生就有的，它是一种技能，可以通过人们的学习和实践不断培养。

学生有多种形式的思维方式，如抽象思维、概念思维、逻辑思维、形象思维、意象思维、直感思维、社会思维、灵感思维、反向思维等，创新思维是其中一个，也是最重要的思维。那什么是创新思维呢？创新思维的概念，目前在学术上并没有统一的定义。用不同角度、不同的理解，可以总结为在别人司空见惯、习以为常的事情中看出问题，经常表现出一些标新立异的能力。不受常规思路的约束，寻求对问题全新的、独特的解答和方法的思维过程，是一种具有开创意义的高级思维活动。创新思维是相对于传统性思维的，美国著名的教育心理学家本杰明·布鲁姆把思维从低到高分为"记忆、理解、应用、分析、评价、创造（运用）"六个层次，如果把这六个思维排列在金字塔上，金字塔的最高层是"创造（运用）"，创造性思维是所有人都有的，学生发展的关键能力就是拥有创造力，所以要保护学生的创造性思维，跳出原来的思维轨道，使学生学会灵活地多方面思考。

二、保护学生的想象力

西班牙画家巴伯罗·毕加索曾说，每个儿童都是艺术家。保护学生的想象力对于培养学生的创造力是必要的。在艺术的世界里，学生可以无拘无束地想象，创造力也就随之产生，在提升创造力的同时，创造性思维就得到了提升。在五年级教材中有《提袋的设计》一课，看似平常的课程，美术教师巧妙地找出美术、数学、科学、语文四个学科的融合点，进行学科渗透、交叉与融合，以学生为中心，激发学生的学习兴趣，让学生针对问题展开大胆的想象，指导学生在探究中将各学科融会贯通地学习，在实践中发现问题、解决问题，提升学生的创造思维发展和综合素养。

该课程分为五部分：

第一部分，老师结合学校特色节日，提出"校园特色节日"提袋设计征集活动的驱动问题，学生通过了解提袋的历史，结合生活中个性化的设计，让学生自组团队，使学生明确课程的任务，在学生初步了解提袋最基本的用途及在生活中应用的基础上，通过自主合作、探究的方式，初识提袋的特点、结构，了解可以从外形、提手、装饰、图案等方面进行设计，开阔眼界，为之后的艺术实践做铺垫。

第二部分，数学老师首先带领学生对提袋的结构进行剖析，对于结构中的对应关系、对立面做深度的分析。学生通过对对立面的分析发现，原来长方体的提袋是最常用的；通过对提袋结构的分析发现，立体的提袋结构各不相同，于是进一步对于异形提袋进行了深入探究。如何将一张纸变成纸袋，学生也进行了各种尝试，最后通过画和折的方法创造性地完成纸袋的制作。在探究提袋实用性方面，学生发现手提绳子和手拉的地方成三角形，且三角形具有稳定性；学生还发现绳子的打孔处不能太往下也不能太往上，要适当，绳子越靠近上面，受力越大，越容易拉断，学生通过实验找到了最理想的提手打孔处的位置。根据各小组所选定的节日主题中提袋的用途，通过拆解——观察——设计的步骤让提袋从立体图形到平面图形，并将节日的特点融合在设计要点中，完成设计二稿，这些都是创造的过程。

第三部分，学生们根据设计的第二稿，尝试利用提袋的设计元素，积极参与提袋设计的活动。老师播放了一段提手的颜色、造型、图案都不同的提袋欣赏视频，给学生的创造提供了很大的空间，通过欣赏、分析其主要特征，进一步让学生学会用合适的图形、色彩以及巧妙的版面设计来突出节日主题。

在一系列的学习之后，学生完成设计三稿，针对不同的主题，学生的创造力逐步形成。有的学生以"学校美食节"为主题，一碗中式的面条为主要设计图案，利用面条长长的特点，将提袋提手部分设计成面条图案，与提手正好相契合，同时采用材质拼贴和线描的方式，整体色调采用青花的颜色，突出中国美食的特点；有的学生将整个提袋设计成圆柱形，用黄色卡纸和太空泥制成橙子和柠檬片，进行装饰，再将橙子的色彩赋予其中，将吸管弯曲的造型创意性地设计成了提手，并在提袋的内部设计了隔层，可以装多杯饮料，而且不会撒漏；有的设计的是"学校美术节"，在袋身上设计了一个带有五颜六色颜料的调色盘，将调色盘的提手设计成提袋的提手，在调色盘的下方运用红色的艺术字和墨绿的长条衬托，形成了鲜明的颜色对比；有的学生设计的是"学校科技节"，以科技工具为主要设计图案，以单色调为主，在整个提袋的上半部分，设计的是以机械蝴蝶为主的图案，并将蝴蝶的上半个翅膀中间的花纹进行了镂空，正好为提袋的提手位置，对于提手位置的确定，也进行了反复的试验；还有的学生设计的是"学校音乐节"提袋，以合唱音符为主要设计元素，巧妙地用音符作为提袋的提手，主要图案以高音音符和五线谱做连接，并将"MUSIC"这个单词拼贴在其中，更凸显音乐的主题。

第四部分，综合考虑学生的能力提升，让项目学习更有实效性，由语文老师带领学生进行提袋的推介，以"怎样写好提袋的设计说明"为一个大的驱动问题，学生进行构思，总结出从"内容、形式、语言表达"三个方面进行语言组织的设计。

想象是人类的智慧，没有想象就不会有现代文明，也不会有文学艺术。我们必须不断想象、不断实践，才能不断创新、不断发展。阿尔伯特·爱因斯坦曾说过，想象力比知识更为重要，因为知识是有限的，而想象力却推动着知识的进步，是知识进化的源泉。小小的提袋对于我们的生活来说是常见的物品，之前学生对于其功能及实用性、美观性的探究太少了。现在以生活的实际应用出发，从学生的兴趣出发，通过创设"榉园特色节日提袋设计"的教学情境，推动学生想象力的发展，引导学生运用合适的点、线、面等抽象设计元素表达对音乐的感受，从而设计制作出一个个美观、实用的提袋。音美巧妙融合，为学生营造了一个完整的艺术氛围。从经济、实用、美观三个方面，讲解制作手提袋的基本要素，是为了更好地让学生展开想象，开阔思维。在相同主题下，学生多方位的思考，多角度的考虑，在不断的探究中，别出心裁地思考问题，大胆地提出意见，逐步培养了学生的创造力，最终展示的成果，就是学生创造力展示的结果。每个人都具有想象力，但是想象的质量大不相同，这与个人的天赋、知识、经历有关。每个孩子都是艺术家，每位学生都能在这个过程中，充分发挥想象力。只有在探究实践中，学生的创造力才得以展示。

三、提供充足的创造空间

在学校的日常教学中，教师们也给了学生们足够的创造空间。幽幽书香，暖暖情怀。作为青岛市第一家"儿童文学阅读实验基地"，青岛榉园学校"知行合一"阅读戏剧工作室的教师们通读了学校特色分级书目，积极推进阅读教学法的研究。在此基础上，学校尝试进行教师、学生、家长三级"读书大讲堂"的建设。讲堂的开设是深化阅读理解，锤炼阅读成果，发挥阅读示范的体现，更是深度推进"深度学习、悦动课堂"，实现"1+X"多维融合阅读理念，丰厚学生文化底蕴的落地平台。

阅读过程中，学生对文本理解、补白时，教师给予恰当点评，激发学生智慧之花不断绽放，学生的交流热情会更高，创新思维、发散思维能力会得以充分发展。将阅读与学校的戏剧节相结合，加深了学生对文本内容的理解，丰满了人物形象。学生在想象、思索、争论后编出的故事，令人惊讶赞叹。阅读改变人生，戏剧影响教育，随着阅读和戏剧在校园里生根发芽，阅读和戏剧引发的学科融合为学生提供了一个多姿多彩、展示自我的舞台，给学生提供了最大化的创造空间，激发了学生的创造热情，培养了学生的创造思维。

从火热的领券现场到积极地参与互动，"读书大讲堂"激发着学生的阅读兴趣，推进着深度阅读。

此外，结合学生的年龄特点、阅读理解水平，学校组建了1~2年级、3~6年级两级阅读社团。社团教师精心设计丰富多彩的阅读活动，激发学生的阅读兴趣，深化学生的阅读理解，锻炼学生的言语表达。阅读社团中设有"学生讲堂"，在言语实践中提升学生的语用能力，充分为学生阅读创设了空间。

创造力是学生发展的关键能力，保护学生的创造性思维，保护学生的想象力，给学生提供创造的空间，注重学生的个性化发展，着力发掘学生的特长和优势，促使学生在全面发展的前提下，学有所长，为其以后的学习和方向奠定基础。创造力肯定是社会所需要的，社会的竞争力、人才的来源、财富的来源、国家的力量，需要更多的创造力，未来的生活中不可或缺的也是创造者，而学生的创造力就像一棵小树苗，不仅需要学校的呵护，还需要有发展的土壤。

　　学校一直将"品味·创造"作为办学理念，以培养有品位的未来生活的创造者为育人目标，不断加深对创造的认识，努力探索创造性教育的新途径，增添创造的新载体。创造力对于学生到底有多重要？为什么要培养美好生活的创造者呢？培养创造者要通过哪些途径呢？

一、社会转型的现实需要

　　创造让原本没有的瓜果蔬菜被种植出来，让原本没有的交通工具被发明出来，让原本没有的疫苗药品被研制出来。创造是我们生活中改变生活方式、保持生命的基本，是我们社会生产力发展的必要条件。

　　基于此，为社会培育具有创造力的学习者的重要性也逐渐凸显，提升当代学生的创造力，以面对日益激烈的国际竞争已成为教育的重要目标之一。21世纪以来，提高整个社会的自主创造力，关键在于拥有大批创造性人才。

　　依据国际、国内的现状，基于对创新教育的思考，培养学生的关键能力必须找到突破口。青岛榉园学校依据学校自身的性质、特点、条件，走上了一条教育的重塑之路。学校以"在品味中创造，在创造中升华"为办学理念。其中，"品味"是双词性：动词的"品味"是指实践、体会、感知，强调注重实践、注重体验；名词的"品味"指的是办学的高品位，即学校的使命责任、教师的价值追求、学生的高贵气质。"创造"也有两层含义，一是指培养学生的创新精神和实践能力，奠定拔尖创新人才的素质基础；二是指创造更加美好的生活，无论在工作中、日常生活中、知识学习中，还是实践活动中，都要注重创新创造，在创造中提升发展。未来是由学生创造的，培养每一个学生主动地去选择生活、去创造生活，利用人类文明的全部成果让生活更加美好、让人生更加精彩。

二、未来生活的必备技能

过去的教育擅长解决和定义优良的问题，称为应试教育，应该说整个亚洲的孩子都擅长解决基础性的问题，而对于真实生活中的问题，却不能通过某种方式将其转化为优良。因此，要在我们的教育中培养学生的创造力，让创造力成为学生的必备技能。

1.鼓励独创

在我们的学习生活中，要善于从日常生活和教育教学过程中提炼出自己想要的东西，发表自己的见解。教育不能一味盲从，要学会用批判性的思路去进行各种方式的反思和检验。就算思想上完全接受了，也要提出新的想法和见解。

在青岛市科技创新大赛中，学校的教师们积极参与，使我们的生活更加便捷。我校教师为保证体育课及户外活动时安全有序，特地研发了"排球接纳器"。根据斜面上的球会因为其自身重力，且重力在平行于斜面的方向上又存在分力，致使在斜面上的球会因其滚动性而不断沿斜面向下滚动的原理，把斜面改为分段的形式，加上小型起吊装置，会让球类有节制地沿斜面滚下。根据此原理，发明"自动出球器"，即一种能每次只出一个球的多功能储球箱。

"自动出球器"设备在幼儿园及中小学体育教学中得到广泛应用。其用途不仅具有储球、出球的基本功能，具有每次出球只出一个球的特点，能保证学生在体育课及户外活动时，安全有序地取球。该设备的低出球点，非常适合学生。老师可利用该设备的以上特点，安排形式多样的体育课球类活动，保证体育课活动的多样性和安全性。

教师结合实际应用，把内部结构的待出球区的斜体上加上导轨，且箱体的材质使用强度更高的木材，或者改用塑料箱，使该"自动出球器"变得更加可靠、实用。营造鼓励创新的环境，提高创新思维能力，让工作便捷，让生活更美好。

2. 大胆质疑

每个人都具有创造力，小学生有更大的潜力。在成长过程中，创造力没有定式，没有约束，针对不同问题，每个人心中的答案都各不相同。在小学阶段，重点体现在保护学生的好奇心、想象力，让学生敢于尝试、大胆表达自己的想法，这是培养创造力的基础。曾经有个小男孩拿着物理试卷去找老师（这是一道利用气压计测量气压、计算大楼高度的物理题），问："为什么我的题目做对了，却没给我分？"小男孩的答案是用一根绳子绑着气压计吊到地下，然后量绳子的长度，得出高度。他的答案跟"利用气压测高度"无关，所以老师没给分。但老师并没有批评孩子，而是对他说："如果你能再想出一个方法来，我就给你分数。"小男孩说："我还可以想出很多方法。比如，我用气压计贴在墙上，从一楼到顶楼，一次一次往上比画。不过我更喜欢的方法是，去找保安大爷，让他告诉我楼的高度，然后我把气压计送给他。"虽然男孩的答案与题目要求明显不符，但老师还是给了这个孩子分数。这个孩子叫莱纳斯·鲍林，后来他获得了诺贝尔化学奖和诺贝尔和平奖。创造力是有规律的，如果我们学习了创造思维的方法，掌握创造的基本流程，那么对我们发展创造力、提高创造力是有帮助的。

发明创造不只是科学家的专利，学生们也有创造的潜能。学校中午排队取餐，要同时拿餐盘和勺子，在行走的过程中，走路的晃动而使盘子上的勺子滑落。学校的学生根据这一现象，制作了"新式改良餐盘"。这是在学校原有的餐盘基础上增加了2个零部件——不锈钢拨片和扇形不锈钢片，把拨片和钢片之间通过长1 cm、宽3 mm的不锈钢螺丝连接在一起，弥补了技术上的不足。在设计初期，选择了多种材料与餐盘进行加工，但是发现都没办法与不锈钢材料相匹配，达到的效果不理想。螺丝过长容易划到手，没办法将盘子摞起来，所以将螺丝的长度改在1 cm；螺丝过细或过粗都没办法固定。在反复尝试后，选择了这两个不锈钢的新零件，可以来回转动，伸缩自如，使用时操作方便，餐盘里剩余的饭渣可以轻易地装在勺子里；我们在端盘子时，也不会因为来回走路的晃动而使盘子上的筷子、勺子滑落，同时不会给盘子的清理、整理带来不便。

学生在校的学习中，已经掌握了一些小发明的基本知识、技法，懂得对于生活中发现的实际问题去动脑思考，进行大胆的设想来对其进行改进。在设计创造时，对于提升学生坚强的意志，不怕困难，敢于向传统挑战的精神是十分重要的，将创造力及创造性思维渗透到学生的学习和生活中去，注重过程的体验，让学生掌握更多创造的方法，用创造力改善并丰富我们的生活。

3. 加强变通

加强变通的教学，提高学生解决实际问题的能力。基于学校"厚基础、高品位、国际化"的个性化教学理念，学校开启了"教师STEAM教学能力体系培训与课程开发指导"活动。美术组在一系列教学活动中，学习教育前沿理念，在传统教学的基础上，落地常态教育教学，通过前置学习单，利用小组合作学习，引导学生深入探究椅子结构及特点，使教学目标和学习目标紧密相连，让学生乐在其中，学在其中，从而设计出一把把造型别致的椅子。

基于学生的学情，制定课题为"设计一把造型别致的椅子"，课前特请数学老师和科学技术老师，共同商议确定了本课的知识点，融合数学与科学技术知识，侧重美术设计知识，对于整节课的学习目标和学生发展目标制订详细计划。

第一阶段，课前老师带领学生进行前置学习，通过学习单的运用，学生初步了解椅子的基本造型与功能的关系，进而探究中国椅子的悠久历史，感受国内外经典椅子设计上的不同特点。通过对身边椅子的测量，小组合作探究椅子的基本结构与造型，理解椅子的造型与功能的关系，结合人们不同需求，为创新一把椅子做好铺垫。

　　第二阶段，课中以国外优秀椅子的设计入手，激发学生的学习兴趣，引出本课课题，抛出本课的主要问题。利用头脑风暴，学生各抒己见，在脑海中形成椅子最初的样子。

　　第三阶段，深入探究椅子特点。老师带领学生到"椅子博览会"中寻找灵感，进一步探究如何让椅子变得造型别致。在老师的引领下，学生明确了制造一把椅子，既要从外形、颜色来设计，又要考虑其功能和材质，明白了美术与生活是密不可分的。

　　第四阶段，学生实践阶段。把理论应用到实践中去，学生们集思广益，从生活中寻找了许多的设计灵感。

　　以一把造型别致的椅子视频作为导入，增强了课堂教学的趣味性和生动性，唤起了学生的求知欲，为学生的创造性思维拓展做好铺垫，并营造出轻松、活泼的学习氛围；再通过椅子结构的简单讲解，把学生带到教学轨道上；然后以"中国椅子的历史""椅子博览会"和"微课椅子展示"三个小环节的环环相扣，让学生从认识造型别致的椅子到从椅子中获得制作的灵感；在作业点评环节，采用学生自评、互评与师评相结合的方式，训练和提高学生的欣赏、评述能力，同时教师恰当的、激励性的评价也激发了学生学习的积极性，培养了他们自信乐观的态度。当学生的个性和创意得到充分发挥，他们的想象力和创新精神也同时也得到了激励，在增强艺术语言表达能力的同时，学生的创造力思维得到了锻炼。

　　美好的生活，必须由自己创造，学校从不同的层面培养学生的创造力，提高学生的创造能力，节约人才培养的时间成本。鼓励独创、大胆质疑、加强变通，让教师和学生找到新的方向与目标，便于实现自我价值，促进全方位的发展。

第三节　创造力人人都有、人人都可以培养

　　创造力是人人都有的能力，刚出生的婴儿，会用眼睛去观察周围的事物，用小手去触摸身边的东西，用小嘴去品尝食物的味道，用耳朵去倾听来自不同方向的声音，虽然只是单纯的感觉，却也是探索世界的第一步。

　　我们创造教育先驱陶行知先生就曾指出："处处是创造之地，天天是创造之时，人人是创造之人。"创造是人人具备的禀赋，创新是不分时间地点的，只要有创新思维，并将想法付诸实践，就可以进行创新。而创新思维是可以通过培养取得的，所以从这个角度说，不论年龄的大小，也不论你从事哪一种职业，人人都可以拥有创造性思维，都可以创造，所以人人都是创造之人。但是随着年龄的增长，我们考虑得越多，创造的能力就会越低，从小培养学生的创造力对孩子未来的发展极为重要。学生的思维往往比成人的思维更丰富更大胆，家长和老师们应该尽量加以保护、鼓励和推动，让这种思维发展下去，它会成为一种创造的力量，孩子就能成为一个富有创造力的人。

　　小学阶段，学生创造力的发展不仅受知识、智力、动机、认知方式、人格特点等个体因素的影响，同时也受家庭、学校、社会等环境因素的影响，培养创新能力的着眼点在于培养创新性思维、培养创新型人格与改善评价与管理。学生如果能掌握创造思维基本的流程，那么对我们发展创造力、提高创造力是非常有帮助的。孩子的创造力必须从小开始培养，孩子自降临到世上的那一刻起，就对周围的世界感到好奇，在他们内心深处有着对周围世界

探索的愿望。我们应注意发现孩子的创造力萌芽，保护孩子最原始的创造意识和创新精神，这样才能使他们的创造性得以持续和发展。

所以考虑到这一特点，我们榉园学校把创造力作为一个重要的能力培养。因此学校的创造力教育，一个方面体现在日常教育教学中，从日常管理中，鼓励学生敢于去尝试，鼓励学生去大胆地创造；另一个方面体现在课堂上，抓住关键时机，保护学生的好奇心、想象力，鼓励他们大胆想象，大胆质疑，勇于探索和创新创造，我们特开发相关课程及活动。

一、日常教育教学中的创造力培养

所谓创造力，通常源于本杰明·布鲁姆的教育目标分类理论，一般而言是指发生在较高认知水平的心智活动或认知能力，主要表现为问题求解、创造性思维能力等，是学生适应知识时代发展的关键能力。学校侧重于科学素养的培养，在日常的教育教学中，在"基于国际视界的小学生科学素养培育研究"的课题引领下，在前期思维方法初探的基础上，结合相关书籍以及专家的指导，自主开发了学校的科学思维训练课程，根据学生的年龄特征和认知规律，将思维训练分为低、中、高三个学段。通过思维训练课培养学生分析问题，解决问题的能力，形成一定的科学思维习惯。另外，在各学科教学中我们也渗透了科学思维训练，助学生科学思维方式和思维品质的形成，从而能将学到的知识融会贯通、灵活运用。

学校以STEAM理念为依托，积极探索科学思维训练课程，力求在课堂中打破学科独立的知识体系，使各学科因为科学体系而串联起来，鼓励学生运用拓展思维进行独立思考。课堂上，老师不再是简单的知识的传授者，在学科的融合中，把学习的主动权给了学生，引导学生去探索。学生不再是单纯地在课堂接受抽象知识，而是真正动手实践，运用学到的知识，在合作中解决现实中的问题。学生的学习内容是跨学科的、整合的；学习方法是以主题学习和项目学习为主的；学习环境是探究的、互助的；教师角色是辅助的，引导式的。在这样的课堂中，学生经历了探索、求实、求证、创新、协作的过程，不仅融合了多学科的知识学习，而且提高了科学兴趣，更具备了科学精神。

学校从"品味·创造"两方面分解科学素养培育的总体育人目标，重点研究、探索、挖掘科学素养教育的内容、策略和方法，通过对学生进行综合性的科学思维测试，合理分析了学生的科学思维水平，并根据数据进行了科学思维教材的分析与编写工作。

前期，学校在原有科学思维训练体系的基础上，结合专家及高校教授的指导，进一步对科学思维训练的内容进行了深化，最终确定12种思维方法，进行了科学思维训练校本课程教材的研发，并对学生进行了科学素养测试，通过对学生进行综合性的科学思维测试，合理分析了学生的科学思维水平，并根据数据进行了科学思维教材的分析与编写工作。

科学思维校本教材的开发与编写，通过对学生科学素养的培育，让学生对科学产生兴趣并渴望探究，并且能够发扬质疑、验证的科学精神，运用自己所掌握的科学知识和科学方法，培养学生积极进取、流畅、变通、独创的思维能力。科学思维校本教材的开发与编写，有效提升了教师课程设计、教材编订的能力，培养了学生分析问题，解决问题的能力，让学生形成一定的科学思维习惯，从而养成科学思维方式和思维品质；培养学生具备严谨的科学态度、掌握科学的学习方法、培育良好的学习品质。

几年来，学校在科技创新工作中，还自主开发了学校的科学思维训练课程，根据学生的年龄特征和认知规律，将思维训练分为低、中、高三个学段，通过思维训练课培养学生分析问题、解决问题的能力，形成一定的科学思维习惯。另外，在各学科教学中我们也渗透了科学思维训练，帮助学生科学思维方式和思维品质的形成，从而将能学到的知识融会贯通，灵活运用。

二、课堂教学中的创造力培养

1. 从教学模式的角度来看，以学习者为中心的学习

学习是学习者主动建构的过程，教师不再是单纯地教会学生记住知识，而是在传授知识的同时，培养学生综合运用各种知识与技能的能力，这种技能就包括了创造的能力。学校语文组的老师们深入钻研统编版教

材，借助图表，探究人文主题和语文要素双线组元的单元内在架构。基于学情开展基于教学目标设计与落实的教学研讨活动。大家凝心聚力，积极讨论，促进学生的深度学习，激发学生的创造力。数学组的老师们以"问题的设计与解决"为引领，聚焦教材、聚焦教学质量；立足悦动课堂、关注学生；合理驾驭教学方法、灵活运用教学策略；深度学习、提升学生的数学素养。在教学模式发生巨大变化的教学研究道路上，直面新的问题和挑战，开启新的思路，催生新的成果。英语组的老师们结合线上"英语绘本欣赏"这一教学主题，各年级老师选取相应的绘本，学生通过学习单、阅读策略的运用，领略不同题材的绘本故事，提高学生阅读能力，引领学生深度学习和思考。

2. 从学习过程的角度来看，以问题解决的学习活动

教师在教学设计中，把大量的知识进行重新组织，以激发学生全身心地进行探究性学习，对所学的知识进行深刻的理解，以促进创造力的发展。在居家学习阶段，学校综合实践组的老师们通过发布学校居家学习劳动成长指南，从生活出发，注重过程性的指导，引导学生在体验生活的过程中形成崇尚劳动、尊重劳动的观念，并懂得劳动最光荣、劳动最崇高、劳动最伟大、劳动最美丽的道理。结合我校STEAM的教学特色，开展了"居家劳动促成长，劳动创造美好生活"的项目式家庭劳动实践活动。以生活化为契机，从学生真实的生活中选取了富有教育意义的内容来设计活动，让活动最大限度地回归生活，分为必选活动和拓展活动，注意手脑并用、安全适度，强化实践体验，让学生在"做"中体验和感受生活，提升创造的实效性。

全校同学通过"书桌整理"和"计时系鞋带"，来培养基本劳动技能。根据学生年龄特点，4～6年级的同学，通过"水果变变变，巧手做果盘""旧衣换新颜，巧变收纳袋""废旧材料大变身，巧手制作新花瓶"等主题活动，既提升了综合知识的运用能力，又培养了创造力。

3. 从学习方式的角度来看，创造性学习是知识共享和互动合作的学习活动

美术组的教师们积极开发"墨说青岛"这一单元的学习内容，以创作"墨说青岛"装置作品为主要内容，通过走进家乡、图片感知和生活回

想，启发学生利用独特的笔墨方式、奇妙的水墨效果表现家乡青岛的元素。以多样化的教学活动，让学生感受中国水墨材料技法的创新与表现的乐趣。将学生手中的绘画作品，融入学校的特色科技活动"戈德堡"，制作呈现一个美术装置作品，记录和表现青岛的美感。

针对本单元的学习，我校美术教师尝试了打破传统美术教学单一师资模式、单一学科模式这些制约学生创新性思维、创新性实践与个性发展的限制，打通了学科界限，既考虑了美术学科自身的独特性、系统性，又强化了学科间的横向联系和有机整合，让美术教育不再是单纯的技能技巧训练，让它"化身"为文化学习和跨学科学习的桥梁。我们的美术课，尝试结合教材，找出美术、数学、科学、语文等多学科的融合点，进行学科渗透、交叉与融合，以学生为中心，激发学生的学习兴趣，指导学生在探究中将各学科融会贯通地学习，注重理论知识和实际生活经验相结合，在实践中发现问题、解决问题，提升学生的思维能力和综合素养，提升学生的品位和审美情趣。

我们围绕一个主题、任务、项目、问题，用跨学科的知识和方法开展STEAM实践活动，培养学生多学科整合与转化能力，引领学生进行多种形式的学科融合的学习活动。第一课时为"故事叙青岛"，本课引导学生探究可表现的青岛元素，并且说一说青岛的故事，分小组进行探究，以不同形式来展示汇报，在发现问题、探究问题、解决问题的过程中，培养学生解决问题的能力、合作探究的能力，同时提升学生对家乡青岛的热爱之情。第二课时"翰墨绘青岛"回顾了之前所学的传统水墨知识，学生通过小组合作的形式，探究如何用传统水墨画的方法表现青岛元素，并通过作品表达对青岛的深厚情感。第三课时"创意画青岛"，引导学生利用不同的水墨方法和工具体验不同的水墨肌理效果，探索水墨特殊技法，积极参与表现青岛元素水墨创作表现活动中并尝试运用一种或多种特殊技法表达自己热爱家乡的情感。让学生在发现问题、探究问题、解决问题的过程中，培养学生解决问题的能力、合作探究的能力。第四课时"诗韵青岛"一课，由"好画配好诗"游戏导入，以激发学生的学习兴趣。通过学习，了解什么是题画诗。小组讨论，微课学习，学会题画诗的作诗方法，并能结合名家所做的青岛画作，感受诗情画意，培养审美情趣。第五课时"墨说青岛——作品展览设计与制作"运用戈德堡技术制作"墨说青岛"装置课题，通过将水墨表现与科学技术、文学艺术相结合的形式，小组合作完成作品。

　　整体而言，本节课的设计取得了一定的成果。在教学过程中，由个人的学习，改成了小组的探究性学习，学生有了充分表达自己观点的机会，在活跃的气氛中，学生不断修改设计方案，创造性地与学校的科技特色相结合，并将"戈德堡"机械设计应用于背板设计当中，尝试在实践中应用新的知识解决新的问题，真正地提升创造力。

三、学校活动中的学生创造力培养

　　创造性解决问题的能力，并不是专家特有的，而是每一个人都应当而且能学得很好的能力，如同桦园学校的育人目标：培养有品位的未来生活的创造者，创造力给了一个孩子光明的未来，拥有创造力的孩子不会受眼前的局限控制。好比爱迪生发明电灯、苹果砸醒了牛顿，创造力给人的未来空间拓宽了深度，让孩子自身就存在着非常多的可能。

1.学校特色科技活动——头脑奥林匹克竞赛

　　头脑奥林匹克竞赛（以下简称头脑奥赛）现在已成为国际上颇具知名度的培养青少年创造力的活动。头脑奥赛是一种创造性解决问题的比赛，强调培养学生的创造性思维。比赛没有标准答案，鼓励学生敢于探究，善于创新，追求独特。

　　学校的头脑奥赛社团课程主要针对头脑奥林匹克的制作题、语言题、表演题、即兴题的解析和表演。解析和表演的创意、舞台、服装等必须由参赛的学生自己设计和制作，所有环节都需要团队的配合。课程不仅对学生的想象力、合作能力、制作能力、应变能力、表演能力的发展起着积极的促进作用，也为学生的创造力培养搭建了平台。

　　2017年，学校在各项竞赛经验积累的基础上，开发了我校的头脑奥赛校本课程，创编了头脑奥赛教材，开设了头脑奥赛社团，吸引了更多有兴趣的学生加入了这项活动。并且组织了全校范围的班级赛，挑选适合不同年级学生操作的题目，让每个学生都了解头脑奥赛、感知头脑奥赛、参与头脑奥赛。

2019年11月，学校再次全面铺开头脑奥赛竞赛活动，本着"以学生为中心"的原则，每个班建立一支参赛队伍，让学生自己选择题目，自主组队。在一个多月的时间内，学生自己解题、写剧本、做道具、表演……参赛人数达到210多人。在比赛中，我们的科技老师还自己设计了一套严格的评分标准，依据标准进行评判、打分。尽管学生们的解题过程不是很顺利，并且道具制作也略显粗糙，但是每个作品都出自学生，每个作品都展现出了学生天马行空的想象力和创造力，我们真正实现了学生自主参与全过程，真正体现了头脑奥赛的精神，这不仅普及了科学知识，弘扬了科学精神，也提高了学生的科学素养，充分激发了学生的创新热情和创造活力。

2. 学校特色科技活动——戈德堡

如何让学生的个性得以张扬、创造潜能得以展现？如何为学生的终身发展奠定基础，将科技创新向纵深发展？几年来的探索与实践，我们逐渐形成了具有学校特色的品质课程，品牌活动——戈德堡机械挑战赛。该活动以"趣味"激发学生参与热情，以"运用"提高学生实践能力，以"交流"增强学生协作意识，以"展示"提升学生心理自信。

我校从2018年初开始，又陆续组织开展了"戈德堡机械制作大赛"。戈德堡机械需要参赛选手设计一套精密而复杂的结构，以迂回曲折的方法去完成一些连锁反应。设计者必须计算精确，令机械的每个部件都能够准确发挥功用，因为任何一个环节出错，都极有可能令原定的任务不能达成。设计戈德堡机械需要有庞大的科学知识库：物理原理有杠杆机构、自由落体运动、射流原理、磁力……化学原理有燃烧、爆炸、置换、混合发热……一般的机械机构有齿轮、凸轮、棘轮、四连杆机构……

为了体现学科整合性，团队合作精神，将PBL项目式学习方法贯穿体验活动中，在最初的普及阶段，也就是2018年初始的寒假，我们全校每个学生都亲自动手制作了一件戈德堡作品，共有接近800个作品呈现在我们面前。第一次接触戈德堡机械，很多作品都不成熟，甚至没有根据要求完成任务。我们通过视频宣传、科学课讲解渗透，让每个学生对戈德堡都形成了不同的认识。2018年的暑假，我们再次发起了制作戈德堡作品，这时候学生们的作品开始有了不一样，他们开始尝试利用弹力、重力、摩擦力、杠杆原理、钟摆、螺旋、斜面等各种科学方法，创造性地使用各种可回收材料，设计了许多巧妙的机械构造。

在学校开展的班级戈德堡现场挑战赛中，每个作品经过多次调试、改进，失败了就再调试、再改进。整个比赛过程，伴随着讨论、争吵、伤心和喜悦。虽然困难重重，但是每个班都不逃避、不放弃，而是总结经验、继续前行。这就是"戈德堡精神"！这就是"榉园戈德堡"的魅力！科学知识与科学精神并存，创新智慧与创造活力并存。

在此基础上，我们还开展了教师戈德堡机械比赛，老师们积极性也非常高，许多作品非常有创意。既丰富了教师生活，又提高了团队凝聚力，提升了教师间的协作能力。

3. 年度盛典——戏剧节

从一本书到一部剧，从文本阅读到故事创编，从编剧创意到精彩纷呈的戏剧演出，一切皆有可能，一切梦想成真！12月31日上午，青岛市人民会堂内热闹非凡，一场以"阅读遇上戏剧，玩出创造力"为主题的2019年青岛榉园学校戏剧年度盛典隆重举行，戏剧舞台上500多个熠熠生辉的角色，全部出自学校的学生和老师。

前期，在中央戏剧学院老师的带领下，开启了戏剧的学习。"怎么表演电脑打字？怎么表演打游戏？怎么表演微信抢红包？"一系列趣味盎然的表演打开了本场讲座的序幕，学生是一个积极的探究者，老师提供给学生的是一个个独立的可表演的情景，而不提供现成的知识，让学生独立去思考，自己去发现，发散思维的即兴表演，参与知识获得的整个过程，孩子们在愉快的艺术课堂中纵享戏剧魅力。老师们也在央戏老师的带领下开启了戏剧思维编写剧本培训，为接下来学校戏剧节的剧本编写与戏剧展演打开老师的思维。

戏剧盛典在师生们的热烈企盼中拉开帷幕，来自各年级的师生，都拿出了精心准备的节目。《家有儿女》《你看起来很好吃》《石头汤》《三只小狼和一头大坏猪》《小王子》《绿山墙的安妮》《寻找无忧岛》《校舍上的车轮》《月光下的肚肚狼》《榉园遇上狄更斯》等10部作品，轮番上演。逼真的服装、精致的妆容和演员们对各种人物的生动演绎，吸引着在场的每一名观众。

校园戏剧节的举办，为孩子们提供了一个多姿多彩、展现自我的舞台，以"学生发展为本"，把学生作为学习的主人，充分发挥学生的主体作用，为学生的创造性思维创造情境，让学生在不断的探究中与发现中学习，加强了创造力的教学，使学生能以探究与创新精神对待学习，以探究与创造的方法进行学习，从而培养学生的创造力。

4. 艺术盛典——艺术装置展

"艺术装置展"是学校活动的亮点之一，从"向大师致敬""古撷新韵""玩转水墨"到"造物集"，年年有主题，年年有创新。在活动开展的前期，我们向全校同学进行活动普及，主题自我探究，老师不给定学生的范围，给学生留有足够的空间，引导学生通过小组合作的学习方式，进行自主探究学习，使学生在交流、讨论、争辩中，碰撞出创意的火花，获得创意的设计构想。中期，在STEAM教育理念引领下的跨学科教学研究，将PBL项目式学习落地装置艺术活动，作品主题从美术教材出发，将美术与数学、科学、语文、科学等多学科、多领域融合，学生们通过课堂学习，将一系列的问题进行设计，让学生通过尝试、猜想、实践的形式完成装置设计方案，从主题的确立、材料的选择、内容形式的展现等各方面逐步实现装置的雏形。后期，在原本方案的制定基础上，进行适当的"再创造"，帮助学生在创意上进行发展。

5. 创意体育项目——花样跳绳

从榉园学校的一支花样跳绳特色中队开始，根据学生的兴趣爱好来发挥想象力、创造力、身体协调能力、跳跃能力以及开发智力，这项创意体育活动项目得到了学校的支持，在全校范围内进行了推广。同学们利用班级特色班会学习了车轮跳、交互绳和亲子跳等多种跳法。其中，车轮跳要求每组两名队员配合默契，起跳、摇绳、跳跃的每个环节都要保持统一节奏；交互绳主要是锻炼多名同学的配合、协调，这个项目要求摇绳手节奏稳定，摇起绳圈充分、饱满，起跳的同学在统一的节奏下，如同火车的一节节车厢，在绳间穿梭，增强了同学间的凝聚力；而亲子跳主要是增加了同学与家长的配合。

学校还开展了主题为"绳彩飞扬"的春季田径运动会，全校六个年级的千余名同学全员参与，共同展示了我校体育的花样跳绳品牌课程。每个年级展示的跳绳各有花样，六年级展示了"速跳"，一年级展示了"绳操"，二年级展示了"双人花样跳"，三年级展示了"三人花样跳"，四年级展示了"长绳花样跳"，五年级展示了"花样跳绳国家大众一级二级动作"，学生们走进阳光，走进操场，走进自然，尽情品味运动带来的活力，通过思考和实践，将体育项目变成有创意的内容，建构内在的知识体系，使学生真正得到锻炼。对于体育活动来说，培养学生的创造意识，具有很大的价值。

我们必须把创新作为引领发展的第一动力，把人才作为支撑发展的第一资源，把创新摆在国家发展全局的核心位置。21世纪网络的广泛应用正在改变这我们，浅思考、浅阅读、浅交流、浅操作充斥着我们的学习与生活，更多人开始接受基于关键词的学习，已经习惯于简单到只输入关键词便可找到现成答案的方式。未来世界不属于拥有更多知识、技能技巧的人，而是属于那些更多具有创造力的人。人人都要珍惜自身的创造力，珍惜每一次创造力培养的机会，学生是世界的未来，是我们的明天，没有创造力的明日世界是我们所不想见到的。发展创造力，是实现人发展的必然，是教育发展的必然，也是社会发展的必然，在倡导创新的社会背景之下，从小培养孩子的创新能力，让创新成为习惯，让创造性思维不再固化。

第
二
章

人人会动脑

——科学思维训练

　　青岛榉园学校自2017年立项市级"十三五"规划课题"基于国际视界的小学生科学素养培育研究"以来，在国家课程、地方课程和开发基于国际视界的小学生科学素养培育课程体系下，从"品味""创造"两方面分解科学素养培育研究目标，重点研究、探索、挖掘科学素养教育的内容、策略和方法，在形成小学阶段实施科学素养教育的育人模式上，做出了积极的探索和努力，培养了学生的创新精神，提升其综合素养。

　　依据对创造性思维方式的分类，我校制定了丰富多彩、种类繁多的思维课程。前期学校聘请专家入校对老师们进行了创造性思维方式的培训，老师们通过集备教研，研磨课程，并根据本校学生实际情况，选择以下几种思维训练开设对应课程，分别是分类思维、比较思维、假设思维、逆向思维、发散思维、收敛思维。

　　学生们通过参与各类思维课程，在品味中感知、实践、体验；在学习、活动中动手动脑，提升生活能力、升华人生境界，创造着一个又一个精彩的瞬间、精彩的成果，为成为有品位的未来生活的创造者不断努力着。

第一节　创造力的本质在思维方式

一、科学思维方式的类型及其意义

科学的思维是形成并运用于科学认识活动、对感性认识材料进行加工处理的方式与途径的理论体系，是创造在认识的统一过程中，对各种科学的思维方法的有机整合。思维方式是多种多样的，其中包括分类思维、比较思维、假设思维、逆向思维、发散思维、收敛思维、直观思维、横向思维、跳跃式思维等，而这多种多样的思维方式，最根本的目的就是帮助我们得到心中的"答案"，解决困扰我们的"难题"。同时这些思维具有独立性、想象性、灵感性、潜在性、敏捷性等诸多特点。

在教育工作中，如果能够充分利用科学的思维方式进行教学的教师，便可以做到对孩子的循循善诱，想别人所未想、做别人所未做的事，敢于突破原有的框架，或是从多种原有规范的交叉处着手，或是反向思考问题，从而取得创造性、突破性的成就。

二、小学生常用的科学思维方式及其重要意义

思维方式是人们大脑活动的内在程式，它对人们的言行起决定性作用。小学儿童思维的基本特点是：从以具体形象思维为主要形式逐步过渡到以抽象思维为主要形式，但这种抽象逻辑思维在很大程度上仍然是直接

与感性经验相联系的，仍然具有较强的具体形象性。

对学生科学思维能力的培养是课堂教学的重要组成部分。在传统课堂教学的过程中，教师往往会将学生需要掌握的知识与固定化的课堂教学模式相结合，在此基础上进行授课，学生也在长期的学习过程中，将教师的固化思维印刻在自己的思维模式中，从而造成学生思维的固化。可是随着现代化教学的推进，传统课堂教学模式被取代，教师需要采取多样化、启发式的教学模式，而学生想要在这种模式下进行更好的学习，首先就需要具备科学思维能力，由此可见，科学思维能力是学生在现代化课堂中不断学习的一项重要技能。

课堂教学自身的特点要求学生具备科学思维能力。小学生的学习不仅需要针对知识点进行全面掌握，而且需要其进行知识与能力之间的相互转化。在进行学习的过程中，知识体系的不断丰富使得学生需要对自身的学习方法与学习进度进行不断调整。随着学生的不断成长，课堂教授的知识容量也不断扩大，对学生也提出了更高的要求。在多重学习要求下，学生只有具备科学的思维能力，才能够在将来的知识学习过程中，始终保持充分吸收的状态，从而更好地进行知识点的学习与掌握。

学生受单一思维方式影响，需要不断提升自己。小学生在分析与解决问题的过程中，往往习惯于依照单一的思维模式对问题进行思考与处理。久而久之，这种思维模式就会形成一种习惯，使得学生难以从多个角度、多种途径进行问题的思考与解决，这会对学生学习能力的提升造成不利的影响。因此，教师在对小学生进行授课的过程中，需要着重培养学生的科学思维能力，以多元化的思维投入到各学科的学习中。

总之，教学要以学生为主体，激发学生的兴趣，引导学生积极主动地参与学习活动，从做中学，在学习过程中感受成功的喜悦。小学生的思维方式以动作思维和形象思维为主，根据小学生思维方式的特点，教学方法以生活化、趣味化、体验化教学为主。针对以上研究，为进一步培养学生的科学思维方式，我校开展了各种教育教学活动。

三、我校对科学的思维方式的培养

青岛榉园学校自2017年立项市级"十三五"规划课题"基于国际视界的小学生科学素养培育研究"以来，一直秉持"品味·创造"的办学理念，在国家课程、地方课程和开发基于国际视界的小学生科学素养培育课程体系下，从"品味·创造"两方面分解科学素养培育研究目标，重点研究、探索、挖掘科学素养教育的内容、策略和方法，在形成小学阶段实施科学素养教育的育人模式上，做出了积极的探索和努力，培养了学生的创新精神，提升其综合素养。

学校将思维训练和科学课程相结合，聚焦"项目学习"，提升学生思维品质。结合《中国公民科学素质基准500题》，按照学生认知发展能力，分为四级题目，利用科学课以及中午科普讲堂的时间由教师或者学生带领进行题目的讲解，并在学期末，进行科学素养一级题目的竞赛活动。

思维课程的开展：依据前文提到对创造性思维方式的分类，我校制定了丰富多彩、种类繁多的思维课程。前期学校聘请专家入校对老师们进行了创造性思维方式的培训，随后老师们通过集备教研，研磨课程，并根据本校学生实际情况，选择以下几种思维开设对应课程。

分类思维："班级分类整理小能手"。引导学生学会按照事物的本质属性及事物间的内在联系进行分类并引导学生正确运用科学概念，即运用标志某类事物的科学术语进行分类。通过分类使学生掌握的知识更加系统化。

比较思维："妈妈的小帮手——整理衣柜的锦囊妙计"。让学生能够从整理衣柜这样与生活密切相关的真实情景中有所体验，有所收获，能按照一定的标准进行比较，在比较中感受事物之间的区别，判断事物的本质区别和相同之处。在这个过程中我们要注意培养学生的创造性思维，保护学生的学习兴趣，激发学习动机，培养求知欲。

假设思维："助老助残我先行，奇思妙想来创造"。学生能够通过实践性、体验性的科学课堂，在这个过程中进行一切形式的思维活动，包括直接提出新设想或新的解决办法，能够创造性地解决"角色"中遇到的困难，进行设计创新。

逆向思维：通过"微课""小组闯关""拓展延伸"等有趣的活动，教授学生何为逆向思维，如何运用逆向思维去思考和处理问题，使学生在多种解决问题的方法中获得最佳方法和途径。

发散思维：通过《大侦探麦克狐》《一物二用的导游手帕》的故事导入，学生交流并设计方案。利用发散法——以某种方法为发散点，设想出利用方法的各种可能性。训练学生发现事物关系的能力，训练学生的观察、对比与分析能力。

收敛思维：通过"彩色喷泉实验""会变化的杯子"等生动直观的实验，在解决的过程中引出"收敛思维"的概念，并通过由浅入深的归纳总结类的题目的练习，让学生进一步了解运用"收敛思维"解决问题的方法。

学生们通过参与各类思维课程，在品味中感知、实践、体验；在学习、活动中动手动脑，不断提升生活能力、升华人生境界，创造着一个又一个精彩的瞬间、精彩的成果，为成为有品位的创造者不断努力着。

第二节 分类思维

——班级分类整理小能手

（青岛版一年级）教学案例

基本介 绍

分类思维是一种模块化思维，经常表现在具有同类性质的人、事、物聚在一起的特征。自古至今，人类一直在做着分类，各种科学研究也应用分类。因此，分类在学生日常学习中具有重要作用，这是因为通过分类可使学生掌握的知识更加系统化。在一年级的教学过程中应努力提高学生的分类水平，使学生具备初步的分类整理能力。

案例背 景

根据一年级学生的思维发展现状，培养学生的分类思维。首先，要引导学生学会按照事物的本质属性及事物间的内在联系进行分类，并及时纠正学生分类过程中的错误。其次，要引导学生学会正确运用科学概念，即运用标志某类事物的科学术语进行分类。分类思维的初级阶段是根据物体外部特征进行分类：高矮、颜色、形状、大小等，逐步发展为对物体特性、功能等内在特征的分类。分类的方法：可以根据事物的特征（如颜色、形状、大小）、制作材料、功能和用途（如衣、食、住、行）等事物的特点确定分类标准，然后再按照分类标准把事物进行分类。

案例描述

（一）教学目标

（1）能根据物体特征对物体进行简单的分类，知道分类的标准不同，结果不同。

（2）能把探究过程中学到的分类方法运用于新的情境中，对事物进行分类。

（3）尝试多角度、多种方式对事物进行分类。初步了解分类在日常生活中的应用，感受归类对生活提供的整洁与方便。

（二）教学过程

教学片段一：创设情境，探索新知

师：（出示一个摆放非常乱的桌子的照片）这是小明的桌子，它看起来怎么样？今天，我们就来学习如何分类，（揭示课题：分一分）出示闯关游戏，让学生尝试分类。

评析

使学生初步感知分类的重要性，为接下来的活动奠定基础。

教学片段二：联系生活，深入探究

师：（整理积木，老师为各小组都准备一套摆放杂乱的积木）大家快来试一试把盒子里的积木整理一下吧。

师：同学们都已注意到了积木的不同特征，接下来请同学们按自己的想法再次对积木进行分类。

（学生分组活动，教师巡回指导，交流。）

评 析

　　同学们采取了多种分法进行分类，有按大小的、有按形状的、有按颜色的，我们把同一类的事物放在一起，就是在分类。在给积木按照一定标准分类的过程中强化学生的分类思维。

师：分铅笔、整理铅笔盒。

（学生可能说出按颜色分、按有无笔尖分等，只要有道理即可。）

师：接下来就让我们动起手来，按我们交流的标准把铅笔分一分。

评 析

　　按照不同的标准进行分类，以自己便捷、舒适为主。

教学片段三：生活应用，拓展延伸

　　师：生活当中，我们也要有分类的意识，（出示图片：衣橱里的衣服、图书室书架上的图书、药店货架上的药品、超市内货架上的食品的场景图），将这些物品分类之后是不是很整齐也很容易找到需要的物品？可见分类与我们的生活密不可分，生活中处处有分类。

　　（让学生了解分类在生活中的广泛应用，生活中处处有分类。）

评 析

　　在发现生活中存在的分类现象过程中，了解物体分类时到底选用什么标准还得看人们的目的和需要以及生活习惯，分类主要是让我们自己感到舒适，也使学生更加真实地感受到分类思维与生活的密切关系。

教学反思

在整个课堂设计中，以《小学科学课程标准》为指导，以新型理念下的教学为前提，结合一年级学生的学情学习科学分类思维，孩子们能够从分类整理铅笔盒、桌洞、书包等过程感受按照一定的标准进行分类的价值所在。

在初步理解分类概念的基础上，尝试让学生以多种方式给铅笔进行分类，发现分类的标准不同结果也可能不同；通过对不同需要选用不同标准的讨论，使学生初步了解分类的标准是根据自己的需要定的。由一个摆放杂乱的桌子引导学生说出应分类放置物品，引出课题，初步让学生了解分类在生活中的普及性以及重要性。书包是学生熟悉的，让学生按自己的标准给它分类，以达成前面的学习目标。让学生学会运用多种方法分类整理物品，使学生总结整理书包时要有顺序、分类摆放。指导学生把所学的分类知识运用到生活中去，让学生意识到学有所用，科学与生活的密切联系。让学生经历一次简单的、完整的分类过程，通过亲身的体验，再辅以教师的引导、归纳，使学生对分类的概念有形象、全面的理解。

在分类中感受事物之间的不同，最终使学生在分类之后，更进一步了解分类标准是根据个人的需求以及习惯来定的，分类的主要目的是使生活变得舒适。学生在进行分类的过程中，发现在不同的条件下分类的情况是不一样的，在此过程中我们要注意培养学生的创造性思维，保护学生的学习兴趣，激发学习动机，培养求知欲。启发学生主动质疑问题，发展学生的直觉思维，培养学生发散思维和辐合思维的能力，促使学生积极地参与创造性活动，提升学生的创造力。在课堂教学过程中，分类并没有固定标准，所以我们要鼓励学生的创造性行为，达到培养学生的创造型人格的目的。

第三节 比较思维

——给恐龙排排队

（青岛版二年级）教学案例

基本介绍

在思维方法中有一种方法叫比较，这种方法在我们的学习、生活中应用广泛，"世界上没有两片相同的树叶"是科学角度的一种比较结果。二年级学生的思维以形象思维为主，对比较直观感性的东西感兴趣，喜欢动手操作，能通过做来表达自己的想法；结合学生年龄特点，课上通过直观的模型、图片，引导学生进行比较，调动学生思维、语言和行为的活跃，使学生学会对比、比较，并且能将这种方法运用到生活和学习中。

案例背景

比较思维在学习、生活中是一种重要也是常见的一种思维方式。它是指通过对两种相近或是相反事物的对比进行思维，寻找事物的异同及其本质与特性。在之前的课堂学习中，通过简单的观察和比较等体验活动，学生在倾听、表达的基础上，接触生活中很多常见的物品和材料，对这些材料和物品的轻重、厚薄、颜色、表面粗糙程度、形状等特征有了直观感受。课堂上，通过引导，使学生运用"比较"的方法，比较气球、恐龙的大小、长短、高矮等具有特定"比较点"的学习内容，让学生在比"异"中，提升理解判断能力；在比"同"中，提升迁移概括和分析思辨能力。

案例描 述

教学目标

（1）知道观察物体的相同之处和不同之处就是在进行比较；了解不同的观察和比较方法，可能会有不同的结果。

（2）能从多种角度观察和比较物体，尝试用排序的方式来描述和记录观察的结果，并与小组成员共同讨论、交流。

（3）愿意倾听他人的意见，乐于讲述自己的观点，喜欢与小组成员进行小组合作学习。

本课通过观察恐龙模型、给恐龙排队，引导学生知道如何进行比较，学会比较事物的大小、轻重、高矮等，并能将学到的方法运用到生活中，对生活物品进行比较，养成良好的观察习惯，提升分析问题的能力。

课堂伊始，老师通过比较同学的身高、气球的大小、教鞭的长短引导学生知道观察物体的相同之处和不同之处就是在进行比较，引出比较的概念，激起学生学习的兴趣。随后，出示恐龙模型，引导学生当小裁判，给恐龙排排队，学生比较恐龙的高矮，为恐龙排队，初次尝试比较；通过再次观察，引导学生发现恐龙模型的大小、轻重也可以进行比较，从而激发学生的创造力，使学生了解不同的观察和比较方法，结果会有不同。

学生在观察、比较的过程中，通过多次提问和交流，对探究过程与方法及时进行反思，在教师指导下尝试用排序的方式来描述和记录自己观察的结果，在学会知识与方法的同时，愿意倾听他人的意见，乐于讲述自己的观点，学会与小组成员进行合作学习。

教学片段一

师：同学们，你们喜欢小实验吗？上课前，我们先进行几个有趣的小实验吧！

出示一大一小气球。师：同学们，请观察这两个气球，说说哪个气球大，哪个气球小。

学生观察，回答问题：左边的气球大，右边的气球小。

师：同学们，请观察两根教鞭的长度，说一说哪个长，哪个短。

学生观察，交流想法：左边的教鞭长，右边的教鞭短。

师：同学们都是善于观察的孩子。下面，请两位同学到讲台上来，其他同学比较他们的身高。

学生观察，交流想法：小明比较高，小红比较矮。

师：同学们，刚才我们观察了气球、教鞭和伙伴的身高，这都是在做什么？

生：这都是在进行比较。

师：没错，这都是在进行比较，那你能描述一下，我们比较了什么吗？

生：我们比较了气球的大小。

生：比较了教鞭的长短。

生：比较了同学们身高的高和矮。

师：这些比较都是在观察的基础上进行的。今天这节课我们就一起来探究"比较"的奥秘吧！看看生活中，还有什么事情可以进行比较。

评析

　　课堂伊始，引导学生进行观察气球、教鞭和自己的伙伴，通过比较气球的大小、比较教鞭的长短、比较伙伴的高矮等真实、直观的对比，让二年级的学生明白比较的含义。通过叙述，回忆课堂游戏中比较了哪些事物，懂得什么是比较，以及应该如何去比较，哪些事物可以进行比较；通过学生喜爱的方式方法，引导学生养成先观察再交流想法的好习惯，为接下来的教与学奠定基础。

教学片段二

师：同学们，气球的大小会比较了，其他东西的大小你们会比较吗？现在难度升级，我们再来比较一下图中的恐龙哪只大哪只小？（课件出示图片）

生：第一只恐龙大。

生：我认为第三只恐龙大。

师：现在我们比较大小遇到了困难，我们可以换一种比较方式。接下来，请你来当回小老师，给小恐龙们排排座位。让它们都看教室前面。你会怎么比较呢？

学生进行思考。

生：我们可以比较小恐龙的身高。

师：这个想法非常好，那么给恐龙比较身高，必须要保证公平，怎么比较才是公平？

生：可以让恐龙都站在同一张桌子上。

师：没错，让小恐龙都站在同一个高度进行比较，结果才准确，请你根据这个方法，给它们排排队吧！

学生操作，交流结果。

生：我们发现，第一只恐龙的身高最高，第二只恐龙的身高最矮。

师：现在我们已经给小恐龙们安排好座位了，但是有一些恐龙很不高兴，它们说为什么一定要根据身高来排座位呢？如果按照其他的标准比较，它肯定能得第一名。同学们，你还有什么好的想法进行排队？

生：除了对比身高的高和矮，我们还可以根据恐龙身体的长和短来进行排队。

师：同学们都是善于思考的孩子，那么根据身体的长短进行排队，要注意些什么？怎样比较才准确？

生：我认为应该让它们的头部在同一起点。

师：相信同学们都是公正的小裁判，接下来，请小组合作，比较恐龙身体的长和短，再次为它们排队吧！

学生小组合作，分享结果。

生：通过再次观察比较，我们发现，第二只恐龙的身体最长，第三只恐龙的身体最短。

师：看来同学们都学会了如何比较，为你们点赞。

师：同学们，你还有其他的比较方法吗？

生：我们可以比较恐龙体重的轻和重。

师：你的想法真独特，我们还可以对家里衣橱里的衣服进行比较，同学们，我们都可以怎样去比较？

生：可以比较衣服的厚薄。

生：可以比较衣服的长短。

师：在生活中，我们可以比较的方面有许多，课后，利用今天学到的方法，比较一下衣橱里的衣服吧！记得把比较的标准和结果记录下来。

评 析

　　在深入探究阶段，通过观察恐龙模型，结合课前的铺垫，引导学生自己交流、总结比较的标准，知道可以从身高的高矮、身体的长短、体重的轻重等多方面进行对比；过程中，教师由"扶"到"放"，让学生自行思考，开拓学生的思维，引导学生知晓更多的比较标准。通过做小裁判，懂得在比较前应做到公平公正，保证对比的结果。随后，通过对比衣橱里的衣服，明白可以比较衣服的厚薄、长短等，通过记录自己的比较标准和结果，将学到的知识运用到生活中，提升学生的实际运用能力，使学生真正学会比较。

教学反思

　　本课通过图片、模型、实物等方法，激发学生学习的兴趣，使学生通过对物品进行比较，开拓了学生的思维，让学生能多方面、多层次思考，培养学生的发现、观察能力。

　　课堂上，通过星级挑战、排座位等游戏的方式，引导学生学会从不同的角度和方面对物体进行比较，在使学生学会比较大小、长短、高矮、轻重的同时，学会思考、热爱思考。

　　课后，通过延伸活动，指导学生对家里的物品进行比较，在操作的同时，将学到的知识运用到生活中，提升学生的创造、创新能力，激发学生的想象力。

第四节　假设思维

——助老助残我先行，奇思妙想来创造

（青岛版三年级）教学案例

基本介 绍

　　三年级学生的主要科学训练点在于假设思维，那假设思维又是什么呢？简单来说，假设思维就是在当我们没有足够的证据和事实依据来证明某件事时，我们就先用一个暂时还不是特别成熟的假设推理着看，后续我们再想办法进行验证。

　　对于研究科学的人来说经常需要"大胆假设，小心求证"，这句话是来自中国近代的思想家胡适，而这就是假设思维的核心内涵。在日常生活中我们其实经常做假设，只是我们并未真正去留意过，比如说：我们以前小时候玩儿过的走迷宫游戏，它是需要从一个入口经过多番波折才能找到唯一的出口，在找的过程中，经常从入口难以找到最好的路线来到达终点，但是我们为何不反过来想呢？如果从出口开始寻找倒推路线，或许可行。这种方式就要比从入口找出口效率高，这就是假设思维的运用。假设思维的好处，可以让我们换个思路，可以从解决方案入手，也可以从其他方便解决的问题入手。

案例背 景

　　科学需要在新情境中检验学生是否真正掌握。科学教学应该结合学生们的特点，也就是学情来展开，对于学生来说，他们总是对周围的世界充满了极大的好奇心，学生视野虽然比较开阔，但是对于科学知识的掌握可能还是不够扎实，所以我们需要更加注重科学素养的培养，不断丰富探究方法。

　　我们要对学生进行科学教育，要对学生主动探究科学知识的能力进行训练，培养学生们爱科学、学科学、用科学的意识和能力。为此我们可以开展生动有趣的科学课，引领学生进行主动的探究学习。

案例描 述

　　（一）教学目标

　　（1）通过观察、体验，能发现当前老年人、残疾人生活中的不便，并进行发明创造。

　　（2）运用假设思维，在学生参与体验的过程中，锻炼学生的观察力、想象力、分析能力。

　　（3）在假设自己成为不同角色的活动中，使学生能够进行换位思考，培养孩子的社会责任感。

　　（二）教学过程

　　教学片段一：创设情境，探索新知

　　师：同学们，你们观察过生活当中的残疾人、老年人生活的样子吗？

　　（学生各抒己见，自由发言。）

　　师：接下来我们通过视频来了解一下他们的生活吧！观看残疾人的生活的视频。

　　师：同学们你们看了这个视频有什么感想？

　　（学生各抒己见，自由发言。）

评析

学生们能够通过对生活中不同的角色进行理解和表达，能够通过不同形式充分感受不同角色和职业的特点，加深了解，为后面的"角色扮演"做了铺垫。

教学片段二：**联系生活，深入探究**

师：刚才我们看了许多残疾人生活的样子，如果让你来体验一日身份互换，你想体验哪一种？

（小组合作交流，表明观点。）

（小组合作展示体验"身份互换"活动——先进行同一角色分组，然后带到操场进行分组体验。）

（小组分享感受。）

评析

在整堂课中学生的参与度很高，学生自主选择角色并相互结伴进行体验，在体验中根据不同的角色组内进行分工合作，有体验盲人走路的、整理东西的；有模仿残疾人吃饭、上楼梯的；有感受妈妈在家里打扫卫生、做饭的；有加入城市美容师队伍的……各种不同的角色体验，真实地丰富了学生的感官，带有假设性的科学思考让学生从实践中学习科学思维。

教学片段三：**生活应用，拓展延伸**

师：社会中为残疾人和老年人提供了许多便利之处，我们一起来看看吧！

（观看各种不同的图片：公交车上有斜坡板、电梯里面有扶手、盲道等。）

师：现在就请结合你的发现，为他们进行设计发明吧！

（小组合作进行设计发明，全班交流讨论。）

（小组合作阐述设计方案、设计意图、具体说明、设计图等内容。）

师：针对一些可操作性的方案我们进一步设计制作。

评析

　　科学中假设思维"身份互换"的情景体验，结合学生在体验中遇到的困难，上升到另一个高度——创造发明，让学生结合自己最直接的收获、最真实的体验和感受，化身一个个的小小设计师，同一角色的小组继续合作，围绕"生活"中遇到的难题，进行创新设计。

教学反思

　　整个课堂设计，以《小学科学课程标准》为指导，以新型理念下的教学为前提，结合三年级学生的学情学习科学假设性思维，孩子们能够从真实的"生活"有所体验，有所收获，能乐于与伙伴们分享自己最真实感受，其中学生们集体的合作、思考和交流都是思维的体现，其中有形象思维、联想思维、换位思维等思维的参与，而创造力的本质就在思维方式。接着学生运用已学的科学原理，结合生活实际和体验拓展延伸，通过动手实践，设计创造解决问题的方案，在小组合作中发现问题，讨论现象，进行发散思维、求异思维、逻辑思维等，最终整合想法和资料形成组内完整的设计。一个学生展示、交流自己的创意作品时，其他学生也会被激发创作灵感，激发思维，所以在合作交流的过程中看起来都是独立的学生个体，却也是创造力思维的碰撞。学生能够通过实践性、体验性的科学课堂，在这个过程中进行一切形式的思维活动，包括直接提出新设想或新的解决办法，创造性地解决"角色"中遇到的困难，进行设计创新，而这就是创造力，也是创造力最高形式——创造性思维的体现。

整堂课中每一个过程都环环相扣，目的就是激发学生的学习兴趣，重视学生的情感体验，让学生感受学习的快乐，学生愿意积极参与其中，并且能够从无形之中培养学生解决问题的能力和创造力，这不仅结合了新型理念下的教学，并且也与我校的办学理念"品味·创造"相结合。

第五节　发散思维训练

——设计密码

（青岛版五年级）教学设计

基本介绍

发散思维又称辐射思维、放射思维、扩散思维或求异思维，是指大脑在思维时呈现的一种扩散状态的思维模式。它表现为思维视野广阔，思维呈现出多维发散状，如"一题多解""一事多写""一物多用"等方式。心理学家认为，发散思维是创造性思维的最主要的特点，是测定创造力的主要标志之一。所以，训练学生的发散思维能力，就是在训练学生发现事物关系的能力，就是在训练学生的观察、对比与分析能力。

案例背景

学生对发散思维的理解可能就是从一个物品发散出另一个物品，通常因为两个物品之间存在一定的联系，这个联系可能是大小的联系，可能是颜色的联系，也有可能是材料的联系等，总结起来这些联系都是物品之间的基本属性。

案例描 述

教学目标

（1）能在教师的引导下结合学习生活中发现的问题，通过玩游戏和活动，体会运用发散思维的好处，针对发散思维训练，发现并提出自己感兴趣的问题，并能够进一步展开探究。

（2）培养学生乐于思考、善于合作、喜欢探究的良好品质，通过侦探游戏，培养学生创新意识与动手实践能力，全面提升学生的综合素养。

（3）通过思维训练，进一步训练学生思维的严密性，引导学生养成面对问题多思考的好习惯，培养学生的发散思维与创新思维，通过设计各种密码信等自主探究活动，培养发散思维能力。

教学片段一

师：我们先来一个趣味故事热身，这个故事叫国王的鞋套。一位国王有洁癖，他最害怕自己的鞋底会沾上泥土，于是命令大臣，把整个国家的道路都用布覆盖上。大臣开始组织人力丈量全国的道路，之后他做了计算，把全国所有的路都覆盖布，需要二十万工匠不停地工作五十年，而全国的人口也不过五十万。大臣心急如焚，向国王痛陈利弊，说弄不好会亡国。国王一怒，将大臣处死。国王又派另一个大臣来办此事，结果这个大臣很容易就解决了此事。同学们我们怎样才能让国王的鞋子不再弄脏呢？

生：小组研究讨论，开动脑筋，各抒己见。

师：这个大臣是怎么做的呢？原来这位大臣用布给国王做了一副鞋套。后一个大臣只不过是把自己的思维从路转到国王的脚上，天大的难题便迎刃而解了。

教学片段二

师：接下来这个小故事叫：一物二用的导游手帕。在日本东京，有一家专卖手帕的"夫妻老店"，由于超级市场的手帕品种多，花色新，他们竞争不赢，生意日趋清淡，一天丈夫坐在小店里漠然地注视着过往行人，面对那些穿着娇艳的旅游者，忽然灵感飞来，他不禁忘乎所以地叫出来，把老伴吓了一跳，以为他急疯了，正要上前安慰，只听他念念有词地说："导游图，印导游图。""改行？"妻子惊讶地问。"不，手帕上可以印花、印鸟、印水，为什么不能印上导游图呢？一物二用，一定会受游客们的青睐！"老伴听了，恍然大悟，连连称赞。于是，这对老夫妻立即向厂家订制一批印有东京交通图及有关风景区导游的手帕，并且广为宣传。这个点子果然灵验，销路大开。他们的夫妻店绝处逢生，财运亨通。同学们从这个故事中能想到哪些好的发散思维的例子呢？

生：能够显示倒计时的红灯。

生：能够直接通过手机USB充电的电线板。

生：很容易拆包装的胶带，中间加上一条线，一撕就开……

评析

　　这节课利用小游戏和小故事，鼓励学生用自己的思维方式，从他们的角度用头脑风暴的形式尽可能罗列出大量的观点，通过小组讨论逐步形成更趋合理的观点，这样能把思维的主动权还给学生。在班级讨论中，尽可能在达成具有共性观点的同时，保留学生自己的个性化的观点，保留学生个性化的思维成果，是对学生积极思维的一种鼓励和支持，对形成具有共性的观点也有帮助，这样一来学生在课堂中就能够成为真正的主体。

教学反思

　　学习的兴趣来源学习中体验到的快乐。如果在学习过程中在学生脑海中始终出现的都是"为什么是这样？应该是怎样？我能做些什么？"的问题，那么学生学习的兴趣肯定就被调动起来了。本节课设计密码的活动环节是利用了方法发散法——以某种方法为发散点，设想出利用方法的各种可能性。选择培养学生发散思维能力这个主题，是因为我觉得学生越到了高段，思维反而不是那样开阔了，思考问题不会从多角度去想。引导学生形象、直观地去感受做事要从不同角度去思考，不可人云亦云。发散思维离不开对学生观察能力的训练，观察围绕眼睛的视觉、耳朵的听觉、鼻子的嗅觉、舌头的味觉、身体的触觉、大脑的想法、内心的情绪，就可以形成一个立体化的体验，可以帮助学生快速消化与吸收，甚至是批判与创新。

第六节　收敛思维训练

—— 科学现象中探秘

（青岛版六年级）教学设计

教材解读

　　习近平总书记在全国教育大会上讲话指出："要让广大青少年崇尚科学、热爱科学、投身科学。"由此可见培养小学生的科学素养是一件极为重要的事情。《小学科学课程标准》明确指出，小学科学课程是以培养学生科学素养为宗旨的科学启蒙课程。科学素养的形成是长期的过程，早期的科学教育将对一个人科学素养的形成具有决定性的作用。近年来，随着科学教学改革的不断深化，在小学科学教学中如何有效培养学生的科学素养，已经变得尤为重要。在科学学习中，学生既是问题的发现者，又是问题的分析者、解决者。经历、探究是学生进行科学学习的必然过程，而教给学生探究科学问题的方法，则是提高学生科学素养的有效途径之一。

　　通过解读教材中的科学素养的相关教学设计，我们将六年级学生的科学素养的培养设定在"收敛思维"方面。培养学生的逻辑思维能力，主要是培养学生的分析、综合概括、演绎推理的能力。收敛思维又称集中思维、求同思维、聚敛思维，是一种寻求唯一答案的思维，其思维方向总是指向问题的中心。收敛思维是为了解决某一问题，在众多的现象、线索、信息中，向着一个方向思考，根据已有的知识和经验，把众多的信息和解题的可能性逐步引导到条理化的逻辑链中去，得出最好的结论和最好的解决办法。

学情分析

小学高年级的学生，已经经历了在学习过程中借助思维活动，深入理解教材，掌握多种概念、理论，了解事物的规律和知识体系，并在人际交往中解决自身遇到的各种问题。高年级的学生大部分由具体形象思维向抽象思维过渡，思维的基本过程日趋完善，逐步稳定地形成各种概念。根据学情，我们设计了收敛思维的训练课程，通过思维训练课培养学生分析问题、解决问题的能力，形成一定的逻辑归纳的思维习惯。

教学目标

（1）了解收敛思维的含义。能利用归纳的方法进行一些简单的推理。

（2）培养学生的归纳探索能力，提高学生的创新意识。培养学生勇于创新而又不失严谨的思维习惯和在探索真理时锲而不舍的钻研精神。

（3）通过具体事例，感受收敛思维在探索和解决问题过程中的作用；通过自主学习收敛思维的一般方法，建构收敛思维的思维方式。

教学课时

1课时。

教学过程

一、激趣导入

师：同学们，你们知道著名作家高尔基吗？今天老师给大家带来了一个关于他的小故事，看看他的童年都发生过什么？

课件展示小故事：高尔基童年在食品店干杂活，曾碰到过一位刁钻的顾客，"订九块蛋糕，但要装在四个盒子里，而且每个盒子里至少要装三块蛋糕"。

师：同学们，你们知道高尔基当时是怎么解决这个问题的吗？你想如何解决这个问题呢?

（学生回答，教师点评。）

师课件演示：高尔基的办法是先将九个蛋糕分装在三个盒子里，每盒三块；然后再把这三个盒子一起装在一个大盒子里，用包装袋扎好。

师：同学们，这里的这种思维方式就是为了解决某一问题，在众多的现象、线索、信息中，向着一个方向思考，根据已有的知识和经验，把众多的信息和解题的可能性逐步引导到条理化的逻辑链中去，得出最好的结论和最好的解决办法，这就是我们要研究的"收敛思维"。

（教师板书"收敛思维"。）

师：今天我们就一起来了解科学思维中的"收敛思维"。

二、实例递进，初识概念

1. 收敛思维的概念的初步认识

师：如果说发散思维的思考方向是以问题为原点指向四面八方，具有开放性，那么收敛思维则是把许多发散思维的结果由四面八方集合起来，选择一个合理的答案，具有封闭性。收敛过程中不会再有新的方案出现，已有方案的数量也会通过评价、选择的优化过程变得越来越少，直至获得最优结果。

师：收敛思维可以通过提问，获取新问题和新方向，求得解决问题的有效方法，从而提高收敛思维的能力。我们可以按照下面的模式来进行思考："要解决的问题——为什么——答案——为什么——答案——为什么——答案——为什么……"

（教师板书："要解决的问题——为什么——答案——为什么——答案——为什么——答案——为什么……"）

2. 训练题目

（1）请说出家中既发光又发热的东西，找出它们的共同点。

（2）请写出海水与江水的共同之处，越多越好。

（3）鸽子、蝴蝶、蜜蜂与苍蝇有什么相同之处?

（4）铜、铁、铝、不锈钢等金属有什么共同的属性?

（小组讨论，合作解答。）

师：请同学们展示你们讨论的解决方法吧。

生展示：

（1）家里既发光又发热的东西是存在的，如白炽灯、日光灯、红外线取暖器等，它们的共同点是都用电。

（2）都是水，都会蒸发，都可养鱼，都可造福人类。

（3）会飞，会吃东西……

（4）传热、导电……

3. 教师总结

为什么会有这种差异呢？从思维的角度来分析，这是由于头脑的内在思维观察结构的不同造成的。收敛思维能力较强的人，其思维观察结构严谨细密，在占有相同的信息量的情况下，对信息的提取率比较高。

三、概念形成

师：你的面前摆着四种物品，一本平装书、一瓶百事可乐、一根纯金项链、一台彩色电视机。

请从上述四种物品中找出一种"与众不同"的物品；然后，再找出两两物品之间的共同之处。

生讨论后汇报。

预设：平装书是唯一用纸做成的、供人阅读的物品；可乐是唯一由液体构成、供人饮用的物品；项链是唯一用纯金制作的、戴在身上的装饰品；电视是唯一能把无线电波转换成声音和图像的物品。

平装书与可乐属于"价格低廉品"；平装书与电视属于"信息用品"；可乐与电视属于"诞生于现代的物品"；项链与电视属于"贵重物品"。

教师引导学生总结。

收敛思维是把许多发散思维的结果由四面八方集合起来，选择一个合理的答案，具有封闭性。

四、实验推理

1. 彩色喷泉实验

师：同学们，你们有见过喷泉吗？

生：见过，去旅游时见过。

（课件出示喷泉图。）

师：那你们见过彩色喷泉吗？

师：好，现在老师给大家做一个彩色喷泉实验，请同学们认真观察。

教师演示实验。

实验步骤：在小试管内装入红墨水。把带孔的橡皮塞塞在试管口，插入吸管，吸管只露出橡皮塞外一点点。把烧瓶放入烧杯中。在试管上浇热水。彩色喷泉喷出来了！

学生动手实验。

教师巡视，给予学生指导和帮助。

师：很多同学的实验都成功了，出现了彩色喷泉。想想为什么会出现这现象？

生1：是热水的作用。

生2：红墨水受热膨胀，所以就胀了出来。

生3：红墨水受热后，体积胀大，水就出来了。

师：大家的想法都很好。假如我们一开始不浇热水，而是浇冰水，会出现彩色喷泉吗？下面大家用另一个试管再做实验，改为浇冰水，看看会有什么结果。

学生兴致勃勃地做实验，师巡视帮助和指导。

师：你们观察到什么现象？想想为什么会出现这些现象？

生1：红墨水往下退了。

生2：红墨水遇冷后收缩，就退下去了。

生3：红墨水体积减小，所以退下去了。

师：同学们的实验做得很成功，结论也是正确的。

师：通过三年级科学的学习，我们知道，红墨水是液体。通过刚才的两个实验，能说明红墨水具有怎样的现象？

生1：红墨水受热时膨胀，受冷就收缩。

生2：红墨水具有热胀冷缩的现象。

师：对，红墨水具有热胀冷缩的现象。

（师边说边板书。）

师：那除了红墨水，其他的液体有没有这种现象了，我们下课后可以继续做实验进行验证。

2. 教学"会变化的杯子"

师：除了液体，我们的世界中还有固体和气体。那固体有没有类似的现象呢？下面就让我们进行固体的实验探究。

师：组长上来领材料，有两个玻璃杯，热水和冰水。各组根据书本上的提示，独立完成实验。

学生做实验，教师巡视指导和帮助。

师：你们有什么发现？想想为什么会出现这些现象？

生1：加入热水后，杯子很难被拉开；倒入冰水后，杯子很容易被拉开。

生2：我跟他的一样。

生3：我想是杯子受热后变大了，所以难被拉开；而受冷后变小了，所以就容易被拉开。

生4：杯子受热后膨胀，所以难被拉开；遇冷后收缩，所以容易被拉开。

师：看来同学们已经发现了相同的现象。下面对这个实验现象做一个总结。玻璃杯具有什么样的现象？

生1：也跟红墨水一样，具有热胀冷缩的现象。

生2：对，具有热胀冷缩的现象。

师：同学们真棒。学习上懂得比较与联系。玻璃杯是固体，它也有热胀冷缩的现象。（师边说，边板书）。其他固体是否也有相同的现象呢，我们下课后可继续研究。

3. 教学"会变大小的气球"

师：刚才我们研究了液体，固体的热胀冷缩现象，那气体有没有这种现象呢？

师：下面每组领一份的实验材料，根据所提供的材料，设计一个实验，看看气体有没有这种现象，并与学生小组成员合作，充分讨论设计方案。按照以下步骤完成实验。选取材料—进行实验—观察现象—收集事实—得出结论。

教师巡视，指导学生完成实验。

学生汇报交流。

第一组：瘪乒乓球复原。

生交流：我们组的实验是把一只瘪了的乒乓球放在热水里，几分钟后，瘪了的部分鼓起来了；再把它放在冷水里，只见刚鼓起来的部分又瘪了，说明了空气受热膨胀，遇冷收缩，具有热胀冷缩的性质。

第二组：气球胀大了。

生交流：我们组的实验是把气球套在瓶子上，把瓶子放在热水里。气球慢慢地胀大了，但几分钟后，水慢慢变凉了，气球也渐渐缩小了，也说明了空气具有热胀冷缩的性质。

第三组：热水吹泡泡。

生交流：我们这组设计的实验和第三组类似，但我们不用气球，让瓶口在肥皂水沾一下，把瓶子直立放在热水里，一个又大又圆的泡泡吹出来了……

师：为同学们精彩的实验，给予热烈的掌声。

师：通过刚才几组的演示实验，谁来说说空气具有怎样的现象。

生：空气具有热胀冷缩的现象。

五、回顾总结

师：通过实验，我们知道了固体、液体和气体都有热胀冷缩的性质。

总结：今天我们做的实验过程，实际上是按照下面的模式来进行的思考："要解决的问题——为什么——答案——为什么——答案——为什

么——答案——为什么……"所以说，收敛思维可以通过提问，获取新问题和新方向，求得解决问题的有效方法，进而提高我们的收敛思维的能力，用科学的头脑来解决身边的问题。

教学反思

　　本节课通过"高尔基的善于思考、巧妙解决实际问题"的小故事引入问题，在解决的过程中引出"收敛思维"的概念，并通过由浅入深的归纳总结类的题目的练习，让学生进一步了解运用"收敛思维"解决问题的方法。最后，设计"物体的热胀冷缩"这一实验引入驱动问题，要求学生认识液体、气体、固体在一般情况下都有热胀冷缩的性质，物体的热胀冷缩是生活中常见的一种现象。用概括和推理的方法牵动学生的思维，引导他们去思索、去发现，并及时鼓励学生发现问题。在培养学生概括推理能力的过程中，发展科学的思维方式，并把学生的思维引向深入。在这一活动过程中，学生不仅理解科学知识，而且学会科学思维，形成优化的认知结构，积累丰富的科学活动经验，感受到科学思想方法的浸润。教学中，教师只有引领学生深度参与、深度体验、深度反思、深度拓展，才能达致深度学习、了解科学本质，培养科学思维的最佳状态，才能让学生真正在科学学习中乐此不疲。

第三章

人人会动手

——戈德堡

　　学校将创造力的培养渗透日常教育教学的方方面面，在"做中学"体现的创造力尤为突出。通过戈德堡的制作培养学生的科技能力，也要从兴趣的培养做起，因为学生对戈德堡制作有浓厚兴趣，就会积极地参与、积极地思并能克服制作过程中的困难，这种态度上的要求正是科学素养的重要部分。

　　戈德堡活动引导学生制作推力组合、杠杆斜面等机械，由于符合学生年龄特征与知识水平，学生兴趣浓厚。通过引导学生完成各种不同的小任务等，不仅能帮助学生提高理解力和掌握机械的知识，还能进一步强化他们的学习兴趣，验证科学规律，培养科学精神，让学生在制作中享受"玩"的乐，让"玩"变得更有意义。另外，让学生展示自己的戈德堡制作，说说戈德堡制作中的科学原理并互相评比，激发学生的内部动机使兴趣保持，利用戈德堡制作培养科技创新能力的活动也就开展得有声有色了。

我们都知道，创造力是一种综合素养，是一种能够迸发新想法、发现和创造新事物的能力。任何创造性的活动都必须要有创造力。

创造力还是一系列的心理活动，有着连续、复杂、高水平等特点，需要我们智力和体力的高度集中，以便于创造性思维在最高水平上进行。

培养有品位的创造者是我们榉园学校的育人目标，期待榉园学子人人是创造者。

一、培养创造力需要做什么

作为学校教育工作者，我们怎样做才能培养学生的创造力呢？接下来让我们一同探讨。

我们认为，可以从以下四个方面入手培养学生的创造力。

第一，激发学生的好奇心和学习兴趣，鼓励学生仔细观察、大胆想象，促使学生在已有的认知内容上，能够有所思、有所想。乐于提出心中的小疑惑，并愿意去研究一番，以此发现新的问题和新的联系等。

第二，教会学生拥有流畅、变通、独创思维。

第三，善于发现共同点及不同点，求同存异。

第四，适时开展头脑风暴，在规定时间内使学生不断联想，碰撞新思维，从而产生新颖且有创造性的论点。

具体做法：尝试最大化地激发学生们的创造力，同时帮助学生们建立个性化学习方案。

1. 十万个"为什么"

满满好奇心的学生们总是有很多的疑问，当他们眉头紧锁，迫不及待地来问"为什么"的时候，我们总是竭尽所能把知道的答案都告诉他们。灌输式的解答固然可以增加学生的知识量，但是如果学生们只是或总是这样被动地接受答案，不去思考、不去实践，那思维能力很难得到提高，无法将这些独立的问题相互联系，也必然不能形成知识网络。

类似"你能找到原因吗？""你觉得呢？""你是怎么想到的？""如果这么做，还会发生什么呢？"的解答方式能助推更多学生去思考，帮助学生收获更多。因为学生们在思考、解决这些问题时，还需要回想以前的经验并进行推理，这个过程一定会使创新思维能力和学习能力都得到提高。

教师需要主动找到学生感兴趣的话题，或在他们急切地问"为什么"的时候，忍住直接说出答案的冲动，引导学生："这真是个好主意，你觉得呢？"你会发现，这种启发式的反问会使学生们的小脑瓜开始运转，他完全被他自己提出的问题所吸引，并且积极地跟你讨论，甚至将这份兴致和热情保留到讨论结束。

我们要做的就是不断地鼓励学生，根据他们的理解水平来调整提问的深度，引发更深入的思考，在和谐轻松的气氛中，帮助孩子从已有的经验中获得新的想法。

2. "异想天开"

处在爱幻想年纪的学生们总是天马行空，在我们大人看来，他们的想象也许幼稚、也许荒唐。但是，他们的这种"异想天开"，这种不循规蹈矩，正在酝酿着可贵的创造性思维。

3. "另眼相看"

"8的一半是几呢？""4"几乎所有人都会这样回答。极少数时候我们会听到："0"。经过一段思考的时间后，其他人才反应过来，2个0上下摞在一起就凑成了"8"。此时再问："8的一半还是什么？""3"这个答案便脱口而出了，大家很快就会看到将"8"竖着分为两半，则是两个"3"。

不循规蹈矩，打破既定思维，这就是创造性思维的开始。当我们学会转换看问题的角度时，就会更好地看到其中微妙的关联，从而更快、更准确地用创造性思维解决问题。

让学生用新的眼光去看待事情，尤其是我们常见却不怎么关注的事情，这是我们迈出培养创造性思维的第一步。"另眼相看"或"刮目相看"，学生一旦适应这样的思维过程，相信以后无论是遇到熟不熟悉、知不知道的问题时，他们都喜欢并且善于运用不同的思维方式来为自己遇到的新挑战寻找解决方案了。

二、在"做中学"如何能更好地提升创造力

古人云："纸上得来终觉浅，绝知此事要躬行。"只有实践才能更好地提升创造力。那该如何实践、如何做才能达到我们"做中学"的目的呢？下面的这些活动可以帮助学生在实践中进一步了解并发挥这种能力。

1. 是真还是假

当我们告诉学生一件事情或一个答案时，有些学生基于自己已有的知识，会在心里打一个问号：真的还是假的？这种质疑会引发新的思考，去验证答案或获得新的认知。无论结果怎样，学生们在看待问题时，这种辩证的思维和批判性地思考问题，一定会让他们收获更多。

辩论也是一个不错的选择，鼓励学生们大胆说出自己的想法，如果能说出理由那就更好了；同时，试着从反方的观点出发，说出相应的看法。这一活动可以使他们意识到不同的思维模式。

2. 别轻易说"不"

自信心的建立会让学生们变得更勇敢，促使他们更愿意去尝试和挑战，从而不断进步。但当学生怀着满满的信心对你说出自己的想法时，一个"不"足以打消一切。它会让学生变得沮丧，会阻止学生再次创造，会磨灭许多了不起的想法。

所以，请学会鼓励和赞扬学生，避免让"不"束缚、限制住学生的创造力。同时也要引导学生们把所有的"不"转换为"为什么不"，然后帮助

他们专心致志地验证自己的想法。相信孩子们会给我们一个大大的惊喜。

3. 逆向思维

拥有逆向思维是指善于运用与常人相反的创造性思维进行思考。跳出常规的条条框框，关注别人没有关注的细节，发现别人没有发现的事情。

司马光砸缸漏水而不是救人离水的想法，就是运用了逆向思维。逆向思维可以打破既定思维模式，跳出固有模式，拓宽思路，出其不意。

4. 打开感知世界的大门

学生们愿意看、摸、听、闻，尝试用感官和触觉直观去学习，他们愿意自我表现和动手操作。这种好奇心和感知反馈的信息，会不断促使学生去尝试，这也是提升学生们创造力的一个关键。

我们只需要给学生提供一个环境，安全、不受限制，给予有挑战性的项目，相信这一定会吸引学生们不断地去感知。开放式、可操作的活动最受学生喜爱，过程远比结果更重要。

三、学校是如何在"做中学"体现创造力的

学生创造力的培养不是一蹴而就的，需要一个逐步提升的过程，这个过程应该顺应学生的认知规律，这样才能达到事半功倍的效果。我们将创造力的培养渗透在日常教育教学的方方面面，以人人是创造者为目标。今天我们先来了解一下极具代表性的戈德堡机械，以此为例阐述我们是如何在"做中学"体现创造力的。

1. 戈德堡机械——激发创造兴趣

通过戈德堡机械的设计和制作培养学生的创造力，首先要从激发兴趣做起，这种浓厚的兴趣会促使学生积极地参与、积极地思变，克服种种困难，这种态度上的要求也正是科学素养的重要部分。

在戈德堡机械中引导学生制作推力组合、杠杆斜面等，由于符合学生年龄特征与知识水平，学生能做到便愿意去做，这就是兴趣的开始。通过引导学生完成各种不同的小任务，一点点地渗透力和机械的知识，验证科学规律，进一步强化兴趣，培养科学精神，让学生们在设计和制作中享受

"玩"的乐趣，让"玩"变得更有意义。另外，为学生们提供平台展示自己的戈德堡机械作品，说说戈德堡机械制作中的科学原理，互相切磋、评比，也能激发学生的内部动机，保持兴趣，利用戈德堡机械培养创造力的活动开展得有声有色。

2. 戈德堡机械——培养动手能力

动手可以将富有创造力的想法落地，而动手能力的强弱便直接关系落地的效果。戈德堡机械能有效培养学生的动手能力。

（1）仿制与模拟。给定对象，让学生仿造。学生对没有十足把握的事情都缺乏信心，总怕自己做不好。通过模仿，增强学生自信心，消除"怕"的心理，在简单的操作中学会使用工具，这就是很大的进步。

（2）提供材料、明确要求的制作。这种制作为学生提供制作说明，主要包含所需的材料、制作方法、实验展示方法，让学生从实物模拟到根据图与要求等制作，让学生学会寻找材料、配置材料、加工材料、组装与拆分等，以此来培养学生的动手能力。

（3）材料自选式半开放制作。为了说明一定的科学问题，让学生自己选择材料，按照自己的思路制作，并通过某种现象，反映某一科学问题，说明科学原理。增强制作兴趣，在过程性展示中培养学生的动手能力。

（4）完全开放的自主制作，即根据自己的兴趣、了解的原理进行自主制作。上网查询、翻阅资料等都是在培养学生获取信息的能力，也可以挖掘学生创造潜能，学生在不断改进中达到预期效果，从而增强学生的动手能力。

3. 戈德堡机械——提升创新能力

（1）求美求好，激励创新。戈德堡机械的制作过程是一个不断完善的过程，这种改造过程正是创新的重要体现，在戈德堡制作中鼓励学生在作品外表上求美、在作品结构上求简明、在作品演示操作上求方便、易成功，这样学生在制作过程中就会不断改进、不断创新，展示其创造潜能，启迪科学智慧。

（2）体验复盘，改进创新。学生在对戈德堡制作展示演练中，可以深刻地理解科学原理，获得重要的体验过程，在体验的基础上进一步改善作品，改进操作方法。发现与创新也正是在过程体验中产生的。

（3）比较设计方案，激发创新。在半开放和完全开放性的戈德堡机械制作中，学生会产生多种制作想法，这是学生生活经验指向与运用科学原理进行思维加工的结果。因此，既要肯定学生设计，又要通过不同设计的比较使其产生新认识，这有利于学生产生认识上的飞跃，也有利于学生创新能力的培养。戈德堡机械确实有利于培养学生科学学习和科技活动的兴趣，培养学生的动手能力、思维能力和发现能力，以此提升学生的综合能力，达到培养学生创造力的目的。

第二节 神奇戈德堡

一、戈德堡是什么

假如现在你要关上一盏灯，应该如何去做呢？当然是起立，走到开关面前，按下开关，完成步骤。我猜你一定想不到，我校的一名小同学却足足用了20个步骤才完成这一简单的动作，并凭借自己的创意获得了"榉园杯"创意戈德堡机械挑战赛一等奖。我相信，肯定会有人觉得这件事情非常无聊，明明就是一件非常简单的事情，却用了那么多步骤完成，简直是舍近求远，小题大做。但其实这些烦琐而复杂的装置被称为鲁布·戈德堡机械。这是一种用繁复的方法去完成那些生活里可以轻易做到事情，如钉一颗钉子、将一颗鸡蛋打破等。

这种戈德堡机械装置来自美国漫画家鲁布·戈德堡（Rube Goldberg）的漫画作品，漫画中描绘了许多复杂的工具，为了方便理解，在每一个步骤上标注了英文字母，帮助大家了解装置是如何发动的。

最明显的例子就是"巴茨教授和自营餐巾纸"，这是鲁布·戈德堡的代表作。当教授将汤匙举到嘴边的时候，拴在勺子尾部的绳子会拉扯到另一侧的勺子，勺子上的饼干就会扔到巨嘴鸟的上方。这时，巨嘴鸟会经受不住饼干的诱惑而跳离杠杆，使杠杆另一端的液体翻倒进水桶里。

水桶变重下沉，拉动绳索掀起打了打火机的盖子，火苗点燃火箭，而火箭下方捆着的镰刀会随着火箭的上升而将绳子割断。当绳子被割断，钟摆便失去了拉力，从而带动餐巾纸来回摆动，达到擦拭嘴巴的目的。

相信大家看完这个装置的运行过程，都会忍不住莞尔一笑："你都伸手去舀汤了，难道还懒得擦嘴吗？"其实鲁布·戈德堡设计的这些装置实用性非常低，因为这些目的行为本身远比装置的一番操作运行起来简单得多，谁会真的发明这些装置运用在日常生活呢？

但其实，笑过之后仔细思考，或许达到这种滑稽幽默的效果，正是鲁布·戈德堡机械漫画的目的所在。

当然，漫画逗人开心，是最正常不过了。设计者脑洞大开的设计思路，才是真正有含金量的地方。可别小瞧它，设计一个复杂而成功的戈德堡机械往往需要有庞大的科学知识库，能够综合运用各种科学原理才能完成。1987年，普渡大学就以这些机械艺术为灵感，首次举办了全国鲁布·戈德堡机械竞赛。这个赛事要求参赛的学生动手设计出一套拥有实际操纵性的连锁反应装置，以激发学生们的发明创造能力。由此可见，将戈德堡机械融入课程，不仅可以激发学生的学习兴趣，还能使学生在做中学，在动手实践中理解并运用知识，培养创新能力和实践能力。

二、戈德堡进校园活动

为了配合我校市"十三五"课题"基于国际视界的小学生科学素养培育研究"，倡导跨学科学习方式，我们从2018年初开始，便陆续组织开展了"戈德堡机械制作大赛"。活动要求计算精确，令机械的每个部件都能够准确地发挥功效，因为任何一个环节出错，都极有可能令原定的任务不能达成。在制作中，设计戈德堡机械需要拥有丰富的科学知识库，如物理知识、化学知识、一般的机械结构知识等。因此，学生们想要设计出一个好的戈德堡机械，只有具备熟练地综合运用各个学科知识的能力，才能设计出一个足够复杂的机械装置，而仅有这些也是不够的，创造力在此也要发挥效力。

在比赛中，我们将会确定一个动作，如"升旗"，并规定这个动作的开头结尾，如：开始由一辆"阅兵车"开启，小车的运动方式和样式不限，机械装置最后要升起一面旗帜，升旗的方式不限。

在评分过程中我们主要评比装置的复杂性，即该装置包含多少个有效步骤（有效步骤是指从一个动作到下一个动作的能量传递），有效步骤越多得分越多。艺术性，即该作品完成能量传递时所体现的美感，以及任务完成的整体效果，即作品必须完成既定的任务。

在制作过程中，我们鼓励学生们创造性地去完成任务，鼓励他们用废旧物品组成装置，鼓励他们灵活运用学到的科学知识和思维来解决问题，在动手、动脑完成任务的过程中积累经验。在戈德堡完成任务的过程中，没有哪一个作品会一次成功，都需要经历多次尝试，这对学生的耐心是一个极大的挑战。戈德堡最有创意的是如何实现自己的想法，最难的环节是调试，只有在经验丰富和极强的理论知识基础下才会顺利进行。

当然，面对戈德堡，我们的发展历程并不是一帆风顺的，在刚开始的阶段，连老师们都不知道戈德堡是什么，有关它的资料也非常少。但在各位老师不断的探索和尝试后，逐渐对戈德堡机械有了一定的了解。为了让所有学生都能够得到锻炼，从2018年初始的寒假开始，每个假期都会开展分层次的戈德堡挑战赛，每次都要完成一个有趣的任务。例如，一、二年级可以在家长的帮助下完成，三、四年级要努力自己尝试，五、六年级必须自己动手完成。

第一次戈德堡挑战赛，全校的每个学生都亲自动手制作了一件戈德堡作品，于是全校共有近800个作品呈现在老师们的面前。我们明显可以感觉到，同学们第一次接触戈德堡机械，很多作品都不成熟，甚至有很多作品都没有根据要求完成任务。针对这一问题，我们通过视频宣传、科学课讲解等方法逐步渗透，在学习过程中，同学们不但没有因为困难而丧失热情，相反，随着对戈德堡机械认识的逐渐深入，他们的热情也逐渐高涨，通过不断的尝试和改进，学生们对于戈德堡机械的完成过程均有了基本的了解。于是在2018年的暑假，科技老师带领同学们再次发起了制作戈德堡机械作品活动，这次学生们的作品开始有了不一样的变化，他们开始尝试利用弹力、重力、摩擦力、杠杆原理、钟摆、螺旋、斜面等各种科学方法，创造性地使用各种可回收材料，兼具力学与美学，设计出许多巧妙的机械构造，让人眼前一亮。

为了体现学科整合性和团队合作精神，我们将PBL项目式学习方法贯穿于体验活动中，在2018～2019学年度第二学期里，学校开展了班级戈德堡现场挑战赛活动，在活动中，每组学生的每个作品都经历了调试、改进，失败了就再调试、再改进的漫长过程，比赛中伴随着讨论、争吵、伤心和喜悦；有欢笑，有泪水，有鼓励，有埋怨。虽然困难重重，每个班都不逃避、不放弃，齐心协力地总结经验、继续前行。不管最后结果如何，孩子们在一次次失败中再次尝试的精神令人感动，这种坚持不懈、不怕困难勇敢挑战的科学精神在戈德堡的一次次试验中得到了升华。这就是"榉园戈德堡"的魅力！科学知识与科学精神并存，创新智慧与创造活力并存。

学生们创意不断，教师们也不松懈，在此基础上，我们还开展了教师戈德堡机械比赛，教师们积极性非常高，也创造出了非常多有趣并且富有创意的作品。戈德堡机械比赛的活动既丰富了教师生活，又提高了团队凝聚力，提升了教师间的协作能力。

三、成果

时光不会辜负同学们的每一滴汗水和泪水，在美国当地时间2019年8月2日，我们在美国新泽西州莱德大学举办的CREDECA世界创意大赛中喜获佳绩。

CREDECA World Finals 是美国三大创造力大赛之一。

CREDECA 世界赛宗旨在通过项目设计来鼓励合作，培养创造力、团队合作精神、解决问题能力、项目绩效能力以及关爱和领导能力。CREDECA世界赛是展现挑战精神的机会，同时也是评估参赛队员个人综合素质的机会。

由我们学校同学代表的中国队，在中国、美国、韩国、德国、新加坡、加拿大、越南、哥伦比亚、比利时、印度等13个国家组成的众多参赛队伍中脱颖而出，获得了两个个人赛季军、两个个人赛亚军、戈德堡机械第一名、团体特等奖的好成绩！

在戈德堡机械项目中，我校的小选手们团结协作，排除万难，灵活运用自己的知识和创意，成功完成任务，获得了第一名和团体特等奖的好成绩，这是我们的第一个世界级别的冠军！

在2019年暑假刚刚开始的时候，我校的8名小同学就在刘坤老师的带领下开始了"戈德堡集训"，这次集训的目的是冲击世界赛冠军，这次世界赛的机会是他们通过2019年青岛市第四届中小学创客大赛获得的，也是我们连续多年举办戈德堡比赛丰厚的创造底蕴的体现！在烈日炎炎的天气里，小选手们认真训练，先一起画图设计，再一同组装调试，有成功，有失败，有推倒重来，有争论修改，在刘老师的指导下，同学们结合我校历年来的优秀作品，加上新的设计理念，设计出一个立体、多种力结合、多层次的戈德堡装置。

怀着满满的信心，八位小勇士在两位老师的带领下踏上了冲击世界赛冠军的征途。谁料遇到极端天气，航班延误，只能晚一天到达，第一天的个人赛遗憾缺席。虽然遇到困难，但是我们的小选手并没有退缩气馁，作为中国唯一的参赛队，我们排除万难，信心十足。状态良好地抵达比赛地——美国新泽西州莱德大学。刚抵达比赛场地，面对着时差带来的困意，小选手们依旧坚持训练，为后续几天的比赛做好了充分准备。

第一天比赛，孩子们都分在各个组里，每个组都要创意地去完成各自的任务。虽然还没有适应时差，但是小勇士们仍然坚持，他们和新队友从陌生到合作，用英语进行交流，用所学的知识解决问题，用创意去完成特殊任务，我们的小勇士们都能很好地处理问题，把中国大气、沉稳、友好、包容的一面体现得淋漓尽致。孩子们白天比赛，晚上还要进行训练，孩子们克服困意坚持训练，又熟练拆装过程和调试过程，为戈德堡比赛做好了充分准备。

终于到了戈德堡比赛当天，孩子们即紧张又兴奋，紧张是因为戈德堡比赛本身的不确定性，兴奋是因为他们作为中国唯一参赛队的光荣和自豪。小勇士们共同协作将自己设计的"散装"作品和工具抬到比赛场地。

比赛开始后，孩子们熟练地进行组装调试。一切看来是如此顺利，但是戈德堡的魅力就是没有作品会顺利成功，没有反复的失败、精准的调试是不可能成功的。果然，孩子们在调试的时候遇到了从没有发生过的问题，在赛场上的他们没有慌乱，他们共同讨论解决办法，尝试了多种方案，最终解决了问题。当他们在展示阶段一次成功完成任务后，喜悦地跳了起来！孩子们成功了，他们运用自己的聪明才智，临场应变，完成了比赛！

　　闭幕式上，孩子们因为第一天的比赛没有参加而影响了成绩，在少赛一场的情况下，我们仍然获得了两个个人赛季军，和两个个人赛亚军。在奖项一个个被领走的时候，我们的小勇士们充满了期待的目光，终于在最后宣布戈德堡机械奖项时，会场上响彻着中国选手们的欢呼声，在戈德堡机械项目中，我们的小勇士们获得了第一名的好成绩，世界赛第一名！而最后一个压轴的奖项，戈德堡机械团队创意特等奖，又是我们中国团队获奖，一个第一名，一个团队特等奖，这是对我们小勇士们充分的肯定！也是对我们工作成果的肯定！

第三节　挑战戈德堡

挑战，是一个人能力的体现，是一次次失败后的再次尝试，是激情的释放，是顽强的斗志，是永不言败！

迄今为止，我们已成功举办五届"榉园杯"创意戈德堡机械挑战赛，每一次挑战赛都凝结着学生、家长、老师们的智慧与创新。一杆进洞、一锤定音、看我花样关灯、打开书的101种方式、结合疫情特殊时期展示为中国加油的宣传语……这些奇思妙想在我们榉园学校都得到了实现，每一个挑战的作品都别出心裁。

戈德堡挑战赛所呈现的是一种结构，这种结构复杂而精细，虽迂回曲折，但各部分之间又有着紧密联系，牵一发而动全身。部分与部分之间怎样产生联系？现有的材料、资源怎样合理利用？给定任务怎样顺利完成？所有的疑问都能得到解答，全都离不开一只神奇的"手"——力。重力、弹力、风力、磁力、推力、拉力、压力、浮力等力的种类，力的大小，力的方向，牵一发而动全身，这就是挑战的意义和魅力所在。

熟能生巧，在一次次的实践和挑战中，顺利完成任务已变得简单，越来越多的学生有精力将关注点放在能量传递时所体现的美感表现上。如何更严谨完整？怎样具有民族特色和独创性？这都是值得我们去思考和探索的。

说了这么多，相信你已经迫不及待想要一睹榉园学校戈德堡挑战赛的作品了吧！那接下来，就让我们一起更加深入地了解戈德堡的风采吧！

青岛榉园学校2017～2018学年度第二学期假期戈德堡普及赛，这次戈德堡任务中呈现了许多优秀的作品。

1.吴家耀同学创作的作品

第一步：多米诺骨牌推动小球。

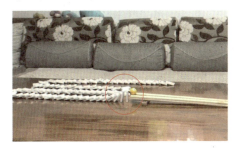

第二步：小球斜面滚动撞击牛顿摆。

第三步：牛顿摆通过能量守恒撞击小球。

第四步：小球斜面滚动掉落杯子中。

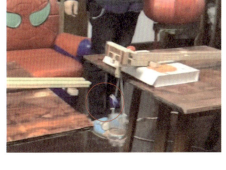

第五步：杯子掉落拉动插销释放小球。

第六步：小球斜面滚动撞击开关点亮灯笼。

吴家耀同学创作的戈德堡一共六步，其中共有拉力、推力、重力、能量守恒四种力和一种斜面简单机械。

2. 刘嘉蕙同学创作的作品

第一步：小球撞击胶带。

第二步：胶带滚动撞击拖把杆。

第三步：拖把倒下撞击玻璃球。

第四步：玻璃球沿着轨道斜坡滚动。

第五步：玻璃球撞击多米诺骨牌。

第六步：推倒多米诺高塔。

刘嘉蕙同学创作的戈德堡一共六步，其中共有推力、重力两种力和一种斜面简单机械。

3. 杜润哲同学创作的作品

第一步：推倒书本撞击小球。

第二步：小球沿着轨道斜面滚动。

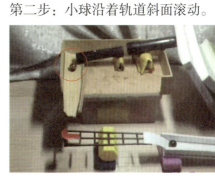

第三步：小球掉落触发杠杆装置释放小球。

第四步：小球斜坡滚动撞击开关打开小风扇。

第五步：风扇转动吹动乒乓球。

第六步：乒乓球斜坡滚动撞击多米诺骨牌。

　　杜润哲同学创作的戈德堡一共六步，其中共有风力、推力两种力和杠杆、斜面两种简单机械。

4. 渠嘉翔同学创作的作品

第一步：释放悠悠球，自由下落。

第二步：悠悠球撞击机关释放小球。

第三步：小球斜坡滚动撞击书本。

第四步：书本撞击油桶释放链球，产生锥摆。

第五步：链球锥摆打倒盒子释放小车。

第六步：小车撞击盒子释放轨道上的小球。

第七步：小球沿着斜坡滚动撞击铃铛。

　　渠嘉翔同学创作的戈德堡一共七步，其中共有重力、推力、弹力（玩具车）、锥摆四种力和斜面一种简单机械。

5. 刘彦君同学创作的作品

第一步：小球滚动撞击砝码。　　　　第二步：砝码通过滑轮释放线绳。

第三步：绳子释放小球撞击小车。　　第四步：小车斜坡滑行撞击小球。

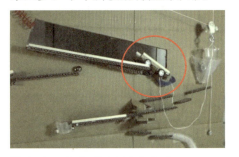

第五步：小球斜坡滚动掉入容器中　　第六步：杠杆装置触发小球。
触发杠杆装置。

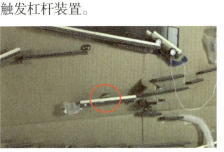

第七步：小球滚动撞击多米诺骨牌。

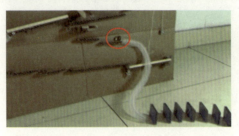

　　刘彦君同学创作的戈德堡一共七步，其中共有推力、拉力两种力和杠杆、斜面、滑轮三种简单机械。

　　青岛榉园学校2018～2019学年度第一学期假期戈德堡挑战赛任务是"显示文字"，这次戈德堡任务中呈现出许多优秀的作品。

1. 洪煜佳同学创作的作品

第一步：小球沿着轨道滚动。　　　　第二步：小球撞击圆柱体。

第三步：圆柱体滚动拉动线绳升起小旗显示文字。

　　洪煜佳同学创作的显示文字戈德堡一共三步，其中共有拉力、推力两种力和斜面一种简单机械。

2. 唐一峰同学创作的作品

第一步：小球滚动撞击多米诺骨牌。

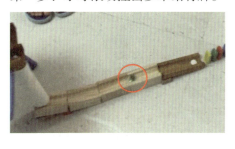

第二步：多米诺骨牌撞击物体传递。

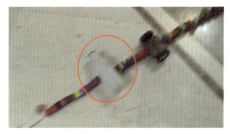

第三步：多米诺骨牌撞击胶棒释放氦气球。

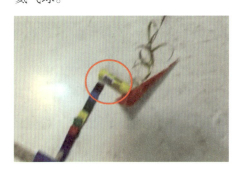

第四步：氦气球缓缓上升显示文字。

　　唐一峰同学创作的显示文字戈德堡一共四步，其中共有推力、浮力两种力和斜面一种简单机械。

3. 吴家耀同学创作的作品

第一步：多米诺骨牌推动小球。

第二步：小球沿着轨道滚动撞击牛顿摆。

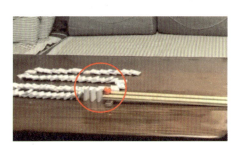

第三步：牛顿摆通过能量守恒撞击小球。

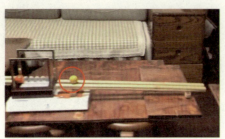

第四步：小球斜面滚动掉落杯子中。

第五步：杯子掉落拉动插销释放小球。

第六步：小球沿着轨道滚动撞击风扇开关。

第七步：风扇转动吹动小帆船前行扎爆气球。

第八步：气球揸爆释放线绳卷轴落下显示文字。

　　吴家耀同学创作的显示文字戈德堡一共八步，其中共有推力、拉力、风力三种力和斜面一种简单机械。

4. 刘梓骏同学创作的作品

第一步：小球斜面滚动撞击多米诺骨牌。

第二步：多米诺骨牌撞击释放锥摆。

第三步：锥摆转动撞击多米诺骨牌。

第四步：多米诺骨牌撞击小球掉落容器触发杠杆装置。

第五步：杠杆装置联动波动卡片显示文字。

刘梓骏同学创作的显示文字戈德堡一共五步，其中有推力和杠杆、斜面两种简单机械。

5. 马馨月同学创作的作品

第一步：打开风扇开关吹动纸杯。

第二步：纸杯摆动撞击小球。

第三步：小球沿着斜坡滚动。

第四步：小球滚动掉入纸杯。

第五步：拉动线绳升起小旗显示文字。

　　马馨月同学创作的显示文字戈德堡一共五步，其中共有推力、风力、拉力三种力和斜面一种简单机械。

6. 李天予同学创作的作品

第一步：台球出发撞击多米诺。

第二步：多米诺推倒拉动线绳释放小车。

第三步：小车沿着轨道变相行使。

第四步：小车沿着轨道掉落容器里拉动线绳显示文字。

　　李天予同学创作的显示文字戈德堡一共四步，其中共有推力、拉力两种力和斜面一种简单机械。

　　青岛榉园学校2018～2019学年度第二学期假期戈德堡挑战赛任务是"翻一页书"，这次戈德堡任务中呈现出许多优秀的作品。

1.高培硕同学创作的作品

第一步：小球通过管道掉入杯子中拉动线绳。

第二步：线绳拉动轨道使小球落下。

第三步：小球落下砸中机关，门打开推倒多米诺骨牌。

第四步：多米诺推倒砸到书本释放线绳。

第五步：小球释放滚动掉入容器中。

第六步：容器向下装满后向下拉动线绳翻开一页书。

　　高培硕同学创作的翻一页书戈德堡一共六步，其中共有拉力、推力、弹力、重力四种力和杠杆、斜面、滑轮三种简单机械。

2. 栾易辰同学创作的作品

第一步：小球滚动撞击圆柱体。

第二步：圆柱体滚动撞击玩具飞机。

第三步：玩具飞机撞到书本，书倒下砸中电源开关。

第四步：电源通电打开电吹风靠风力翻一页书。

栾易辰同学创作的翻一页书戈德堡一共四步，其中共有推力、弹力、风力三种力和斜面一种简单机械。

3. 杜一冉同学创作的作品

第一步：小球沿着轨道滚动。

第二步：小球掉落容器里，打开收音机盖。

第三步：小球斜面滚动通过杠杆装置改变轨道。

第四步：小球沿着轨道滚动掉入玩具车中。

第五步：小车沿着轨道行驶撞击窗帘遥控器。

　　杜一冉同学创作的翻一页书戈德堡一共五步，其中共有推力、弹力、重力三种力和斜面、杠杆、滑轮三种简单机械。

4. 张恣獙同学创作的作品

第一步：小球撞击多米诺骨牌。

第二步：多米诺倒下拉动线绳释放小车。

第三步：小车斜坡行驶推动多米诺。

第四步：多米诺倒下拉动线绳使玩具掉落。

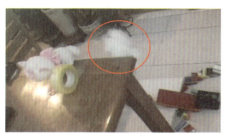

第五步：释放胶带，胶带沿着桌面滚动粘起一页书。

张恣粼同学创作的翻一页书戈德堡一共五步，其中共有推力、拉力、重力三种力和斜面一种简单机械。

5. 毛怀宇同学创作的作品

第一步：小球滚动掉入漏斗中。

第二步：小球掉落到杠杆装置上触发联动装置。

第三步：小球沿着斜坡滚动掉入容器中推动转轮。

第四步：转轮转动推动书翻页。

　　毛怀宇同学创作的翻一页书戈德堡一共四步，其中共有推力、重力两种力和斜面、杠杆两种简单机械。

6. 马馨月同学创作的作品

第一步：载有蜡烛小车斜面滑行。

第二步：点燃的蜡烛烧断绳子释放瓶子。

第三步：瓶子通过惯性撞击小球。

第四步：小球落下撞击盒子。

第五步：盒子落下砸到杠杆装置释放完成翻书。

马馨月同学创作的翻一页书戈德堡一共五步，其中共有推力、重力两种力和斜面、杠杆两种简单机械。

7. 王紫菡同学创作的作品

第一步：小球沿着轨道斜面滚动。

第二步：小球掉入容器中触发杠杆装置。

第三步：杠杆装置撬动实现翻书。

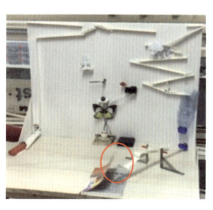

　　王紫菡同学创作的翻一页书戈德堡一共三步，其中共有重力一种力和斜面、杠杆两种简单机械。

　　青岛榉园学校2019～2020学年度第一学期假期戈德堡挑战赛的任务是"关灯"，这次戈德堡任务中呈现出许多优秀的作品。

1. 李诗弦同学创作的作品

第一步：八音盒转动产生拉力。　　　　第二步：拉动书架释放节拍器。

第三步：节拍器推动玩具小车。　　　　第四步：玩具小车在斜面上行进推动小球。

第五步：小球沿斜面滚动。　　　　　　第六步：小球触发杠杆装置释放红色小球。

第七步：红色小球沿斜面滚动。

第八步：红色小球推动多米诺骨牌。

第九步：多米诺骨牌压线释放圆柱重物。

第十步：圆柱重物滑落拉动插销。

第十一步：插销释放锤子敲击开关关灯。

　　李诗弦同学创作的关灯戈德堡一共十一步，其中共有拉力、弹力（节拍器发条）、推力、重力四种力和杠杆、斜面两种简单机械。

2. 刘梓骏同学创作的作品

第一步：烧断线绳使重物下落撞击小球。

第二步：小球沿着斜坡滚动撞击杠杆装置释放小球。

第三步：小球沿着斜坡滚动撞倒重物拉动线绳。

第四步：推倒多米诺撞倒水瓶。

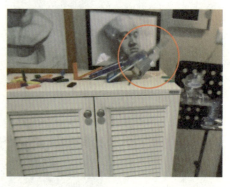

第五步：水瓶将水流到容器里。

第六步：水流到容器里增加重量使容器下落拉动线绳实现关灯。

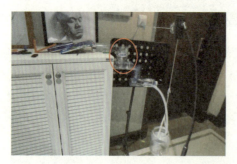

　　刘梓骏同学创作的关灯戈德堡一共六步，其中共有拉力、推力、重力三种力和杠杆、斜面两种简单机械。

3. 罗天麟同学创作的作品

第一步：遥控车拉动线绳释放小球。

第二步：小球沿着轨道滚动撞击排球，排球落下撞击多米诺骨牌。

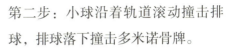

第三步：多米诺撞击水桶，水桶向前滚动撞倒多米诺骨牌。

第四步：书本倒下砸中电源开关。

第五步：电机转动拉动线绳拉倒书本。

第六步：书本倒下拉动线绳释放有弹性的玩具杆，敲击开关实现关灯。

罗天麟同学创作的关灯戈德堡一共六步，其中共有拉力、推力、弹力三种力和滑轮、斜面两种简单机械。

4.杨明翰同学创作的作品

第一步：摘下帽子拉动线绳提起小桶释放里面的高尔夫球。

第二步：高尔夫球向下滚动撞击小球，小球撞击杠杆装置。

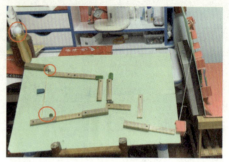

第三步：释放的小球向下滚动撞击吸在磁铁上的小球。

第四步：小球释放继续向下滚动撞击重物。

第五步：重物下落拉动线绳释放小球。

第六步：小球撞倒多米诺骨牌，多米诺撞到小球继续滚动。

第七步：撞击联动杠杆装置释放高尔夫球撞击开关实现关灯。

　　杨明翰同学创作的关灯戈德堡一共七步，其中共有拉力、推力、磁力三种力和滑轮、斜面、杠杆三种简单机械。

　　青岛榉园学校2019～2020学年度第一学期假期戈德堡挑战赛任务是"一杆进洞"，这次戈德堡任务中呈现出许多优秀的作品。

1. 李诗弦同学创作的作品

第一步：多米诺骨牌推动小球。

第二步：小球沿着斜坡滚动掉入容器中拉动线绳。

第三步：释放小车沿着轨道滑行撞击小车。

第四步：小车沿着轨道行驶撞击多米诺骨牌释放绳子。

第五步：摆锤释放敲击小球一杆进洞。

　　李诗弦同学创作的一杆进洞戈德堡一共五步，其中共有拉力、推力、两种力和斜面一种简单机械。

2. 毛昱苏同学创作的作品

第一步：拉动线绳释放重物。

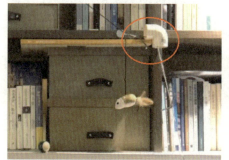

第二步：重物摆动撞击小球。

第三步：小球斜坡滚动掉入容器中。

第四步：容器受力后缓缓下降触发小球。

第五步：小球斜坡滚动撞击重物。

第六步：小球斜坡滚动撞击多米诺骨牌。

第七步：多米诺骨牌撞击小球，小球沿着斜坡滚动完成一杆进洞。

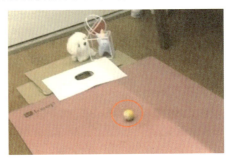

毛昱苏同学创作的一杆进洞戈德堡一共七步，其中共有推力、重力两种力和斜面、滑轮、杠杆三种简单机械。

3. 邓天尧同学创作的作品

第一步：吹风机将重物吹倒重物下落。

第二步：拉动线绳使瓶子抬起将水沿着管道流到容器中。

第三步：容器下落拉动线绳把玩具轨道抬起释放小车。

第四步：小车沿着轨道滑行撞倒多米诺骨牌。

第五步：多米诺骨牌倒下推动小球，推倒木板，木板拉动绳子释放小车。

第六步：小车沿着轨道行驶撞击笔，笔将小球装入洞中实现一杆进洞。

　　邓天尧同学创作的一杆进洞戈德堡一共六步，其中共有推力、重力、拉力、风力四种力和斜面、杠杆两种简单机械。

第四节　创意戈德堡

　　制作一个有创意的戈德堡，应该从设想、设计图、传递力的物品和方式几个方面来进行考虑。结合已有的作品，我们将举大量范例展现给大家，希望能对正在阅读的你有所启发。

　　青岛榉园学校2019～2020学年度第一学期假期戈德堡挑战赛的任务是"关灯"，2019级3班的李诗弦同学创作的作品非常有创意，主要体现在以下几个方面。

1. 原创漫画

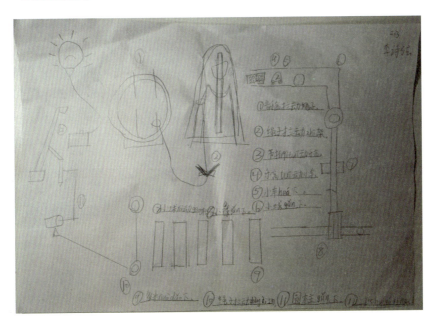

李诗弦创作的漫画画风简单、注释清晰，能够很清楚地表示出每一步的过程，甚至最终的效果。每一个戈德堡作品在形成之前都需要设计图纸。戈德堡漫画就是设计图纸，它将每个人不同的构思体现出来，让我们可以直观地看到力的传递。虽然有可能做不出最后的成品，但是可以让我们打开思维，充分发挥孩子们的创造力。

2. 生活用品的巧妙使用

（1）音乐盒。

音乐盒是生活中常见的物品，能够发出美妙音乐的同时，它自身还可以旋转。李诗弦同学将一根带有拉环的绳子套在音乐盒的一个凸起处。这样，在音乐盒旋转的时候，就会拉动绳子产生拉力，音乐盒在这里巧妙地将自身旋转变为拉力来开启戈德堡，设计得非常巧妙。

（2）书架。

在这幅戈德堡作品的第二步，李诗弦同学使用了一个书架。书架本来只是固定大量书籍的，在这里却被一条线拴住，通过拉动A端可以在缺口B产生滑轮的效果，使另一端的书架C移动。书架在这里使用得非常巧妙，书架C处紧紧地将节拍器卡住，通过音乐盒的旋转产生的拉力逐渐将C拉离节拍器，从而起到释放节拍器的作用。

（3）节拍器。

在这幅戈德堡作品中的第三步，李诗弦同学使用了一个节拍器来进行力的传递。上一个拉力将书架拉开，然后释放出上过发条的节拍器。节拍器这时开始利用发条产生的弹力进行左右摆动，并在反复敲打右侧黄

色积木块时推动右侧粉色小汽车，将拉力变为弹力再变为推力。

（4）锤子。

在李诗弦这幅戈德堡作品的最后一步，她创造性地使用了一个锤子来进行关灯。将锤子木柄底部固定在A点，以A作为中心点，由于地球吸引力，拔掉B处插销时，锤子会绕支点进行圆周运动击中台灯开关。

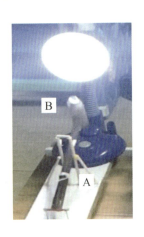

3. 自制部件

图中的自制部件是通过两个积木和两个中空的转轮组成，转轮间有白色线绳固定，蓝色转轮端有白色线绳固定，红色线绳延长伸出到A处，利用线绳的粗细阻挡绿色圆筒状的重物滚落，当右侧多米诺骨牌击中红蓝两个转轮之间的线绳

自制部件

时，原来绷紧的线绳会收缩，A处的线绳会松动，从而达到触发绿色重物滚动的效果，巧妙地将推力转化成了拉力。

那么如何有创意的制作一个戈德堡呢？我们将从下面六个方面来进行介绍

（1）一切创意来源于生活，要勇于去想象。戈德堡存在的意义是把简单的工作复杂化，这是一个反常理的设计，但是却是从另一个角度去观察周边的物品、从多个角度去展现物品的性质、将无形的"力"幽默地表现出来的一种个性活动。所以对戈德堡任务的设计其实就是在创造，我们审视自己的生活，无时无刻不在为了目的而做许多事情，而我们做过的每一个微小的动作都可以用来设计戈德堡任务，如倒水、切蛋糕、打开电视、打开一本书、关上灯、给花朵浇水、给饭菜撒盐……甚至我们还可以用戈德堡来给防疫工作加油。所以从任务的设计开始，创造就已经发生。

2018年寒假，我校第一次开展戈德堡活动，从头摸索的我们对于戈德堡不知所云，匆匆布置了第一届戈德堡比赛，尽管查阅了大量资料，也无法给我们带来半点提示。所以第一届戈德堡比赛没有任何任务，只是在单纯地将力传递下去而已。2018年暑假开始，在大量学习中我们发现了戈德堡活动最基础的就是要有创意的任务。一个有创意的任务带给戈德堡制作者一种莫名的兴奋，是整个戈德堡作品的灵魂和支柱。大家会不惜一切努力去完成任务。2018年暑假——"显示一排字"；2019年寒假——"打开一本书"；2019年暑假——"一杆进洞"；2020年寒假——"关灯"。每一次任务的设计都不是随意想出的，而要根据实际情况来设计，既要能够完成，又要保证简单，还要贴近生活，更要给人好玩的感觉。2020年，我们开始线上征集学生们的想法，并奖励那些创意被使用的同学。

（2）任何一个装置都会有一张个性鲜明的设计图。在2019年，我们开始接触到国外一些关于戈德堡教学的资料。给予我们启示最大的就是制作戈德堡之前必须有一个设计图，这也是戈德堡的起源。鲁布·戈德堡是戈德堡的创始者，他是一名漫画家，他的作品都是在幽默的展现一些连环反应。后人将这种连锁反应现实化、实物化才有了现在的戈德堡活动。因此，制作一个戈德堡作品，必须先有一张设计图，纵然最后的作品与设计图不同，那也只是小部分的调整。就像建一栋楼要有图纸，上一节课要有备课，做一个项目要有规划一样。戈德堡也有它独有特色的设计图——戈德堡漫画。

戈德堡漫画的形式不限，绘画能力要求也不高，只要能体现出力的传递就是好的作品。在2020年初我们征集了"关灯"作品的漫画，我们只是做了简单的要求和一个简单的范例，交上来的作品却让我们非常惊喜。惊喜孩子们结合美术课所学的构图、色彩等知识，运用科学思维和数学课上感知的逻辑推理能力将一个个充满创意的戈德堡作品体现在画纸上。

　　韩涵同学的草图简洁而富有力量，写实的风格清晰地表达出了不同物品的造型和质感，风格独树一帜。

　　李俊霄、崔馨月两位同学运用了简笔画，清晰明了地画出了戈德堡的每个步骤，配上简单的注释，让人一目了然。

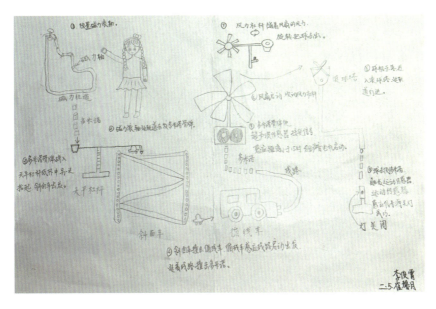

张坤泽同学的草图简约但不简单，从纸上边缘伸出的蜘蛛侠生动可爱，运用漫画中人物的特质来帮助我们完成装置，这个想法非常富有创意。

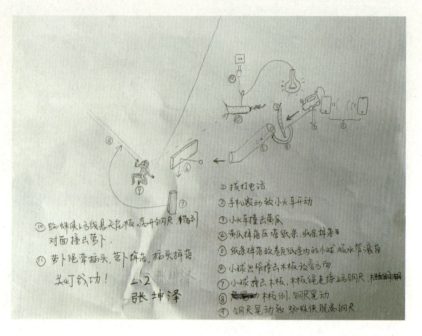

彭禹涵同学的草图尝试用立体的效果呈现戈德堡装置，是一次非常用心的尝试。

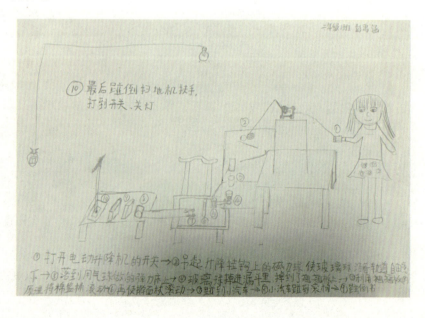

刘尚明同学用装饰灯将整个装置圈了起来，制作成了一个小小"舞台"，在关上灯的瞬间"舞台"也随之变暗，象征着装置的结束，"一语双关"让人耳目一新。

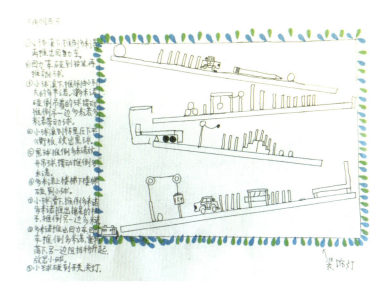

林煜凝同学的草图将立体画与平面画结合在了一起，既让人看得清楚明白，又增添了空间感。

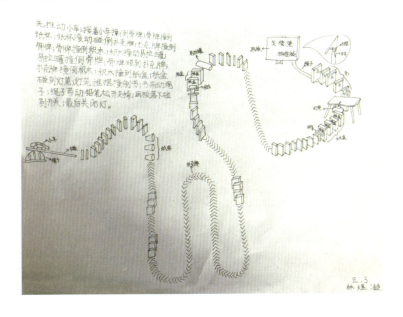

张育菡同学的作品童真可爱，让人看了忍不住会心一笑。

张乐萱同学的作品颜色清新可爱，作品本身也十分有创意，运用感应灯来完成整个作品，让人感到十分新奇。

　　张奉玉同学的草图画得很认真，这幅作品既是设计图又像一张美丽的戈德堡插画。

　　有的设计图虽然画得粗糙，但是画面感很强，力的传递表明得非常清楚。有的设计图为平面图，虽然简单，但是所用的图示简洁、有效，符号意识强。

　　勾恩嘉同学构图饱满，线条简洁，用一颗滚动的小球带领大家不知不觉就看完了整个装置。

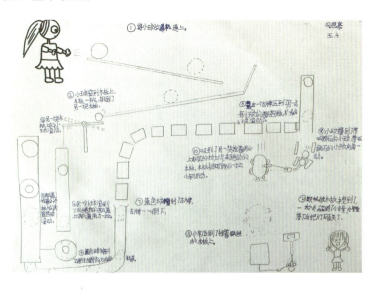

郭书邑的草图非常精致，不但色彩丰富，做图认真，还运用了不同的颜色区分不同的物品。

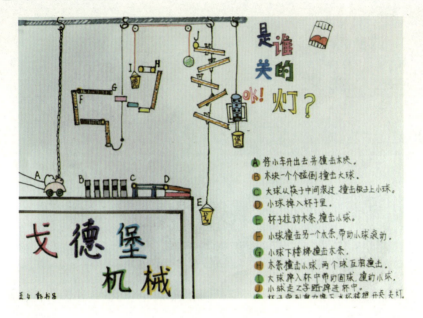

李嘉麒同学的草图运用了符号化的方法表示，虽然没有仔细刻画物品，却能让人很容易辨认出他使用的工具是什么。

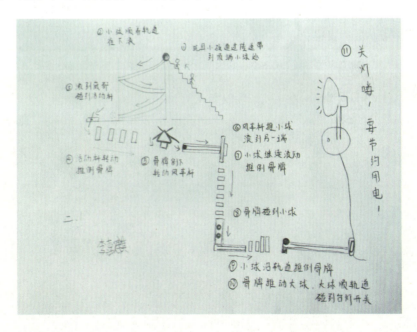

顾芮嘉同学的草图非常简洁，步骤与步骤之间衔接明确，让人看得十分明白。

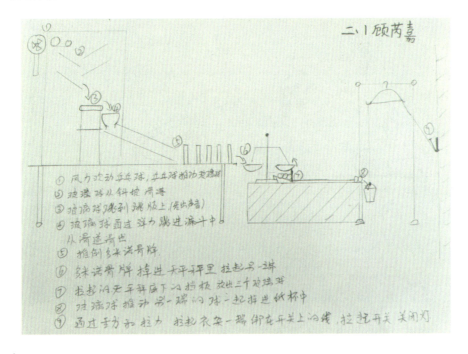

苗书瑞同学的草图颜色清新，让人一目了然。

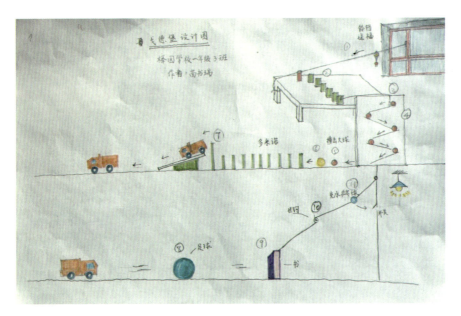

郭雨辰同学用丰富的颜色表示了作品中重要的物品，能让人一眼看出这些物品在装置中产生了怎样的作用。

李思瑶同学的作品十分有条理，红色的箭头清楚地标示了戈德堡的走向。

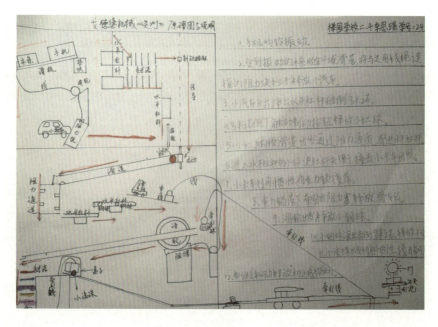

宋佳同学构图饱满，物品的表示虽然简单，但是注释添加得十分到位，使人阅读顺畅。

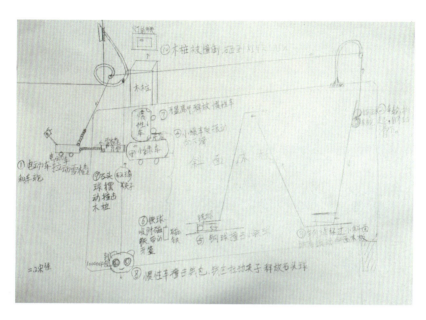

刘岑曦同学的作品，线条简练，色彩和谐，箭头的指向明确，寥寥几笔便能让人在脑海中构建出这个装置。

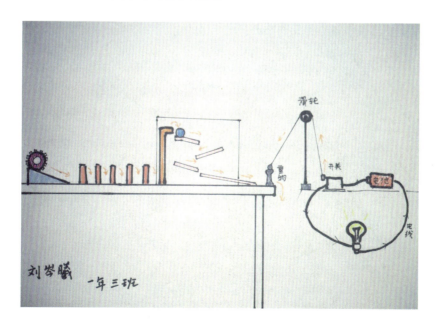

　　崔家烨同学用简单的线条描绘出了装置流程，用简单的箭头表现出了力的走向，简洁又明晰。

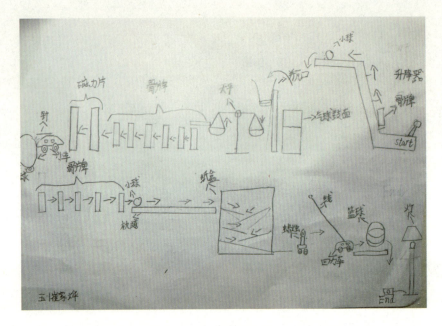

　　李启新同学的草图非常精致，物体的透视画得很正确，步骤之间的连接画得十分清晰，可见这位同学深厚的美术功底。

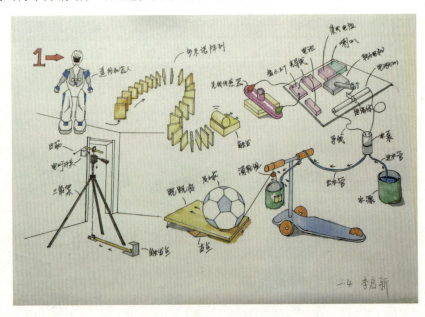

这位同学运用了常规的设计图模式，简单又清晰。

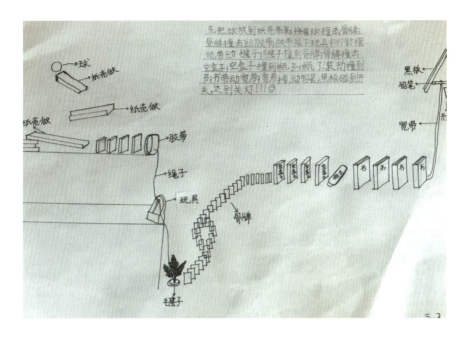

这位同学的草图色彩清新可爱，简单的线条表现了力的产生和走向，像一幅可爱的简笔漫画。

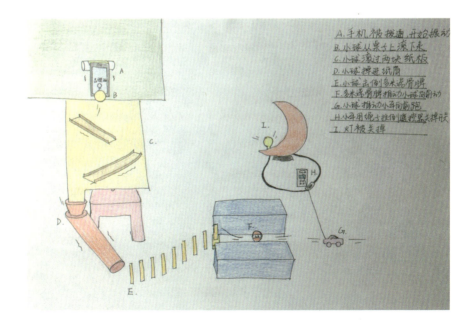

蔡思源同学的草图添加了立体效果，使整个作品拥有了空间感，展现了良好的美术功底。

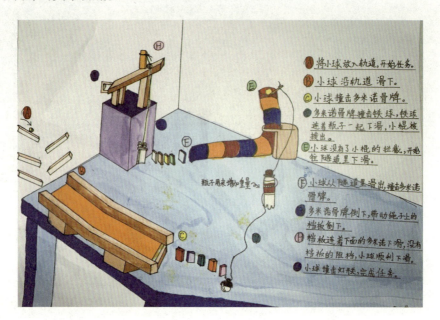

靖书豪同学的戈德堡漫画将每一步的设计意图都明确地标注出来，让读者与他的想法产生共鸣，对他的漫画有更加深入的了解。

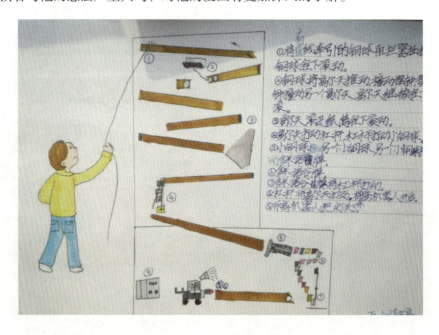

涂辰曜同学借用生活中的梯子、风扇等家居用品，使关灯实验构思生动、表现准确。

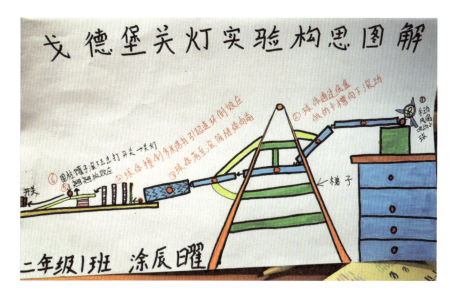

周青穗同学利用简单的小车滑动原理，完美完成关灯任务。

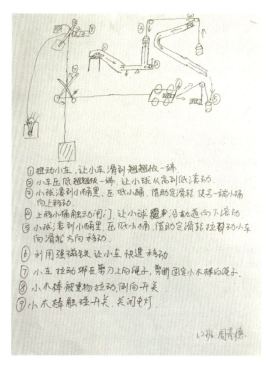

钟一林同学绘图准确，步步详尽，表现得淋漓尽致。

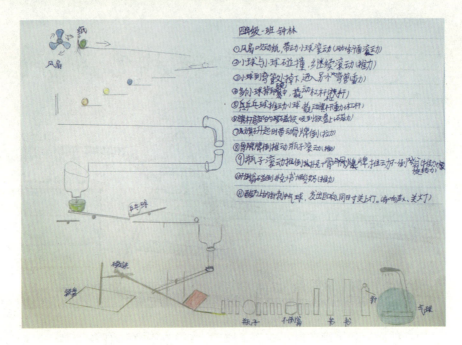

管旳峥同学用稚嫩的绘画手法，表现了复杂的关灯过程。

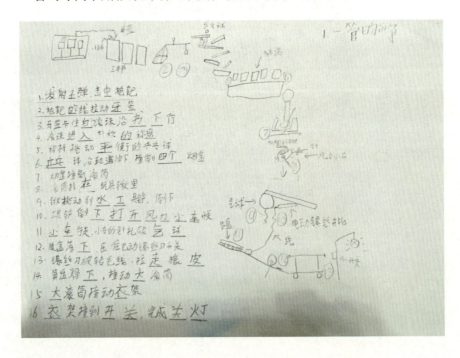

孔繁凡同学的作品精致可爱，给人一种精巧的感觉。

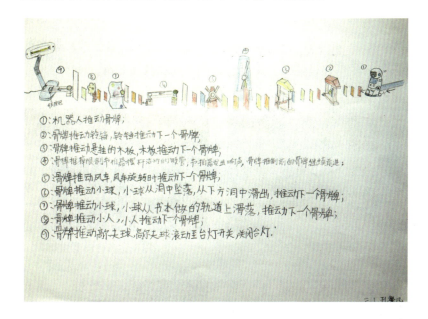

当然，学生们的创造力是无限的，这可以从他们的漫画作品中感受，每一幅充满想象力的画作对我们来说都是一种创造力的享受。

张盈爱同学的草图简洁又清晰，让人一目了然。

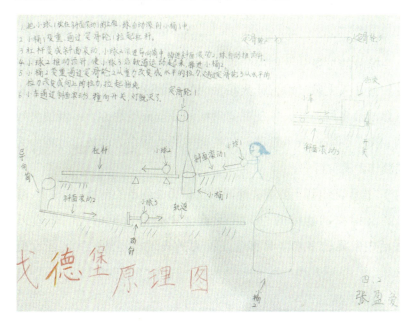

创意的开始是引人入胜的基础。普通的戈德堡作品可能就是作者推动一个小球或者做一个相关的动作去触发装置的开启，只是机械性地让作品运作起来而已。如果第一步的启动充满创意，让人意想不到，那么这样的作品给人带来的不仅是惊喜，还会让人感觉到幽默和亢奋。

用健身球开启戈德堡

用投石车开启戈德堡

用玩具枪开启戈德堡

用台球开启戈德堡

复杂惊险的过程是戈德堡的主体，是作品灵魂上的血与肉。创意地完成力的传递让人大呼过瘾，让人拍手叫好。而这里也正是戈德堡最难得的地方，修改最多的地方，体现戈德堡精神最全面的地方，不惧怕失败、坚持到底、勇于创新、敢于尝试，这些优秀的品质在力的传递过程中无形地印记在制作者的言行中。

（1）"推"陈出新（要有去掉旧做法，勇于创新的精神）。

推力，即推动物体的力。在戈德堡中是最常见的力的传递形式之一。生活中常见的多米诺骨牌就是推力的表现。当然，我们还有更有创意的做法。

用厨房用品作为推力

巧用排球和大桶水桶作为推力

用多米诺骨牌作为推力

用书本作为推力

（2）摧枯"拉"朽（要有轻而易举克服困难的气势）。

拉力，即拉动物体的力。在戈德堡中也是很常见的传递形式。采用特殊方式拉动物体会让人感觉这幅作品非常巧妙。

用模型飞机产生拉力

用遥控汽车产生拉力

利用玩具小车产生拉力

利用重力产生拉力

（3）郑"重"其事（要有严肃认真地对待戈德堡的态度）。

重力，物体由于地球的吸引而受到的力叫重力。从高空坠落的物体将重力势能转化为动能，在戈德堡制作中这是将力延续下去的常见做法之一。

小球沿轨道滑动　　　　　　　　　　　　小球滑落至玻璃杯中

（4）"风"吹"斜"行，内"磁"外"杠"（创造性地使用更多的力是戈德堡的追求）。

风力、磁力等许多的力都是戈德堡作品的常客。斜面、杠杆等简单的机械几乎贯穿每个作品之中，如何创造性地组合使用、整合创新是戈德堡作品高水平的一个衡量标准。

风扇产生力　　　　　　　　　　　　　磁铁球之间的磁力

斜面与杠杆的组合

生活物品的巧妙使用会让戈德堡作品上升一个新的高度，变得更加有趣，充分体现高品质的创造力和想象力。一物多用是创造的基础，改造物品、善于利用更是发明创造的方法，是对生活的热爱，是科技活动融入生活的最好诠释。

黄瓜用来滚动、利用萝卜产生重力

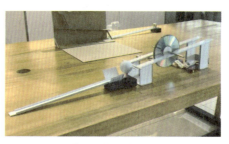

利用光盘制作滚轮

模型飞机产生拉力

蜡烛燃烧释放拉力

编写程序自动行驶小车

利用热水壶产生的水蒸气破坏卫生纸释放小球

矿泉水瓶的组合使用

排球与钢琴

抽水机抽水注入杯子产生拉力

打气筒打气产生压力

地动仪模型产生拉力，围棋棋盘形成斜面

晾衣架作为固定

鼓产生弹力、触碰灯作为关灯道具

按摩仪作为小车、蜡烛燃烧释放拉力

油盐酱醋瓶作为推力的一部分

缸作为固定纸杯，胶带产生拉力

观赏鱼缸作为关灯道具

电脑、打印机合作产生拉力

地球仪作为关灯道具

利用卡子制作鞋面

悠悠球固定在花生油桶上利用离心力产生推力

电吹风吹动书本翻页

怎样才能让这一简单的动作变得有趣呢？戈德堡的制作就让关灯创意十足，通过完成一个简单的任务，让同学们跳出了常规思维，提升了想象力。

巧妙使用滑轮、杠杆关灯

玩具车"路过"开关关灯

利用重力拉开显示字

利用画笔推力关灯

利用水杯重力关灯

利用电吹风一杆进洞

利用弹力一杆进洞

第四章

人人会创造
——头脑奥林匹克竞赛

　　青岛榉园学校是青岛市头脑奥林匹克特色学校之一，比赛以"以学生为中心"和"发展学生的科学素养"为宗旨，鼓励学生大胆创造、激情表演。在品味·创造的办学理念下，学校每一年都会举行校级头脑奥林匹克竞赛。

　　学校还研发校本课程，通过听取专业报告、专家线上讲座、各地实际考察以及邀请专家到学校进行指导等方式，全心研究校本课程的知识脉络与结构。在校内组织相关老师进行多次教学研究与讨论，力求根据学校的实际情况以及以往参加全世界各级比赛的经验，制定出一套具有榉园特色、符合学生身心发展特征、激发学生创造力、为学生的未来创造无限可能的教材。

第一节　掌握创造的奥秘

一、头脑奥赛的奥秘

头脑奥林匹克竞赛的英文名字是：Odyssey of the Mind，原意为头脑漫游，可缩写为OM。世界头脑奥林匹克创新大赛，作为一项国际性的培养青少年创造力的最高水平竞赛活动，每年在全世界范围内举行一次，在来自世界各地的、不同年龄分组的队伍中展开。

青岛榉园学校是青岛市头脑奥林匹克特色学校之一，比赛本着"以学生为中心"和"发展学生的科学素养"为宗旨。鼓励学生大胆创造，激情表演。结合学校正在开展的戏剧节，从剧本创作到道具制作，从排练到展示，每支队伍都精心准备。每个队伍都各有特色，带给我们富有创意、别具风格的表演。在"品味·创造"的办学理念下，学校每年都会举行属于学生自己的校级头脑奥林匹克竞赛（以下简称头脑奥赛），学生们充分发挥自己的想象力，以班级为单位，借助项目式学习将自己所学的知识运用到解题中。这里是科技与艺术完美的结合，鼓励废物利用，提倡用全面的思考解决问题，培养学生的创新精神与发散思维，头奥赛没有标准的答案，只有思考与众不同、方法幽默新奇又有特色，才能取得满意的分数。

在头脑奥赛的准备中，小组成员要通过分工和通力协作，进行"互动的交流"，发挥各自特长，取长补短，在活动中学会如何与各种类型的同学相处，如何发表和保留自己的不同意见，并遵守团队的统一意见，保证小组合作的组织性、纪律性。

这种团队意识是很多学生都欠缺的，尤其是二年级的学生年龄较小，需要家长和老师的更多参与，所以经过头脑奥赛比赛，很多学生都学会了如何与不同类型的人合作交流，这远比获奖重要得多。

在最初的题目发布时，二年级四班有4支队伍参加比赛，每一支队伍都精心准备。大家既是竞争又是相互帮助，希望通过这个比赛能让学生得到锻炼和成长。

二、掌握奥秘的基本方法

1. 掌握奥秘的基本方法

头脑奥林匹克是一项综合性比较强的活动，涉及语文学科的情景剧本的创作、美术学科的设计、音乐方面的表演策划等，对于学生的综合能力有所要求。所以，在解题的初期，学校提供整合这些学科资源，首先由学校的科学老师统一进行题目的讲解，在讲解的过程中帮助学生和家长解答疑惑，老师和家长一起进行剧本的创编，家长和老师一起进行思维的碰撞，小组内进行商讨，和学生进行沟通，确定剧本的剧情，在剧情的发展中设计出与题目相关的道具。而在制作道具的过程中产生的疑惑，由班主任联系美术老师或者科学老师进行答疑，将道具进行修改，最后将表演道具完整地组合到一起。

2. 掌握奥秘的基本途径

（1）头脑奥赛剧本的创编。

以"时尚小虫"为题目，剧本的创编有模特、设计师和评论家，这是必须有的角色，题目里的要求为设计出三套时装被穿着展示的顺序及对应类型（恶劣天气、室内、参赛队自选），可以由一位模特展出也可以是多位模特，编排上要安排好每套衣服的出场顺序。再就是题目中要求有一名设计师，和一首原创音乐，还需要设计一个广告。设计师何时出现，这段音乐什么时间播放，在表演中评论家何时点评每套时装，参赛队表演结束时的示意信号，甚至包括广告出现的节点这些都是剧本创编的必要条件。在创编过程中队员和家长们会经常在一起碰撞，先构思出合理的情景，然后将题目要求的内容合理安排上，再进行相互碰头，大家都说出自己的构思和想法，定下整个故事大主题，再进行细节方面的创编。因为是二年级的孩子，创编的内容要简单，便于孩子理解，所以会经常和队员们进行碰撞，采纳他们的意见和想法，最后结合时下流行的环境问题进行整体故事的创编。

（2）头脑奥赛道具的制作。

在剧本创编完毕后，接下来最重要的就是进行道具的制作了，在制作的过程中以学生为主，进行动手操作，因为学生年龄较小，所以大部分是家长和学生一起动手制作，在开始之前先确定要制作哪些道具，也就是说在表演过程中有3样道具是题目上有明确要求的，也是必须要制作的。这次"时尚小虫"的道具根据题目要求设计了四个方面。

① 崭露头角的设计师服装材料的创造性使用：题目的要求是要进行设计师对服装材料进行设计，于是结合剧情，这是发生在未来时空的故事，采纳队员的意见让小海龟作为服装设计师，海龟在大海里寿命长见识广，自然作为设计师的它能设计出很多有趣的服装。因为本身的主题契合环保，所以利用废旧脸盆制作了海龟的龟壳衣服，用旧竹筐做服装的前部，用毛线做成胡子代表寿命悠长，用亮丽颜色的服装体现时尚。

② 评论家外表的独创性：为突出评论家评论的独创性，所以在剧本创编中设计了幽默风趣的两个评论家，都是由队员查阅资料确定的，确定多嘴虫和多眼虫两位评论家。多嘴虫，外形突出了信息灵通、评论犀利的特点，展示了评论家观察敏锐的特点。多眼虫，通过大大小小多只眼睛的夸张造型，突出其观察仔细、明察秋毫的特点，通过灯光、配件树立起两个幽默、独特的评论家的形象。

③ 背景板的艺术性：背景板创造了一个未来时空的美丽画面，为了让背景板更具有科技感，所以背景板的内容绘出了星空、河流，并用彩灯做出流水的动感效果，废旧报纸折成的大树和小桥涂色后更加立体、动感、逼真，用麻绳和绿叶装饰成树木上的藤条，使大树具有了灵性。用羽毛及塑料瓶制作了植物和花朵，装饰了各色彩灯，整个背景板气势宏大，灯光绚丽，星空灵动梦幻，树木花草生动逼真，充满艺术美感。

④ 队籍标志的创造性：在比赛过程中设计了队籍标志，队籍标志创造性地运用了小电机，制造了旋转的大气和雾霾颗粒的动态旋转效果。通过小的DIY电子配件，创造性地做出带有遥控功能的绚丽灯带，可以变化灯光的颜色，呈现动态的流动灯带效果，像是流动的空气。通过不同的造型和颜色传达环保的理念，其中白色地球被塑料垃圾污染；气球代表大气，环绕的小球表示造成的雾霾污染，与环保主题歌曲和剧情相呼应。

在设计过程中队员们各自领回任务进行分工制作，有的准备材料，有的进行粘贴制作，有的进行道具运行的实验，每一个队员都真实地参与了道具的制作过程，而且都尽量采用循环的可再利用的物品进行创作，有的是旧玩具，有的是一次性餐具，还有一些废旧纸壳，这些都被融入了道具的制作当中。

（3）头脑奥赛表演的指导。

制作好道具后，带着道具进行剧本表演的编排，因为亲自参与了道具的制作和道具的摆放修理，学生都是100%的参与，由于学生熟悉道具的操作，所以根据学生的性格进行了角色分配，让每个学生能发挥所长，参与表演。

最初的剧本里给孩子留足了表演的空间，让学生们相互配合表演顺利地推动整个剧本的进程，同时家长做好记录将剧本中的台词进行整理，学生再通读剧本了解自己的角色，知道整个剧本的走向，过程中有学生忘记台词，就会有同伴出来帮忙，完成接下来的表演。在多次的彩排中会邀请到话剧排练的老师进行表演上的指导，从说话、动作、神态，进行合理细致的指导，学生们从最初的紧张不安到享受表演，这个过程不再是简单的比赛，而是学生能力的提升，每个孩子都能自信大胆地进行表演。

通过剧本的创编，道具的指导，到最后真正进了表演，整个过程大约需要三个周的时间，每隔一段时间小组之间就会进行阶段性的沟通和交流，互相说一说自己分工的部分有没有遇到什么困难，或者自己又有什么新的想法，就在这样的不停碰撞中，剧本和道具都在不停地修改，不停地微调，过程是辛苦的，但收获也是很多的。

学生能接触和了解头脑奥赛的整个过程，凭着自己兴趣去参与，最重要的是充分发挥想象力和创造力。在这个过程中是学校、老师、家长、学生四方之间的合作。在这种合作中，思维得到了提升，学生从这个活动中受益匪浅。

学生在参与比赛的过程中变化特别大，有的学生以前和别人面对面说话都不敢大声，但为了演好剧本中的角色，天天都对着镜子练习大声说话，变得比以前更加自信了；有的学生在比赛的过程中变得喜欢表达自己的想法和意见；还有的学生在动手制作道具过程中学会合作；有的学生在制作道具的过程中学会设计图纸，学会看图纸；还有的学生学会修理玩具或者修理好道具。每一个学生在参加头脑奥赛这段时间都很辛苦，但是也都很快乐，在这段时间里收获着、成长着。

除了"时尚小虫"题目，学校还发布了五个长期题解题，题目前期的培训全部由学生独立完成，由每个队伍的队长参与培训，然后在自己的队伍中进行分工准备，而赛后当场进行的即兴题比赛，让比赛更具挑战性，也鼓励学生发挥各种大胆的创意，学校举办头脑的奥赛宗旨是强调全员参与，让每一个学生加入这项竞赛活动中，形成常态化。我们看重的不是结果，而是学生们在参与中学会了如何动手与动脑相结合，培养了学生们的创造力和团队合作的能力，逐渐学会了倾听、学会了谦让、学会了欣赏、学会了取长补短。学生们乐在其中，享受着思维的碰撞，孩子们在头脑奥赛的舞台上，成长着、学习着、品味着、创造着，充满了生机与活力。

作为青岛市头脑奥林匹克特色学校，头脑奥赛深受学生喜爱，每一年发布完比赛的题目，学生都会积极报名，踊跃参与。

2019年11月，头脑奥赛顺利开展。全校共67支队伍、近500人参加5个项目的竞争，每一年的参赛人数都有所增加，赛况激烈。这一年《时尚小虫》项目是竞争最激烈的，26个队伍只有一个队可以代表学校参加市赛。每个参赛队、每个队员都认真准备，积极排练，展开了为期三周的头脑风暴，在这个过程中学生们思维能力得到了提升和锻炼。

最终，2018级4班代表队和2015级1班代表队在校赛中发挥出色，以班级为单位代表学校参加了青岛市头脑奥赛，与学校代表队一起披荆斩棘，勇往直前，获得了青岛市第一名的优异成绩。

第二节　全员头脑风暴

　　头脑奥林匹克是一项国际性的培养青少年创造力的活动。它的发起人米克卢斯博士曾这样说道："我们正处在一个多变的、没有固定模式的时代。人类面临的问题千头万绪，要解决这些问题既不能靠有限的自然资源，也不能靠过去的经验，只有依靠创造力，才能使社会、经济、科技文化持续发展。"

　　我校依托"品味·创造"的办学理念，以"培养高品位的未来生活的创造者"为育人模式，坚持以科学发展观为统领，以全面提高青少年科学素养为宗旨，以头脑奥林匹克竞赛活动为重点，开展丰富多彩的校园活动，普及科学知识，弘扬科学精神，提高学生的科学素养，充分激发学生的创新热情和创造活力！

　　学校自2006年起，每学期组织校内学生进行头脑奥林匹克竞赛，竞赛分为宣传准备阶段、竞赛筹备阶段、现场竞技比赛阶段。同学们从不了解、不感兴趣，到慢慢了解并爱上了这项活动。通过学生老师学校的共同参与与努力，榉园学校在2018年成为了青岛市头脑奥林匹克特色学校。

　　作为青岛市头脑奥林匹克特色学校，我校的头脑奥赛深受学生喜爱。大家积极报名，踊跃参与。2019年的头脑奥林匹克，全校一共报名66支参赛队，全校参赛人数达到500多人，是2018年的两倍。为期两周的比赛，安排了五个长期题解题，赛后当场进行的即兴题比赛，让本次比赛更具挑战性。孩子们乐在其中，享受着思维的碰撞，孩子们在头脑奥赛的舞台上，成长着，学习着，品味着，创造着，充满了生机与活力。

学校根据当年头脑奥林匹克比赛要求，选取2～3个比赛项目，组织全校所有班级进行解读学习、道具制作与剧本排练。利用国旗下讲话，做好校主题活动宣传发动工作；利用相关社团活动时间向学生进行相关竞技比赛的宣传讲解。

在过程中，班级老师从学生要做到体现特色、突出个性，各班在组织活动时，要根据学生的实际情况，做到以班为本，以生为本，充分调动每个学生参与的积极性与创造性。

除了积极开展校内比赛，学校也积极参加更高平台的比赛，自2006年，榉园学校选拔出的头脑奥赛队伍就多次代表青岛市参加了头脑奥林匹克全国赛。2017年3月11日～3月12日，青岛榉园学校10名师生作为中国受邀队，前往俄罗斯的车里雅宾斯克参加了俄罗斯头脑奥林匹克国际邀请赛。在本次比赛中青岛榉园学校与俄罗斯等队同台竞技，在表演过程中，受到了俄罗斯的参赛队伍与评委们的称赞。在比赛结束后评委们对孩子们制作的道具更是表现出浓厚的兴趣，赞不绝口，并亲自尝试进行了机器人的各种操作。在车里雅宾斯克经过两天的激烈角逐，青岛榉园学校最终荣获了机器人项目第一名的好成绩。在3月12日的颁奖仪式上，青岛榉园学校的参赛队伍受邀进行了展示表演，更是引发台下观众掌声不断。本次比赛中，学生们不仅体会了俄罗斯师生的友好热情，更是对俄罗斯文化有了更加深入的了解，短短两天比赛时间内，学生们既和俄罗斯学生相互交流了头脑奥赛的比赛心得，又成了跨国好友。

此后的2018年4月26日，榉园学校的六位小勇士和老师们一起去德国柏林，代表中国参加头脑奥林匹克欧洲区决赛。当地时间5月1日下午，在德国巴尔尼姆举行的2018年头脑奥林匹克欧洲锦标赛的颁奖仪式上，青岛榉园学校荣获"让表情包说话"项目冠军。本届头脑奥林匹克欧洲锦标赛共有来自15个国家，近百支队伍参赛。其中青岛榉园学校参加的"让表情包说话"项目是联系时下热门的手机聊天表情，要求学生设计、创建并通过运用三个独创的表情包展示特殊功能，讲述一个经典表情由著名到被遗忘的过程，整个表演的过程不允许选手说话，全部通过肢体和表情包的变化来进行演绎。在本次比赛中，青岛榉园学校以"光明"为主题，讲述了随着时代变迁，灯烛作为人类使用最悠久的照明用具逐渐被电灯所取代的故事。比赛过程中，当队员们利用机械原理将由排气管与排水管制作而成的鞭炮变换为灯笼时，现场评委都看呆了，随后更是连声赞叹；当由排气管制作而成的蜡烛逐渐"燃烧殆尽"时，更是引得全场观众全都伸出了大拇指点赞。最终，队员们凭借幽默的表演，精彩的创意获得了长期题的第一名，并在随后进行的即兴题中，再次以完美的团队合作获得了第一名，成功摘得此项比赛桂冠。

除此之外，本次大赛的特殊之处，几个项目要求参赛队伍成员与其他国家的参赛队混合组队，完成任务。对于在国内各级头脑奥赛比赛中已经身经百战的榉园队员来说，这几个项目的难度就在于协调与沟通。同学们并没有被这个难关吓倒，反而在老师的鼓励下，积极与混合队成员通过各种方式交流，一次一次迸发出奇思妙想。看着孩子们在国际赛事上自如地与各国队员交流，与别人合作去解决问题，展示风采，老师们感到非常欣慰。最终，青岛榉园学校与波兰、瑞士组成临时的混合队，在即时命题项目比赛中获得小学组第一名。

为适应社会未来发展的需要，丰富和发展学校办学的内涵，把学校办成一流的特色学校，我校头脑奥林匹克校本课程的开设注重培养学生的科学素养，培养有较强适应力和创造能力的新型人才。2017年，学校在以往经验积累的基础上，开发了我校的头脑奥赛校本课程，创编了头脑奥赛教材，成为青岛市第一所自主编订头脑奥赛教材并开设课程的学校，开设了头脑奥赛社团，吸引了更多有兴趣的学生加入了这项活动。并且继续组织全校范围的班级赛，挑选适合不同年级学生操作的题目，让每个学生都了解头脑奥赛、感知头脑奥赛、参与头脑奥赛。自2017～2018学年度学校在四、五年级开设头脑奥赛校本课程，结合我校自主编订的教材，使学生对于头脑奥赛有更加深入的认识，同时也为开展学校活动做好基础。

教材是以头脑奥赛为切入点，以培养学生科学素养为核心，以项目教学为手段，积极探索教学方法与评价方法的创新，集动手、动脑、想象、表演、艺术为一体，有效实现科学、技术、工程、艺术、数学的跨学科整合，从而实现学生的多元发展。其主要教授内容为了解头脑奥赛活动，在了解长期题与即兴题的基础上充分理解长期题中工程技术类项目的解题要求与方法，了解道具的制作与使用。

学校听取了各方面专家的意见，通过听取专业报告，专家线上讲座，各地实际考察以及邀请专家到学校进行指导等方式，全心研究校本课程的知识脉络与结构。我们在校内组织相关老师进行多次教学研究与讨论，力求根据学校的实际情况以及以往参加全世界各级比赛的经验，制定出一套具有榉园特色，符合学生身心发展特征，激发学生创造力，为学生的未来创造无限可能的教材。学校投入众多人力、物力，最终完成了一套属于自己的奥林匹克校本课程体系。其中的头脑奥赛教材激发了学生的学习兴趣，发展其个性特长，培养学生科学素养，从而提高学生的综合素养。

全员头脑风暴，培养每一位榉园学生成为爱科学、学科学、用科学的未来生活创造者！

第三节 激发创新潜能

　　2017年2月底，青岛榉园学校前往俄罗斯参加头脑奥林匹克国际邀请赛，并获得冠军。俄罗斯头脑奥林匹克国际邀请赛机器人项目比赛是制作一个可以模仿人类动作的机器人，利用机械装置而非编程的形式来完成一系列动作。青岛榉园学校以"医疗机器人"为主题，描述了"250世纪"生活在叽里咕噜星球的园园乘坐星际快线宇宙飞船从地球度假归来，地球上的"霾"躲藏在园园的体内，被一并带回星球。回家后的园园感到身体不适，原来是"霾"在作怪。园园的父母通过寻宝网购买了一台机器人，机器人通过学习、模仿、再创造，最终赶走了霾。为了能够在此次比赛中更好地展现风采，青岛榉园学校学生在整个制作与训练的过程中大胆创新、动手动脑、充分发挥团结合作的精神，并在全国比赛中使用的道具进行了重新制作与优化。比赛现场，青岛榉园学校的机器人的拥抱、打鼓、踢球、射箭等动作，令俄罗斯参赛队伍大开眼界，令其他队伍直呼"有创意"。比赛中出现一个小插曲，机器人在比赛最后部分出了些故障，但是学生机智地通过即兴表演完成了展示，最终荣获机器人项目第一名的好成绩。

　　培养创造力的最佳途径是让学生进行创造性解题，在过程中逐步提高创造力是头脑奥林匹克活动的第二块基石。鼓励学生"白日做梦"，鼓励学生动手实践，鼓励学生团队合作，是创造性解题过程中的三个关键要素。

　　既然对创造力的理解没有统一的定论，那么对创造力的培养就可以百花齐放。教学生一些创造技法，鼓励他们投入小创造、小发明活动，这是培养创造力的一种方法。

　　在发现问题的过程中完成自学和交流；把不同的问题解决在不同的层面，问题主要是由学生提出而非教师预设。在问题的提出、讨论和解决过程中，学生按照一定目标，将以前的知识和技能重新组织，使问题获得解决。问题一旦解决，学生的解题能力就有提高，就能获得新概念、新规则或新的问题解决策略等。在问题学习中学生的创造性思维得以培养，学习自信心和主动性得以提升，同时学会自学、合作、创造和探索。

　　头脑奥林匹克最大的特点是设计一些创造性题目，这些题目没有标准答案，让学生像科学家一样进行学习和研究。学生在解题时必须发挥创造性和主动性，如自己提出想法，自己决策，并动手制作。由于要参加比赛，他们训练时更加努力，更为主动，重视各种细节，并成为终身受用的宝贵财富。

　　接下来我们将结合我校"医疗机器人"的案例来详细为大家介绍如何在头脑奥林匹克活动中，激发学生的创新潜能。

一、创造性地解决问题

　　团队将创建一个"奇特机器人"的幽默故事。此题要求该机器人不是编程来执行任务，是在观察人类行为的基础上进行动作学习。团队应设计、构建和运行一个原始的机器人，在执行任务时展示人类的特征，如做家务活、创造艺术和跳舞。

　　在表演时需让机器人先观察人类的动作，然后模仿，再创造性地表现此动作。例如，人类在看电视节目时高兴地鼓掌，机器人看到了鼓掌动作并模仿，或机器人看到人类在敲鼓，便模仿进行敲鼓。

　　机器人每次将要创造性地表演动作时，都必须由队籍标志发出不同的信号，并且最好将队籍标志发出的信号融入故事情节当中。

二、创造性的使用工具

前文介绍过，在长期题的解题时需有风格表演，此处以"医疗机器人"为例，对风格进行具体介绍。此剧由于是发生在未来世界，所以要体现出科幻元素，如可当透视仪的化妆台、突然能弹出的花朵、悬空漂浮的小球……整个房间的风格从色彩到材料都相当协调和温馨，处处充满了创造性和艺术性，使人耳目一新。

1. 队籍标志

在长期题比赛期间，每个参赛队必须有一个让人看得清的队籍标志，上面的文字必须在8米外能让人识别。队籍标志必须由队员制作，必须要有会员名称和编号，还可以有参赛队希望存在的任何东西，比赛期间可以改变外貌，即旋转、闪耀等。参赛队可以有多个队籍标志，如在风格中要被评分，必须向裁判说明哪一个队籍标志将被评分。本剧的队籍标志有如下内容。

用货架制作整体框架，KT板制作墙面造型，LED灯、一次性饭盒、卫生纸卷制作外形和装饰，用丙烯颜料将墙面和底部刷上相应颜色，形成家庭墙壁和壁炉的搭配。

队籍标志包含的四个信号分别为燃火的壁炉、悬空漂浮的小球、闪灯的花瓶和弹出的花朵。

此队籍标志具有强烈的家庭背景代入感，并在剧本当中通过燃火的壁炉体现出复古的装饰风格，与漂浮小球等的高科技完美融合。

具体各部分的道具制作与功用有如下内容：

弹出的花朵是第四个信号装置，用饮料瓶制作如右面的花朵、利用皮筋的弹力将KT板弹射，出现花朵。

闪光的花瓶是第三个信号装置，用KT板、LED灯制作完成，运行后灯光一直闪烁出花瓶图案。

悬空漂浮的小球是第二个信号装置，吹风机运用伯努利原理制作，运行后可将小球一直吹起飘浮在空中。

燃火的壁炉是第一个信号装置，用风扇、红丝绸、LED灯制作完成，运行后红丝绸一直抖动，就像火焰一直燃烧跳跃一样。

此处为手写学校名称。

此处为项目、组别编号，用橡皮泥捏成的数字图案。

此处为装饰道具，中间部分是扎染制作的图画，外框用KT板制作完成。

主体先用KT板制作出造型，再用丙烯绘制完成。

墙面造型用一次性饭盒制作完成，使墙面形成凹凸有致的真实感。

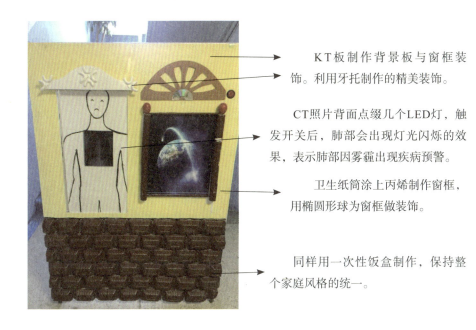

KT板制作背景板与窗框装饰。利用牙托制作的精美装饰。

CT照片背面点缀几个LED灯，触发开关后，肺部会出现灯光闪烁的效果，表示肺部因雾霾出现疾病预警。

卫生纸筒涂上丙烯制作窗框，用椭圆形球为窗框做装饰。

同样用一次性饭盒制作，保持整个家庭风格的统一。

镜子扫描仪用滑道、KT板、铝箔纸制作完成。在表演时，起初是镜子，园园通过照镜子采用美容功能将脸变白。当表演到园园被霾感染时，上台启用扫描功能，具有人形图案的KT板推拉出现。通过此环节的巧妙设计，体现未来高科技的便利性与实用性。

2. 服装

在长期题的比赛中，队员的服装也需要和风格统一的。

如此剧中每个队员的服装都体现着精美和创意：爸爸妈妈的线路板服装充满着现代感，明亮的铝管起到了画龙点睛的作用；女儿圆圆的"管子"衣服是用吸油烟机管、空调排水管、换气管、CD光盘制作完成，巧妙且亮眼，体现出外来世界的服装艺术；两个"雾霾演员"的垃圾袋服装体现了雾霾本身的色彩感和飘动感……用心良苦，换来大家"眼前一亮"的艺术质量感。

霾兄弟服装主要材料是不织布与灰色垃圾袋，首先将不织布制作成帽子与简单的衣服样式，然后将灰色的垃圾袋一丛一丛按序缝在不织布衣服上。如此一来，既体现了雾霾本身灰蒙蒙的色彩感，又在表演时让人有飘动的感觉，符合雾霾的现实特点。尤其是垃圾袋的缝制是按从下到上、从里到外的顺序缝制，在雾霾上场的搞笑舞蹈中，垃圾袋具有立体层次，使原本非常普通的物品焕发了艺术价值。

爸爸与妈妈的服饰都是以黑色与银色为主，体现了服饰风格的统一。衣服上的线路板设计更是充满了科幻感，给人一种未来世界的视觉冲击，明亮的铝管则起到了画龙点睛的作用，通过制作妈妈的长袖、垫肩、裙子和爸爸的护肩给人以明亮质感。靴子则是将雨鞋贴上铝箔纸制作而成。另外妈妈还通过用光盘和羽毛制作了独具特色的头饰，凸显了人物的特色。

园园作为本剧当中的主要角色，在服装的设计上可谓是煞费苦心。首先为了与父母的服饰风格统一，利用吸油烟机管、换气管制作了头饰、护肩、护腕和衣服，并且穿着与父母相同款式的靴子。而为了体现出园园作为主人公的与众不同与年龄特点，选用了红色的衣服和用丙烯涂成的金黄色靴子，并利用不织布、光盘、海绵球制作了精美的裙子，在表演过程中能够呈现出闪亮的感觉。

3. 其他道具

雾霾武器库：在表演过程中，武器库的出现帮助园园一家成功地赶走了雾霾。武器库上方是学生创意构想的未来世界相关武器，而当一把弓箭从底部突然升起时，更是不可预测，为整个剧本的表演起到了推波助澜的效果。

KT板、货架制作。

字母是用废旧空调排水管制作的，具有立体感。

升降装置主要用电机作为动力，带动丝杆转动，转动时丝杆上的螺帽上下移动，从而带动弓箭实现升降效果。

"OM"创意日历地灯：用废旧自行车轮、电机、LED灯等制作一台创意日历地灯。车轮代表一个"O"，与旁边制作的字母"M"，体现着OM比赛的主题。转动的车轮和车轮上制作的刻度体现时间的流逝……引人深思。用木条制作出架子将自行车轮固定好，运用电机转动，带动车轮转动。

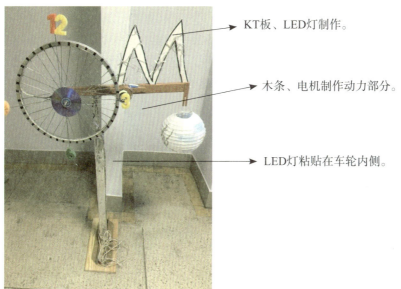

KT板、LED灯制作。

木条、电机制作动力部分。

LED灯粘贴在车轮内侧。

表演过程中，车轮一直在转动，灯光一直在变换闪烁，既起到了舞台布景的美化作用，又能更好地体现出未来世界的高科技感觉。

4. 机器人

机器人为本次比赛的重要元素，除了要模仿人类相关动作外，也应与整个剧本表演完美融合，以下便是此机器人的制作原料与工作原理。

头部是用下水管制作的、眼睛是用LED灯制作的，在观察人类动作时将会左右摇头和双眼亮灯。

手臂是用线管制作完成，通过电机、滑轮、皮带实现拥抱、打鼓、射箭的动作。

外壳是用水桶制作而成，利用丙烯粉刷出药丸的感觉，贴合医疗机器人的主题。

腿用水管和弯头制作，运用两个齿轮转动带动腿的运动，实现踢球动作。

轮子是用儿童玩具车改装完成，使机器人能在场上按照剧情自由活动。

英国哲学家怀特海指出：科学教育的目的就是使人具有活跃的智慧。"头脑奥林匹克"活动的目的是通过特定的问题及情景，来训练学生的问题意识、观察能力、创造新思维能力和动手能力，使创造性解决问题的能力得到升华和提高。因此，我校在头脑奥林匹克活动中着重培养学生的科学素养，也是提高学生创新素质的重要手段之一。指导学生在探究和解决"科学问题"的实践过程中，运用一切已有的信息和经验，产生或可能产生某种新颖、独特或特有的有价值的创新方案，让学生学会用智慧统领知识的本领，最终呈现创造性成果，达到培养和提高创造力的目标。

第四节　迸发即兴创意

一、走进即兴题

即兴题是头脑奥林匹克比赛中很重要的一部分。每个参赛队都要在比赛期间解决一道即兴题。根据题目类型的不同，解题时间从2到10分钟不等，分值为100分。

头脑奥林匹克每支参赛队最多只能有7名队员。由于创造力是一种复杂的智力活动，表现形式多样，因此队伍最好由天赋、兴趣不同的队员组成。这在即兴题中显得尤为重要，因为只有5名队员能参加比赛，不像长期题中7名队员都能参与。

即兴题分为三类：语言题、动手题和语言动手混合题。

一旦参赛队知道将参赛的即兴题的类型后，我们可以选择最合适的队员。有经验的队伍在进入赛场前就已知道每个队员最适合参加哪种类型的比赛。

即兴题的基本类型有以下几种。

语言题：要求队员用语言解答问题或把即兴创作和表演结合起来，在规定时间内回答尽可能多的答案。

动手题：要求队员们利用提供的材料，通过动手创造性地解决具体问题。

语言动手混合题：要求队员把语言和动手互相结合起来创造性地解决具体问题。

二、即兴题的辅导

语言题，顾名思义就是用语言回答问题，在规定时间内回答尽可能多的答案，回答方式根据题目的不同也会有所变化，创造性回答比普通回答得分高。每个普通回答得低分（1分），每个创造性或幽默回答得高分（3~5分），辅导即兴题的正确方法并非只有一条。几乎每个老师都有自己的方法，有效的辅导方法是从不断的尝试与失败中得来的。

（一）组建参赛队

每个学期初的时候会在3~6年级进行社团宣传，我们学校在选拔队员时，是先让学生进行自主报名，然后学校通过进行即兴题测试进行选拔，对于初次接触的学生会先进行即兴题的选拔，参赛的学生中有一直能给出有创造性的、不同寻常的答案，他们就是参赛队的最佳人选。同样如果能反应灵敏，善于从不同角度看问题的学生也是我们选拔的主要人选，针对4年级以上的学生会有针对性地进行长期题的解题技能的测试，这里会主要考察学生的发散性思维和创造性思维，还有后期是否有时间全程参与训练也是一个很重要的选拔条件。

（二）训练方法

改善即兴题解题技巧的最好办法就是定时训练，打破固有思维。时间一般是每周4~5个小时，每个星期二和星期三中午是学校头奥及其他竞赛社团的时间，而且这个在比赛临近时，时间往往会更加的紧张。即兴题具有发散性与创造性，是提高学生创造性思维的最好方法，可以让学生跳出思维的条条框框，进入想象的大门。当然，辅导老师要清楚每一位队员具有哪些技能与特长，并引领他们找到提高的方法。下面是社团老师和科技老师辅导即兴题的一些具体的有效方法。

在训练过程中，首先会把一个社团的学生分成几个若干小组，每组有6~8人不等，并在训练之前会从每组选出一个队员当裁判和队长。这能让他们在平时就可以体验到即兴题比赛的气氛与感觉。他们将学会如何辨别普通回答和创造性回答，提高辨别的能力，同时知道大声、清晰回答问题的重要性，并知道该从哪些方面去思考创造性答案。

注重聚精会神的重要性。因为每个队员的思考方向都是不同的，所以让队员全神贯注思考一个问题是十分重要的。如果一个队员紧张了，想不出答案，可以直接用裁判所给的例子作为答案，也可以把其他队员的回答稍做变动变成自己的答案。这种做法虽然只能得1分，但比赛仍可以继续进行，切记不要浪费时间去想还剩多长时间，或者担心自己的回答会不会让伙伴失望，那就会出现事与愿违的结果。

多方位提高学生陈述能力。告诉学生在表述问题时，答案一定要简洁明了，言简意赅，而且陈述时要快速响亮，新颖独特，层次分明。在训练时，老师根据每一个学生的特长，可以让每个队员专攻某一方面的课题，比如政治、经济、体育、各领域名人、医学、野生动物等。这些都有助于增加创造性回答的出现，减少普遍性回答的数量，因为每个队员都是不同领域的"专家"，这体现了分工合作的工作理念。

保持学生的创造热情。热情是带来效率的最大动能，而且头脑风暴训练对即兴题和普通题都有好处，其中回答方式具有多样化，比如通过写明队员的编号，打乱顺序根据任意翻出的卡片编号，或采用翻卡片的方式，或者用投掷骰子的方式来确定回答者等，最终目的都是通过外在的心理刺激发现更多更好的内在创意。

挖掘学生的领导才能，提高队员协调、决策、总结归纳的能力。在动手题中，队员应在讨论阶段尽量想出多份解决方案，而不是只想出一个方案，一般好的方案都出现在思考过程后期。在锻炼队员观察普通物品时，并不是关注它们本身是什么，而是关注它们的全方面用处，即它们能被用来做什么。你能想出纸巾的多少种用途？动手题中经常提供这些物件，要求队员们完成指定任务，这些看似很小的物件，其实有很多的用处。有的时候在语言动手混合题中也会出现这种多用处的小物件。

看清规则并利用规则。题目中会有一些要求和使用的解题材料等，历年来学生一直以来被教导要如何遵守规则，要如何按照套路出牌，要如何规范作答不能墨守成规，要从中挖掘突破点，更好更快更巧妙地解题。同样创造与幽默通常被看作兄弟，因为幽默是创造的衍生物，如果我们的团队里有天生的喜剧家，那么他们会在语言题中伸展自如，创意的回答就是信手拈来！

下面是头脑奥林匹克训练例题。有三种问题类型：语言题、动手题和语言动手混合题。

1. 语言题

（1）特异功能。

当队员分组准备好时，告诉他们：这是一道语言题。请回答以下问题：如果你们有一种特异功能，你希望是什么？为什么？比如，你可以说："我希望我很聪明，因为我能得到好成绩。"计分规则：每个普通回答得1分，创造性回答得5分。

学生在进行回答时老师会做好记录，通常情况下三四年级的学生都能给出普通回答下面是他们的一些回答举例。

某一方面的常见能力："跑得快，这样我就可以跑过刘翔了！""拥有姚明的高度，这样我会非常自信！""变得漂亮，这样退役之后我还是那个最亮的仔。"

日常生活中的兴趣能力："能够完成各种手工，并向别人传授这种技能""能够弹各种乐器，这样我就不愁女朋友了"。

天马行空的想象能力："能够成为'智慧囊'，这样在团队无助时，我总是能够提供帮助。"

通常情况下五六年级的学生普遍能说出创造性的回答，一是因为他们之前进行过头脑奥赛社团的训练，再一个是因为他们本身知识储备和在科学课中进行过发散思维的训练，创造性回答也无非来源于生活阅历，其实，往往也就是说更高的生活境界，更好的处事态度下面就是他们的一些创造性回答举例："会八国语言，这样我就可以自由地去世界旅行了。""穿越时空，这样我就可以体验不一样的人生。""能飞，我就不会穿坏鞋子了。""能够瞬移，这样我就不用付车费了。"

（2）多彩的故事。

你们的回答必须包含你们所上交卡片的颜色。比如，如果你上交了一张红色卡片，你可以说，"学校的校舍是红色的。"下一个队员可能上交一张绿色的卡片，他可以说："有人把它漆成了绿色。"当你们用完卡片后，你们就不能再回答了。卡片用完了或时间到，比赛就结束了。

2. 动手题

包东西。

当参赛队员准备好时，告诉他们："这是一道动手题，你们有7分钟时间来解决问题。你们的问题是：用纸把尽可能多的物品包起来。这里所指的包起来是指看不到物品的任何部分。如果物品上的数字是红色的，那表示你们不允许改变这个物品。"

桌上有胶带、纸和两把剪刀，还有些其他物品（指向物品）。每个物品上都有一个数字。

评分规则如下：每个物品的分值就是它上面所标的数字，包起来就能得到相应分数。每少用一张纸就能得3分。根据你们的合作情况将得1到15分不等。

物品可以放在另一物品内再进行包裹。由于其他东西可以放在碗和废纸篓里再进行包装，所以它们的分值就相对低了。

（差别：普通方法其实就是无法从原有的模型抽离出来，只是硬套模式，往往冲着分数去的，并没有融合自己的思考；而创造性的方法，往往可以将形状、大小、体积、质量、长度这些都纳入考虑的范围内。）

第一种普通方法：把分值大的东西和小物件先挑出来，然后开始用纸张将分值大的包起来，里面再根据空间塞入适当的小物件，最多不超过3张。

第二种创新方法：按照形状分类，球形的为一类，立体长柱实心形为一类，可以承载其他物体的空心形为一类，然后开始根据形状的匹配度进行选配，最多不超过4张。

在动手题的部分，通常是利用所给的物件拼凑一些不同形状，不同大小，或者承重的结构，虽然这些小物件在生活中很常见，但是却需要学生能够掌握这些物件的各种特性，尤其是不怎么常见的，平时对其要有一定的积累，并针对这些物件进行灵活组合，从而符合题目意思，得到更具有创意性的答案。我们在训练出题的时候会尽量多地选择奇怪的物件，扩大学生的想象力，当然在这个过程中，学生也学会了很多有关选材方面的知识。

动手题一般分为两个部分，第一个部分是在要思考讨论的有限时间里，做出决策，提炼方案，在这个环节，每个人都可以各抒己见，"仁者见仁，智者见智"，然后第二个部分就需要队长集思广益，在大家讨论的基础上整理方案，因此在平日训练中，老师会让每个学生都当一次队长，目的就是从中挑选出具有极高领导才能的人，同时培养学生的领导能力，并让队长在极短的时间里吸收大家的想法，最后整理出一套最佳答案，并且分配队员执行下去。

3. 语言动手混合题

（1）突发事件。

当参赛队员准备好时，告诉他们：这是一道语言动手混合题。这个问题分为两部分。第一部分中，你们有8分钟时间来思考，讨论解题方案，创作作品。第二部分中，你们有3分钟时间来完成任务。你们可以看时间，在第二部分中你们不允许互相交谈。这里有几组开头和结尾。你们的问题是：表演一个幽默短剧，挑选某个开头开始，相应的结尾结束。短剧中必须包含你们自己创作的5个突发事件及各自的解决方法。比如说，你可以表演一个突发情况，说："汽车没油了"。解决方法是"我们把它推到了加油站"。

第二部分开始前，你们要在纸上写好想被正式评分的5个突发情况。你们可以用这些物品作为道具（指向物品），但不能毁坏它们。

把一只钟表放在明显的位置，这样每个队员都能随时掌握时间。钟面必须大，有分和秒的显示。

给每队一支铅笔和一张纸，让他们写下想被正式评分的突发情况和解决方案。把下列道具放在桌子上：一条围巾；两个网球；一件夹克；一顶帽子；一个塑料容器；一条24英寸长的链子（金属或塑料）；三个8.5×11英寸的标志：一个写着"危险"，一个写着"小心生命"，另一个写着"停"。

做四张卡片，每张上面写一组开头和结尾。在宣读第一部分前就把卡片放在队员面前，卡片内容如下。

开头——————————————————结尾

你很累……………………………………你睡着了

你在等车去学校…………………………你准时到了

你们队输了比赛…………………………你们队赢了

停电了……………………………………电又来了

突发事件主要涉及生活阅历的问题，意思就是你到底有没有足够的经历，因为只有足够的经历才会使得演出来的剧本具有真实性。

五六年级学生回答举例：（表演a卡片）A选手在打游戏时，突然间感到好累，和他一起打游戏的B选手却还精神抖擞，此时，C选手打网球回来了，一不小心将网球砸到A选手的头上，A选手一震，眼前好像出现了"小心生命"的指示牌，猛然惊醒，这个时候C选手随手将夹克扔在了B选手的头上，B选手大怒，将游戏机弄坏了，于是B和C争吵起来，A选手受不了就回房睡觉了。

（表演b卡片）A选手在等车上学校，B选手因为没设闹钟没能赶上校车，C选手上了车之后跟A说自己作业没做，A和D很吃惊，因为C是一个好学生，没有想到C的父母昨晚发生争吵，妈妈出走了，A将夹克披到C的身上，这时恰巧歧视C的选手D也在车上，于是D故意说C的妈妈是坏人，出乎意料的是一直暗恋C的女同学E也站出来保护D，一场争斗也随着车到站而结束，大家都准时到达学校。

（2）装扮。

当参赛队员进入赛场时，告诉他们："这是一道语言动手混合题。这个问题分为两个部分。在第一部分中，你们有五分钟时间思考、讨论解题方案和创作作品。在第二部分中你们有三分钟时间来完成任务。你们的问题是：把一个或几个队员装扮成其他东西或其他人，并创作一个故事。你们只能使用所提供的材料，然后讲故事。"

你们只可以在纸制品上做标记。不能损坏其他东西，或在上面做标记。

五年级学生举例回答，第一队（普通）装扮。让一名队员坐在椅子上低着头，流露着略显伤感的表情，戴着一种暗色调的帽子，面前的地下放着一个用来装钱的帽子。

讲故事：他是一个靠表演才艺挣钱，但心怀梦想的有志青年，艰难的生活让他十分难过。

三四年级代表的第二队（创造）。装扮：一名队员坐在桌子前，脸上用马克笔画出紧张满头大汗的表情，桌上放着一张纸，一包纸。

讲故事：这是一个正在考场上考试的男孩，他在之前遇到的题上卡住了，所以满头大汗，焦急地思考试卷上的问题，因为这是一场决定他未来的考试。

混合题考察的是动手组装能力和语言表达能力。生活中的一些物品，人们对其相关用处已经形成了惯性思维，而我们的训练就是带着学生冲破思维的牢笼，勇于创新，在接触这些物品时，渐渐发现它们的其他用途，可能很生疏，也可能是从来就没有见过。大多数的这类题目都会涉及对物品进行组合，并利用它的新用途。还有的混合题里会包括很多常见物件以供大家选择，就拿上一题的突发事件来说，需要学生自己选择，然后临场想剧本进行表演，陈述问题。学生往往会把从中挑选几种物品进行组合，然后重新下定义，说不定就是另一种发现。因此，怎样寻找材料之间的联系，并让学生利用组合，学会组合，这对于创意答案的产生十分重要。当然这类的混合题也给学生提供了非常重要的训练机会，这不仅可以锻炼语言表达能力，而且极大地提高了自己的动手能力。

第五章

人人露一手

——科技嘉年华

　　科技创新能力要从小培养，科技创新活动则需要联系课本中的基础知识，联系学生的生活经验，使学生利用学到的知识进行科技创新活动，创新活动对实际生活有辅助作用，将理论和实践有效地结合起来，同时科技创新离不开生活经验的积累和应用，科技创新活动使学生对学习又有了全新的认识，在科技创新活动中引导学生用自己善于观察的眼睛去发现，用自己聪明智慧的大脑去思考，用自己灵巧勤劳的双手去创造。

　　丰富多彩的科技嘉年华活动，就是一项能够吸引学生积极参与其中的科技创新活动。此项活动营造了全员参与、人人动手、科技与创新有机结合的氛围，充分地激发了学生爱科学、学科学、用科学的热情，培养了学生的科学精神，开拓了科研视界，增强了学生的创新意识，同时，科技嘉年华活动有效地锻炼了学生的动手能力，丰富了学生的校园生活。能够充分培养学生的好奇心、求知欲，培养学生自主学习、独立思考的能力，还能很好地激发学生的创造力，引导学生去对未知领域进行探索，寻找具有独特且创新的解题方法。

第一节　科技嘉年华

科技进步和创新是增强综合国力的关键性因素，创新是一个民族的灵魂，是一个国家兴旺发达的不竭动力，将推动国家向更高、更强发展。在当今世界上，国际间的竞争愈发激烈，竞争的实质是以经济和科技实力为基础的综合国力的较量，要想具有一定的科技实力，创造力是关键。科技创新教育有利于提高青少年综合素质，使学生的创新精神和实践能力在"学"与"做"的过程中，不断得到培养、锻炼和提升。

美国著名的教育学家泰勒曾说过："创造力不仅对科技进步，而且对整个国家乃至全世界都有重要的影响。"科技创新能力要从小培养，科技创新活动则需要联系课本中的基础知识，联系学生的生活经验，使学生利用学到的知识进行科技创新活动，创新活动还能为自己的实际生活有辅助作用，将理论和实践有效地结合起来，同时科技创新是离不开生活经验的积累和应用，科技创新活动使学生对学习又有了全新的认识，在科技创新活动中引导学生用自己善于观察的眼睛去发现，用自己聪明智慧的大脑去思考，用自己灵巧勤劳的双手去创造。

丰富多彩的科技嘉年华活动，就是一项能够吸引学生积极参与其中的科技创新活动。此项活动可以让学生人人参与到科技嘉年华创新中来，能够营造全员参与，人人动手，科技与创新有机结合的氛围，充分地激发学生爱科学、学科学、用科学的热情，培养学生的科学精神，开拓科研视界，增强学生的创新意识，同时，科技嘉年华活动有效地锻炼学生的动手能力，丰富学生的校园生活，充分培养学生的好奇心、求知欲，培养学生自主学习、独立思考的能力，还能很好地激发学生的创造力，引导学生去对未知领域进行探索，寻找具有独特且创新的解题方法。

在科技嘉年华活动过程中，我们会首先引导学生进行第一轮的探索，探索进行实践创新的科学方法，有了科学方法的指导就可以在科技实践活动中让学生试着自己动手设计实验方案，科学安排实验对照。学生在实践活动的试验过程中，学会了科学的操作方法，在每一个环节、每一个步骤的操作过程中，做到科学与规范，通过此过程，学生掌握了科学的思维方法、运用了科学的理论进行推理，培养了学生推理能力。其次，我们引导学生树立起一丝不苟的科学态度，科技创新必须有严谨的态度，不管是设计实验方案，还是接下来的实践操作都要做到严谨认真，不出一点纰漏。再次，由于科技实践道路十分曲折、复杂，绝不会一帆风顺的，同时在过程中也充满了挑战。这也对学生进行科技创新活动提出了更高的要求，要让学生不断培养起勇于探索、不畏艰辛、困难的精神，敢于面对失败与挫折，勇往直前的勇气与毅力。

科技嘉年华活动，能很好地激发学生的创新意识。我们开展科技嘉年华活动，目的在于为学生提供施展自己才华、才能的阵地与机会，让学生可以在科技活动中真正领略到创新和实践的快乐与魅力。在玩乐中激发学生的创新欲望。对学生而言，这丰富多彩的嘉年华活动是他们玩乐、探索和创新的新世界。科技嘉年华活动则有机地采用了学、玩结合的办法，让学生怀着浓厚的兴趣，自由自在地畅游在创新的天地里。

科技嘉年华活动能满足学生的好奇心。好奇是创新的种子，是创新思维活动的原动力。学生的好奇反映出他们的求知欲，因此要努力使学生的好奇心转化为创新的萌芽儿。通过科技嘉年华活动，学生能够明白什么是科学方法、科学态度和科学精神，从而激发学生学科技、爱科技的兴趣。

科技嘉年华活动能有效地培养学生的自主学习能力和创新思维。科技嘉年华活动，就是一次创造性的活动，为发挥学生的想象力、创造力提供了广阔的天地。学生在广阔的天地中，自由翱翔、展翅高飞，从而获得成功的体验。

因此如何让学生的个性得以张扬、创造潜能得以充分地展现呢？如何去为学生的终身发展奠定坚实的基础，如何将科技创新向纵深发展呢？

在我校"品味·创造"的办学理念的引领下，秉持着"培养有品位的未来生活的创造者"的育人目标，结合我校的实际学情，我们为学生提供了丰富多彩的科技创新活动，旨在以普及科学知识，弘扬科学精神，提高学生的科学素养，充分激发学生的创新热情和创造活力。

体现特色、突出个性，各班在组织科技嘉年华活动时，根据各班的学生实际情况，做到以班为本，以生为本，充分发挥每一名学生的特长，全面调动每个学生参与的积极性与创造性。从活动宣传、成员分工到教师指导、学生探究再到项目挑战、成果展示，无不体现着"科技小达人们"的探究、实践和创新的精神。

发挥环境的育人功能。我校做好科技主题的校园环境布置工作，在校园的环境布置上，充分营造科普氛围，对学生进行潜移默化地熏陶与教育，利用各种形式进行科技知识宣传，使其成为学校科学教育的又一个阵地，发挥我校传统的项目优势，以科技活动推进科学教育。从学校实际出发，本着坚持学校科技特色教育，并有所突破的原则，从学生的年龄特点出发，设计开展适合不同年龄段的科学普及活动，让学生在活动中体验，在实践中成长，逐步提高学生的科学意识，培养学生主动学习、热爱科学、运用所学知识的能力。

科技嘉年华活动本着"人人参与"的原则，提供了众多有趣的创意活动和互动体验，将PBL项目式巧妙地融入其中，为孩子们敞开了科技大门，打造了一个趣味盎然的科技乐园。在操场上、在大棚下、在教室里，科技的魅力吸引着每个学生去体验，去思考，去探索，去创造！学生玩在其中，乐在其中，更是学在其中。

我校基于学情和研究课题开展的科技嘉年华活动有以下几种。

（1）有趣的机器人项目。学生在科技嘉年华活动中，可以看到最新的"格斗机器人""VEX机器人"和"足球机器人"等。学生们在控制和操作这些机器人完成某些具体动作或活动的过程中，实现了学生们的机甲梦想，从而引领、激发学生设计出新颖及更多技能的机器人！学生在课上学习有关于机器人的设计原理，学习基础理论知识，有了理论的基础，学生又在实际操作过程中，争先恐后地操控机器人，老师及时地给予过程性指导。在这一过程中，既有老师的专业引导，又有学生的动手动脑，在实操过程中遇到问题，学生们通过请教、讨论、尝试等方式一次次地实验和改进，进而提高创造力。

（2）3D打印机。3D打印技术是以数字化、人工智能化及新型材料应用为特征的生产制造方式，能够有效地提高资源的利用率。为了使同学们对课本中的知识学以致用，科技嘉年华活动中，加入了新鲜血液——我校的第一台3D打印机，它正辛勤地打印着同学们为科技节设计的专属标志！一个个专属标志，不仅仅展现了3D打印技术的奇妙，还体现了学生们对科技嘉年华活动的浓厚兴趣。同学们通过查阅、了解和探索3D打印的原理，明确了3D打印机的使用方法，然后将自己设计好的科技嘉年华活动标志，借助3D打印机呈现出来。

（3）创客益智游戏。创客与教育的碰撞，顺应了创新时代的潮流，为革新传统教育模式、创新人才培养提供了新的契机。学生在"创客益智游戏"中可以感受到造物的乐趣和知识的力量，由此激发学习的内在动机。在科技嘉年华中"创客益智游戏"的加入，让学生们手脑共用，思维碰撞，同学们通过探索、思考、讨论，并结合书本知识的形式，刮起一场激烈的头脑风暴！

（4）科学实验。科学实验是科学课的重要内容和重要教学手段。科学实验能够激发学生的学习兴趣和探索精神，学生自主进行科学实验和探究，能够更好地理解和运用所学知识，提升学生的科学思维，树立正确的科学态度。科技嘉年华活动中传统的"戈德堡互动"和"So cool科学小实验"吸引了众多学生的热情参与，简单的拼拼摆摆之下，那是学生对科学知识的理解，是学生科学技能与方法的展现，是提升学生学习科学的原动力！在科学实验中，学生自主分组，自荐或推荐组长，分工合作，借助老师提供的材料完成一个个有趣的科学实验。通过有趣的科学实验，学生将理论与实践相结合，运用所了解和学过的科学知识来解决实际问题，而老师在这一过程中始终扮演着参与者、引导者的身份，更多的是引导学生自主探究和实际操作，而这就是培养学生创造力的过程。

（5）多米诺骨牌。科技嘉年华活动中，人人参与的集体项目中数多米诺最引人注目。班级多米诺大比拼。全班同学齐上阵，在规定时间内人人动手参与其中，完成作品度越高越好！学生之前多数都是进行多米诺游戏，而在科技嘉年华活动中，通过多米诺项目不仅锻炼了学生各自的动手动脑能力，又考验了同学间的团队协作意识。全班同学共同协作摆出一副幅精美的图案，图案的设计具有创造性，图案的可行性也是其他活动难以达到的。如何通过团队合作摆出规整的造型，如何利用知识原理摆出多变的阵型，这就需要学生们动脑思考、积极探索和不断实践，在班级多米诺挑战中，有欢笑、有泪水、有鼓励、或成功、或失败，不管最后结果如何，同学们都收获满满。同学们在一次次失败中，再次尝试的精神令人感动，这种坚持不懈、不怕挫折、不畏困难、敢于再挑战的科学精神在多米诺的一次次推倒中，逐渐显现出来。

（6）纸飞机掷准。"纸飞机掷准"在科技嘉年华活动中，可谓是展现学生知识储备和创造突破的一个亮点项目，再次体现了人人参与的活动目的，每位学生自主动手研制纸飞机。在研究的过程中，学生发现纸飞机的飞行距离受飞机结构、飞机重心、投掷角度等因素的影响。学生回忆自己在科学课上，老师们结合纸飞机飞行的原理，详细讲解如何制作和投掷纸飞机的场景，动手再创造，争取让自己的纸飞机飞得最准。在科技嘉年华活动中，每个同学将使用过的废旧A4纸折成飞机，用彩笔装饰，根据老师的指导，反复进行试飞尝试，一次次将飞机进行打靶，直到飞机能够飞向那理想的目标。

（7）"空气火箭"和"投石车"。"空气火箭"和"投石车"这两个项目更是引人注目。空气火箭是指用A4纸卷成一个火箭，制作好顶部和尾翼利用压缩瓶子空气产生气压发射火箭。投石车是利用杠杆原理能够发射出一个沙袋，击中九宫格中的分数越高，成绩越好。学生听到两个项目名称，便充满了兴趣，迫不及待地了解、分析、讨论、研制，小组内合理分工，大家齐动手，制作了一个个"空气火箭"、一辆辆"投石车"。作品的精美，无不体现了学生的用心创造！

（8）除全班参与的项目，许多团队合作项目也都在科技嘉年华中闪亮登场。其中有比较传统的桐木条承重、纸绳拖重、鸡蛋保护器等活动。这些项目都需要在学生的合理分工和默契合作下才能够完成。

在科技嘉年华活动中学生依据已掌握的知识和方法，在良好学习习惯的支配下，具备自主学习的兴趣和愿望，并形成比较持久的、内在的学习动力，通过付诸探究性学习的过程，从而获得独立观察事物并发现问题，获取知识信息来解决问题的能力。

通过科技嘉年华活动，科学精神得以弘扬，科学思想得以传播，科学知识得以普及，学生的创新精神和创造能力得以提高。通过不同的科技活动项目，学生养成了多观察，勤思考，勤动笔，善比较，善总结的学习习惯，更在团体项目中体会到了团队合作的乐趣，树立了敢于承担的意识，增强了不断探索的精神。

丰富多彩的科技嘉年华活动，充分培养了同学们的好奇心、求知欲，帮助他们自主学习，独立思考，激发创造力，并引导同学们掌握对未知领域的探索，寻找独创性的解决问题的方法。同学们用智慧、创造和劳动，展示了自己的成长足迹。

未来是由学生创造的，培养每一个学生主动地去选择生活、去创造生活，利用人类文明的全部成果让生活更加美好、让人生更加精彩。榉园的"科学小达人们"正在用实际行动诠释着"品味·创造"的理念。

第二节　航模活动

当今世界，科学技术突飞猛进，人工智能设备更是为生产力的发展开辟了新的广阔前景，正在对人类社会生活的各个领域产生广泛而深刻的影响。科技进步与创新已经成为推动经济和社会发展的决定性因素。在知识更新不断加快、人才呈现年轻化趋势的今天，推动我国科技进步与创新的重任已经愈来愈多地落在青年一代身上。要敢于开拓，大胆创新，在继承前人的基础上不断超越前人，勇攀世界科学技术的高峰。

航模运动时刻追求创新的精神已成为当前最受青少年喜爱的运动之一。它不仅是一项竞争激烈的体育运动，也是一项含有多学科知识的科技运动。由于航模运动融科技和竞技为一体，脑力劳动和体力劳动为一体，趣味、娱乐和实用为一体，因此是开展科普教育和提高青少年综合素质的较好项目。

下面我们通过一组数据将发达国家科技模型发展状况与我国的发展状况进行对比。

美国AMA航模协会有16～20万会员。在日本有上百万的航模爱好者，每个周末聚集在高速公路桥墩下开展航模活动。而在中国，航模爱好者2～6万人，2万个是真正玩航模的发烧友，另外4万人只是停留于喜爱航模、阅读此方面文章上。一个国家航模爱好者的数量从一个很小的侧面反映出了经济、科技水平的高低，由此可见我国发展科技体育不仅迫切而且任重道远。

航模活动的特点具有种类的多样性、亲自动手的实践性、知识应用的广泛性、不断革新的创造性、互相比拼的竞争性。这就要求学员不仅要具备协作的精神还得有坚韧的毅力，团队协作精神。科技模型活动能培养青少年的逻辑思维能力、创造力和专注能力。制作过程动手动脑，去场地比赛，放飞和回收的过程中也起到锻炼身体的作用。在这些过程中培养了学生对自然科学的兴趣，激发学生的学习热情。通过"小航模—大国防"提高学生的爱国热情，培养未来科技人才。另外，航海模型是具有科技性的体育运动项目，通过研究制作、在水上操纵各种模型，学习航海科学知识，因此受到了广大群众，特别是青少年的喜爱。

我们开展的航海模型项目有仿真模型、动力艇模型、帆船模型和表演模型等。仿真模型包括C1、C2、C3、C4、C5等级别，要求按照一定比例建造，在外形、颜色上仿照现有的或者历史上曾经有过的海洋和内河交通工具或这些交通工具的一部分的模型，及用模型来展示码头、船舶的航行状态等。

动力艇模型包括多艇竞争的耐久项目FSR-V、FSR-ECO和单艇航行的F1、F2、F3、F4项目，它们的级别划分取决于模型的动力。海模动力一般有电动机和内燃机，内燃机又按汽缸工作容积分项。动力艇模型通过无线电遥控按规则要求的航行路线行驶，通常以速度快和不错漏标取胜。这些项目要求运动员具备多方面的技术和技能，并具有较强的自我控制能力。

帆船模型是以风帆为动力，通过无线电操纵帆和船来航行，要求参加者有很强的战术意识，益于锻炼人的韧性。帆船模型按帆面积和船体主尺度分三个级别：F5-10级、F5-M级、F5-E级。

航海模型是各种舰船、航海设备与装置模型的总称。主要是舰船模型，所以也称船的模型。模型的制作材料和方法一般没有限制，普遍采用的有纸、木、化学材料黏合与模制、金属材料焊接与铸造，也有特殊材料的雕刻与陶制。通过训练与比赛的形式，组织人们参加设计、制造和操纵各种航海模型，即为航海模型运动。

航海模型的特点是科学技术性较强。运动员通过本人制作或操纵模型，反映技术水平高低，没有年龄限制，一般从青少年开始培养。从事航海模型运动，既能丰富业余生活，又可获得有关技术知识、锻炼意志、养成良好习惯，是一项有益于人们身心健康又有利社会精神文明建设的运动。航海设备与装置，犹如各种舰船，建造技术比较复杂，它们的模型是模仿真实的外形和构造建造的，选定舰船模型的基本尺寸，设计外形及选配推进器，必须学习船舶原理、应用物理的一些基本定律，并仿效造船的设计方法。制造各种航海模型，必须熟悉它们的建造程序，研究其结构和特点，并实践木工、金工工艺技术。水上放航操纵各种舰船模型，必须对船舶的各种性能，如浮性、稳性、快速性、操纵性等进行实际观察和研究。遥控高速船模，要机智灵活、反应迅速、动作果断。通过较长时间活动，运动员可逐步养成勤奋好学、勇于实践、善于创造性地解决各种技术难题等品质，引导他们发明创造，技术革新和积极提出合理化建议，为社会主义建设做出贡献。所以，航海模型是深受人们喜爱的运动项目。

直航类项目规则：

竞赛办法：模型依靠自身动力在竞赛水池航行，以模型航向的准确性记录成绩，比赛进行两轮。取最高一轮分数确定成绩，若成绩相同，以另一轮成绩决定名次。

竞赛时间：1分钟（除特别规定外）。

竞赛规定：

A. 运动员进入放航区后，1分钟竞赛计时开始。凡模型过门、触及边线、1分钟竞赛时间到时，裁判员停止计时，竞赛结束。

B. 模型碰标不扣分，压标而过、卡标按低分门给分。

C. 如发生以下情况运动员该轮成绩记为零分：1分钟竞赛时间到，但运动员未能完成竞赛；发生故障的模型靠风浪影响而过门；起航后有人为施加的可能影响模型航行的行为。

遥控类项目规则

（一）"极光号"遥控双体快艇遥控赛项目规则

竞赛办法：每轮比赛由3名运动员参加，比赛进行两轮，取最高一轮绕标圈数确定成绩，圈数相同则超时时间短者名次列前。若成绩相同，以另一轮成绩决定名次。

竞赛时间：2分钟。

竞赛规定：

A. 运动员须在各自站位内操纵模型竞赛。模型在航行中允许碰标，但漏标需补标，否则此圈无效。补标时不得影响其他模型的正常航行。

B. 竞赛结束前，裁判发提示口令。未完成该圈的模型须在15秒内完成航行至终点线，该圈有效，裁判员记录超时时间。

C. 快船可从慢船两侧超越，慢船不得故意阻挡。快船超过慢船大于两倍船长后，方可驶回正常航线。在正常航线上，先驶入距前方浮标二倍船长区域内的模型有优先权。此时，不允许他船切入优先船内侧争抢航道权。

D. 模型卡标仅允许遥控解脱，不得以人为方式解脱。

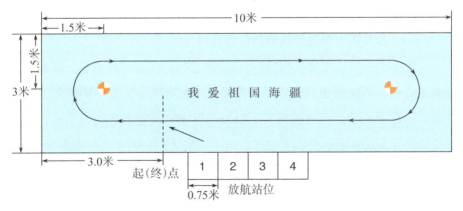

（二）"蛟龙号"遥控模型遥控绕标赛和"中国海警船"模型遥控绕标赛规则

竞赛办法：运动员以遥控方式操纵模型，按场地图所示完成绕标航行、进船坞的竞赛。竞赛进行两轮，取两轮成绩相加为最终成绩。得分高者成绩列前，得分相同时间短者成绩列前。每轮航行满分为100分，模型驶出一号门后，每过门一次得10分，进入船坞得10分，未完成航行的模型按实际过门得分。模型漏标扣10分，碰标扣5分，模型进入船坞后碰一侧壁扣5分，碰两侧壁扣10分。

竞赛时间：2分钟。

竞赛规定：

运动员须在操纵区内操纵模型。模型通过1号门时裁判员开始计时，模型按场地图完成绕标、倒车、进船坞，实线为前进，虚线为后退。当船首触及终点线或航行竞赛时间到时，裁判员停止计时，竞赛结束。

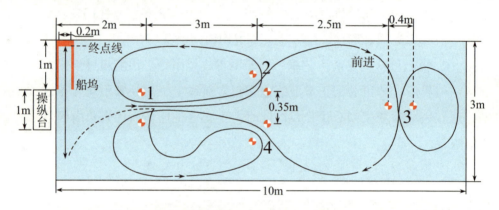

（三）"白马湖"号遥控帆船绕标赛规则

竞赛办法：每轮比赛由4名运动员同时进行，比赛进行两轮，取最高一轮确定成绩，若成绩相同，以另一轮成绩决定名次。完成一圈航行的取用时短的一轮记成绩，若时间相同，以另一轮成绩决定名次。未完成一圈的按实际得分及用时记录成绩。

竞赛时间：2分钟。

竞赛规定：

A. 比赛场地左侧配遥控帆船专用风机，为竞赛模型提供人造模拟风能。模型航行路线按场地图（即顺时针方向）绕行1圈，船体整体顺序越过1、2、3号得分线及船头越过终点线各计25分，并结束该轮航行，分别在整体过3号得分线和终点线时记录时间。

B. 迎风起航。裁判员预备启航口令发出后运动员不得触及模型，模型必须在起航区（起航线右侧）等候，裁判发出"开始"指令后，模型才能越过起航线进行航行。在计时前越过起航线的模型必须从水池中间的起航标上方回到起航区，重新从起航区通过起航线出发。

C. 航行原则：左舷船让右舷船，上风船让下风船，外侧船让内侧船。比赛中不得故意妨碍其他船的正常航行，对于严重违规者，当值裁判可对其做出罚分处罚。

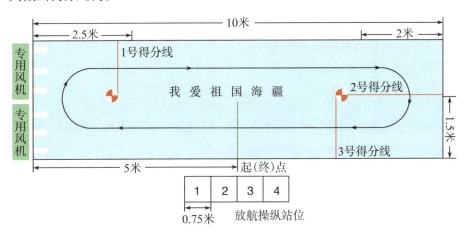

（四）MINI-ECO-ST（EXP）动力艇绕标赛规则

竞赛办法：每轮比赛由三名运动员参加，以航行圈数多少评定成绩。比赛进行两轮，取最高一轮确定成绩，若成绩相同，以另一轮成绩决定名次。

竞赛时间：3分钟。

竞赛规定：

A. 竞赛场地和航线如图，场地为每边30米的等边三角形，底边距放航台前沿15米。

B. 运动员在各自站位内操纵模型竞赛。模型在航行中允许碰标，但漏标需补标，否则此圈无效。在竞赛中

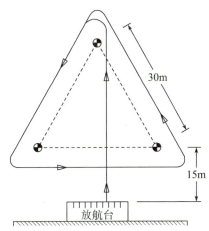

不能继续航行的模型，应到本轮航行结束后才能取回模型。

亲子类项目规则

（一）"中国海警船"模型亲子航行赛规则

竞赛办法：模型依靠自身动力在竞赛水池航行，以模型航向的准确性记录成绩，学生与家长各放航两轮，各取最高一轮分数相加确定成绩，若成绩相同，以另一轮成绩决定名次。

竞赛时间：1分钟。

竞赛规定：同以上直航类项目规则。

（二）自制创意船亲子赛规则

竞赛办法：每组家庭使用一条自制的船模，根据裁判指令从起航线放航，学生和家长分别放航一次，两次放航依靠自身动力从起航线开始行进距离达到2米以上的船模取得参评资格，取得参评资格的参赛组根据其船模制作创意和效果综合评价得分决定等次。

竞赛时间：1分钟。

竞赛规定：

A. 自制模型不得使用套材中（电机、螺旋桨、传动轴除外）的材料制作。

B. 自制模型的长、宽、高均不得超过55厘米。

C. 同一模型可同时使用多种动力方式，也可以两次放航使用不同动力方式。

D. 检录时参赛组需提交一张6寸以上的清晰的自制船模整体照片（可打印），反面写清参赛组的学校、姓名信息。

我校依托"品味·创造"的办学理念，以"培养高品位的未来生活的创造者"为育人模式，以探究和实践为主的学习活动，普及科学知识，弘扬科学精神，提高学生的科学素养，充分激发学生的创新热情和创造活力。充分发掘学生的兴趣爱好和个性特长，培养学生的创新能力。充分利用学校现有条件，积极组织开展各项科技活动，在科技活动中以学生为中心，强调手脑结合，设置有利于学生主动探究学习的环境，提升科技教育的层次，达到全面提高广大学生科学文化素质的目的，树立献身祖国航海事业的宏伟目标。

在开展航模教学过程中为培养学生的创造能力和实践动手能力，我们将继续贯彻三个科学教育的原则：一个是科学基础知识的教学与科学价值观的培养融为一体；一个是引导学生通过系统的课题研究获得探索自然现象过程中的实际体验和感受奠定学生理解科学的基础；一个是科目界限更多地注重科目之间的相互联系，激励学生学习从多学科的不同视角，认识同一个自然现象。我们先后研究了steam教学，助力航模教学研究。我们从以下几个方面进行学科和教学研究，和学生一起开启探索之旅。

（1）任课教师继续加强对综合实践活动理念、航模教学方法、实践技能的学习和掌握，保证在活动中的指导作用。

（2）继续加强对活动课程的开发规范校本课程内容并在实践中不断地完善教学方案。

（3）对于航模活动的探究性教学活动的材料以及教学活动中遇到的一些问题应及时进行汇总归类到综合实践活动的内容中，为今后的课题验收准备充实资源

（4）由于教师在很多方面的技能较差，鼓励教师采取走出去、请进来的方法来提高教师的实践活动技能，如请航模专家与教师进行交流，辅导学生进行航模活动，与外校教师多多进行交流等，以保证课程开展的丰富多彩、有章有法。

（5）在学校公众平台上，进行一些航模基础教育的宣传，加强同学之间的交流。

（6）加强管理力度使航模活动健康有序地开展。

（7）积极参与各级举行的各项比赛活动，多为学校争取荣誉。

（8）在航模教学活动中，锻炼学生的动手能力、动脑能力、团队协作以及交流能力。

（9）在教学中有意识地采用探究式教学，如飞机的飞行原理可以放手让学生们自己思考讨论探究。

（10）鼓励对航模感兴趣的同学，可以利用多媒体以及学校购买的航模书籍杂志开展自学，并且了解航模活动的最新动态，在教学过程中要使快乐教学这一较为成功的素质教育模式得到充分的体现。学生从自己的兴趣爱好出发，培养锻炼自己的能力和各方面的素质。通过航模活动使学生们的科学素养、创新能力都得到充足发展。

对于培养学生的认知、情感、操作和创新方面，我们也进行了系统的研究。充分调动学生积极性，系统科学的培养学生的科学素养。

创新领域要求：

（1）能总结各种模型的异同。

（2）有自己的想法、设计。

情意领域要求：

（1）重视对模型性能改进的研究并养成习惯。

（2）通过参加各级比赛培养学生"为校争光"的荣誉感。

（3）重视培养自己在比赛中临危不乱心理素质。

操作领域要求：

（1）进一步提高制作模型的能力。

（2）能完成自己设计的科技小制作。

（3）运用已学到的知识、技术对各种模型根据需求进行修改、改进。

（4）能按自己的想法、设计制作出模型。

（5）对更高级、更复杂的模型能自行研究、制作。

我们开展科普宣传活动，组织有兴趣的学员进行学习、制作、改进、实验、再改进。我们先后参加了区、市、省级等各种比赛，详细研究比赛的规则，全身心地投入比赛的训练中，并取得了可喜的成绩。

我们积极探索着，研究着每一个项目，同学们动手、动脑。用自己的辛勤努力换来了可喜的成果。

2018～2019学年度青岛榉园学校航海模型：

区赛团体："极光号"双体快艇遥控绕标赛第一名，MINI-ECO-ST动力艇绕标竞速赛第二名，"梦想号"航空母舰航行赛第三名。

市赛团体："极光号"双体快艇遥控绕标赛第三名，MINI-ECO-ST动力艇绕标竞速赛第三名，"梦想号"航空母舰航行赛第六名。

省赛团体：MINI-ECO-ST动力艇绕标竞速赛第二名，MINI-ECO动力艇绕标竞速赛混合团体第三名。

2019～2020学年度青岛榉园学校航海模型：

省级获奖：山东省青少年航海模型"MINI-ECO"混合遥控绕标赛竞速项目团体第四名，山东省青少年航海模型"MINI-ECO-ST"遥控绕标赛竞速项目团体第三名，山东省青少年航海模型"极光号"遥控绕标赛项目团体第七名。

　　口语是现代社会最重要的交际工具，在人们的生活、工作、社会交往中有着重要的作用。小学阶段是训练学生口语表达能力的最佳时期，是学生获得语感、领悟语言、积累语言、运用语言、发展思维的良好时期。在学生的说话过程中，没有文字材料的依托，学生即兴表达，既要动口，又要动脑，无疑对学生提出很高的要求，使学生望而生畏，致使学生在说话中会出现一些错误。究其原因，很重要的一点就是学生没有良好的心理素质，回答问题时胆怯、紧张，无法镇定，使思维受阻。因此，给学生创造良好的氛围，为他们提供各种机会进行训练是培养学生口语表达能力的关键。"戈德堡机械"在我校开展有三年多了。三年中，同学们热度不减，通过不断尝试和改进，我校学生对于戈德堡机械的完成过程均有了基本的了解，每次戈德堡比赛都会带来创新，都会呈现独特万分的作品。此次"大棚宣讲活动"结合我校"大阅读"活动"科普阅读与宣讲相结合"的要求，推选假期戈德堡获奖选手进行戈德堡宣讲。秉承着多加表扬鼓励，培养学生兴趣的原则，根据小学生天真活泼，爱说爱动的特点，我们将两部分活动进行融合，通过介绍我的机械装置这一问题展开解说。

　　历时三天，8组同学在红色的科技大棚下自由发挥，将自己在制作戈德堡装置时的心得体会与每个参观的同学分享、交流、互动。接下来，就是8组同学给我们带来的精彩介绍。

　　我是周泉伯，我给大家带来的戈德堡机械作品是由推力、拉力、重力、弹力、风力五种力，斜坡、杠杆、滑轮三种简单机械组成的，共11步。

第一步：小球斜坡滚动掉入纸杯拉动线绳释放小球。

第二步：小球斜坡滚动掉入纸杯拉动轨道释放小球。

第三步：小球掉落推动多米诺骨牌。

第四步：多米诺骨牌推动小球。

第五步：小球掉落容器中触发杠杆装置推动小球。

第六步：小球通过一套连锁装置出发电源。

第七步：风扇转动拉动线绳释放小球。

第八步：小球斜坡滚动掉落摁下收音机开关。

第九步：收音机开门推动小球撞击开关。

第十步：风扇通电吹动小船扎破气球。

第十一步：气球扎破释放线绳，卷轴落下显示文字。

我是张阳，我给大家带来的戈德堡机械作品是由推力、拉力、重力三种力组成的斜坡滚动的一种简单机械，共4步。

第一步：小球斜坡滚动撞击夹子。

第二步：夹子推动多米诺撞击小球。

第三步：小球斜坡滚动撞击木块。

第四步：木块下落拉动线绳实现翻书。

我是徐赵舜华，我给大家带来的戈德堡机械作品是由推力、风力、重力、拉力四种力组成的斜坡滚动的一种简单机械，共7步。

第一步：多米诺骨牌推动小球。

第二步：小球下落拉动电扇开关。

第三步：电扇吹动风向标。

第四步：风向标转动推到多米诺骨牌。

第五步：多米诺骨牌推动小球。

第六步：小球撞击溜溜球下落。

第七步：撞击多米诺骨牌实现翻书。

我是马馨月，我给大家带来的戈德堡机械作品是由推力、重力两种力和斜面、杠杆两种简单机械组成的，共5步。

第一步：载有蜡烛小车斜面滑行。

第二步：点燃的蜡烛烧断绳子释放瓶子。

第三步：瓶子通过惯性撞击小球。

第四步：小球落下撞击盒子。

第五步：盒子落下砸到杠杆装置释放完成翻书。

我是张恣郯，我是李思瑶，我们给大家带来的戈德堡机械作品是由推力、拉力、重力三种力和斜面一种简单机械组成的，共5步。

第一步：小球撞击多米诺骨牌。

第二步：多米诺倒下拉动线绳释放小车。

第三步：小车斜坡行驶推动多米诺骨牌。

第四步：多米诺倒下拉动线绳使玩具掉落。

第五步：释放胶带，胶带沿着桌面滚动粘起一页书。

我是吴家耀，我给大家带来的戈德堡机械作品是由推力、拉力、风力、能量守恒四种力和斜面一种简单机械组成的，共8步。

第一步：多米诺骨牌推动小球。

第二步：小球沿着轨道滚动撞击牛顿摆。

第三步：牛顿摆通过能量守恒撞击小球。

第四步：小球斜面滚动掉落杯子中。

第五步：杯子掉落拉动插销释放小球。

第六步：小球沿着轨道滚动撞击风扇开关。

第七步：风扇转动吹动小帆船前行扎爆气球。

第八步：气球揩爆释放线绳卷轴落下实现翻书。

我是李梦雅，我给大家带来的戈德堡机械作品是由推力、重力、拉力三种力和杠杆三种力和斜坡两种简单机械组成的，共3步。

第一步：小球斜坡滚动撞击用书摆的多米诺。

第二步：多米诺骨牌倒下靠重力撬动杠杆。

第三步：杠杆撬动重物下落拉动线绳实现翻书。

我是袁启文，我给大家带来的戈德堡机械作品是由推力、重力、拉力三种力斜坡一种简单机械组成的，共6步。

第一步：小球斜坡滚动掉入容器是轨道前倾。

第二步：轨道上的小球向下滚动撞击多米诺骨牌。

第三步：多米诺骨牌撞击重物拉动线绳。

第四步：释放矿泉水瓶沿着斜坡向下滚动撞击多米诺骨牌。

第五步：多米诺骨牌倒下拉动线绳释放悠悠球。

第六步：悠悠球向下滚动拉动线绳实现翻书。

通过大棚宣讲活动，8组同学把制作戈德堡中用到的科学知识与技巧方法与大家分享，对同学们进行了一次实地、有效的现场培训，同学们以此为启发，不断调整自己的戈德堡机械装置。戈德堡机械需要有庞大的科学知识库：物理原理，如杠杆机构、自由落体运动、射流原理、磁力等；化学原理，如燃烧、爆炸、置换、混合发热等；一般的机械机构，如齿轮、凸轮、棘轮、四连杆机构等。因此，学生们想要设计出一个好的戈德堡机械，必须具备可以熟练地综合运用各个学科知识的能力，而且是否用得巧妙是戈德堡机械是否精彩的关键。遇到不会的、不懂的，同学们会向自己查阅书籍、网络，或者向老师们请教，形成了一种积极、向上的探索浪潮。而参与宣讲的八组同学，把经验与大家分享的同时，又锻炼了口语表达能力，收获了掌声，增长了自信心，收获满满。

大棚宣讲这项活动的开展，抓住了小学生活泼好动、好胜心强的特点开展活动，让学生在丰富多彩的活动中，在轻松愉快的氛围中锻炼口语表达能力。在平日的教学中，如班队课上，让学生开展朗诵诗歌、讲故事、表演相声、小品、绕口令等；在晨会课上，让学生开展新闻发布会等活动，举行"百科知识"竞赛，让学生介绍生活小常识，进行专题辩论、背诵格言和诗文等都是有效的手段。实践证明，这些活动既为学生的口语表达提供了良好的机会，又极大地调动了学生口语表达的积极性、主动性。

第六章

创造力同期声

　　学校将培养学生"创造力"作为一项重点培育工程，全方位渗透学校工作的整体规划和实践。正如我们的校训所示：在品味中创造，在创造中升华。创造的血液涌动在每个学科、每个班级、每项活动；创造的热情彰显于每位教师、每位学生、每位家长。

　　针对学生创造力培养的教育目标，教师重新审视课堂，改变思维方式，明确教学的思维航向，在课堂教学、师生关系、学校氛围中，打造学生智力、行为、学习与思维方式的创新教学模式；培养学生的创造性思维方式，改变学生对自身能力和创新能力的固定思维，从失败中学习，不断挑战自我，主动追求卓越，让每一位榉园学子都能够从课堂教学、特色活动中培养创造力，具备较强的学习能力、创新能力，保持学习热情，成为真正的创造者。

第一节　校长之声

用心培养未来品位生活的创造者

根深叶茂的榉树，见证着青岛榉园学校的激情与创新。

朝气蓬勃的少年，感受着青岛榉园学校的活力与发展！

作为一名有着30多年教育教学经验的教育工作者，我始终在思考，教育的目的到底是什么？要让孩子掌握哪些技能？我们要为这个社会、为这个国家和未来培养出怎样的人才？

正是带着这一连串的疑问，我来到青岛榉园学校，开启了一段寻梦之旅。

青岛作为国际化大都市，呼唤国际化人才，而人才基础的奠定就在小学阶段。我希望榉园学校的每一名学生，都成长为有道德坚守、有理想追求、有学识能力、有生活情趣和审美素养、能掌控自己情绪并持续自我激励的人，能主动地去选择、创造生活。

创造教育先驱陶行知先生曾指出：处处是创造之地，天天是创造之时，人人是创造之人。从小培养孩子的创造力，对孩子未来的发展极为重要。

儿童教育家陈鹤琴也曾说过：儿童本性中潜藏着强烈的创造欲望，只要我们在教育中注意诱导，并放手让儿童实践探索，就会培养出创造力，使儿童终成为出类拔萃的符合时代要求的人才。

对每一名有梦想有情怀的校长而言，在规划学校发展蓝图时，必须怀着对教育的敬畏之心，对师者的清醒认知，对学生的殷爱之情。

朝气蓬勃的学生，代表着社会和国家的未来。

今天我们给予他们的，也正是明天他们给予世界的。

站在互联网飞速发展的当下思考教育的本真，对小学阶段的教育而言，重要的不是让学生掌握了多少生字、熟悉了多少算法、认识了多少单词，而应该教给他们一种能力，一种会寻找解决问题方法的能力，一种懂得自我定位和团队协作沟通的能力，一种能透过现象看到事物本质的思考能力。我们将其总结为创造力、领导力和思考力，并相应将这三种能力作为培养学生的目标，让每一名榉园学子都能成为创造者、领导者和思考者。

创造力是孩子成长的生长点，善待它就是善待孩子的生命，保护并且发展孩子的创造力，是培养造就创造型人才的第一步。

人类生活的本质就是创造，人类文明的源泉就是创造。在小学阶段，让学生能通过科学的教育和训练，不断激发创造力，将隐性的创造潜能转化为显性的创造能力，能发现和解决问题、提出新的设想、创造新事物，为学生幸福生活创设条件。因此，青岛榉园学校把创造力作为科技创新特色来开发和探究，在学校层面进行了系统化的理论学习和梳理，围绕学生的"创新能力、问题解决能力和批判性思维能力"等核心素养的培育，在学校课程建设、教师教学方式、课堂教学实施以及特色活动的开展等方面进行了研究和深度变革，形成了较为完整的操作策略和实施方案。

正如"在品味中创造，在创造中升华"的校训所示，如今的榉园学校，创造的血液涌动在每个学科、每个班级、每项活动，创造的热情澎湃于每位教师、每位学生、每位家长。

单丝难成线，独木不成林。

为给学生插上创造生活的翅膀，在小学阶段就应赋予孩子们一些能力，其中就包括领导力。所谓领导力，包括自我领导力和他人的领导力，以及在群体当中的一种领导力。自我领导力最重要的是自律，也就是日常行为习惯的培养。在一个团队当中，除了要有领导他人的能力，也要有被领导以及和别人共同相处的能力。实际上，这些能力对于孩子现在的学习和将来的生活都非常有用。因此，榉园学校把"领导力教育"作为学校的德育特色来开发研究和探索，通过重点打造"领导力教育"德育品牌，开发和培养学生的领导力，学生的学习能力综合素质和核心素养不断提升，适应未来社会的能力不断提升。这对于建设一所"厚基础、高品位、国际化"的个性化教育的学校，对学生的全面发展和健康成长，有着极为重要的意义。

每个孩子都应该有自己的品位和影响他人的能力，用通俗的话说，每个人都应有单属于自己的、独一无二的气场，我们希望从榉园学校走出去的孩子每个人都有自己的气场。领导力教育更多的是在课堂之外，在生活的每一个环节中。为将这项能力培养贯穿下来，学校设立了领导力教育积分办法，通过评价体系让孩子受到领导力教育。

《思考力：哈佛教你打破一切常规、超越障碍的深度思考》一书中提道：透过现象能够看到问题本质的能力称为思考力。思考力是在思考过程中产生的一种正向的，具有积极性和创造性的作用力，是能够帮助我们解决问题的关键能力，我们首先要清楚，思考不是简单地想。

思考力的差异决定了思维与解决问题的差异，同样的一堂课，同样的学习时间，但每人吸收知识的程度不同，这是由于思考力不同导致了学习层次的不同，从而影响了学习的效率。学校教育教学的重要使命之一就是使生命个体走向智慧，而走向智慧的重要途径就是学会思考。

教育是一个潜移默化的过程。教育的变化是极其缓慢、细微的，它需要生命的沉淀。教育给予学生最重要的东西，不仅仅是知识，而且是对知识的热情、对自我成长的信心、对生命的珍视以及更乐观的生活态度。

薛　清

2021年3月20日

于创造中品味文学魅力

徐　璐

雪莱曾说："想象就是创造。"在大语文的环境之下，日常教学中我们非常注重学生创造力的培养，使其利用已有的生活经验、情感材料，调动其知识库存，充分展开想象力，培养创造性思维。作为一名语文教师，我最大的成就感就是看到学生用文字将世间万物、喜怒哀乐一一描绘出来，再配以美术与戏剧多种展现形式，创造出最美的文学火花。

温儒敏教授曾说过，因为孩子的天性"近诗"，喜欢诗，所以在统编教材中加大了诗歌的分量，以此可以满足儿童"近诗"的天性，保护、培养和激发儿童的想象力，促进"直觉思维"和"形象思维"的培养。由此在进行诗歌单元的教学中，我通过让学生反复地朗读，随性地朗读，走心地朗读，去感受诗歌带给我们的意境美，让自己沉浸到作品之中，让精神在诗中游历，让心灵在诗中探索，形成自己独特的理解与感受，去想象、去穿越、去体味作者的喜怒与哀乐，去创造属于自己的诗歌意境。

就拿《在天晴了的时候》这首小诗来说，通过自由随性的朗读，让学生将自己脑海中所浮现出的诗中景象记录下来：坑宁的小路、冒芽的小草、洗净污垢的白菊、抖去水珠的凤蝶儿……除了这些诗文中已有的内容，学生更是富有创造性的想象到了泥泞路边头的蚯蚓、凤蝶儿旁的蜂儿以及沉醉在这美景下的小人儿们，深吸一口气，似乎都能够闻到那清晰的草香，那淡雅的花香……在此基础上，我们还会鼓励孩子们把脑海中的画面绘出来，涂上七彩的颜色，构成一幅幅个性的"诗园图"。学生自然地运用想象去创造，与诗歌产生共鸣，将印刷在纸张上的文字，变成立体的环绕景象，想想就是一件怪浪漫唯美的事情……诗歌的学习，并不在于老师咬文嚼字的讲授，而是需要孩子们自我的创造，想必他们脑海中创造的意境要比我们的"标准答案"美上不知道多少吧……

　　写诗不只是文学大家的专利，对于我们孩子而言，他们也是一个个了不起的小诗人。在诗歌单元，我们最惊喜的，便是孩子们创编的一首首小诗。在学习诗歌的过程中，我和孩子们一起分享了诗歌的音乐美、建筑美、绘画美，孩子们则结合生活实际，借助诗歌这一载体，进行创造，表达出了自己的心声。那段时间，正是疫情最猖狂的时候，有的孩子们借景抒情，表达不能与老师、同学们相见的内心的孤寂；有的孩子会用激昂的笔墨，赞颂抗疫一线的英雄们；有的孩子会用诙谐幽默的语言，抒写下心中的力量；还有的孩子用简单的字词，写成三行短诗：

　　盼天，

　　盼地，

　　盼你，和你。

　　关于创造力，我们不仅局限于"写"，我们还会将文学与戏剧相结合。学生根据诗文意境，选择服饰、音乐、场景，用另一种方式诠释文学的魅力。短短的文字是精华的浓缩，诗文下的情景剧展示，是对文字背后丰富的演绎。

　　孩子们有着最为单纯的内心世界，他们的文学创作干净而阳光，往往能够直击我们内心最柔软的地方，带给我们感动与希冀。

　　语文，是最浪漫的学科。孩子们总是会出其不意地创造出许多惊喜，于我们教师而言，是幸福的，我们也定将做好他们人生路上的航行灯，引领孩子们发散思维，发挥想象，发明创造，发现大语文的独特魅力。

数学中的创造力

梁国栋

创造力是促进社会、经济、文化、科技进步的动力，创造力是决定学生未来发展和成就的最重要的能力之一。我们的传统教育往往忽视了学生创造力的培养，我校的育人目标是培养具有国际视界的未来生活的创造者，所以对于学生创造力的培养就极为的重要。

数学是研究数量关系和空间形式的科学。数学与人类发展和社会进步息息相关，随着现代技术的飞速发展，数学更加广泛应用于社会生产和日常活动的各个方面。数学作为对于客观现象抽象概括而逐渐形成的科学语言与工具，不仅是自然科学和技术科学的基础，而且在人文科学与社会科学中发挥着越来越大的作用。《数学课程标准》中课程目标明确指出："具有初步的创新精神和实践能力，在情感态度和一般能力方面都能得到充分发展"。所以数学课也是我们培养学生创造力的有力途径。

数学学习的实质就是进行创造性的思维活动，学生在学习新知识的过程中所表现出的求知欲以及丰富的想象力，分析问题、解决问题所表现出的积极性，这些都是数学学习创造力的基础。而作为教师，就是需要善于利用这些优势条件，为学生的深度学习、创造力的培养，创设积极有利的条件。

1. 基于现实问题，创设真实的情景，激发学生的创造性思维

数学源于生活，用于生活。

在小学的数学教学中，学生的思维能力的提升往往是依靠对已知旧知识的理解基础上的，这势必会造成学生一定程度上的思维定式，尤其是当学生对教材的版本特点熟悉之后，教材创设的情景已经远远不能引起学生的学习热情和积极性，也就谈不上创造性思维的培养。要改变这种定势，就必须根据小学生的年龄特点、认知结构和生活环境，创设恰当的生活情景，使他们逐步具备独立思考、积极探索、追求真理和勇于创新的学习品质，从而培养、提升他们的创造力。

在学习长方体表面积和体积容积这一课的时候，我们根据学生的认知水平，结合项目制学习的形式，教师化身为消费者，学生为手工制造者，创设了消费者向制造者定做一批形状为正方体的纸袋，提出了若干规格要求，如材料美观、设计新颖、使用便利环保而且还要尽可能节省材料，因为我们对资金也进行了一定的要求，而制造者需要根据订单要求，设计并制作出符合要求的产品，并进行装饰、展示、介绍和推荐。通过创设这样的一个真实情境，既激发了学生的创造积极性，又巧妙地将本单元的额知识进行了统整，既进行了数学的学习，也将动手制作、美术绘画和语言课程融入其中，学生的创造力在这样的真实情境中，一点一点得到了成长。

2. 善于使用激励性语言，激发学生的创造动机

语言的魅力是无法抵挡的，在数学的课堂中，我们善于使用激励性的语言和表情，激发学生的创造动机，启迪他们的创造精神。在制作纸袋的项目制学习中，我们通过不断鼓励，积极评价，极大地激发了学生的创造动力和学习热情。有研究表明，内在学习动力高的学生在面对困难时，有着更强的创造动力，能从任务的完成中获得更多的满足感，所以我们充分利用外在的激励作用，促进学生的内在动机的发展，分层次调动学生的创造动力，并且开展合作式学习，发挥一部分学生的特长，使得每一个学生都在活动中获得了有益的经验积累。

3. 协调统一，促进发展

创造性思维是发散思维和聚合思维的统一，切不可只注重发散思维发展，而忽略了聚合思维的培养，创造性思维是大脑左右半球协调同时活动的结果。从创造性思维的产生过程来看，在创造性灵感产生期间右脑的功能发挥了举足轻重的作用，学生在学习过程中偏重于左脑的内容和训练，忽视了右脑功能的启发。在数学教学中，我们通过增加一些肢体的活动，挖掘了右脑潜能。在教学中，我们鼓励学生多动手操作，多合作交流。从表面上看，这是一种课堂组织形式，一种教学方法，但对于创造力的培养；也具有非常重要的意义。通过这些动收操作的活动，不仅提高了学生创造性思维的水平，还为学生树立了创造性的个性品质。

创造力，是通往未来世界的通行证，数学课程中的创造力培养，是我们一直在努力的方向，培养具有国际视界的未来生活创造者，我们一直在路上！

培养学生创造力在英语教学中的实践
宋　欣

创造力是推动社会发展的关键因素。作为一名英语教师要在教学实践中积极引导学生进行思维训练，多渠道、多方面的启发学生的创造性思维。形成一种独立思考，乐于探索，开拓创新的学习氛围。创造力的基础是创造性思维，而创造性思维的培养需要在教学实践中不断积累和探索的。创新性评价会增强学生的学习信心，鼓励学生进行自主探究和自我创造。

培养学生的创造性思维能够引导学生消化所学知识并进行再创造，学生创造力的培养需要老师创新性教学的引导，设置开放性的问题、有趣的项目活动，对于培养学生的创造力有很大的作用。

1. 开展小组活动，人人参与其中，打开创造思维

分工、讨论、合作这样的小组活动在培养学生创造力方面发挥着重要的作用。讨论的过程是一个自由的学习空间，在这一过程中学生的思维突破禁锢并不断被完善，不同观点的碰撞能够打破学生原有的思维模式，激发出新的观点论据，在一次次的交流合作中，学生的创造性思维得以提升。在新标准英语五年级上册Module 3 Unit 1：Today is Halloween这一课中，英语组的老师们在集备的过程中重点讨论了如何通过设置有效的小组合作来提高学生的创造性思维。老师依据学情将学生分为四人一小组，组内成员选出组长，组长通过讨论对每一位成员进行分工。基于这一模块的话题——节日，每个小组通过商讨定出要介绍的节日，S1负责查阅节日的起源，S2负责查阅节日的习俗，S3负责查阅节日的美食，S4（组长）负责将资料整合、串联起来。在小组内交流汇总的过程中，每一位成员都介绍自己查阅到的资料，其他成员拓展了知识面，对于所介绍的节日有了更加

全面的认识，从而创造出更加优秀、更加全面的方案。

2. 结合生活实际，创设教学情境，提供创造机会

高效的语言学习需要在语言环境中实现，而身边发生的一切就是最好的教科书。在英语教学中利用各种教学资源，使用图片，视频等资源将抽象的语言知识转变得更加直观。在新标准英语六年级下册Module 7 Unit 2：Helen Keller这一课中，老师通过关于海伦凯勒的视频导入本节课，使学生对于海伦凯勒有了直观的了解。在文本讲解过程中，通过思维导图的形式概括海伦凯勒的生平事迹，在海伦凯勒学习语言的这一情景中，老师通过创设情境，学生进行情景的再现，学生通过表演能够更加深刻地理解老师对海伦的用心和海伦的求知欲望，同时提高了口语表达和语用能力。榜样的力量是无限的，在本课的学习中老师结合抗击疫情过程中涌现出来的各行各业的英雄人物，为学生进行资源拓展，学生通过新闻报道、人物介绍的形式宣讲自己敬佩的榜样，最终结模块话题完成自己的职业梦想规划。在这一过程中学生将所学知识和老师呈现的内容进行串联，从而实现知识的再加工，培养了创造力。

3. 开展学科活动，激发创新思维，提高创造能力

丰富多彩的学科活动是课内教学的补充，是丰富学生的精神生活，扩大视野，激励创造力的阵地。学科活动为创造性思维的形成提供了良好的智力营养和环境。英语话剧、英语演讲、英语故事会、英文歌曲比赛等学科活动能让学生充分地运用所学语言知识，并在此过程中学习到更多课本以外的知识，学生能从活动中受到激励、启发，产生联想、灵感、增添创造意向，创造性思维也得到很好的锻炼。老师们会结合教学计划、校情学情开展具有知识性、趣味性的学科活动。项目活动，让学生们融入其中，合作学习，引导学生深度思考。每个年级依据学情开展了各具特色的活动。如一年级"防疫小装备，神兽来设计"；二年级"强健体魄，让生活多姿多彩"；三年级"Traveling Online"云端带你一起游中国；四年级"爱自己，爱家人"制定温馨标语；五年级"防疫抗疫，从我做起"结合实际，制定可行的防疫措施；六年级"展望职业梦想，致敬心中英雄"向英雄人物学习，规划未来职业。不同的活动主题，不同的实践方式，学生将知识与实践相结合，动手又动脑，培养了浓厚的学习兴趣，养成了积极的学习态度，激活了学生内在的潜力和创造力。

社会发展需要创新性人才，培养学生的创造力是教学中的重要目标。悦动课堂，深度学习，创造性思维训练需要老师在教学过程中充分尊重学生的主体地位，开发学生智力，使学生自觉地、积极主动地参与学习中来，培养思维的流畅性和独特性，从而提高学习英语能力。

"学起于思，思源于疑"，学生只有有所思、有所疑，才能激发创造性思维，英语中丰富的词汇和多变的句式结构能够吸引学生去探索，去创新，有效地驱动问题的设置，引发学生积极思考，提升创造力。

美术熏陶提升创作灵感

朱晓沛

青岛榉园学校，一所被大海滋养，被历史熏陶的学校，在"品味·创造"的教育理念的引领下，美术老师们带着孩子们拿起笔墨纸砚，在传承和发扬中华传统文化的基础上，以青岛本土化特色为载体，从"探寻青岛建筑魅力"和"探寻青岛海洋奥秘"入手，开发和实施学校水墨画校本课程，充分挖掘青岛的建筑与海洋的地方特色资源，积极开发富有青岛地域特色的水墨美育课程。

STEAM一词中的"A——艺术、人文"充分说明了美育在培养学生的创新意识、创造能力等综合素养方面的重要作用。

基于对STEAM教育的思考，学校与美国CAN国际教育基金会STEAM国际创新教育研究院合作，开启了我校STEAM教育研究的一系列活动。为关注并满足教师个体发展的多元需求，以提高教师教育教学水平为重点，学校联合有关专家制定了"教师STEAM教学能力体系培训与课程研发指导"活动方案，并进行项目开题培训、STEAM课程设计训练营培训、STEAM课程实践与优化培训。

因为有了这样的平台和基础，老师们有了理论的支持、有了实践的操作，我校各学科教师开始尝试运用STEAM理念，将PBL项目式学习落地常态教学，全面推进"学为中心　互动课堂"的教学改革。把PBL项目学习中的方法和策略延伸、应用到日常教学中，创新并转变课堂教学方式。

在STEAM教育理念的引领下，美术教师尝试打破传统美术教学单一师资模式、单一学科模式这些制约学生创新性思维、创新性实践与个性发展的限制。打通学科界限，既要考虑美术学科自身的独特性、系统性，又要强化学科间的横向联系和有机整合，让美术教育不再是单纯的技能技巧训练，让它"化身"为文化学习和跨学科学习的桥梁。

为了引导学生们在广泛的文化情境中认识美术，引领学生参与文化的传承和交流。让学生了解我国的传统文化，理解水墨画的特性，掌握表现手法，提高绘画兴趣；让学生能用水墨材料表达自己的情感，表现出对生活的热爱，教师们编写了《墨说青岛》水墨校本课程。

课程从"探寻青岛建筑魅力"和"探寻青岛海洋奥秘"为主题设计课程内容，通过各种水墨技法及创新实验形式进行水墨学习。

一至三年级以"探寻青岛海洋奥秘"为主题，以水墨游戏表现形式为主。儿童的天性就是好动好玩，教师巧妙利用学生的特点，以注重学习过程为目的，将枯燥的笔墨知识融于有趣的游戏，让笔墨教具和技法练习充满游戏的形式与趣味。从水墨游戏中认识和了解水墨画工具：毛笔、墨汁和宣纸的特性，感受这些工具所带来的与其他绘画形式不同乐趣，在游戏中体验和学习用笔和用墨的基础知识。学生利用笔墨结合画、甩、吹、印等不同的表现形式结合青岛的海洋元素，如螃蟹、虾、水母、鱼类、贝壳、海藻等特色海洋生物，构成点线面的画面组合，并将宣纸与生活中常见的材料融合起来，呈现偶然和自然的肌理，构成一幅幅浑然天成、质朴纯真的作品，显现出独特的稚拙美。

四至六年级以"探寻青岛建筑魅力"为主题，主要以趣味彩墨表现形式为主。让学生在绘画中感受彩墨和宣纸的特性，体验彩墨画的乐趣，重点强调一个"趣"字，并在过程中进行技法练习，引导学生尝试用笔、用水、用色、用墨画出各种不同的笔墨效果，体验笔墨乐趣。结合青岛的特色建筑，如天主教堂、栈桥、花石楼、青岛邮电博物馆、德国总督府旧址等，将水墨和青岛建筑相结合，并针对水墨的特性进行现代性的实验。

学生们在墨香中享受乐趣，丰富体验，创造出一幅幅"生活画面"。同时学校也为学生们搭建多种平台，开展多种形式的美术教育活动，如参观水墨展览，开展名家进校园、水墨装置展活动，让学生们品味墨香，开阔视野，提高学生对水墨画的审美能力以及学生的美术综合素养。

通过两年来的努力，学校的水墨画校本课程已经由启动阶段进入了初步实施阶段，并在实践中取得了一些成效。在教学实践中，学校也不断地进行课程优化和完善，并多次邀请专家针对水墨校本课程的建设与实施进行指导和培训：学校邀请山东省美术家协会会员、青岛市美术家协会会员、市南区美术家协会副主席臧崇樑老师为学校美术教师开展水墨画技能素养提升的专题培训；青岛市美术教研员魏世建老师和市南区美术教研员臧旭东老师亲临学校，从课程架构、教师技能培训两方面给予具体的指导。2018年3月，学校开展了水墨画教学研究专家进校园活动。中国教育学会艺术教育委员会秘书长，人教社美术史主任刘冬辉、中国教育学会艺术教育委员会学术组成员侯令等全国知名的水墨画教学研究专家莅临指导，从水墨课程凸显地方特色的角度，给予了指导和建议。随后，专家们参观了"墨香樨园"水墨画展览，学生们扎实的绘画技能、创新的思想与表现能力得到了专家们的肯定与赞扬。

美国教育家罗恩菲德说过："在艺术教育中，艺术只是达到目标的方法，而不是一个目标。艺术教育的目标是使人在创造过程中变得更富有创造力而不管这种创造力，将施于何处。假如孩子长大了，而由他的美感经验获得较高的创造力，并将之运用于生活和职业，那么艺术教育的一项重要目标就已完成。"如同樨园学校的育人目标：培养有品位的未来生活的创造者。

信息技术成为学生创造力的有效载体

张 晨

在信息时代飞速发展的今天，在信息技术教学中提升学生的创造力变得尤为重要。如何在信息技术课堂中提升学生的创造力是我们每个信息技术老师都应该深思的问题。

首先，我认为创造力是学生在信息技术学习中所培养出来的创新能力。学生产生这种创新能力，对于学习信息技术的兴趣是放在首位的。有了兴趣才能产生创新的能力。学习兴趣是一种对于知识的渴望。比如时下非常流行的"编程教育"，为何如此的火爆，如此的受同学们的喜爱，就是因为在Scratch中模块化的语言、项目式的任务、游戏式的体验，让每个学生变身"码农"，沉浸在编程的海洋中而乐在其中。正是因为编程的学习激发了学生学习的兴趣，以至于让学生乐此不疲的不断探究，学习因此而得到了延伸。

那么如何能够在课堂中激发学生的兴趣呢？我认为在信息课中好的课堂设计是至关重要的。对于每节课要新授的编程语句，老师可以提前利用这些语句巧妙地设计出有趣的小游戏或者好玩的动画，在课堂的一开始就紧紧地抓住学生们的眼球，让学生们想知道如何才能设计出这么有趣好玩的程序呢？在课堂中，我们可以用Scratch软件设计出各种好玩的游戏环节来调动学生学习的积极性。比如"争做奶茶小店长""巧手绘制图形""疯狂小苹果"等游戏都使得学生们对于信息技术课堂的兴趣激增。

其次，如果要在信息技术课堂上培养学生们的创造力，营造一个和谐的课堂氛围也是至关重要的。学生们在一个非常融洽的课堂氛围中学习、讨论、交流、合作完成课堂上老师布置的小任务，能够很好地提升学生们的创造力。计算机教学本身就是一门寓教于乐、注重上机操作的开放性学科，学生通过在课堂中学习、自主创作，从而提升学生的上机操作的一系列能力。每一位学生都是课堂学习的主导者，都是课堂的主人，而老师则是一个辅助者，协助引导学生按照课程应该进行的方向稳步推进。

总之，信息技术学科通过在课堂中培养学生的学习兴趣，营造和谐的课堂氛围，发挥学生在课堂中的主体地位来提升学生在课堂中的创造力。

我从2019年9月份光荣地成为一名小学生，老师和妈妈常常告诉我小学生最主要的任务就是学习。在众多学习任务中，让我最喜欢的学习就是"戈德堡机械"。

寒假老师布置了"关灯"戈德堡挑战任务，让我第一次接触了戈德堡，知道了什么是戈德堡。爸爸带着我查了很多视频和资料，我觉得戈德堡设计特别新奇有趣，原来戈德堡设计里要结合那么多的物理知识。疫情期间，学校老师每周都会在线上课堂给我们讲一个物理小知识，布置一个简单的戈德堡挑战任务。现在我已经学会了推力、杠杆、投石机这些原理。我以后要努力学习更多的物理知识，希望以后可以和同学一起合作创作一个大型的戈德堡机械作品。

——2019级1班　管昀峥

我是2019级2班的鲁珈铭，我是一个喜欢动手动脑、动静皆宜的女孩，一年级我参加了戈德堡和学校组织的头脑奥赛活动，刚开始接触头脑奥赛的时候，我是很好奇的，在和妈妈讨论了活动的内容之后，我和妈妈分工干活，妈妈负责故事，我负责填充语言，我觉得好有趣，我好像一个小编剧啊！

戈德堡更加有趣，从构思到动手尝试制作，都是我和爸爸一起完成的，用了我的乐高玩具、芭比娃娃、多米诺骨牌等，这些都是我平时的玩具，没想到可以用玩具来完成手工制作，我感觉这是一件很了不起的事情，反复实验的过程，不知道经历了多少次失败，在妈妈的鼓励下，我开动脑筋，像妈妈说的多多思考再动手，终于我的戈德堡关灯作品完成了，真是太有成就感了。

有了头脑奥赛和制作戈德堡的经验，我在学习和日常生活上养成了一个很好的习惯，遇到问题我会先思考，不会像以前遇到难处就选择求助，现在的我不再害怕失败，变得更加勇敢。

——2019级2班　鲁珈铭

兴趣是创造的动力，我是个好奇宝宝，对一切新鲜事物感兴趣；对自己感兴趣的东西，我总是愿意去了解更多。但是，只有兴趣还远远不够，爸爸妈妈对我感兴趣的东西，会帮助我进行一些拓展。比如我喜欢猫，爸爸就给我看各种各样的猫咪，带我用各种类型的颜料水粉，画猫咪的图画；也会用彩泥捏几个形态各异的小猫；又或者用剪刀剪一些生动的剪纸。妈妈会给我讲一些猫咪的知识，他们的生活习惯、日常养护等，让我知道怎么更好地爱护小动物。希望我可以在日常生活学习中，继续保持好奇心，让自己学到更多的知识！

——2019级3班　刘岑曦

作为一名榉园学校的学生，我认为，我们每位同学都是创造者。学校给予了我们多姿多彩、可以尽情发挥、展现创造力的舞台和机会。

在学校的戏剧节上，我们在老师的带领下先把绘本创编成剧本，经过努力的排练，在舞台上呈现出一场独一无二、精彩完美的戏剧，真是阅读遇上戏剧，玩出了创造力。还有在我最喜欢的美术课上，在老师的指导下，同学们都能运用所学的知识进行大胆地创作，完成与众不同作品。学校还开展了"造物·集"美术创意装置展，这次我们的创造灵感来自语文课文《四季》，同学们用轻黏土，纸盘等材料创作出了四季植物的特点和场景，有了我们小小创造者们的创意和布置，一走进教学楼，仿佛就能感受到鸟语花香……

榉园学校是我们人生的起点和成长的乐园，在这里我们可以爆发创造力的小宇宙，努力成长，成为一名有品位的未来生活的创造者。

——2019级4班　于子珂

从二年级开始，我积极参加了学校组织的各项活动：戈德堡、头脑奥赛、魔方比赛等，多次担任"小脚丫走青岛"的队长。在一次次的活动中，我从最初的内秀到逐渐放开，最后和同学们互相配合，在过程中逐渐磨炼了自己的创造力。感谢榉园学校给我提供了多方面发展的机会，这些是我从书本上很难学到的。妈妈曾经跟我说过：机会是留给有准备的人。在活动中我和同伴们积极配合，克服困难、发现问题、解决问题，胜不骄、败不馁，总结每次失败的经验，最终让自己成为一名创造者。

——2016级1班　钟一林

创造力是只属于发明家和科学家的吗？不，我们每一个人都有与生俱来的创造力，我们也都能成为有创造力的人。

在我们青岛榉园学校像"戈德堡比赛""头脑奥赛""科技节"等活动就是燃烧我们的"小宇宙"，充分展现自己创造力的舞台。通过这一个个丰富多彩的活动，不仅开阔了我们的视野，增长了知识，更重要的是激发了我们的创造力，同时也让我知道了自己的潜能无限。与此同时通过各种各样的活动让我对创造力也有了一个更深刻的理解。我认为创造力源于我们的好奇心和求知欲，它不局限于学科，让我们把不可能的事情变成可能，把别人想不到的东西想出来。打开思路，开拓创新，人人是创造者。

我是学校各项创造力活动的积极参与者，老师们课上课下的创新力感染着我，同学们对创造力的热情影响着我，年纪小小的我却有大大的梦想，我要努力学习，不断挖掘自己的潜能和创造力，不断超越自己，我相信在不久的将来我一定会用所学的知识和创新的理念创造自己的生活，成就自己的未来。为中华的腾飞贡献自己的力量！

——2016级2班　马浩然

以前的我想起"创造"就会犯愁，"创造什么？怎么创造？"好像创造离我很远很远，学校的老师却告诉我们"人人是创造者"，创造并不难，也并不遥远，原来结合主题、表达想法的美术创作是创造，为达到预期目的的戈德堡设计是创造，参与设计班级徽标是创造，阅读后的创作表演是创造，解决问题的不同方法也是创造……我突然明白了，只要我们大胆设想、动手实践、动脑筋想办法、解决问题就是创造，我要带着这种创造精神跟随老师们认真学习，争做一名更为优秀的创造者，将来为社会、国家做出更大的贡献！

——2016级3班　刘梓涵

上个学年我收获满满。我参加了学校的戈德堡、美术装置展、科学小讲堂、头脑奥林匹克竞赛等一系列创造者活动。

我在做戈德堡的过程中学会了运用风力、弹力、拉力和反作用力等来组合机关。每次小小的成功都让我无比喜悦，即使经常失败，我也越挫越勇。

科普小讲堂也令我非常兴奋！尤其是我自己制作课件和准备演讲的过程，我尝试着如何用更简洁明了的方式来清楚地表达我的思想。准备课件时，我通过查阅资料，跟爸爸妈妈交流，获取很多知识。展示课件的过程，我克服紧张情绪，锻炼了胆量。当同学们对我讲解的内容报以热烈的掌声时，我感受到了前所未有的成就感。

本来对头脑奥林匹克竞赛一无所知的我，抱着试试看的态度加入了这支队伍。我们一起讨论剧本，分工制作道具，并多次彩排、演练，整个过程下来我向有经验的队员学到了很多。

这些活动的经历都还历历在目，这些都是我成长过程中的宝贵财富。我通过参加创造者活动成长了很多，我学会了耐心、分担、勇敢、尝试、团结、创新，我要努力成为一名创造者！

——2016级4班 刘佳睿

学校丰富多彩的活动中，我最喜欢的是科技节，首先是因为每次都会选在儿童节这天，这是我们的节日，非常有意义，而且不同于其他学校的娱乐项目，我们举办的是科技节！不但好玩，最重要的是可以学到很多科学小知识，比如力学，以前在书中看过，而在科技节中可以得到实践和证明。还有团队项目、纸桥承重等，考验了我们的耐心以及同学之间的团队合作。尤其是当我们取得胜利的时候，这种兴奋和激动的心情是其他的活动体会不到的。

——2015级1班 王浩然

我是在五年级转入青岛桦园学校的，在这里，我体验到了一种新的学习方式——项目式学习，各科老师都会布置一些针对某个问题的小组讨论，不只是机械记忆学过的知识这么简单，需要针对老师布置的任务动脑思考解决问题，尤其还能体会到成就感。令我印象最深的就是疫情期间英语老师布置的战疫绘本的制作了，接到任务后，组长根据大家所长进行分工，制作绘本的任务交给了我，我根据同学写的英文介绍思考创作了立体战疫绘本，看到自己创作的作品非常有成就感。我综合运用了英语、美术、信息课的知识，我跟同学们的友谊也加深了。我很喜欢这种学习方式，在学习的同时也不失乐趣，同时也锻炼了我们的创造力和解决问题的能力。

——2015级2班 蔡思源

我第一次在学校看到戈德堡制作时，就深深地被里面那些科学的组合吸引，怀着好奇，我开启了对戈德堡的探索体验之路。

在戈德堡的设计中，我对生活中的事物和现象有了更细致的观察和探究。我会将生活里的物品进行思考，并将它与其相关和不相干的物品进行连接，将它们重组一个新的物体，来完成一个独特有趣的步骤。比如一段绳子和一块木头组合在一起可以形成重力，再用瓶盖和纸壳做的滑轮作为辅助，可以连接起下面的操作步骤。

我在制作戈德堡过程中，会遇到一些物理现象和动手操作技术上的问题，我就会请教老师和爸爸妈妈及身边的朋友，也会去翻阅一些书籍，如《身边的科学》《这就是物理》《机械工具操作》等，会拓展自己的思维，帮助自己修正错误，更好的科学风趣的进行创作。

在戈德堡的创作里，我得到了很多的支持和鼓励。老师们精心地培养我，还给我机会去参加各种戈德堡比赛。如"CREDECA世界创意大赛"中我们团队获得了团体第一名，我个人获得银奖。同时也和世界各国的选手进行了交流学习，通过交流学习，进行了思维碰撞，产生新的创作思路。老师们会在我遇到困难时给我温和坚定的鼓励和帮助，让我每一次都会坚持到底，不放弃不气馁，以锲而不舍的精神最终完成一个完整的作品。爸爸会带我到高铁动车去参观动车的工作原理，带我到汽车修理厂体验汽车的零件组合，带我到科技博物馆参观，带我亲手做一些机械操作，明白其中的原理。

在这样有爱、互助、团结、学习的氛围里和班主任张老师的支持和鼓励下，我信心十足，胜利的喜悦会让我开启新的创作。

——2015级3班　王俊淞

品味·创造——在品味中创造，在创造中升华。进入榉园学校我们就看到了这教学楼上的这些字。这是我们的办学的理念。

关于创造，我们学校特色活动戈德堡。通过不同的过程，达成目的。过程可以随意设计，充分发挥大家的想象和智慧，利用各种物品和环境，进行组合连接，完成目标。

通过这个游戏，我发现在学习中也可以借鉴。上课前要预习学习的内容，上课的时候要专心听讲，多开动脑筋进行思考，完成作业的时候就要专心完成，向着掌握所学知识这个目标前进。

——2015级5班　张凯瑞

第四节　家长之声

创造源于生活
2019级3班　刘岑曦家长

都说艺术取之于生活而又高于生活，创造也一样。

我们现在讲创造，是让孩子们充满想象力，富于创造力，最主要的就是要让孩子通过日常生活进行观察，有一双发现的眼睛，从而创作出属于自己的东西。那么，我们怎样引导孩子去积极发现呢？

首先，最主要的，是带领孩子观察。而观察，不只是泛泛地去看、去听，而要把看到的、听到的，甚至感受到的，让孩子描述出来，家长慢慢引导他们进行总结和应用。比如秋天的时候，我们可以带孩子去观察落叶，孩子的兴趣一开始可能只是集中在各种各样或者五颜六色的叶子上，家长可以引导孩子注意叶子的形状，想一想叶子的形状都像什么东西，或者可以用叶子做成什么动物图案，做一份手工作品。

其次，我们在观察的过程中，要有一定的目的性，继而引导孩子从不同角度、深度，去观察事物，鼓励孩子自己发现、提出问题。孩子观察落叶，除了做手工，还可以让他们看下叶子的纹理，颜色，思考一下为什么会是这个样子呢？观察叶子是如何落下的，而秋天的叶子又为什么会落下来呢？再鼓励孩子看看能不能提出其他问题。有了问题后，下一步，家长就可以引导着孩子去查资料，帮助他们找到答案。

好的观察习惯的养成，离不开日常生活中点点滴滴的积累，我们家长要帮助孩子培养，逐渐让他们自主地去观察，去学习。在日常的学校学习中，榉园学校也开展了不少有趣的活动，像戈德堡实验，海洋科学实验，云端美术展，还有垃圾分类等，都给孩子提供了创造、观察的机会，可以很好地帮助孩子逐渐建立自我创造的能力。

孩子们所有的进步，都离不开学校和家长的共同努力，家长和老师是他们成长路上的领航者，愿每一位孩子都能成为生活的创造者！

开启创造之门

2019级1班　管昀峥家长

如果问我在孩子教育过程中最看重的是什么？我会回答：孩子个性化的发展和创造力的培养。刚一入学我就被榉园学校的"戈德堡机械"特色活动吸引了。"戈德堡机械"看似是小题大做的机械设计活动，其实却在培养孩子对科学的认知、激发学生创造力、逻辑思维能力和想象力。

作为榉园学校培养小学生科学素养的品牌特色活动，每个假期老师都会安排不同的任务。2019年寒假老师发起了"关灯"挑战赛，低年级高年级同任务PK。接到任务孩子在家开始搜集、比较和尝试各种可利用的机械材料，锅碗瓢盆书本积木衣架齐上阵。孩子第一次既当设计者又当制造者，虽然热情高涨可是难免缺少设计灵感和思路。大量的知识储蓄是产生创意，迸发灵感的基础，于是我们让孩子观看了高年级同学的作品，也上网查看了很多戈德堡作品视频，查阅了很多物理力学原理之后，孩子终于自己有了初步的思路。动手制作的过程也同样充满挫折和挑战，每次失败孩子会表现出急躁和放弃。榉园学校戈德堡项目的老师会经常鼓励孩子们：戈德堡精神就是勇于尝试不怕失败的精神。孩子受到鼓励，慢慢学会了耐心细心，总结前一次失败的教训，不断改善下一次实验的角度力度等细节。从最开始两三步关灯的简单设计，反复尝试迭代升级，终于设计出更复杂的戈德堡关灯作品。

榉园学校"戈德堡机械"特色项目，激发了孩子的好奇心和求知欲，开启了孩子探索科学和创造之门。希望这样培养孩子创造力的活动越来越多、越来越好。

思维的海洋

2019级2班　鲁珈铭家长

爱因斯坦说"创造力比知识更重要"，非常感谢学校在这一年时间里给孩子们安排了丰富的活动，一年级的生活是愉快的，充满探索的。我们参加了头脑奥赛、戈德堡，还有科技类的各种活动。在活动中，鲁珈铭从一个安静的姑娘，慢慢地变成一个爱动手、爱动脑的小学生。

不管是戈德堡，还是头脑奥赛，鲁珈铭的思维开拓了，感觉从一个小小的湖泊进入了浩瀚的海洋，不管做什么事情，更喜欢用不同的思维，不同的角度来看待、来思考，更多的时候是愿意动手尝试，不怕失败，在反复尝试中，性格变的坚韧，能克服困难，以目标为导向直到成功。现代社会的教育，家长跟老师在培养孩子各类应试教育能力的同时，也挖掘了孩子的各种潜能，通过各种方法提升孩子的创新思维。

在活动中孩子了解观察了事物，在这个基础上，通过创造性思维，展开无限想象，从而发展成新事物，让孩子发挥无限的想象力，尊重孩子的好奇心和想法，给予他们独立的思考空间，培养了孩子的创造力。孩子在轻松愉快的环境之中，充分发挥自己的创造性，这样既能增加孩子的自信心，又有利于孩子创造能力的发展，使孩子变得更聪明。

同时，孩子动手实践是孩子成长的基础，动手能力的培养是锻炼孩子手脑结合的良方，也是孩子身心和谐发展的必经过程。

作为家长，得到的更多，有更多的时间跟孩子接触，一起去探索尝试，互相鼓励，亲子时间是人生中的瑰宝，是最甜蜜的回忆，看到孩子的成长，是最让人欣喜的。合作中也和孩子有了共同语言，能从孩子的角度出发去看到问题，知道他们的世界是怎么样的，可以去交流，帮助他们成长。

盛世新时代　未来创造者

2019级4班　董子逸家长

马克思说"人是一切社会关系的总和，教育就是要帮助孩子从一个自然人转化为社会人。"帮助孩子构建起各种各样的社会关系，并能在这样的社会关系中发挥积极作用，重视培养孩子成为适应未来的创造者是教育的核心目标之一。榉园学校的教育具有放眼全球竞争力的紧迫感和兼济天下的情怀，以"培养有品位的未来生活的创造者"为育人目标，让家长惊喜地获得了榉园未来孩子铺设的更具创造力的起点。

创造健康的能力：我的孩子成为小学生以来，学校让重视应试教育的我明白培养健康能力的重要，比如每天学校都会要求带跳绳到学校让孩子接受足够时长和力度的体育锻炼，现在一个学期过去了，每天孩子都会主动进行跳绳等体育锻炼，身体素质更好了，精神状态也更阳光了，每天都充满了正能量。

创造爱和思考的能力：家长对孩子无私无畏的爱太浓厚了，仿佛成了"理所应当"，学校的教育可不这么想。在一年级就通过"居家劳动促成长，劳动创造美好生活""衣橱整理大作战"等主题活动，培养孩子对劳动的尊敬和热爱，在"衣橱整理大作战"中，通过发现问题，解决问题，成立团队，分工劳动等步骤，习得劳动有脑力劳动也有体力劳动，共同参与劳动也促进了家庭和睦，家是爸爸妈妈和孩子共有的，那么每个人都有义务去维持这个家的干净、整洁、和谐，孩子也不例外，这又是一种承担责任的表现。

如果孩子是一架飞机，健康的体魄和爱的能力是飞机的机翼，充满创造的头脑是飞机的引擎，庆幸学习在榉园、教育在榉园，帮助孩子逐渐拥有一个超强"中国创造者引擎"，发动引擎，两翼才能带着飞机展翅高飞，使每一个孩子都能成为自己未来的创造者，谱写自己的绚丽篇章，创造属于自己的辉煌！

让孩子的想法填满格子

2018级2班　毛昱苏家长

原以为学校组织的戈德堡和头脑奥赛活动，是难得可以和孩子和谐相处的活动。但是一到真要合作制作有关的道具，俩人就闹崩了。

如今的孩子都很有主见，有着各种天马行空的想法，对于一起制定的计划也总是说变就变。所以中间有段时间，我想一个人照着往年获奖视频把道具差不多做出来，让孩子最后画个画涂个色就算参与了。就这样过了会儿，我看到孩子在一旁摆弄地上的胶带、卡纸，用纸糊了些花花草草，虽然与整体的设想风格大小都不一样，也能感觉充满做这件事的热情，能看到有想象力在。何况，这些道具虽小，也是原创的，我们开始商量有没有可能把这些道具利用上，父子关系也越来越好。

孩子的想法不完整，那就截取他们有价值的片段；孩子大东西做不好，那可以让他们做小东西。何况，大人眼里的好不好真的重要么？头脑奥赛本来就是收集孩子各种奇思妙想的活动，孩子的想象力和表现力才是主角。如果我们家长设定和安排好了所有的东西，孩子也就成了道具。我想从家长角度，我更该做一个容器，装满的应当是他们的创造力。

最后我们几个家长，用一个个不大的旧纸壳箱，做了大大小小格子拼起来的背景架。格子里是孩子们做的太阳、月亮以及按照他们想法拼贴的一幕幕场景的背景。场景贴到幕布上，随着演出，像变戏法一样把一幕幕从格子里拉出来。孩子们觉得自己像个魔术师。而且自己做出的道具，让他们格外自豪。

可以说头脑奥赛这件事，我们用不那么有创造力的办法来尽量收集孩子的大大小小创造力。作为家长，我借机梳理了自己的耐心和方法；而对于孩子来说，小的东西能做好，在舞台上展示给大家，已经是对他们最大的激励了。

开展科技实践活动培养小学生科学素养

2018级4班　李思瑶家长

虽然我们是两个孩子的父母，大儿子已经上大学三年级，小女儿今年即将成为三年级的小学生。但是回想小女儿进入小学初始，我们真的是手忙脚乱。因为面对女儿的小学生活有太多的新鲜事物扑面而来，让我们应接不暇。尤其是学校每学期都要开展的科技实践活动，更是让我们不知所措。其中的戈德堡机械这项科技实践活动，之前真的是闻所未闻。记得我们从第一次戈德堡作业"翻起一页书"的无所适从到2019年暑假的"一杆进洞"及2020年寒假的"关灯"的淡定自若，这其中我们和孩子一起经历了从失望到崩溃到喜悦的过程。孩子也从最初的参与性不强到目前的脑洞大开。

在这个过程中我们和孩子一起查阅资料翻看视频，选取材料，把家里能够利用的纸箱子、积木、弹珠、矿泉水瓶、书籍、锁头、滑轮、磁铁、储物架等全都用上了。通过查阅资料我们了解到戈德堡机械使用一些简单的零件通过复杂的机械组合完成一件简单的工作。我们为了简单工作的成功在这个复杂的过程中思索着、前进着。有时候因为一个小小的环节而不得不一次次从来。我见过孩子在一次性成功时的欢呼雀跃，也见过因为小失误而二三十次不成功的崩溃而引起的号啕大哭。但无论经历了什么，无疑她在这个过程中的成长是巨大的。对于孩子来说不仅锻炼了她的动手动脑能力，也提升了她的专注力及耐心。也让她明白成功不是一件那么容易的事情，每一次的成功，都是要付出辛苦和汗水的。

戈德堡机械打开了孩子人生的视野和格局。而且在这个过程当中，作为父母的我们与孩子的关系也更加亲近了，也让我们能沉下心来，去陪伴孩子做一件事，也让我们更好地了解了孩子的内心世界，挖掘孩子的内在潜力，拉近了父母与孩子的亲子关系。看着孩子的成长，我们做家长的感到由衷的欣慰。

众所周知好奇心和好动性是每个孩子的共性，而孩子的潜能又和成人不同，他们的好奇和好动是空白的，既没有任何规定或模式的约束，又有好奇、好动的共性和发挥特长的潜能。榉园学校能够在传授文化课的同时，又为孩子开展多种多样的科技活动，培养孩子的科学素养，给孩子挖掘自己的兴趣爱好，发挥自我潜能的机会。不但活跃了孩子的思维，增强了自信心、责任心，还懂得了感恩与协作。在提高了科学素养的同时增强了学生领导力的进步，让孩子在今后的成长道路不会因为缺乏实践经验、科学素养而感到遗憾，不会因为表达力、自控力、反思力的缺失而错过选择的机会，让我们一起努力给他们一个绚烂多彩而无憾的童年。

提高创造力 争当创造者

2016级1班 钟一林家长

每一位孩子都有自己的天赋和闪光点，需要一位领航者带领他们去发现和开拓。

学校开展领导力点数积分活动，这对孩子们来讲是很有挑战也很有吸引力的活动。每一次学校组织的活动，从开始需要我鼓励孩子积极参与到后来的自己主动参加，这是孩子逐步成长的表现，作为家长我很开心。我认为文化知识学习只是学校生活的一部分，德智体美劳综合性全面发展的人才能在以后的社会中适应，感谢学校给予孩子发展的平台，学校各项活动的背后是校长、老师们共同努力的心血。孩子在活动中学习、成长、体验、配合，遇到问题和困难从最初的退缩、想放弃，到后来的勇往直前、共同配合，这离不开家长的鼓励和老师的引导，更是孩子自我提升的结果。

"小脚丫走青岛"的活动是学校的一项重要活动，自从一林当了队长后我发现他的责任心增强了，会根据自己队员的特长分配工作，在展示阶段会利用新颖的方式，提高了自己的创造力，在团队中充分发挥了创造者的作用。活动中有时也会遇到困难，我会从侧面协助孩子分析原因，帮助孩子树立信心，最终解决困难。

一次一次的经验积累，让一林的创造力也在慢慢地提升，在其他活动中也逐渐展现出来。戈德堡项目是其中之一，利用日常用品结合了物理、机械、数学等学科的知识，在动手的同时提高创造力。在制作戈德堡的过程中，通过多次尝试、及时调整，利用上一次失败的经验创造新的思路。在每一次的失败中调整心态，锻炼了意志力，最终收获成功的喜悦。学校的戈德堡活动最大的收获并不仅仅是完成任务的视频，而是在整个过程中的发现和创造，是孩子创造力培养的基石。

未来的路还有很长，方法远比成绩更重要，感谢学校的平台和老师们的引导。希望在以后的学习中继续独立思考、坚持努力，争当创造者。要铭记：半度而废的人永远不会成功！

创造成就未来

2016级2班　马浩然家长

人人都是创造者，通过创造挖掘跟激发自身的潜能，让每一个孩子在创造中成为主角，体会创造带来的快乐跟成就感。这就是作为青岛榉园学校的一名家长对于学校办学理念的切身感受和体会。

学校围绕"品味·创造"的办学理念，老师精心设计，努力研课将创造的理念渗透到教育教学的每一个学科中，如学校组织的"阅读遇上戏剧，玩出创造力"的年度盛典，让孩子们兴奋不已。在编排的过程中集思广益，创新设计，充分发挥自己的想象力。学校通过戏剧的形式将阅读融合其中，成功开启课堂教学的大变革。老师们身体力行用自己的创造力感染并影响着孩子们。每一个孩子通过身临其境参与其中的表演，爱上阅读，享受阅读。

每个假期学校都会设计好玩又富有挑战性的"玩转戈德堡"活动。从这个活动中孩子不仅发挥了奇思妙想，还学会了不服输不放弃的精神。我们家长也鼎力相助、参与其中，跟孩子一起体会屡次失败后取得成功的喜悦，增进了我们的亲子关系。虽然是小小的游戏但是却体现了榉园老师、学生跟家长大大的智慧，让我们不禁感叹孩子的创造力无限，孩子的未来也有无限种可能。

作为家长我很庆幸给孩子选择了青岛榉园学校，作为榉园的孩子是幸福的，因为在他们人生最重要的时期他们遇到了最好的老师，感谢老师们用爱浇灌着祖国的花朵，用自己对教育的热情点燃孩子们求知的激情。学校在用最前端的教育理念培养孩子基础学科的同时，最大限度地举办各种各样的活动，培养创新意识提高实践能力。在激发孩子潜能和好奇心的同时帮助孩子树立了克服困难的信心和勇气，让孩子在活动中掌握了学习方法，对知识保持旺盛的求知欲，从而对学习产生积极的情感。

人人都是创造者，未来让每一个孩子都绽放成最美的花，成为最好的自己。创造力是中国迅速崛起高速发展的驱动力，希望孩子们能以梦为马，不负韶华，乘风破浪，扬帆远航，努力学习长大后为中国的伟大复兴事业贡献自己的力量！

创造无处不在

2016级3班 刘梓涵家长

每当朋友询问我"榉园学校怎么样？"，我总会自豪地说"孩子来到这里学习生活，是最智慧的选择！"学校具有先进的育人理念和国际视野，多途径着重培养学生的"领导力、思考力、创造力"，注重学生综合素质的培养。"创造者"是榉园学校着力的培养重要方面，在创新意识下，结合动手实践和探索真正唤醒孩子们与生俱来的创造力潜能。

创造在孩子们的阅读学习中。还记得在"阅读遇上戏剧"活动中，没想到孩子们从一本书到一部剧，他们作为主编、主演，从文本阅读到故事创编，从编剧创意到精彩的戏剧演出，作为家长在赞叹孩子们成长的同时更对学校、老师们表达深深的敬佩之情，创造者的培养润物细无声！

创造在丰富多彩的实践活动中。还记得班级进行的"小脚丫走青岛"的实践活动，孩子们实地参访，并运用贝壳制作、绘画、科普小讲堂等种形式创造性表现自己的思考与收获，在张扬孩子个性的同时，培养孩子的想象力、创造力。

创造在形式多样的科技活动中。戈德堡创意制作是学校的特色课程，每学期孩子们都会结合学校的小主题进行创意设计，拍摄视频展示自己的戈德堡成果，孩子们充分发挥创造力不断设计、验证，调整方案，孩子们解决问题的过程就是培养创造者的过程。值得一提的是每年的儿童节，这是孩子们最为期待的节日，在榉园学校，儿童节就是一个融合科教与娱乐为一体的高科技游乐场，在这里，有各式各样有趣的活动，参与的每个项目都充满挑战，需要你动手又动脑，创意无限。

学校的创造者培养效果显著，孩子们的创造力无处不在，作为家长我们对学校的教育充满自豪，对敬爱的老师充满敬佩与感激，对孩子的未来充满期望。

"创造"更好的自己

2016级4班　刘佳睿家长

咱们榉园学校举办的创造者活动很好的契合了STEAM的教学理念，将科学、技术、工程、艺术、数学等多领域融合在一起，对孩子们寓教于乐。咱们学校已经将头脑奥林匹克竞赛、戈德堡和科技节等一系列创造者活动作为特色办了很多年并取得了骄人的成绩。

对于戈德堡，说实话作为家长起初我的内心是抗拒的，因为自己不擅长这方面，感觉也指导不了孩子。但是学校里营造了戈德堡比赛的氛围，孩子们可以利用课余时间动手设计戈德堡的机关，规划路线，并与同学们一起参与和讨论。逐渐地，孩子对戈德堡的兴趣越来越浓。自己在家会利用各种工具、玩具、小物件等制作成某个戈德堡的机关。积少成多，孩子的自信心和成就感在一次次的小成功后逐渐累积，对戈德堡的喜爱也与日俱增。

美术设计展更是为学生和家长提供了一个博采众长，集思广益，各种思想火花碰撞的舞台。整个四年级级部给大家呈现的是《西游记》中唐僧师徒去西天取经的画面，正好结合了孩子们正在阅读的这部名著，孩子们通过布置、演绎、装饰这个舞台，即对《西游记》中的人物特点有了进一步的认识，还通过团结互助增强了团队精神，孩子的集体荣誉感和责任感也明显得到了提升。

科普小讲堂是让我感到很惊喜的一个活动！这个活动很大程度上激发了孩子对科学的向往和探究的兴趣，而且对她独立完成一项任务有了新的考验。她需要先设定目标，然后查找资料，自己做课件，演练，改进。整个过程下来，她的思维开始呈现完整的体系，做事方式会寻求更有效的方式方法。同时，她还会从同学们讲的小讲堂中获得新的知识。

总之，作为家长我很支持学校里举办的创造者活动，并会一如既往地配合老师们开展这些活动！

润物细无声

2015级1班　王浩然家长

时光如流水，五年匆匆过去，家里的小豆芽眼看着在榉园这个大树的呵护下也茁壮成长起来。这些年学校举办的特色活动，如科技节、合唱节等，让孩子无论是独立思考能力还是创新意识的开发上都获得了极大的提

高，受益匪浅。作为班级家委会的成员之一，我也有幸经常参与其中。还记得五年级的合唱节，学校选择了更加专业的音乐厅——位于黄岛的凤凰大剧院，仪式感十足！前期的排练让我一直觉得高估了孩子们，懊恼选什么老爵士乐曲《singsingsing》，操作难度对于他们来说还是大了些，放学后一遍遍的排练、纠正，在家里也抽空哼唱练习。然而当孩子们站上舞台开始表演的时候，才发现是自己低估了他们，你不给他们机会，可能永远也不会知道他们的潜力有多大！不少家长起初都觉得快考试了何苦兴师动众，但坐在台下看着孩子们个个认真的面孔，听到他们纯净优美的歌声，真的是感动到热泪盈眶……值得一提的是，老师们亲自上阵合唱表演的环节，全场都沸腾了，孩子们为自己的老师们鼓掌喝彩，真正的言传身教！合唱，我们是认真的。不是每个孩子都能成为艺术家，但身临其境的感受音乐的魅力，耳濡目染地接受艺术的熏陶，他们的品位和修养自然会得到提升！尤其是合唱节结束后，他们无论洗手还是整理书桌，都不自觉哼着爵士乐的时候，我才真的理解，学校不会做些无意义的事情，这些真的会在孩子们身上留下深刻的印记……

学科融合促创造力提升

2015级2班　蔡思源家长

在知识经济时代，创造力对任何学科或行业的成功，乃至整个国家、民族的发展，都是不可或缺的。大脑灵活已经不仅仅体现在孩子们的学习成绩上，创造力对孩子们来说是非常重要的。在当今智能化时代，有形地侧重理解、记忆的知识逐步贬值，只有每个个体散发出的有别于他人的创新思维能力才能决定"你是谁"。青岛榉园学校非常重视培养孩子创新能力，在日常教学中就会将一些学科类的题和生活实际结合，培养孩子创造性解决问题的能力。艺术是培养创造力的最佳方式，学校也非常注重艺术类课程的学习。各学科通过多种多样的项目式学习、合作式学习，通过调研、讨论，形成手抄报、绘本、视频等作品。如语文课有同学们制作的有关四大名著的思维导图，有关世界文化遗产的小组调研、讨论、手抄报，学习边塞诗时开展的项目式学习；数学课暑假作业布置的数学日记，让孩子将课堂学到的数学知识灵活应用于生活实际；美术课上学习了毕加索抽象画后让孩子们在雨伞、布袋、靠垫上自由创作出抽象画风格的作品；英语课在疫情期间组织学生项目式学习，分成小组合作创作自制声、文、图并茂的英文绘本；还有榉园学校最具特色的戏剧表演及戈德堡作品大赛……以上活动无不体现了老师们为了培养孩子创新思维所进行的精心教学设计。作为孩子家长，也作为一名大学教师，我深知创造力对孩子一生事业发展的重要性。"在品味中创造，在创造中升华"，青岛榉园学校将这一教学理念真正落实到了日常的教学中，能在这样一所学校学习，是孩子的幸运！

培养创造者

2015级3班　王俊淞家长

记得俊淞在榉园学校一年级的时候，学校有一个戈德堡社团，俊淞被里面的作品魅力吸引，怀着好奇、尝试和感兴趣的心回家开始模仿体验，对机械本身就感兴趣的我也立刻对孩子的操作有了自己的想法，和俊淞进行一些探讨，既学习了科学知识，又增进了父子感情，我同时也鼓励俊淞加入学校戈德堡社团，深入学习戈德堡的创作。

在学校老师的引领下，由简单重复的多米诺骨牌创作到复杂迂回的接近生活的主题创作，俊淞慢慢地从兴趣转化成意志，把作品分享给别人，从而达到精神上的愉悦。

在家里从我俩从亲手制作到深入书里查找答案，再到带他去参观科技展览、国家科技博物馆，带他去实地参观体验，例如参观高铁动车基地、汽车修理厂等，生活中也注重生活物品的观察，让他想象如何将这些生活物品运用到戈德堡的实验里。引导他从力的转化、电的传导、物体的运动巧妙、便利、有趣地运用到生活中。

在戈德堡的创作中，那些巧妙想法的实现，那些无数次的实验、重组，放弃的念头总被一次一次的坚持征服，成功的喜悦会启动再一次创作。我们即乐在其中，又认识到意志力、知识和动手制作的重要性。例如，在意见不统一的时候，我和孩子各持己见，讨论后就对我俩每人的想法做一遍，通过实践操作，来验证创作中的科学理论，这样就能更好的互动和促进，多次的实验也能激发俊淞的意志力和创造力，增加自信心和对自己的确认，同时愿意超越自己。

在参加美国新泽西州世界级的戈德堡机械项目创意大赛里，我们榉园学校团体荣获了世界第一名和团体特等奖，俊淞也荣获了个人银奖的好成绩。这次比赛就是利用生活中常见的物品，创作出新奇独特的作品，他们在创作期间一次一次的失败，又被一次一次地重来，反复进行，反复创作，展示了团队的凝聚力和创新力。科技能强国，创造能造福全人类！孩子们自由地发挥自己的想法，把奇思妙想动手创作出来，展开智慧的翅膀，实现自己的梦想！

在品位中创造，在创造中教育

2015级5班　张凯瑞家长

"品味·创造——在品味中创造，在创造中升华。"孩子进入了榉园学校，作为父母的我们也了解到了学校的这一理念。

孩子进入了学校学习，我们做父母的也跟着一起进行了学习提高，在日常生活中也要契合学校的教育理念，做到家校合一，这样能更有效地提高孩子的素质。

培养孩子不仅仅是学校的事情，也是家庭的重任。创造，不仅仅是创新，也是落到实处，结出果实。学校有一项特别好的活动，那就是——戈德堡创意制作，这个活动能充分锻炼孩子的创造性思维，可以多角度自主地进行过程创造，最终达成任务目的。这样的活动能培养孩子的发散思维和创造性，也给我们做父母的很大启迪。以前我们对孩子的教育仅仅是盯紧作业，按部就班地进行。看着孩子写字，一笔一画都在关注，横写的不直了马上纠正，写短了也要提醒，一个小时下来，发现一张纸没有写多少字，弄得孩子烦躁，家长身心俱疲。接触了学校的理念来，我们在孩子做作业的时候尽量不在旁边，给孩子发挥的空间。当他叫我们帮忙的时候才马上出现，这样孩子的自主性大大提高了，没有我们在旁边的干扰，学习才能有连贯性。

今年上半年，虽然因为疫情原因，上了一段时间的网络课程，学校安排了多元化的课程，课堂答疑、自我管理学习单、云端体育、云端美术、音乐等课程，提高了孩子的自我管理能力。在这段时间，孩子树立了一个目标，各科成绩要提高到优秀，争取一门成绩能满分。我们作为父母也非常支持他的这个目标，许诺目标达成有物质和精神上的奖励。期末考试结束，看了成绩，有了很大的提高，各科成绩均为优，比以前有了很大的提高。孩子为此也感到骄傲，并且说继续努力，希望下次能考满分。我们在家里举行了一个小小的颁奖仪式，祝贺孩子的进步。

孩子在学习，作为父母，我们同样也要进行不断地学习创新才能跟上孩子前进的步伐。让我们家校共同努力，培养孩子和我们父母的高品位。

好的教育理念，使孩子终身受益

2018级1班　彭禹涵家长

我是2018级1班彭禹涵的妈妈，当孩子要上学考虑选择学校的时候，我就多方打听，最后朋友向我推荐了桦园学校，因为她的女儿就是从桦园学校毕业的，她向我介绍了桦园学校的教学理念，学校特别注重从各个方面培养孩子们的学习能力和创造力，并且学校的戈德堡机械还荣获美国CREDECA世界创意大赛冠军。

女儿入校后，第一学期，我整个人都有点儿晕头转向，因为学校的活动特别丰富多彩，哪项活动我都想让女儿参加。"戈德堡机械"以前从来没有接触过，虽然有点懵，但是慢慢地接触下来发现，这真的是特别锻炼思维、创造力和动手能力的一门课程。我记得我和女儿第一次做戈德堡时，用了整整6个小时，而且做出来的是特别简单只有3个步骤，就这简简单单的3步，也是我上网查百度，看学校高年级学生以前的作品做出来的。我和女儿一遍一遍地摆放、重试、再摆、再试，说实话我都有一些崩溃了，中途我想放弃，可是女儿不同意，她坐在地板上还在摆着，她说："不行，我一定要成功。"当她说出这句话时，我突然体会到了学校的用心良苦，这不正是锻炼孩子们，在一次次的失败中，永不放弃嘛！当成功的那一刻，我和女儿都欢呼跳跃了起来，享受着成功带给我们的快乐。

2020年由于疫情女儿在家上网课，学校各科老师们都辛苦地制作了视频课件，我也有机会和女儿一起学习了戈德堡机械的各种力，掌握了各种技巧。现在女儿已经可以自己设计，自己动手制作10多个步骤的作品了。虽然中间还需要我的帮忙，但是她能够动脑思考，自己画设计图，锻炼了空间逻辑思维，有了很大的进步。

学校还组织了"劳动创造美好生活""跨越时空的美好""举手之劳，变废为宝"、头脑奥赛、科技嘉年华等创造力活动，在一个个趣味十足的活动中，从比较思维、假设思维、逆向思维、发散思维等方面来提高孩子们的生活能力、动手能力和创新实践能力。学校也真正做到了"在品味中创造，在创造中升华"。

培养新一代科技型接班人

2018级3班　林子涵家长

在养育孩子的过程中，每位家长都希望尽心尽力给予孩子最好的，那什么是最好的，直到我有幸加入了榉园学校这个大家庭，让我在教育孩子的道路上有了新的认识和感悟。

这里让我感受到了什么是真正的素质教育，灵活的上课时间，丰富的特色课堂，多彩的校园社团，还有与时俱进的老师。孩子仿佛一下子进入到一个奇妙的城堡，一边收获知识，一边拓展者自己的兴趣爱好，还有和蔼可亲的老师带着一起探索世界，一些闻所未闻的活动，一下子就把孩子吸引住了。

这里不得不提道一年一度的戈德堡机械装置挑战赛，孩子一年级入学第一次接到任务，完全不知所措，通过两年的参赛经历现在已经开始期待每学期的任务了，也从开始的旁观者，变成了设计者和制作者。因为参与了戈德堡活动，孩子在面对困难的时候，首先想到的是如何解决问题，在一次次的失败中总结经验，体会自己动手的乐趣，也明白了人类文明从无到有每一步都离不开发明创造。学校老师通过这项活动，让每一个孩子都参与其中，动手动脑，激发了孩子对科学的兴趣，这是社会的发展需求，也是教育创新改革的丰硕成果。

未来，国家建设需要综合型人才，而教育是实现这一目标的基础，我们的孩子能够在这样的环境中学习，才能有所感知，才能在实践中体验，在学习中动手动脑，提升生活能力，升华人生境界，成为未来美好人生的创造者。

你好，"戈"先生

2018级5班　韩宗烨家长

记得一年级开学的第一个周，班主任郭老师联系我，让在9月底之前做好一个"戈德堡"抬起旗杆的装置，并在班里让孩子制作演示，这是我和孩子们第一次与"戈"先生对亲密接触。

从第一次接触到今天，转眼已经过去了两年，从开始的一头雾水，到现在的深入了解；从开始的闻"戈"色变，到现在的小试牛刀；从开始的摸不清方向、误打误撞，到现在的胸有成竹、来者不拒，这一变化，是我从没有预料到的。

虽然"戈"先生展现出来的是一个极其简单的动作，但是，为了实现这一结果的过程，却体现了把简单问题复杂化的逆向思维过程。作为成年人的我们，在刚开始接触的时候，也并不能把脑子里尘封许久的零散的各种物理、化学原理，有机地串联在一起。这也是开始内心抵触的原因之一。

记得和溪溪爸爸忙碌了几个晚上，用最简单甚至是粗糙的材料，第一次完成了抬起旗杆的小任务，洋溢在我俩脸上的笑容；在班里给孩子们演示并教给他们制作时的小自豪、小激动；怕一次不能成功，紧张地对孩子们反复强调科学实验只有经历一次次的失败，才能最终成功的道理，都随着旗杆抬起的一瞬间，教室里迸发出的欢呼声后，一颗悬着的心才落进了肚里。这种感觉让人久久不能忘记。

从第一次开始，每年的寒假、暑假布置的戈德堡小任务，就成了我和儿子亲子活动的重要一部分。二年级寒假制作的关灯的装置，还有幸在科学网课中，得到了周老师的点评，这也让我们俩兴奋了好久。

谈起儿子对"戈"先生的认知过程，也体现了兴趣的培养对孩子的影响极为重要。最开始的时候，儿子对每一个衔接过程都只会两眼蒙蒙地看着我，到现在可以主动构思装置步骤，并说明每一个步骤背后的力学原理表象，并积极地投入对构思的实践，甚至在日常生活中，也能够把看到的一些传导过程，联想到是否可以运用到"戈德堡"中去。而这也许就是学校大力开展这项活动，想要潜移默化地培养孩子们在今后学习、生活中的一些良好的习惯的部分原因。

相信随着孩子们年龄的增长和学校老师不断的教育引导，他们会逐渐掌握自己和"戈"先生交流的方式方法，也会超越我们，让"戈"先生更加丰富多彩。

图书在版编目（CIP）数据

品味·创造系列丛书 / 薛清主编 . —青岛：中国海
洋大学出版社，2021.5
ISBN 978-7-5670-2833-3

Ⅰ.①品… Ⅱ.①薛… Ⅲ.①科学知识—教学研
究—小学 Ⅳ.①G623.62

中国版本图书馆CIP数据核字（2021）第101581号

出版发行	中国海洋大学出版社
社　　址	青岛市香港东路23号　　　邮政编码　266071
网　　址	http://pub.ouc.edu.cn
出 版 人	杨立敏
责任编辑	邹伟真
电　　话	0532-85902533
电子信箱	zwz-qingdao@sina.com
印　　制	青岛海蓝印刷有限责任公司
版　　次	2021年6月第1版
印　　次	2021年6月第1次印刷
成品尺寸	170 mm × 240 mm
印　　张	14
字　　数	308千
印　　数	1-2500
总 定 价	188.00元
订购电话	0532-82032573（传真）

发现印装质量问题，请致电0532-88785354，由印刷厂负责调换。

顾明远

北京师范大学资深教授，新中国比较教育学科创始人之一。多次担任国家及教育部重大项目负责人，先后撰写论文600余篇，著述40余部。由他主编的两部大型工具书《世界教育大系》和《世界教育大事典》，被誉为传世精品。

顾教授对青岛榉园学校的发展一直很关注，并为学校亲笔题写校名。本次《品味·创造系列丛书》的出版，顾教授题写了书名，总序也是顾教授所写。

戚业国

教育学博士，华东师范大学教授、博士生导师。先后出版《课堂管理与沟通》《课程管理与课程评价》等学术著作。在《教育研究》等刊物发表"素质教育的目标体系构建"等学术论文140多篇。主持完成教育部社科基金项目、全国教育科学规划重点课题。

戚教授一直是青岛榉园学校的指导专家，学校的发展方向、办学理念，均由戚教授进行了高站位的引领。学校"十三五""十四五"规划，戚教授也参与指导、把脉。本次《品味·创造系列丛书》的分序是戚教授所写。

王毅

现任青岛丰源实业有限公司董事长、总经理、党总支书记、青岛榉园学校董事长。自1997始，连续多届当选青岛市人大代表、市南区人大常委会委员，先后被评为青岛市优秀共产党员、市南区优秀共产党员。

PINWEI · CHUANGZAO XILIE CONGSHU

品味 · 创造系列丛书

REN REN SHI SI KAO ZHE

人人是思考者

薛 清 主编

中国海洋大学出版社

·青岛·

编 委 会

总 序

第十三届全国人民代表大会第四次会议通过了《中华人民共和国国民经济和社会发展第十四个五年规划和2035年远景目标纲要》，提出要建设高质量的教育体系。

什么是高质量的教育？就是全面贯彻党的方针，坚持社会主义办学方向，办好人民满意的教育。

对于学校来说，高质量教育就是要办好每一所学校，教好每一个学生。要教好每一个学生，就需要了解每一个学生的天赋、特长、爱好。大家都知道，每一个学生的天赋不同、性格各异，生活的环境也各不相同，教育要因材施教，所以我认为，适合每一个学生发展的教育才是最好的教育，最公平的教育。学校要营造一个生动活泼，让每一个学生都能健康成长的环境。

立德树人是教育的根本任务。小学阶段是基础教育中的基础。基础教育要打好三方面的基础，即身心健康发展的基础、终身学习的基础、走向社会的基础。这就是小学教育的本源。

当今科学技术日新月异，国际竞争日益激烈。国际竞争说到底是人才的竞争。今天的教育是要培养实现第二个百年奋斗目标的人才。只有具有理想信念、扎实学识、奉献精神、创新能力的人，才能担负起实现强国的重任。

青岛榉园学校是一所民办学校，在青岛丰源实业有限公司董事长王毅、青岛榉园学校校长薛清的带领下，经过多年探索，确立了以"培养有品位的未来生活的创造者"为育人目标，聚焦于"领导力、创造力、思考力"的培养，使每一个学生做未来生活的创造者，培养有道德坚守、有理想追求、有学习能力、有开朗性格、有生活情趣和审美素养，能掌控自己情绪并持续自我激励的学生。经过几年努力，已经取得了可喜的成效。

　　这"三力"的培养目标都很重要。当今是创新的时代，具有创造力才能适应时代的变化。要创造就要思考，思考出创新。我们的教育就是要培养学生的思维，教学的本质就是培养思维。一堂课好不好就是看它能不能启发学生的思维。至于领导力，并非当干部做领导去领导他人，更重要的是领导自己，了解自己的优势和劣势，能够掌控自己的情绪并鼓励自己与他人交往、沟通、合作，在团队中用自己的言行影响他人。

　　《品味·创造系列丛书》就是青岛榉园学校几年来办学经验的总结。青岛榉园学校定会再接再厉，在新时代迈向新征程，谱写新篇章。

2021年3月23日

思考是智慧的源泉

　　人最为重要的特征之一是思考。人类的智慧更多体现在思考方法与思考能力中。当一个人面对新问题的时候，是通过自己的思维方式寻找解决问题的途径与方法的。因此，思维方式是一个人能力的集中体现，对一个人的发展具有决定性的影响。

　　当今世界科学技术飞速发展。人类生产和生活方式正在发生改变，人工智能等技术的广泛运用，将会把多数程序化的工作交给计算机完成，我们今天的大部分物质生产的劳动，将会逐步转移给智能机器。从繁重的程序性、重复性劳动中解放出来的人类，将会集中从事非程序性的工作，即发现问题并进行建模，形成解决问题的程序然后交给智能机器。人类最为重要的生产劳动体现为思维的方法与能力的运用。面对这样的世界，学校必须做好充分的准备，帮助学生提高思维能力，从而适应新的社会生产方式。

　　思维本来就是人的本能，也是人成为地球主宰的关键。这种思维能力形成了人的创造力、解决问题的方法与智慧，带领人类走向文明的巅峰。人类进化的历史也是思维能力不断提高的历史。语言和文字的出现助推了学校的成熟发展。人类通过学校教育传承经验、学习思维方式，这就大大推动了人类文明的进步与发展。

对人类而言，思维既不神秘也不复杂，像我们每个人吃饭睡觉一样自然。但不同人的思维能力仍有较大差异，这是造成不同人智慧和能力差异的根本原因。经过系统的训练，人本能的思维会得到更好的发展。科学思维是学习掌握科学的重要基础。近代科学思维逻辑的成熟，直接推动了近代科学技术的诞生和发展。

学校的思维训练多数是通过隐蔽的形式进行的。我们讲的各种概念、定义、公式、定理和公理等都是思维的逻辑规定。科学和人文的每一个概念或理论都是看待问题的一个角度或视角，体现为认识世界的思维方式。从某种意义上讲，学校学习主要是进行思维的学习与训练。

思维本身也是有规律的。在学校、国家规定的学科课程教学之外，进行专门的思维训练，能够更快地帮助学生学习掌握不同的思维方法，养成更好的思维习惯，就能够更好地提高分析和解决问题的能力，提升综合素养。更好的学习能力又可以全面促进学科知识的学习。

青岛榉园学校开展学生思维训练已有一些时间，开设了各种提升思维方式的课程。通过不同的实践活动，培养锻炼学生的思维能力，培养学生善于思考的习惯。这是全面提升学生素养的重要途径与方法。这样的训练为学生打下的思维基础，必将使学生终身受益，帮助学生成为具有更高智慧和能力的人。思维让人更加智慧。相信这本书汇集的青岛榉园学校的经验与做法，必将为更多学校带来智慧和经验的启迪。

2021年4月10日

目 录
Contents

第一章

思考力

——让思考成为一种习惯

当今教育，人们越来越重视学生能够适应终身发展和社会发展所需的必备品格和关键能力的培养，其中主动思考、独立思考则是能够引领学生终身学习的关键之一，正所谓"学而不思则罔，思而不学则殆"。

"我是谁？我从哪里来？我要到哪里去？"柏拉图在2000多年前提出的哲学命题，至今都在影响着人们做着不同的思考。

思考不分年龄大小，不分身份地位。阅读时，我们思考书本所传达的意义是什么；工作时，我们思考如何能有效解决面对的问题；交流时，我们思考如何能清楚表达自己的观点……不同的人面临不同的事件，时时刻刻都在做着不同的思考，区别在于哪些思考有意义、有价值，对于我们的成长又有着如何的助力。

由此可见，思考于个人而言，是一种带有目的性的行为，是思维的一种探索活动，人们通过进行比较深刻、周到的思维活动，从而实现对自身、社会、世界的客观认识与分析，因此人生若缺乏思考，不仅减少了生命的厚度，人生的意义也将荡然无存。

第一节　思考力是人的基本特征与能力差异表现

思考对我们每个人来说可谓是轻而易举，如同家常便饭一般，可为何并非每个人都能够通过思考获得成功，实现自我呢？更有甚者，不仅未获成功，而且一着不慎，满盘皆输。先让我们通过一个故事来了解一下思考的差异。

两个推销人员到一个岛屿上去推销鞋。第一个推销员到了岛上后，发现所有居民都不穿鞋，祖祖辈辈全没有穿鞋的习惯，他气馁了，回去后告诉老板不要运鞋到这个岛了，岛上没有任何市场，一双鞋也卖不出去。第二个推销员从岛上回来后则兴高采烈，告诉老板抓紧时间运鞋，这个岛上鞋的销售市场太大了，每人都没有鞋，这要是一个人买一双鞋，那会卖出多少双鞋啊！

同样的一件事，为何两人的汇报完全不同呢？这就是因为思考的方式方法不同，也就是思考力的差异。

一、何为思考力

《思考力：哈佛教你打破一切常规、超越障碍的深度思考》一书中提道："透过现象能够看到问题本质的能力称为思考力。"

思考力是在思考过程中产生的一种正向的，具有积极性和创造性的作用力，是能够帮助我们解决问题的关键能力。我们首先要清楚，思考不是简单地想。

守株待兔的寓言中，农民发现兔子撞在树桩上，颈断而死。从此，那个农民不再耕作，天天在树旁等待，希望能再得到只兔子。当然，兔子是没有等到，他自己却成了宋国的笑柄。

当农民发现撞死的兔子时，他想的是既然有兔子撞死在这树桩上，就可能会有第二只，第三只……于是在他想当然之后，放弃了耕作，成了笑柄。这是没有思考力单纯地想，也就是我们所说的不切实际的幻想。

如果这个农民具有思考力，对整件事情进行分析则会发现兔子撞死在树桩是一个偶然事件，想不劳而获寄希望于再次发生的概率是微乎其微，所以应该放弃幻想，继续以耕作为生。但如果农民进行逆向思考，野兔一般晚上活动、白天休息，善跑且警觉，那为何会突然撞在树桩上？是否因为受到其他野兽的惊吓？那么能否通过周边爪印、粪便等环境的观察发现其他野兽的踪迹呢？

如果进行联想思考，野生动物的活动范围大致有规律可循，无论兔子是慌不择路还是依照本能按最熟悉的路线逃跑，追溯路径是否能发现适合设置陷阱的地点，就像猎人不会靠运气随意挑选陷阱地点，而是结合环境、猎捕物种的特点选取合适的位置与诱饵。

哪怕这个农民不具备猎捕兔子或野兽相关的任何知识，但当此现象发生后，通过有效思考，也完全可以找专业的猎户去询问，寻求合作或者帮助。

由此可见，对事物思考的高度、深度、广度不同，将会导致后续的认知与行为不同，这就是我们能力差异的根本原因——思考力。

二、思考力三要素

在物理学上，力具有三个基本要素：大小、方向、作用点；思考力同样也离不开这三个基本要素。

大小——思考力首先取决于思考者掌握的关于思考对象的知识量和信息量（大小），如果没有相关的知识和信息，就不可能产生相关的思考活动。一般情况下，知识量和信息量越大，思考就愈加具体、全面和完整，从而决定了思考的高度。

方向——我们这里所说的思考有别于妄想和幻想，而是一种有目的性、有计划性的思维活动，因此这种思考需要有一定的价值导向，也就是思路——体现为目的性、方向性和一致性。漫无目的地思考难以发挥强有力的思考力，常常会把思考引进死胡同，导致思路夭折和无果而终。目的性、方向性、一致性和价值导向，决定着思考的广度。

作用点——必须把思考集中在特定的对象上，并把握其中的关键点，这样的思考就会势如破竹。如果找不准思考的着力点，就会精力分散、思维紊乱、胡思乱想，出现东一榔头西一棒子的现象。思考就会停留在事物的表面上浮光掠影，无法深刻认识事物的本质。思考在作用点上的集中性程度，决定着思考的深度。

思考力的三个基本要素，是反映思考力的结构属性，也就是在思考过程中要注意思考的高度、广度以及深度。

接下来让我们通过一些简单的例子来进一步了解一下思考力的三要素。

例1：五年级数学"小数乘整数"的学习过程中，学生观察情境图提取信息，发现并提出问题："8月份的水费是多少钱？"

1. 思考力的大小（高度）

在解决这个问题的过程中，思考力的大小指学生掌握相关知识的多少，例如小数的认识；单价、数量与总价的关系；质量与价钱的计量单位；四则运算……

如果学生不了解什么是小数，哪怕思考力的其他方面再强，也无法理解"3.2"的意义，更无从计算"3.2×4"的答案。

如果学生不清楚单价、数量与总价的关系，那思考力强的学生通过分析题意，能够发现它们的关系，从而列出算式并计算。但思考力弱的学生则可能无法理解题意，不知如何下手解决此问题。

如果学生已提前掌握了小数乘小数的方法，那此问题就可能手到擒来，毫不费力。

2.思考力的方向（广度）

在此事例中，思考力的方向是指用什么方法解决这个问题。

在课堂教学中，有的学生虽然不会直接计算，但能够想到3.2元=32角，两位数乘一位数是之前学习的内容，因此32×4=128（角），那再将128角换算成12.8元就是最后的答案，所以3.2×4=12.8（元）。

有的学生会通过乘法的意义去思考如何解决这个问题，3.2×4也就是4个3.2相加，3.2+3.2+3.2+3.2=12.8，所以也可以得到最终12.8元的答案。

有的学生会通过积的变化规律入手（一个因数不变，另一个因数扩大几倍，积也就扩大几倍，如2×5=10，20×5=100）。那么3.2×4中将3.2扩大10倍，算式就变为了32×4=128，因为积扩大了10倍，所以将128缩小为1/10就是最终的答案12.8。思考出此种方法的学生中，会因为前两种方法都有一定的局限性，无法适用于所有的小数乘整数计算，也就是处于更高的思考高度，不局限于解决这一个问题，而是想到了如何进行小数乘整数的计算。

3.思考力的作用点（深度）

在此事例中，思考力的作用点就是小数乘整数的计算方法，关键的着力点是将小数乘法转化成整数乘法。

通过上述事例，我们发现学生运用不同的方法都能解决算式"3.2×4"，但如果着力点未找准，就可能只停留在用加法算式或变换单位的方法解决此问题，对于小数乘整数应如何计算毫无头绪。学生若能够找准作用点，思考小数乘法与整数乘法的关系，那就能够理解并总结出计算方法。如果再深入思考，探究竖式计算时的数位对齐问题，对每一步计算所表示的含义进行分析，那么就能够完全自主掌握小数乘整数的计算知识了。

例2：在语文课本中，《珍珠鸟》是一篇描写生动、富有诗情画意的状物散文。课文以细腻亲切的语言写出了小鸟由"怕"人到"信赖"人的变化过程，正如文中最后所说："信赖，往往创造出美好的境界。"

学生在感受"信赖"的过程中，有的学生认为鸟愿意飞出笼子就是一种信赖的体现；有的学生了解珍珠鸟是一种胆子小，非常怕人的鸟，所以接近"我"就是一种非常信赖的体现；有的学生则了解鸟除了在鸟窝外，一般只在树枝、电线或隐蔽的地方入睡，所以当睡在"我"的肩膀上时就是一种信赖的体现。这是由于对鸟的习性了解不同，所以思考高度则不同的体现。

学生在分析珍珠鸟逐步产生信赖的过程中，有根据"起先""随后""渐渐地""先是""然后""后来"等时间顺序进行分析的；有从"飞""瞧""啄"等动作亲疏进行分析的；还有的则从珍珠鸟与"我"的"距离远近"进行分析，从"桌子""杯子""笔尖"到"肩膀"，一步一步体现出了信赖的建立。这是学生从不同的维度进行思考，是思考广度不同的体现。

在理解"信赖，往往创造出美好的境界"时，学生由"我"与珍珠鸟的信赖，上升到生活中人与人、人与动物之间的关系，最终思考到要爱护生命，关爱生命的不同层次，这则是不同思考的深度。

例3：在"Book 10　Module 5　Unit 1 *Your bag is broken.*"一课中，为让学生懂得用恰当的形容词描述物品的属性，教师提出问题："Which bag is more popular? Why？"有的学生会用恰当的形容词描述自己认为最合适的一款书包，有的学生描述自己最中意的一个书包，并说出其他两个书包的不足之处，还有的学生用丰富的形容词充分叙述各个书包的优缺点，最后通过比较说出自己选择的原因。学生的描述不同归因于形容词的词汇量与运用程度的差异，从而影响了问题思考的高度。

当教师让学生考虑如果自己动手制作一个书包，都需要考虑哪些因素，学生从尺寸、重量、价格、外观、材质、质量、图案等不同角度进行思考时，则能体现出学生思考广度的差异。

最后学生动手设计出的书包样品，则能有效看出学生的思考深度。如有的学生只是画得很精美，只考虑了书包的外观；有的学生将书包设计成了一辆科幻感十足的赛车，是考虑如果放书较多，则拖拉着书包较为省力而且很酷；有的学生则直接将书包设计成了机器人，利用编程与红外感应相结合的方式，使书包能够像小书童一样自动跟在身后，彻底解放自己的双手。

除教学外，在日常生活之中，类似的事例也是举不胜举，思考力正是从高度、广度、深度这三方面不断产生差异，而思考力的差异则决定了我们思维与解决问题的差异，这就如现在所谓"学霸"与一般学生的区别，同样的一堂课，同样的学习时间，但每人吸收的知识程度不同，这是思考力不同导致了学习层次的不同，从而影响了学习的效率。学习的方式千差万别，无论采用何种方式，是否能够激发有效自主思考才是学习效果的衡量标准，若只知苦学却无思考，那么日复一日、年复一年，知识的掌握将会越差越大。

著名的现代原子物理学奠基者卢瑟福教授曾分享过一个事例，一天深夜，他走进自己的实验室，看见了一个研究生仍勤奋地在实验台前忙碌着。

卢瑟福关心地问道："这么晚了，你在做什么？"研究生回答："我在工作。"

"那你白天做什么了？"

"也在工作。"

"那么，你一整天都在工作吗？"

"是的，导师。"研究生带着谦恭的表情说道，似乎还期待着卢瑟福的赞许。

卢瑟福稍稍想了一下，然后说："你很勤奋，整天都在工作，这自然是很难得的，可我不能不问你，你用什么时间来思考呢？"卢瑟福对勤奋的质疑，使研究生明白了思考的重要性，只知埋头苦干，而没有思考规划，那么付出的努力再多，也有可能收效甚微或最终南辕北辙。

要想有效推动学生思考的深度与广度，教师需在先进理念的引领下，晰目标，明方向，研教法，深思考，通过一系列教学研讨活动，明确如何对学生进行有效深入的指导。对于学生而言，借助不同学习工具，更能将思考引向深度。

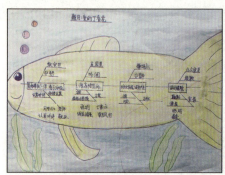

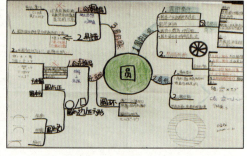

爱因斯坦说得好:"要善于思考、思考、再思考,我就是靠这个学习方法成为科学家的。"巴尔扎克也曾说过:"一个能思考的人,才真是一个力量无边的人。"任何行业中的佼佼者一定是善于琢磨、善于观察、善于思考的人。在平凡琐碎的日常工作中,那些想得深、想得细的人获得成功的机会往往比别人更多一些。

正如在学校二年级音乐课的学习中,教师引导学生利用身边的物品自制打击乐器。在制作沙锤时,部分学生总是将大米、小米、沙子等单一材料放入容器内进行制作,而有的学生在尝试之后发现,将小米中掺入少量大米,沙球的声音会更加明亮又不影响本身音色;在模仿蛙鸣器时,学生们将矿泉水瓶与一次性筷子带到学校,制作过程中,善于思考的学生会尝试利用铅笔代替筷子,聆听声音会发生什么变化,或将塑料瓶中加入水,或打开瓶盖,在不断地思考尝试中找到最合适的音色。

　　这就是思考力，是能够灵活运用不同的思维方式，帮助我们有效解决实际问题的一种关键能力。

　　善于思考，我们将离成功更进一步。

　　乐于思考，我们将使未来更加美好。

第二节　思考决定未来

思考力是人人都应具有的能力，思考力有何重要性，我们为什么要进行思考力的学习呢？

据统计，谷歌的搜索量在2000年为140亿次，2009年达到3650亿次，2016年已超2万亿次。放眼国内，2013年百度日搜索量已超过50亿次，2020年百度仅仅一项语音技术日均调用量就超过了155亿人次。

在当下"大数据"的浪潮下，互联网上的知识体量、传播速度更是在呈指数级增长，我们在这个数字洪流汹涌澎湃的新时代，如果没有一定的思考力，将完全被信息所淹没，生命中最珍贵的时间将无止境的虚度浪费。2021年1月5日抖音发布《2020抖音数据报告》，报告指出2020年日均视频搜索次数破4亿，电饭锅蛋糕成为2020抖音用户最爱的自制美食，相关视频播放超过93亿次。网络在生活中扮演着越来越重要的角色，人们已由单一书籍的学习转变为线上+线下多元的学习方式，我们只有具备适当的思考力，信息化的双刃剑才会完全被我们所利用，我们不再是"独学而无友，则孤陋而寡闻"，而是"三人行，必有我师焉"。碎片化的时间运用，丰富的社交手段，数据庞大的资源种类，都将为我们的学习成长提供无限的可能性。

一、思考力的重要性

思考力是思考过程中一种正向的力，是能够帮助我们解决问题的能力，下面就让我们通过"纸上谈兵"来了解一下思考力的重要性。

《史记·廉颇蔺相如列传》曾记载：

> 赵括自少时学兵法，言兵事，以天下莫能当。尝与其父奢言兵事，奢不能难，然不谓善。括母问奢其故，奢曰："兵，死地也，而括易言之。使赵不将括即已；若必将之，破赵军者必括也！"

这是"纸上谈兵"的典故由来，翻译过来的意思是：赵括从小时候就学习兵法，谈论用兵打仗的事，认为天下没有人能够抵得过他。赵括曾经跟他的父亲赵奢讨论用兵打仗的事，赵奢不能驳倒他，但是赵奢不承认他有军事才能。赵括的母亲问赵奢其中的原因，赵奢说："打仗是生死存亡的事，但是赵括把它说得轻而易举。假使赵国不让赵括做将军也就算了，如果一定要他担任将军，那么毁掉赵国军队的一定是赵括。"

众所周知，后来秦国攻赵，赵王中计，派赵括替代了将军廉颇。赵括自认为很会打仗，照搬兵书上的条文，最终导致40多万赵军尽被歼灭，他自己也被秦军箭射身亡。

长平之战可以算得上中国历史上最惨烈的战争之一。我们从文献中不难发现赵括的思考是形成了一定习惯的，总是以兵法为思考的主要内容，而忽略了现实因素的综合与分析，这是缺乏思考力，单纯照搬书本内容，主动出击，最终被白起包围败亡。

赵国的失败源自赵王与赵括的思考失误，秦国的获胜则是源自三方面的思考：一是对外在因素的判断，通过"远交近攻"，高调接待赵国使臣，营造双方议和假象，阻止了他国对赵国的救援；二是对对手的分析，通过换位思考，派人在赵国首都散布谣言，诱使年轻的赵王任用了高谈阔论却没有实战经验的赵括；三是对自身的认识，通过换将白起，成功打赢了对赵军的围歼战。秦国的这三个决策可能并非出自秦王一人，但秦王能够在众多计略中分析利弊，环环相扣采用了针对性的有效策略，最终战胜赵国，这就是思考力的重要性。

在学习过程中，学生思考力水平存在的显著差异，对知识的理解、掌握、应用同样起到至关重要的作用。

如六年级数学学习分数乘法之后，老师会借助学生感兴趣的折纸游戏提出这样一个问题：你们认为一张纸能够对折多少次呢？

很多学生有着丰富的折纸经验，所以认为这个问题极其简单，立刻会将自己猜测的答案脱口而出，往往这些学生给出的答案都是十几次、几十次，如果不加干涉，任由他们随意猜想，极有可能给出的数字会一直上升，甚至突破百次。在这部分学生的思考中，对折次数越多，最后的纸就会越小，当纸小无可小时，就无法再继续进行对折。

少部分学生之前通过不同渠道对此问题有过了解，能够隐约记着对折的次数是有限的，往往给出的答案是10次左右，一旦周边有人说出的数字过大，他们往往会试图努力地去进行劝说，不断强调对折次数越多纸就越厚，最终将因纸的厚度导致无法对折。

每次提出这个问题，学生们都会由最开始的随意喊数字，慢慢发展到全班激烈的争论，最后是一个个亲自动手尝试，想用事实证明自己猜测观点的权威性。

当学生进入动手阶段时，他们会发现无论他们多么努力，总是无法超过八次对折。面对如此奇妙的现象，有人开始思考原因，有人则不断寻找一些更大的纸张进行尝试，甚至在寻求老师帮助获得报纸后，一众成员齐心协力仍然无法超过8次，于是会想尽方法去寻找更大的纸继续进行尝试。而那部分思考原因的学生，在相互讨论中自然而然会将注意力停留在纸上残留的折痕。随着动手计算，他们会发现当折到第8次时，每一个折痕的小区域都是原纸面积的$\frac{1}{256}$，也就是相当于256张纸重叠在一起，要想继续对折，同时将256张纸对折无疑难上加难，就算借助机器等外力能够成功，对折的纸张数将会变成512、1024、2048……无论这张纸最初多大，都无法一直进行对折。

在这个活动中，善于思考的学生运用数学知识进行了数学模型建构，通过分析、推理发现了规律，解决了这个极其有趣的问题，这就是思考的魅力。

再如学校开展的"知行合一大阅读"活动中，五年级有一本必读推荐书目《海底两万里》。这部作品主要讲述了诺第留斯号潜艇的故事。法国作家凡尔纳展开了他的科学幻想之翼，带领万千读者漫游了海底的神秘世界。小说中篇篇章章都极富魅力：惊险刺激的故事情节、令人叹为观止的海底生物、超现实的科学幻想……着实让学生为之着迷。而这一本书中的人物却寥寥，有名有姓的只有四个半。其中尼摩船长算是最神秘的人物，也是人物形象最为丰富的，对殖民者的痛恨使尼摩由一种愤世嫉俗的情绪转变成了时间也无法磨灭的深仇大恨，这种扭曲的畸形仇恨使他开启了疯狂的海上复仇计划；但是另一方面，面对水手的死亡，尼摩情绪激动地流下眼泪，并为其举办庄严隆重的葬礼。在印度采珠人被鲨鱼袭击时，他又奋不顾身地冲了上去……在这种"多面人格下"，学生往往会思考并争论，尼摩船长到底是"复仇恶魔"还是"正义英雄"呢？

每次在本书的阅读讨论课上，学生针对这一问题交流最多，思考最多，往往是你一言我一语不甘落后地争辩起来，在思考辩论的过程中，大多数学生也慢慢真正看清这一人物"神秘"背后的简单——因为爱国，所以有恨，因为憎恨，更体现爱国；虽然有恨，但为人正义，因为正义，甚至不惜牺牲自我……恶魔还是英雄，这一问题其实并不矛盾。透过对这一问题的思考，学生逐渐总结出人的多面性及人性的特点。透过尼摩船长这一人物，学生明白看待人物和事物的时候，必须从整体来看待，同时也要接受人或事物的不完美，正如一名学生课上所说："有时候，不完美不正是一种美的体现吗？"

思考的价值在于激发了学生内在学习动机，通过思考，学生提高了客观看待周围世界的能力，提升了理性思考的思维品质，更将领略人生的美好及成长的意义。

二、为何要进行思考力的教育

2020年，经合组织（OECD）发布的《面向未来教育：未来学校教育四种图景》报告，描述了未来20年学校教育的四种图景，即学校教育扩展、教育外包、学校作为学习中心和无边界学习，探讨了未来教育四种图景可能面临的七种现实挑战，即现代化与颠覆性变革、新目标与旧结构、全球化与本土化、创新与规避风险、技术潜能与现实、虚拟学习与面对面互动、学习与教育。

世界在变革，教育也一直在变革。

当今的教育，不应该仅仅是关注当下，更应该站在未来的角度去思考，未来的人与机器有何区别？未来的生存需要具备哪些能力？未来的生活追求是什么？我们只有立足未来，着手培养学生的适应能力，才能使他们能够从容地面向未来，拥抱未来。

不难猜测，数字时代，人工智能必将取代大量的体力劳动者与简单重复的脑力劳动者，届时人们将主要从事更加具有创造性、互动性的一些工作。所以当今的教育在完善学生人格的基础上，不仅要让他们掌握知识、运用知识，更要能够学会掌握知识的方法，甚至能够在此基础上创造知识，而这一切正是青岛榉园学校的育人目标：培养有品位的未来生活的创造者。

在青岛榉园学校的育人目标中，"有品位"是指有道德坚守，有理想追求，有学识能力，有生活情趣和审美素养，能掌控自己情绪并持续自我激励的人。

"未来生活的创造者"是指未来是由学生创造的，培养每一个学生主动地去选择生活、去创造生活，利用人类文明的全部成果让生活更加美好、让人生更加精彩。

学生要想在未来创造有品位的生活，除了需要思考力，还要有学习力、领导力、创造力等关键能力，而思考力则是这些关键能力的核心基础。正如国际21世纪教育委员会向联合国教科文组织提交的报告《学习——内在的财富》中所提出的，21世纪教育的四大支柱思想是"学会求知、学会做事、学会共处、学会做人"。因此学生个体思考的高度、广度和深度将决定自身是否会学习、会创造、会生存、会成才，只有当学生真正会思考了，才是我们教育最好的回馈，才能让学生真正将未来掌握在自己的手中。

青岛榉园学校为使学生成为终身学习者，成为未来生活的创造者，精心构建了"品味·创造"的课程体系，以2016年重塑办学理念为标志，迄今已有5年时间。学校通过深度学习引领学生思考力的提升，使学生在学会求知的基础上，通过领导力的教育思考如何做人，通过人文精神的探究思考如何共处，通过科学素养的培育思考如何做事。学校通过三项目标内涵九大课程集群，培养学生成为一个会思考，爱思考的人，真正实现少年智则国智。

青岛榉园学校"品味·创造"课程体系

育人目标	培养有品位的未来生活的创造者		
目标内涵	领导力	人文精神	科学素养
课程集群	自我领导力　团队领导力	中华文化基础　国际视野　人文情怀	科学兴趣　科学方法　科学知识　科学精神
课程实施	数学与科学　艺术与体育　人文与社会　实践与创造　社会合作		
品牌活动	戈德堡　花样跳绳　"小脚丫走青岛"　国际象棋　"大阅读"		

1. 领导力

教育的宗旨是以人为本，学校教育是以影响学生身心发展为直接目标的社会实践活动。苏霍姆林斯基在《怎样培养真正的人》一书中提道："真正的人要有一种精神——人的精神。这种人的精神会在信念与情感、意志与追求之中，会在对待他人和自己本人的态度上，会在分明的爱与憎，在善于看到理想并为之而奋斗方面表现出来。"

所谓领导力，就是影响自己、影响他人、接受他人影响的一种能力。领导力按个人与组织管理可以分为两个不同的层面：自我领导力与团队领导力。

自我领导力，主要是指自己是自己的主人，自己对自己负责，自己对群体（或他人）负责。一个人的自我领导力既体现在自我规划、自我管理、自我完善的意识和水平上，也体现在一个人在团队中的服从、合作与执行等方面的意识和水平上。

团队领导力，主要是指个体引领群体的能力，包括人们在各类型、各层面团队活动中所表现出来的引导、组织、协调的意识和能力，即团队领导力。

学生要想管控好自己或团队，必须经过缜密的思考，缜密的思考也恰能影响自己与他人，所以学生要想学会做人首先便要先学会思考，这样才能做到"吾日三省吾身"。

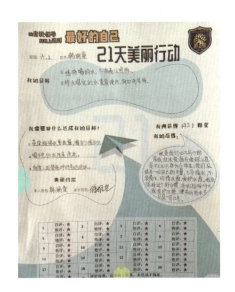

"21天美丽行动"，学生每次制定一项规划，每天反思自己的言行举止，不同年龄学生实现"每天坚持阅读30分钟""自己的学习物品自己整理""完成作业练习后认真检查"等不同目标，积累好习惯，收获好目标。

学校开展"微公益影响大社会，小行动践行领导力"少先队代表大会。"自己的活动自己搞""自己的阵地自己建""自己的事情自己管"，队员们自主思考、自主筹划，充分发挥小公民意识，心系公益事业，决定为改变社会生活尽一分自己的力。队员们充分运用自己掌握的知识与力量，积极参与到改善家庭、学校和社区的公共事务中。

队员们围绕"环境保护""资源利用""文化传播"等七大主题，观察社会、观察生活、发现问题、开展调研，向少先队组织提交了"塑料垃圾变形记""重生吧，边角料食材！""环保卫士，'纸'为蓝天"等36项公益项目提案，经过提案组推选，最终有10项公益项目提案脱颖而出。其中包括从研究"绿色包装材料入手"，针对普通物品、易碎品等不同邮寄物，倡议使用环保可回收材料，推行最优化的"绿色"包装方案。以达到保护邮寄物的效果，减少对环境的污染，从而减少快递过度包装和快递包装污染环境等现象。

诸如此类各种活动，学校充分调动学生的主观能动性，让学生多思考、多动手、多实践、多总结，在提升自我与团队领导力、锤炼品德修养过程中，让学生学会思考、善于思考、敢于思考。

2. 人文精神

和谐共处是数字化时代21世纪的发展趋势，在人与人、国家与国家之间相互依存越来越紧密的时代，学会共处不仅仅是建立良好的人际关系，而是能够学会共同生活，真正做到尊重与理解，宽容与忍耐，关心与爱护，协商与合作。

人文精神是一种普遍的人类自我关怀，表现为对人的尊严、价值、命运的维护、追求和关切，对人类遗留下来的各种精神文化现象的高度珍视，对全面发展的理想人格的肯定和塑造。人文精神围绕人生观、世界观、价值观可以分为三个方面：中华文化基础、国际视野、人文情怀。

中华文化基础，主要是指具有社会伦理的意识和淑世爱人的精神；理解传统文化蕴含的民族精神、道德情操和人文涵养等。

国际视野，主要是指具有全球意识和开放的心态，了解人类文明进程和世界发展动态；能尊重世界多元文化的多样性和差异性，积极参与跨文化交流；关注人类面临的全球性挑战，理解人类命运共同体的内涵与价值等。

人文情怀，主要是指具有以人为本的意识，尊重、维护人的尊严和价值；能关切人的生存、发展和幸福等。

学生人生观、世界观、价值观的养成，是思考力逐渐深入的过程。人的三观不同，对待同一社会现象、行为方式都会有不同的思考评判，而我们的教育就是要通过让学生会思考、明是非，帮助学生建立正确的观念，使其能够与其他具有正确观念的人达成共识，做到"君子和而不同"。

作为青岛市第一家"中国海洋大学儿童文学阅读实验基地"，学校为不同年级学生设定了特色分级书目，并开展了教师、学生、家长三级"读书大讲堂"。讲堂的开设是深化阅读理解，锤炼阅读成果，实现多维融合阅读理念，丰厚学生文化底蕴的措施之一。

如经典文学《西游记》，它浓烈的魔幻色彩、鲜活生动的故事让学生阅读之后欲罢不能。《西游记》是师徒四人西行取经，经历磨难取得成功的励志故事，为了引导培养学生有效思考，"读书大讲堂"带领学生走进"西游"专题。探秘"西游"路线，进行战斗力排行，对《西游记》中的数字奥秘、音乐文化大起底。

学生在阅读过程中起先并未关注唐僧师徒的西行路线，但当对照地图绘制出路径之后发现唐僧师徒经常迂回前行，舍近求远。路线的选择有何奥秘？在了解历史背景，串联古今之后，学生明白了唐僧的十万八千里取经之路可谓是用心之至，诚意满满，既是古代中国人自信、开放、勇敢地走向世界，与世界交流的优秀例证，也是盛唐文化繁荣的反映与体现。

学生们除了细品中华传统文学外，还通过"Show Your Oral English"等英语节活动，用英语讲述中国故事，演绎传统经典，传达中国精神，展现国际视野，积极思考和感悟东西方文化差异。学校通过组织插班访学等活动，为学生提供更多、更广、更丰富的国际化机遇，让学生走出国门，走向不同国度，感受不同文化、不同地域、不同特色的课堂学习方式，引领学生在开阔眼界、提升品位的同时，丰厚基础，做好国际文化交流的使者。

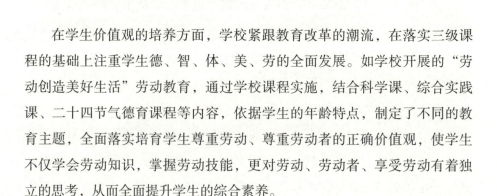

在学生价值观的培养方面，学校紧跟教育改革的潮流，在落实三级课程的基础上注重学生德、智、体、美、劳的全面发展。如学校开展的"劳动创造美好生活"劳动教育，通过学校课程实施，结合科学课、综合实践课、二十四节气德育课程等内容，依据学生的年龄特点，制定了不同的教育主题，全面落实培育学生尊重劳动、尊重劳动者的正确价值观，使学生不仅学会劳动知识，掌握劳动技能，更对劳动、劳动者、享受劳动有着独立的思考，从而全面提升学生的综合素养。

青岛榉园学校劳动基地

3. 科学素养

科学素养是保持国家经济持续增长和未来国力竞争的关键。当今世界，国家实力竞争逐渐演变为科技实力竞争，科技实力竞争的基础是教育，是人才。学生是一个国家潜在的人力资源。小学生科学素养的高低，不但会直接影响到他们对事物的分析与认识，更将影响到问题解决的效果与未来生活质量的好坏，而且也会影响到国家未来科学技术的兴衰，影响到国家未来的生存与发展。

科学素养是指对在日常生活、社会事务以及个人决策中所需要的科学概念和科学方法的认识和理解，并在此基础上所形成的稳定的心理品质。科学素养的四大要素是科学兴趣、科学方法、科学知识、科学精神。

科学兴趣，主要是指对科学的好奇心和求知欲以及由此生发的亲近科学、体验科学、热爱科学的情感。

科学方法，主要是指对于认识客观事物的过程和程序能够了解或把握，指导如何运用科学即使只是去尝试解决手头身边的问题，会提出假设或猜想，会搜集有关的信息或证据，或进行判断、推理和决策，会同他人交往，并且能与他人共同合作、一起来解决难题。

科学知识，主要是指对自然事物、自然现象和科学技术知识的理解，包括对具体的事实、概念、原理或规则的理解。

科学精神，主要是指对科学技术具有正确的价值判断、形成负责的学习态度，既勇于探究新知，又能够实事求是，既敢于独立思考，又乐于互助合作。

科学素养的培育离不开思维的培养，思维的培养正是思考力提升的关键一环，因此学生科学素养的提升与思考力的提升是密不可分的，只有善于思考才能"苟日新，日日新，又日新"。

学校科学素养的培育落实到每名学生，典型如戈德堡机械活动。戈德堡机械是一种以迂回曲折的方法去完成一些简单指令的活动，它的宗旨是通过项目设计培养创造力、解决问题能力以及永不气馁的精神，动手过程是"科技+思考"的完美融合体现。

学校先后多次开展以"关灯""投石车""翻书"为主题的个人挑战赛和班级现场挑战赛，由于该项目需要大量调试，在失败中不断尝试，所以每次比赛过程中，往往伴随着讨论、欢呼和相互鼓励的话语。学生在动手的过程中，每一个环节都对应了一个物理知识，如何保障制作出的戈德堡机械运行稳定、步骤复杂、能量传递种类多样，是学生要不断思考并尝试的问题，除此之外还要最终实现"关灯""发射物体""翻书"等指定动作，更是考验学生的想象力。在准备及比赛过程中学生不断地尝试，不断地改进，每一个步骤都饱含心血。

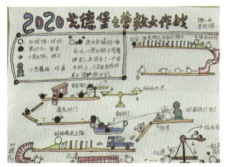

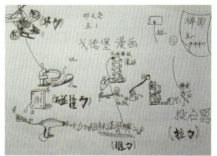

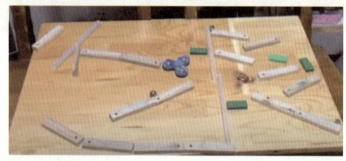

　　学生的天性是善于发问的，学生的潜力是巨大的。小学生正处在最爱动脑，对所有事物充满旺盛的求知欲阶段，所以学校教育不应让学生被动接受知识，而是要借助学生的善于发问，通过学校综合教育引导学生敢于质疑，既能够提出疑问又能够具有批判性思维。要使每名学生都具有思考力，学校需全方位营造校园氛围，处处为学生创造独立思考的环境，使学生在轻松、和谐、愉悦的氛围中，勇于创新，勇于思考。

　　思考力对学生而言，决定了头脑运转的速度，关系着自主学习能力和思维辨析能力的发展，更是未来步入社会，成功立足，为创造美好生活奠基的基石。

学校教育教学的重要使命之一就是使生命个体走向智慧，而走向智慧的重要途径就是学会思考。思考力是学生核心素养养成与内化的秘密所在。近些年，越来越多的学校、学者逐渐意识到培养学生思考力的重要性及必然性，更有不少专家学者指出，深度学习，是学校教育成功的关键。

深度学习的概念主要包含两个不同的方面，第一是机器学习领域，动机在于建立、模拟人脑进行分析学习的神经网络，使人工智能模仿人脑的机制来解释数据；第二是人的学习领域，按照布鲁姆认知领域学习目标分类所对应的"记忆、理解、应用、分析、评价及创造"这六个层次，浅层学习的认知水平只停留在"记忆、理解、应用"层次，主要是知识的简单描述、记忆或复制；而深度学习的认知水平则对应"分析、评价、创造"，注重问题的解决和高阶的思维活动。

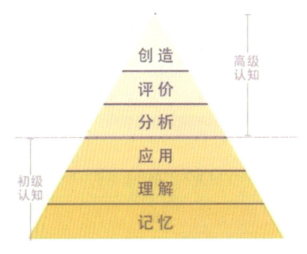

1956年布鲁姆在其《教育目标分类学》中关于认知维度层次的划分中就已蕴含了"学习有深浅层次之分"的观点。

1. 记忆（remembering）

记忆是从长时记忆库中提取相关知识。这一认知过程所涉及的相关知识可以是四种类型知识中的任何一种或者其不同的结合。记忆知识对意义学习和解决更复杂的问题来说是必不可少的。

2. 理解（understanding）

理解可以被看成是通向迁移的桥头堡，同时也是最广泛的一种迁移方式。不管是口头的、书面的信息还是图表图形的信息，不管是通过讲授、阅读还是观看等方式，当学习者能够从教学内容中建构意义时，就算是理解了，即学习者在对将要获得的"新"信息与原有知识产生联系时，他就产生了理解。更具体地说，新进入的信息与现有的图式和认知框架整合在一起时，理解就发生了。鉴于"概念"是认知图式与框架的基石，所以，"概念性知识"为理解提供了基础。

3. 应用（applying）

应用是指运用不同的程序去完成操练或解决问题，因而应用与程序性知识密切相关。完成操练是指这样一种任务，学习者已知如何运用适当的程序，已经有了一套实际去做的套路；解决问题是指这样一种任务，即学习者最初不知道如何运用适当的程序，因而必须找到一种程序去解决问题。所以，应用与两个认知过程有关，一种是"执行"，它涉及的任务是一项操练；另一种是"实施"，它涉及的任务是一个问题。在实施时，理解概念性知识是应用程序性知识的前提。

4. 分析（analyze）

分析是指将材料分解为其组成部分并且确定这些部分是如何相互关联的。这一过程包括了区分、组织和归属。虽然有时候也将分析作为独立的教育目标，但是往往更倾向于将它看成是对理解的扩展，或者是评价与创造的前奏。

5. 评价（evaluate）

评价是依据准则和标准来做出判断。评价包括了核查（有关内在一致性的判断）和评判（基于外部准则所做的判断）。尤其要指出的是，并非所有的判断都是评价。实际上，许多认知过程都要求某种形式的判断，只有明确运用了标准做出的判断，才是属于评价。

6. 创造（create）

创造是将要素整合为一个内在一致或功能统一的整体。这一整体往往是新的"产品"。这里所谓的新产品，强调的是综合成一个整体，而不完全是指原创性和独特性。"理解""应用"和"分析"虽然也有整体和部分之间的关系，但它们主要是在整体中关注部分；"创造"则不同，它必须从多种来源抽取不同的要素，然后将其置于一个新颖的结构或范型中。

创造的过程可以分解为三个阶段：第一是问题表征阶段，此时学习者试图理解任务并形成可能的解决方案；第二是解决方案的计划阶段，此时要求学习者考察各种可能性及提出可操作的计划；第三是解决方案的执行阶段。所以，创造过程始于多种解决方案的"生成"，然后是论证一种解决方案并制定行动"计划"，最后是计划的"贯彻"。

2005年，我国学者黎加厚在《促进学生深度学习》一文中，率先介绍了国外关于深度学习的研究成果，同时探讨了深度学习的本质。2006年，加拿大多伦多大学教授辛顿和他的学生在《科学》上发表了一篇关于深度学习的文章，开启了21世纪深度学习在学术界和工业界的浪潮。

所谓深度学习，是指学生能够在教师引导下进行自主探究式学习，掌握学科核心知识，理解学习过程，把握学科的本质及思想方法。能够批判性地学习新的思想和知识，将所学内容融入原有的认知结构中，建立起完整的联系，并能将已有的知识迁移运用到新的情境之中。它鼓励学习者积极地探索、反思和创造，而不是反复地记忆。通过提升高阶认知和高阶思维，指向立德树人，指向核心素养，指向培养全面发展的人。

深度学习与浅层学习在学习目标、知识呈现方式、学习者的学习状态和学习结果的迁移等方面都有明显的差异。其特点主要表现在四个方面。

第一，深度学习注重知识学习的批判理解。深度学习是一种基于理解的学习，强调学习者批判性地学习新知识和思想，要求学习者对任何学习材料保持一种批判或怀疑的态度，批判性地看待新知识并深入思考，并把它们纳入原有的认知结构中，在各种观点之间建立多元连接，要求学习者在理解事物的基础上善于质疑辨析，在质疑辨析中加深对深层知识和复杂概念的理解。

第二，深度学习强调学习内容的有机整合。学习内容的整合包括内容本身的整合和学习过程的整合。其中内容本身的整合是指多种知识和信息间的连接，包括多学科知识融合及新旧知识联系。深度学习提倡将新概念与已知概念和原理联系起来，整合到原有的认知结构中，从而引起对新的知识信息的理解、长期保持及迁移应用。学习过程的整合是指形成内容整合的认知策略和元认知策略，使其存储在长时记忆中，如利用图表、概念图等方式利于梳理新旧知识之间的联系。而浅层学习将知识看成是孤立的、无联系的单元来接受和记忆，不能促进对知识的理解和长期保持。

第三，深度学习着意学习过程的建构反思。建构反思是指学习者在知识整合的基础上通过新、旧经验的双向相互作用实现知识的同化和顺应，调整原有认知结构，并对建构产生的结果进行审视、分析、调整的过程。这不仅要求学习者主动地对新知识作出理解和判断，运用原有的知识经验对新概念（原理）或问题进行分析、鉴别、评价，形成自我对知识的理解，建构新知序列，而且还需要不断对自我建构结果审视反思、吐故纳新，形成对学习积极主动的检查、评价、调控、改造。可以说，建构反思是深度学习和浅层学习的本质区别。

第四，深度学习重视学习的迁移运用和问题解决。深度学习要求学习者对学习情境深入理解，对关键要素的判断和把握，在相似情境能够做到"举一反三"，也能在新情境中分析判断差异并将原则思路迁移运用。如不能将知识运用到新情境中来解决问题，那么学习者的学习就只是简单的复制、机械的记忆、肤浅的理解，仍停留在浅层学习的水平上。深度学习的另一个重要目标是创造性地解决现实问题。

2014年美国研究学会（AIR）的数据表明，聚焦于深度学习的教学能够显著改进学生的学习成果。相较于接受普通教学的学生，进行深度学习的学生在复杂问题解决、协作、学业投入、学习动机和自我效能等方面均显示出更高水平。参与深度学习项目的学生在学业考试中获得更好成绩，高中毕业率明显高于接受普通教学的学生，而且四年制大学的录取率也高于接受普通教学的学生。

我国新课程改革以来，各种教学模式、课堂策略和技术手段层出不穷，学校教育逐步从"教师一言堂"过渡到了"以学生为中心"的教学观念。新型的课堂教学模式与传统的填鸭式课堂教学模式相比，在学生学习兴趣的激发、学生参与课堂活动的广度和师生合作交流的状态等方面都实现了质的飞跃。但是，在课堂教学中，教师往往虽然树立了学生是教育主体的观念，但仅仅使学生记住了更多的知识、体验了更多的情感、了解了更多的价值观，教学停留在了表面、表层、表演的浅层学习阶段，只注重了初级的感知，而忽视了深层的思维。

如在《慈母情深》一课教学时，"我"的母亲在家庭经济极其贫困的情况下，毫不犹豫地给"我"买了《青年近卫军》，作者用文字描绘了多个感人至深的情景，如同电影画面一般牵动着人心，体现了母亲对子女的爱，感人肺腑。在整个文章段末，作者是这样说的："就这样，我有了第一本长篇小说……"这仅有13个字的一段作为结尾，文章就此结束。

教师若在教学时只是让学生去说全篇文章所表达的情感，学生都会提出表达了对母亲的感激之情。若教学仅仅只是停留在此，那这篇文章的学习便行将结束。整篇文章作者没有一句话正面表达对母亲的感激之情，但这种情感似乎又在行行字字间有所体现。学生在懵懵懂懂中只是感受到了作者对母亲的感激，却不知由何而起，不知该如何表述。

而深度学习则是在本文学习的最后，教师提出这样一个思考的问题：结尾的标点符号，可以换吗？学生认为可以与不可以的两者皆有，但让他们去说明原因时往往又会陷入沉默，再次陷入思考……只是一个简单的问题，但学生在思考过程中，结合全文内容，体会到这本长篇小说对于作者而言是无比珍贵的，正是因为这本书也奠基了作者今天在文坛上的一番成就，但最为重要的是，这本书包含了太多的母爱，承载着作者对母亲深深的感激之情。学生体会到这一个省略号实际上意味深长，是难以言尽的，留给读者的是无尽的体会。小标点有大妙处，学生在不断分析与评价中，体会到了语文的魅力，进行了深度的思考，这就是深度的学习。

当前，智能设备的更新迭代尤其是人工智能化的大量出现，部分传统职业已逐渐被取代，大量研究者列举了未来可能会消失和不会消失的各种职业排名，教师则被断定很难被人工智能替代。

2017年，教育行业曾做过一个实验。活动招募两组学生，一组学生由3名平均教龄为17年的资深老师进行真人授课，另一组学生则完全由企业开发的智适应教学机器人进行教学。在4天时间里通过初中数学的针对性和集中性教学辅导，客观地比较两组学生的学习效果。结果显示，智适应教学机器人全面碾压真人教学，在最核心的平均提分上以36.13分（机器教学）完胜26.18分（真人教学）。

从结果数据看，人工智能机器人完胜了人类教师，在这样的情形下，我们不得不思考：在智能化时代，如果我们还是把教学仅仅看成知识的传递，那么，人工智能完全可以胜任，教学和教师则完全可以被智能机器所替代。苹果公司首席执行官蒂姆·库克曾说过："我不担心机器会像人一样思考，我担心的是人会像机器一样思考。"正是由于智能机器的出现和带来的挑战，我们必须严肃思考：我们的教学如何才能走向深入，怎样实现教学的最终目的，培养学生的全面发展。

正如前文所说，思考力决定了学生未来的发展，学生自主探究式学习、批判性思维、高阶思维与解决复杂问题的能力，都是布鲁姆认知领域中的"应用、分析、评价、创造"的具象化体现。因此这四个层次是思考力强弱的分水岭，是深度学习的核心特征。我们只有培养学生由知识的记忆与理解，向后四个层次深入，才能真正有效实现教育的目的，体现我们教育的价值，这也正是机器无法取代我们人类教学的本质原因。

深度学习的实现，是以学生为中心的教学。在学校教学过程中，是由教师的深度教学、学生的深度学习、课堂的深度互动紧密相结合组成的，三维联动，能够有效实现学生深度学习。

小学课程标准中提道"教学活动必须建立在学生的认知发展水平和已有的知识经验基础之上"。"经验"与"认知"是彼此对立又紧密相关联的一组概念。教学过程中，知识的探究需建立在真实情境之上，教师激发学生学习探究的兴趣，引导学生将所学知识迁移运用解决复杂的实际问题，而一旦脱离了真实情境，学习的内容再复杂、深奥，也对深度学习的实现没有丝毫助力。

《庄子》中有这样一则故事：有个叫朱泙漫的人，拜支离益为师，跟随他学习屠龙的技术，为了学会这种特殊的本事，不惜倾家荡产，苦学苦练了三年。终于他的屠龙技术已炉火纯青，便辞别了老师，准备大显身手，显姓扬名。然而他四处寻觅却找不到一条龙的影子，最终所谓的一身绝技，也没有任何用武之地。

在教学当中其实也如屠龙术一般，并非是学的越多、越难、越复杂就越好。在真实情境之中往往更能激发学生思考力，让学生去进行分析、评价及创造。

如在学习科学"杠杆"一课时，学生动手操作学具，在杠杆尺两端等距挂上相同砝码平衡之后，教师提出问题：大家和大人玩过跷跷板吗？你们是怎样压过大人的呢？能用学具进行演示说明吗？

学生面对此问题立刻热情高涨，小组内积极思考，相互讨论，利用手中的学具模拟大人与小孩不断进行尝试。由于学生都有着跷跷板的经验，所以操作原本陌生的杠杆得心应手，绝大多数学生能够立刻思考出"距离"这一决定性因素。当"小孩"第一次压过"大人"之后，学生会自然而然地尝试更改砝码的位置，尝试都有哪些情况可以压过"大人"。在一番操作之后，学生自己通过分析便会发现，杠杆有时还可以起到省力的效果，而省力的大小则取决于距离。

学生在真实的情境问题中，能够主动进行探究式学习，对学生而言，解决真实情境问题所获得的成就感与满足感是学习最好的内驱力。

如六年级学习圆的过程中，老师们原先设计最多的练习是让学生求圆形花坛、圆形桌面等生活中圆形物体的面积，学生大多数是抱着教师布置必须做的态度进行习题练习。

在一次巧合下，某老师看到网上有人发帖，说是和朋友到比萨店点了一个12寸的比萨，却被服务员告知，12寸的比萨已经卖完了，问能不能换成两个6寸的比萨。原本考虑一个12寸的比萨和两个6寸的钱差不多，刚想答应，结果朋友很生气，当场就说一个12寸比萨应该等于四个6寸比萨，服务员听后当场懵了，去把经理找来解决。

该老师突然发现，这是一个非常好的习题素材，于是把此问题进行了一下改编：同样价钱，将一个12寸的比萨换成两个6寸的比萨，是否合适？在班级内引发了学生积极讨论，所有学生都积极探究这个问题，通过自己的计算阐述自己的观点。在这一个问题的引领下，学生充分进行了知识的应用以及对复杂问题的分析与评价。

因此深度学习离不开教师的有效引导，教师的深度教学是指教师必须要转变自身的教学理念，以学生为中心，深度教学的"深"是体现在认识触及事物本质的程度，是对真实情境的巧妙创设，引导学生能够自主探究式学习，批判性思维，而非单纯地提升教授内容的难易程度。

对于学生而言，学的越多越难并非就意味着对思维要求越高，绝大多数的学生，当接触的知识在自身发展区以上超出接受能力时，都只能是死记硬背、鹦鹉学舌。而教师引领学生通过"分析、评价、创造"能够进行深度思考时，学生自然而然地便能自主去探究未知事物，真正实现自我学习。

正如数学教育家傅种孙先生曾言："几何之务不在知其然，而在知其所以然；不在知其然，而在知何由以知其所以然。"只有学生充满主动探究的动力与愿望，我们的教学才会充满朝气和活力。

三年级在学习"平移旋转"一课时，为有效培养学生分析能力，引导学生自主探究学习，老师精心找了游乐场中的几项游乐设施，如旋转木马、摩天轮、旋转飞椅、激流勇进（直线）、滑滑梯、跳楼机、海盗船和跷跷板。

课堂上，当学生喜爱的游乐项目一一展示之时，学生仿佛置身于游乐场内一样兴奋喜悦。图片展示完毕，老师让学生思考：你们能将这些项目进行分类吗？请选出一种你们小组都认可的分类方式。

面对老师的要求，学生首先各自进行分类，在分类过程中，个别学生起初按照自己是否喜欢和刺激程度进行分类，但很快意识到自己的分类标准可能不会被同组人员认同，所以会改为按照运动的变化（平移、旋转）进行分类。

当小组讨论交流时，学生都能够探究发现运动方式存在异同，但分类结果却五花八门，有分两类的，有将跷跷板和海盗船分成第三类的，有认为跷跷板是平移的，有认为海盗船不是旋转的。随着意见逐渐达成一致，学生慢慢发现跷跷板和海盗船的特殊之处，虽然它们没有一圈圈地旋转，但其实也是在进行旋转运动。学生在自主合作学习之中通过分析交流，有效掌握了旋转的知识，不仅了解了什么是旋转，更经历了探究知识的过程，从而实现了深度的学习。

学生的知识掌握程度不同，综合能力存在差异，教师在课堂上既要"少讲"，留给学生充足的探究时间与空间，又要"精讲"，通过有价值的问题与活动引发学生的思辨学习。

高质量的问题设计、清晰的活动指令，既是连接教材与生活的桥梁，又是培养学生小组合作、思维碰撞的催化剂，更是发展理性思维、批判性思维和创新思维的助推器。

如四年级美术在教授"变废为宝"一课时，学生收集了家中的废旧日用品，老师引导学生观察一些创意手工作品的制作特点，引导学生发现通过添加、省略、转换方向等联想的方法可以将废旧物品巧变新颜。

学生小组讨论，思考如何变废为宝时，有学生提出："我们想将同学们收集的快递盒，制作成卡通的纸巾盒，这样侧面有开口便于放纸，可以在家中或班级内反复使用。"

其他学生听后提出疑问："快递盒拆包装时往往开口比较大，放完纸后如何保证纸巾不会从此处掉出来呢？"

当学生提出此问题后，全班学生陷入了沉默之中。老师发现学生纠结在开口小了不便于更换纸巾，开口大了却会导致纸巾掉出，所以老师适时引导学生："同学们的想法非常有创意，准备将日常的普通纸盒做成卡通图案，如果整个盒子是一个立体的卡通图案，那你们准备将开口处做成什么呢？"

小组有学生回答："我们可以将开口做成一个张着的嘴。"

组内立刻有学生补充道："我们可以在开口处做上牙齿，这样既可以保留空间又能够阻挡纸巾掉出，还非常有意思。"

"那我们可以做成鳄鱼之类的小动物或小怪兽，让牙齿尖尖的，看起来会更加可爱美观。"

伴随着学生灵感不断的迸发，原本困扰学生的问题在老师的一个提问下迎刃而解。

本节课，学生在教师的有效提问下，充分激发了思考的积极性，通过各种创意想法将废旧生活用品进行了巧妙设计再利用。

在思考力培养的课堂之中，基于布鲁姆认知分类的深度学习是将教师、教授内容、学生三者进行密切关联的枢纽，深度学习的教学能够促进教师与学生在学习活动中获得最大发展，提升思考力，成为思考者，让校园内外形成一个良好的思考氛围，从而使学校最终实现优质的教育。

第二章　在课堂学习中规划思考力

玉不琢，不成器；人不学，不知义。

子路问孔子："听到合理的事情就应该去做吗？"孔子说："父亲和兄长还活着，怎么可以不先请教他们，就听到了去做呢？"冉有问道："听到合理的事情就应该去做吗？"孔子说："听到了就应该立刻去做。"公西华说："仲由（子路）问'听到合理的事情就应该去做吗'时，您回答'父亲和兄长还活着，怎么可以不先请教他们，就听到了去做呢'，冉有问'听到合理的事情就应该去做吗'时，您回答'听到了就应该立刻去做'。我感到迷惑，冒昧地请问这是为什么呢？"孔子说："冉有畏缩不前，所以我鼓励他进取；仲由逞强好胜，所以提醒他多听取别人意见，三思而行退让些。"

孔子弟子三千，贤者七十二人，对于不同的弟子，孔子首倡有教无类，因材施教，被后世誉为"至圣先师"，是"万世师表"。自"古之教者，家有塾，党有庠，术有序，国有学"起，学校便逐渐成为了中华民族文化的传承场所，随着朝代更迭，由私学、太学、国子寺直到学堂的不断发展，当今学校教育已在人的发展过程中起到决定性的主导作用，而其中的课堂学习则更是实现学校教育的主要渠道。

课堂是学生学习的主场所，学生是学习的主人，是学习的主体。而不同的学生个体之间存在一定的差异性，所以要使每一名学生都能够具备独立思考的能力，能够根据各自的身心特点获取不同的发展，则需要将课堂教学走向深入，针对学生的不同需求进行有的放矢的教学活动，避免将教学停留在表面化、机械化与同质化。

学生课堂学习中思维的活跃，不仅仅是外在形式的活跃，更在于学生思维深处、深度思考的活跃。

学生在课堂上呈现的认知学习能力按前文所述分为"记忆、理解、应用、分析、评价及创造"六个层次，指向思考力培养的课堂核心是引导学生由"记忆、理解"引入"应用、分析、评价、创造"的深层次认知，也就是应实现学生是主体、师生同发展、思辨为核心、评价应多元的深度学习的课堂。

第一节 "一图、一表、一单"

"一图"：单元学习认知结构图。

"一表"：备课表。

"一单"：学习任务单。

所谓"一图、一表、一单"，是青岛榉园学校为促成教与学的转变而进行的课堂变革。为实现课堂深度学习，提升学生思考力，学校从教学前的教研、备课入手，教师通过精研教材，建构知识体系，绘制"单元学习认知结构图"；明确课堂教学目标，结合布鲁姆深度学习的六个层次目标制定"备课表"；为让学生的学习生动活泼起来，让学生的思维不断得以发展提升，精心设计了"学习任务单"。

学校自提出深度学习的课堂伊始，不断扪心自问：深度学习的课堂，我们要如何转变？为何要转变？转变的理论支撑是什么？

2019年6月20日，华东师范大学戚业国教授应邀来到青岛榉园学校，立足学校前期开展的教育教学研究为全体教师解密深度学习。在培训中，戚业国教授指出深度学习体现了未来的发展方向，学校应回归教育的本意，学习需要有营养，有深度，将教授学生的每一个知识转变成认识世界的角度与方法，培养学生解决问题的能力，提高思维含量，让学生的思考有深度。

在戚业国教授的培训中，我们明确了教师思想观念的转变是教学改革的先导，教师有什么样的思想观念，就有什么样的课堂教学，更决定了培养什么样的学生，所以教师的思想观念应从课堂教学目标的转变起步，教学的目标应是"一切为了学生，为了一切的学生，为了学生的一切"。教师课堂教学则应从"以知识为中心"向"以学生的全面发展，能力培养为中心"进行转变。

在此基础之上，教师应实现课堂教学方式、方法的转变。叶圣陶曾说："教师教各种学科，其最终目的在达到不复需教，而学生能自行探索，自求解决。故教师之教，不在全盘授予，而在相机诱导。"教师的课堂教学，应是通过教师的"会教"实现学生的"会学"。

教师身为学生学习的引导者，在课堂教学中创造性地利用课堂资源，创设真实情境，营造和谐氛围，通过师生互动、生生互动，使学生以探究者的身份全身心投入学习当中。

因此，我们深度学习的课堂转变，应是实现教师深度教学、学生深度学习、师生深度互动的学习。

为何要进行深度学习的转变呢？我们前文已对于思考的重要性做了充分说明，在培养学生成为思考者的过程中，深度学习的教学变革也是优化课堂教学结构、提高课堂教学效率，培养自主探究、批判思辨、学会学习的主要手段。更是能够激发教师更广泛地去研究教育本质规律、学生认知特点、学科核心素养和校本化教学内容的重要举措。

通过深度学习的变革，学校充分关注学生作为"人"的发展需求，营造和谐向上的校园文化，让师生的思维品质得以提升，让思考能力得到彰显和升华。

随后，学校依据深度学习理论和布鲁姆的教育目标分类，围绕"深度学习　悦动课堂[①]"这一教学研究主题，不断邀请专家、教研员进校，对研究方向把脉，就研究的内容、课堂教学形态等，进行专业化引领，为学校深入推进"深度学习"准确定标。

教研组以"一图、一表、一单"为抓手，通过集体备课的形式，明确深度教学的目标与内容，统一思想，设计好让目标落地的具体策略，充分发挥教研组内的骨干力量，群策群力，且每学年在原有备课基础上不断更

---

① 悦动课堂：青岛市市南区教育和体育局提出，"悦"包括师生关系和谐；思维开放活跃；身心互动高效。"动"是以生为本，以学为本，以动为轴。其内涵是关注学生课堂生命的成长，让学生的活力充分得到展现，使学生、教师、家庭构成良好的教育生态关系。

新迭代，为今后执教教师留存好教学资料，有效实现深度教学。

一、"一图"

"一图"即"单元学习认知结构图"。

布鲁纳是认知结构理论的杰出代表，其主张学习的本质是学生主动形成自我认知结构，学习知识的最佳方式是发现学习。发现学习是指以培养探究性思维方法为目标，学生利用教材或教师提供的条件自己独立思考，自行发现知识，掌握原理和规律的学习方式。布鲁纳认为，虽然学生所学习的知识都是经过人类长期实践已经知晓并证明了的事物，但是，学生依靠自己的努力独立地认识和总结出原理、规律，这对学生而言仍然是一种"发现"，学生的这种发现和科学家在科学研究领域里对人类以前未知的现象、规律进行探索而获得的新知识的发现（创造），其本质是一样的，学习的目的在于以发现学习的方式，使学科的基本结构转变为学生头脑中的认知结构。

在认知结构理论中，学习者不是被动地接受知识，而是主动地获取知识，并通过把新获得的知识和已有的认知结构联系起来，积极地建构其知识体系。学生掌握学科的基本结构既易于理解整个学科的知识，又易于掌握所学的内容，更易产生学习迁移的效用。

"凡事预则立，不预则废"，教师要想通过课堂教学帮助学生系统建立认知结构，让学生能够自主发现探究，教师首先应备好课，而要备好课则必须深研教材，教师不应单纯地教教材，而是巧妙地用教材，通过解读教材，将知识结成"点"，连成"线"，织成"面"，梳理知识之间的内在联系。

"一图"的制作及使用

1. 单元集备，聚焦统整

由于教师的教学经验、思想观念、教材熟悉程度各有不同，所以为全面有效钻研教材，学校通过教研活动、集体备课的形式，首先从单元着手，通过梳理本单元知识，进行单元统整融合的探究。

单元统整教学关注的是单元中核心的知识与技能，采用整体目标推进，站在整个学科结构的高度审视单元模块及知识要素，对教材单元资源进行统整，实现教材教学价值的更大化。

2. 关联旧知，正向迁移

集备组在梳理本单元知识后，通过将本单元知识逐一对应回顾"前期知识"，找准学生知识的生长点。由于小学知识具有很强的结构性，新、旧知识之间构成了一个逻辑严密的结构体系，所以课堂教学根据知识之间内在的联系，完全能够实现让学生在学习新知中激活已有知识与经验，在自主探究过程中利用旧知解决新知，从而实现利用知识迁移解决实际问题的深度学习。

3. 延伸拓展，建构体系

当学生将掌握的新知融入原先的知识结构之中时，学生现有的知识量、清晰度和组织方式都将随之发生变化。任何新的学习都是建立在原有知识经验之上进行的，先前学习对后继学习的影响称为顺向迁移，后继学习对先前学习的影响称为逆向迁移。当然，若从学习的有效性层面上区分，又可分为正迁移和负迁移。根据遗忘规律的机理，如果要使知识习得后能保持下去，就要有一个连续迁移的过程，使新知识逐渐分化，从而使其意义越来越精确。所以教师在探究"延伸拓展知识"时，需要将本单元知识与后续所学内容进行关联，梳理构建小学完整的知识体系，仔细思考如何进行后续学习的铺垫，避免因教学设计不当对今后的学习产生负迁移。

如语文学科的"一图"制作及使用，统编版语文教科书在编排时分单元组织编排，每个单元都围绕特定的人文主题和语文训练要素进行选文并规划学习内容。从横向上看，单元内的选文为落实重点阅读训练目标服务，课文编排的先后顺序在目标的落实上具有一定的层次性。从纵向上，不同年级教材中单元目标存在一定联系性和发展性，各单元的教学均是完整的语文知识和能力体系中的一环。教学时只有立足当下，"思前想后"，以大整体为背景，将每一个单元进行整体设计，才能让单元内的学习内容和活动形成合力，既使得这"一环"扎扎实实，又能在学生语文素养发展路径中起到承前启后的作用，促进学生思维能力的发展。因此，在进行"一图"的备课时，从单元整体着眼，梳理"单元知识"，回顾"前期知识"，探究"延伸拓展知识"，以此统整把握单元教学内容，理清知识体系。

语文学科单元学习认知结构图

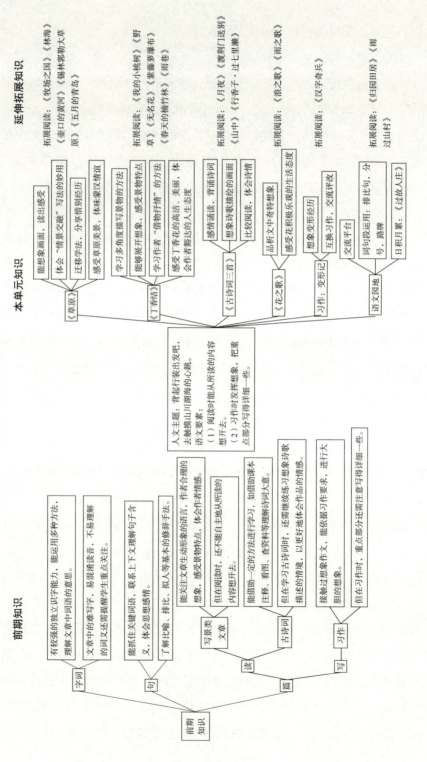

延伸拓展知识

拓展阅读：《牧场之国》《林海》《壶口的黄河》《锡林郭勒大草原》《五月的青岛》

拓展阅读：《我的小桃树》《野草》《天名花》《紫藤萝瀑布》《春天的楠竹林》《雨巷》

拓展阅读：《月夜》《渡荆门送别》《山中》《行香子·过七里濑》

拓展阅读：《浪之歌》《雨之歌》

拓展阅读：《双字奇兵》

拓展阅读：《归园田居》《雨过山村》

本单元知识

《草原》
- 能想象画面，读出感受
- 体会"情景交融"写法的妙用
- 迁移学法，分享惜别经历
- 感受草原美景，体味蒙汉情谊

《丁香结》
- 学习多角度描写景物的方法
- 能够展开想象，感受景物特点
- 学习作者"借物抒情"的方法
- 感受丁香花的高洁、美丽，体会作者豁达的人生态度

《古诗词三首》
- 感情诵读，背诵诗词
- 想象诗歌描绘的画面
- 比较阅读，体会诗情

《花之歌》
- 品析文中奇特想象
- 感受花积极乐观的生活态度

习作：变形记
- 想象变形经历

语文园地
- 互换习作，交流评改
- 交流平台
- 词句段运用：排比句，分号，路牌
- 日积月累：《过故人庄》

人文主题：背起行装出发吧，去触摸山川湖海的心跳。
语文要素：
(1) 阅读时能从所读的内容想开去。
(2) 习作时发挥想象，把重点部分写得详细一些。

前期知识

字词
- 有较强的独立识字能力，能运用多种方法理解文章中词语的意思。
- 文章中的难写字，易混淆读音，不易理解的词义还需提醒学生重点关注。

句
- 能抓住关键词语，联系上下文理解句子含义，体会思想感情。
- 了解比喻，排比，拟人等基本的修辞手法。

读
- 写景类文章
  - 能关注文章生动形象的语言，作者合理的想象，感受景物特点，体会作者情感。
  - 但在阅读时，还不能自主地从所读的内容想开去。
- 古诗词
  - 能借助一定的方法进行学习，如借助课本注释，看图，查资料等理解诗词大意。
  - 但在学习古诗词时，还需继续练习想象诗歌描述的情境，以更好地体会作品的情感。

写
- 习作
  - 接触过想象习作，能依据习作要求，进行大胆的想象。
  - 但在习作时，重点部分还需注意写得详细一些。

前期知识

数学学科单元学习认知结构图

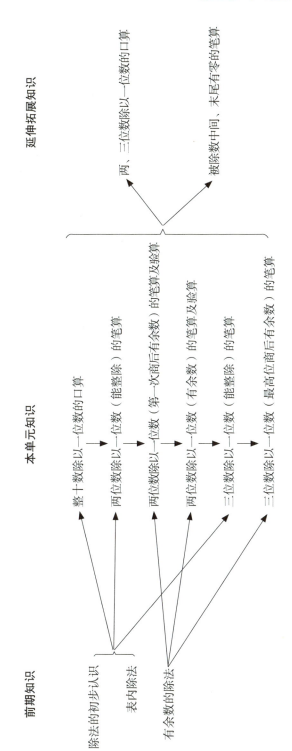

延伸拓展知识

两、三位数除以一位数的口算

被除数中间、末尾有零的笔算

本单元知识

整十数除以一位数的口算

两位数除以一位数（能整除）的笔算

两位数除以一位数（第一次商后有余数）的笔算及验算

两位数除以一位数（有余数）的笔算及验算

三位数除以一位数（能整除）的笔算

三位数除以一位数（最高位商后有余数）的笔算

前期知识

除法的初步认识

表内除法

有余数的除法

英语学科Book9 Module7 学习认知结构图

前置知识

1. B8M8U2用一般现在时态描述袋鼠的生活习性。

2. B2M4U2用数词描述蜘蛛的外表特点。

3. B7M1U1用have got的句型结构描述外貌特点。She's got long, black hair.

4. B2M3U2, B1M8, B6M7U2用How many 询问可数名词的数量。

5. B3M3M4用like+描述喜欢的东西。

6. 运用情态动词can描述自己或其他人能做的事情；
Book 5
Module 4 Unit 1 I can jump far.
Module 4 Unit 2 What can you see?
Module 5 Unit 1 Can I have an ice cream?
Book 6
Module 1 Unit 1 She's very nice.

7. B6M1 运用形容词描述自己或其他人的外貌或性格的特点。
big, small, long, short, tall, thin, fat, clever, quiet, nice kind, shy, naughty, helpful, useful, cool, special

本模块知识

Unit1 & Unit2

Topic: Talking about What Animals Can Do

Words: useful, show, presenter, blind, guide dog, could, find, fire, inside, firefighter.

Structures:
This man is blind.
His dog can help him.
Can Fifi help blind people?
No, he can't
He only wants to play.
It can...?
Can it...?
It could find the people.
It could...?
Could it...?

Culture Notes:
Introduction of Firefighters
In the UK, a firefighter is a rescuer trained to extinguish fires and save people from burning buildings. They need excellent problem-solving skills and a great deal of courage. They also need confidence, resilience and adaptability.
Introduction of guide dogs/pet/dogs/sniffer dogs/police dogs/medical detection dogs/sheep dogs/firehouse dogs/rescue dogs
the World Society for the Protection of Animals

延伸拓展知识

1. 通过看图说话，学生能够认识和了解不同种类的工作犬。
rescue dog, police dog, sniffer dog, sheep dog, guide dog.

2. 通过观看视频完成思维导图，学生能够用can描述导盲犬的多种能力，如take a walk, take an elevator, take the subway, go shopping, cross the road...
并且用不同的形容词来形容导盲犬。

3. 学生能够意识到导盲犬是经过严格训练的狗，是工作犬的一种，树立要尊重和爱护导盲犬，因为它们是失明残障人士的眼睛。

4. 通过观看海豚的视频，学生能够了解海豚的特性及其对自闭症儿童的帮助。

5. 通过学生绘本Molly，学生能够复习couldn't来表示过去能力的用法，并对宠物狗对人类的帮助有更深的了解。帮助学生理解人们应该善待动物，和动物做朋友。

资源包：
绘本：Molly
视频： the guide dog, dolphins

以统编版语文教科书六年级上册第一单元为例，本单元的人文主题是"背起行装出发吧，去触摸山川湖海的心跳"，语文要素为"阅读时能从所读的内容想开去""习作时发挥想象，把重点部分写得详细一些"。围绕单元人文主题和语文要素，单元内选编了三篇精读课文"草原""丁香结""古诗词三首"，一篇略读课文"花之歌"，习作"变形记"和"语文园地"。在备课时，老师们借助"一图"，以思维导图的形式梳理出每篇课文、练习中的知识要点，清晰明了地呈现出单元人文主题和语文要素在每课中的具体落实，明晰了教学的重难点。通过梳理"前期知识"，对应回忆前期所学，以明确学生的学习基础，避免重复教授学生已掌握的知识。构思设计"延伸拓展知识"，为实现从课内到课外，由一篇带一篇，由一篇带多篇，由一篇带整本书的阅读奠定了基础，推进了学生螺旋递进式的知识掌握过程。

二、"一表"

"一表"即"备课表"。

"备课"是指教师为上课做的一切准备工作。布鲁姆曾指出："教育成为一门艺术的前提是所有有可能出现在课堂中的结果都能被授课者提前预料到。"由此可见，一堂课成功与否的关键便是备课。

备课是教学工作的起点，"一图"是集体备课智慧的结晶，"一表"是个人备课思考的浓缩。

备课不等同于教案，备课是教师根据课程标准、结合课程特点，对教学目标、教材内容、学情基础、教学方法、教具学具等全面的综合考量。教案则只是对上述理解、思考、课堂设计的书面记录，由于受书面表达所限，教案往往更加注重的是课堂的具体教学内容，较难全面体现教师对课堂教学的深入思考。而基于布鲁姆理论的深度学习课堂，要求师生在教学实践中更加注重发挥主动性和创造性，鼓励师生在教学互动中思维碰撞产生火花，这种火花在很多状况下是教师在教案设计时是无法做出预设的，因此备课时教师所面对的不仅仅是知识的传授，更多的是学生能力的提升，教师借助布鲁姆的认知学习目标分类，可以设置准确目标，使课堂教学更具灵活性，注重实践生成，真正实现深度学习的课堂教学。

"一表"的制作及使用

1. 目标分解，走向深度

教学目标是教学的出发点和归宿，是教师对学生达到的学习成果或最终行为的明确阐述，一切教学活动都是围绕教学目标来进行和展开的。教师在备课过程中，结合"一图"，首先对同一单元不同课时之间的教学目标进行统整分析，找出知识与思维的生长点，理清知识内在的逻辑关系，由传统的"三维目标"，对标布鲁姆认知分类的六层目标，定标高阶思维能力的发展，以"分析、评价、创造"作为教学目标的重点关注对象，充分实现教学目标的意义价值。

以统编版语文教科书六年级上册第一单元第一课《草原》的备课为例，在备课时，教师从教材分析的角度出发，借助表格，梳理明确了此篇文章的文本特点。这篇文章是一篇散文，文章以优美、清新的语言将草原的风光美、人情美渲染得淋漓尽致，读来令人神往，于平实中见真情。文中丰富的联想和想象，不仅将草原描绘得生机勃勃，更巧妙地传达了作者独特的感受。在景中融情，情景交融，使文字灵动。因此，在阅读时，通过品析文中优美的语句，随着作家的叙述，在头脑中浮现出一幅幅生动的画面，能更好地体会作者在写景中加入想象、融入感受的写法，也有效地落实了本单元的语文要素。

因此，在本堂课的教学中，将教学目标确定如下：

（1）正确读写本课9个生字。能结合字义，读准多音字"蒙"。依据字源演变，正确书写生字"裳"。联系上下文，想象画面，理解"渲染""勾勒"等词语的含义。

（2）正确、流利地朗读课文。想象草原迷人的景象，读出自己的感受。体会作者在写景中加入想象、融入感受的写法的妙处。背诵第1自然段。

（3）品析文中优美的语句。随着作家的叙述，在头脑中浮现出一幅幅生动的画面，体会蒙古族和汉族人民之间的深情厚谊。

（4）能和同学交流生活中与别人惜别的经历。

（5）拓展阅读《五月的青岛》，关注文中作者的想象、感受。能从所读的内容想开去，了解景物特点，体会作者心情。学习运用方法，进行片段练写。

　　确定了教学目标，并将其与布鲁姆"深度学习"的六个层次目标一一对应，分析调整，以此更明晰地知晓各教学目标的培养任务及作用方向，进一步推进了课堂学习的深度。此外，教学目标（2）、（3）、（5）在达成时都有利于培养学生的发散思维，在备课时予以关注，促进思维方法在课堂教学中的培养提升。

课题	1.草原		课时数	2课时	主备人	张亚楠
教材分析						

教材分析	《草原》是统编小学语文六年级上册第一单元的第一课，这篇散文语言生动优美，平实中见真情，记叙了老舍先生第一次访问内蒙古草原时，看到的美丽景色以及受到内蒙古同胞热情欢迎的情景。文章以优美、清新的语言将草原的风光美、人情美渲染得淋漓尽致，读来令人神往。丰富的联想和想象，不仅将草原描绘得生气勃勃，更是表达了自己独特的感受。在景中融入了自己的情感和感受，情景交融，可以使文字如此灵动。 　　品读了此文，可以更深入地感知老舍不愧为语言大师，文字间的精致和独具匠心蕴含在文字中。例如，"在天底下，一碧千里，而并不茫茫"，"一碧千里"，满眼的绿意，然而老舍先生却感到"并不茫茫"。正是因为那明朗的天空、活泼的羊群、柔和的小丘，绿色、白色相互映衬、点缀的灵动，整个景色是灵动、鲜活而有生命力的，一点都不"茫茫"。应在想象草原迷人的景象中，读出自己的感受。另外，文本中有丰富的感受，如"连骏马和大牛有时候都静立不动，好像回味着草原无限的乐趣"，是谁在回味呢？当然不是骏马和大牛，而是老舍自己的感受，他用情景交融的方式，写出了独特的感受。因而，阅读时，要品析文中优美的语句。随着作家的叙述，在头脑中浮现出一幅幅生动的画面，体会作者在写景中加入想象、融入感受的写法的妙处。以落实单元语文要素。

教学目标	内容/目标	记忆	理解	应用	分析	评价	创造	思维方法
	1.正确读写本课9个生字。能结合字义，读准多音字"蒙"。依据字源演变，正确书写字"裳"。联系上下文，想象画面，理解"渲染""勾勒"等词语的含义。	√	√					
	*2.正确、流利地朗读课文。想象草原迷人的景象，读出自己的感受；体会作者在写景中加入想象、融入感受的写法的妙处。背诵第1自然段。	√	√	√	√			发散思维法
	*3.品析文中优美的语句。随着作家的叙述，在头脑中浮现出一幅幅生动的画面，体会蒙古族和汉族人民之间的深情厚谊。		√		√			发散思维法
	*4.能和同学交流生活中与别人惜别的经历。			√				
	*5.拓展阅读《五月的青岛》，关注文中作者的想象、感受。能从所读的内容想开去，了解景物特点、体会作者心情。学习运用方法，进行片段练写。		√	√	√		√	发散思维法

2. 真实情境，学以致用

从深度学习的内涵来看，它注重迁移运用，要求学生不仅要理解学习内容，还要深入理解学习情境，能够对新情境做出"举一反三"、准确明晰的判断，从而实现原理方法的顺利迁移运用。作为一种建构性学习，深度学习要求教师在备课之时，要根据学习内容的特点、教学目标的要求、学生思维的发展状况创设能够促进深度学习的课堂情境，并引导学生积极体验，最终达到将所学知识与情境建立联系并实现迁移的目的。

如在三年级语文《大自然的声音》一课中，美丽的文字将大自然奇妙的声音描绘得淋漓尽致，但学生通过文字、音频来感受这些大自然的声音，看上去总是"隔靴搔痒"，学生只是了解了描写声音的词语，但却无法分析这些词语为何生动，更无法去开动思维，进行创造性的描写。教师为使学习走向深入，引导学生就此进行分析与创造，在思考中发现，如果能让更多科目的学习与语文文字贯穿融合，为学生提供真实的情境，必会让课堂学习走向深度，更能激发学生思维的发展。

于是，在与其他教师交流时得知音乐教学中，恰好有着相应的学习内容，通过不同的节奏型、不同的乐器来表现大自然四季有代表性的声音。教师在教学目标的指引下将学科打通，同时将校内学习与走入自然连接，鼓励学生走进自然，录下自己认为奇妙的声音，身临其境地感受文章中的文字，阅读一段优美的文字后通过自己的理解用一段节奏型来表现自己的感受；聆听一段乐曲，发挥想象为这段乐曲配上一篇语言生动的介绍词，在知识学习的过程中实现了深度学习的目标。

如在新标准英语三年级模块话题"Talking about illness"的学习时，文本中主人公Sam在家中不开心，Smart通过询问得知Sam是因为今天有考试而产生紧张心理，在这个过程中Smart通过运用句型：Have you got a headache/stomach ache? 虽是在关注Sam的心理变化，同时也是将关于疾病的话题进行渗透，所以在授课过程中教师通过创设真实的情境，引导学生在不同的情境中感知语言和运用语言是达到本课时教学目标的最佳方式。课上教师通过创设At Home，At School，At the Doctor's三个不同的情境，使学生在不同的情境中感知语言的变化，引导学生运用目标语句"Have you got a...？"进行提问，同时引导学生结合实际生活针对不同的身体状况提出合理建议，在真实情境中促进了学生思维的发展。

再如在数学六年级"认识百分数"一课中，教材原本情境是"三所小学六年级学生视力情况"，教师原先在教授此部分知识时，学生对于运用百分数进行数据分析的意义不明确，而在研究深度学习之后，教师将此情境替换为了校内六年级学生真实的视力数据。简单的一个数据变化，立刻激发了学生的探究欲望，学生在了解本班近视情况后立刻想进行各班级的数据比较，由于学生对数据的比较、分析有着强烈的驱动力，所以学生在尝试不同方法的过程中，自然而然地探究出百分数的方法，并在比较分析之后，对保护自己的视力有了更加强烈的意愿，更有学生在课堂上直言："平时真没发现我们班有这么多近视的同学，我们今后都要注意用眼卫生，保护好自己的视力。"

3. 优质问题，引领探究

课堂优质问题的设计，能够指引学生思维发展的方向，激发学生思维活动的动力，引起学生的好奇心和求知欲，使学生能够进行有深度的思考。教师的"问"不仅可以解决教学中某一个具体知识点的问题，而且能使学生逐步学会发现问题和思考问题的方法，加强师生间的情感交流。因此，善教者，必善问。

如数学学科结合信息窗进行的知识梳理，在找准知识点、知识生长点与思维发展点的备课活动中，针对学生的思维发展设置有针对性的问题，通过问题引领学生深入思考，开展有意义有目的的探究活动。

信息窗知识梳理表

信息窗课题：平行四边形面积

信息窗	知识点	知识生长点	思维发展点	活动（问题设计）
	1.图形面积的转化。 2.平行四边形面积公式推导。 3.平行四边形面积公式应用。	1.方格图数格验证平行四边形面积。 2.长方形面积公式。 3.平行四边形面积公式。	1.图形割补。 2.推理能力（公式推导，三竖两横）；建构知识关联（$S=ah$）。 3.解决变式实际问题。	图形割补 预设1：剪下一个三角形拼成长方形。 预设2：剪下两个三角形拼成长方形。 预设3：剪下两个梯形拼成长方形。 谈话：这么多不同的剪法有什么相同点吗？ 预设1：都是沿着高剪。 预设2：都是拼成长方形。 追问1：为什么都要沿着高剪？ 预设：因为这样才能得到直角，才能拼成长方形。 追问2：平移拼成的长方形面积就是原来平行四边形面积吗？ 预设：是，面积没多也没少。 预设：因为长方形的长相当于原来平行四边形的底，长方形的宽相当于原来平行四边形的高，所以面积没变。

课题	秋天		课时数	2课时	主备人	姜燕

教材分析	《秋天》是一篇写景散文。课文抓住天气、树叶、天空、大雁等事物的特点，描写了秋高气爽、黄叶飘落、北雁南飞的景象，表达了作者对秋天的喜爱之情。全文有3个自然段，每一段观察角度、观察的对象各不相同。第1自然段以天气转凉、黄叶飘飞写出秋天的特征。第2自然段取仰视角度，写出天空的蓝和高，以及雁阵的飞行方向和队形变化。第3自然段用感叹句充分表达作者面对秋天到来的喜悦之情。秋季景色优美，作者所选的景象都很具有代表性。课文有两幅插图，其中"落叶、雁群"与课文描述情景对应，"成熟的庄稼""捧着松果的小松鼠"揭示了秋天更多样的特点，留给读者对于秋天美好的遐想。

教学目标	内容/目标	记忆	理解	应用	分析	评价	创造	思维方法
	※1.运用"熟字加一加"等方法认识"秋、树、叶"等10个生字，认识木字旁、口字旁、人字头3个偏旁。运用"写一个带一个、加一加"的方法学写"了和子""人和大"4个生字和"横撇"1个笔画。	√	√	√	√	√		收敛思维
	※2.认识自然段。正确朗读课文，读准"一"的不同读音。借助抓关键词、想象画面等方法背诵课文。	√	√	√	√	√	√	对比思维
	3.图文结合理解课文内容，阅读绘本《落叶跳舞》，知道秋天的一些特征，养成观察生活的习惯。	√	√	√	√	√		发散思维

课题	Module 9 Unit 1 *Do you want to visit the UN building?*　Unit 2 *I want to go to Shanghai.*							
		课题数			3课时		主备人	宋欣
	内容/目标 Content/targets	聚合思维 Convergent thinking	发散思维 Divergent Thinking	分类思维 Classification Thinking	比较法 Rechtsvergleichung	假设思维 Counter-factual Thinking	收敛思维 Convergent Thinking	逆向思维 Reverse Thinking
教学目标	1. 学生能够听、说、读、写的重点单词和句型：peace/make peace/member/state/famous. Do you want to visit the UN building? I want to go to Shanghai. The UN wants to make peace in the world. China is one of the 193 member states in the UN.	✓						
	2. 学生能够明确字母组合 "or" 在不同单词中的发音并能够确认读含有该字母组合的单词/ɔ:/ /work/worm/world/ɔ:/ forty/short/sport				✓			
	3. 学生能够运用Do you want...?询问对方的意愿并能够运用第三人称进行转述。（He wants to... Do you want...?）		✓					
	4. 学生能够运用形容词描述一处景点的特点：能够运用已学和拓展的语言支架（This building is very... It's in the south of... There are...）介绍建筑物、景点或者家乡的特色以及发展历程。		✓					
	5. 通过阅读This is Shanghai学生能够体会到每一个城市都有自己的特色并能够向别人介绍一处值得参观的地方。通过阅读绘本，运用语言支架描述祖国或者家乡的一处景物，增强对祖国和家乡的热爱。		✓					

	1st period	2nd period	3rd period
教学目标 Targets	1. 学生能够听、说、读并理解、运用的单词和句型：building/peace/make peace/member states/beautiful/countries It's a very important building in New York. The UN wants to make peace in the world. China is one of the 193 member states in the UN.	1. 通过课文的模仿和复述、熟练运用重点单词和句型：peace/make peace/member states/beautiful/countries/It's a very important building in New York. The UN wants to make peace in the world. China is one of the 193 member states in the UN.	1. 通过文本知识的复习以及活动用书的练习题，学生能够熟练地进行课文复述，能够注意到人称和时态的变化并进一步巩固重点单词和句型。
	2. 学生能够明确字母组合or在不同单词中的发音并能够准确认读含有该字母组合的单词/ɔː/work/worm/world/ɔː/ forty/short/sport	2. 通过复述课文，看图说话的方式，学生能够注意到人称的转换和对一般疑问句的回答。	2. 通过观看视频和互动练习的方式，学生能够准确地说明Smart family的旅游意向并能够询问同伴的出游意向。
	3. 通过文本学习，学生能够理解和简单的讲解联合国成立的意义以及为世界和平所作出的贡献。	3. 通过观看视频（中国，上海）学生能够运用所学知识进行配音。（This is... It's in the east of China. There are... This building is more than... high. We can see... from there.）	3. 通过阅读This is Shanghai学生能够理解并运用描述一处景物的方法并在此基础上描述身边的景点。
	4. 通过跟读和模仿课文，学生能够在语境中理解文本并自主总结出描述一处建筑物的形容词。	4. 通过拓展UN的information丰富学生的词量，提高学生的阅读理解能力。（There are guided tours of the Unites Nations and it is a popular tourist attraction when people visit New York.）	4. 通过视频配音学生能够表达出自己的意愿，能够运用I want to go to... I want to eat... 表达自己的旅行意向。
	5. 通过看图说话、互相问答的方式，学生能够熟练运用询问句型Do you want to...?来询问对方的旅行意愿。	5. 通过初读绘本Welcome to Chicago学生能够熟知描述城市经典的单词和句型，能够初步理解绘本的意思。	5. 通过对文本的记忆和绘本的理解，学生能够询问他人的出行意向并向他人进行介绍。
			6. 通过交流展示自己喜爱的城市（地标性建筑，美食，温馨提示）学生能够发现其他城市之美，能够感受到祖国的大好河山，评选出最受欢迎的城市，从而增强对祖国的热爱之情。
			7. 通过对CIIB的了解学生能够感受到祖国经济的日益繁荣，感受到我国日益的引进来、走出去的政策，增强对祖国的热爱。

三、"一单"

"一单"即"学习任务单"。

学习任务单是教师根据课堂教学需求，学生的学习目标和认知需求设计的，旨在引导学生积极参与学习过程的活动任务方案。学习任务单根据学科特点、教学内容、学情基础的不同，而进行不同驱动任务的设计，它是以"学习任务"为核心要素，是教与学的桥梁和纽带，是促进学生进行知识建构、实现自主探究、加强学习动机、积极运用于实践活动的有效载体。

教师在课堂教学中以学习单为依托，以课堂创新和学科创新为支撑，深耕课堂教学，将学科育人价值和学科属性融为一体。帮助学生构建学习支架，提高学生的思维品质，并引导学生将学法运用到实践当中，以促进学生深度思考。

"一单"的制作及使用

1.语文学科

语文学科借助学习单，构建学习支架，实践学习方法，推动阅读开展，以实现学生认知的深度，助力悦动学习的课堂。

在精读课上，教师通过引入学习单，帮助学生构建学习支架，引导学生借助学习单进行有效的学习，以指导学生掌握学习方法，提高学生的思维品质，实现悦动、深度的课堂学习。

略读课文是统编版"三位一体"编写思路中的重要一环，是学生在精读课习得方法的基础上，学法迁移，自主实践的过程。因此，借助学习单这一抓手，指导学生灵活运用精读课中习得的方法，迁移实践学习略读课文。从而发挥学生学习的能动性，助力"1+X"多维融合的阅读理念，深化悦动的课堂发展。

如在统编版五年级上册《月迹》一课的学习中，依托前两节课的学习，教师设计表格学习单，引导学生从"静态、动态的组合方式""动态描写的角度""静态、动态描写的作用"三方面回顾所学，探究完成《月迹》这篇略读课文中的方法体现，使学生在回顾方法，运用方法，探究新法中自主、合作学习，从而实现"教略学丰"，充分体现以生为本的自主学习的阅读学习过程，提升学生的自主阅读能力，提升学生的思维品质，实现深度学习。

课文	静态、动态组合方式	动态描写	静、动描写的作用
《四季之美》			
《鸟的天堂》			
《月迹》			

　　在精读课构建支架，略读课实践支架的基础上，学生掌握了学习的方法，真正灵活地运用支架，在自主学习，合作探究中充分发挥学习能动性，深度学习的课堂自然水到渠成，自然落地。

　　如在统编版五年级上册第三单元"快乐读书吧——走进民间故事"推进课上，通过引导学生运用自己喜欢的学习支架比较阅读，充分发挥学生学习的自主能动性。学生小组合作，全班交流，深度的课堂学习，为学生搭建了学习展示的平台，提供合作学习的机会，推进学生深层次的阅读、探究，感受中外民间故事的魅力。课堂的主动权也真正还给了学生。

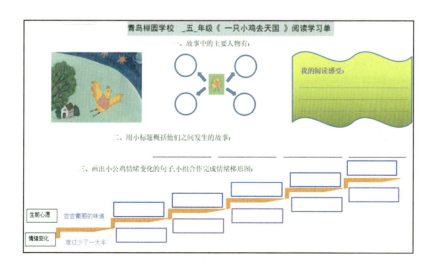

2. 数学学科

数学学科以环节目标为问题设计着力点，为学生创设有现实意义、有针对性、有深度思考价值的优质问题，从而有效达成目标，真正地实现深度学习。

对于数学学习而言，多样的练习能够帮助学生加深对所学知识的理解，有助于学生灵活掌握所学内容，在解决问题的过程中能够很好地提高学生的数学思维能力，体验数学解题的成就感，进而提高学习数学的兴趣。学校数学学科的学习任务单则注重通过基本练习、变式练习、综合练习、拓展练习使学生巩固掌握所学知识，能够熟练运用知识解决问题并举一反三，提升思维。因此，学校数学组教师依据深度学习，悦动课堂的理论，以优质问题的设计为抓手，为不同知识内容设计相应的课堂学习任务单。

如低年级注重学生基础知识的掌握，为了加深和巩固学生对于加减法意义的理解，进行了看图列式的专项练习，讲解过程中通过让学生分析图片，说清楚知道了什么、求什么、用什么方法，使学生在练习当中提升分析能力，有效促进知识的掌握。中、高年级则注重学生思维的发展，如在学习等量代换的

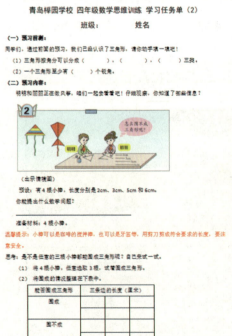

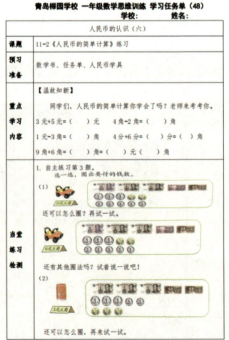

知识时，由于此部分内容对学生来说过于抽象，所以通过设计火箭"长征五号""天问一号"的学习情境，让学生能在学习单上动手画一画，找到对应的关系，便于进行小组讨论交流。另外针对语言文字描述的等量代换应用题，也通过结合航空航天的内容设计练习，使学生在情境串中进一步熟悉等量代换的方法，加深知识的理解及数学思维的运用。除此之外教师还针对不同学情，积极梳理学生平日练习易错、易混淆的内容设计相应的题组练习，让学生进一步体会到认真分析问题的重要性和数学在生活中的灵活应用。

3. 英语学科

英语学科学习任务单的使用以提升学生综合语言运用能力为目的，在此基础上设计符合学生认知水平，并能促进学生深度思维的练习，从而达到检测学习效果，巩固新知的作用。

基于学情分析，教师按照单元主题、教学内容与学生的"最近发展区"，结合学习目标和不同维度的基础性任务，结合语用维度的实践性的任务，结合文化维度与难点问题的拓展性任务精心设计任务单。把"任务单"作为帮助学生实现课前自主学习的载体，课堂合作学习的依据，课后补充学习的抓手。

在英语课堂中，教师采用学习任务单设计任务活动，在强烈任务驱动下有效激发学生的学习积极性，学生主动应用学习资源进行自主探索，极大地提高了学生的自主学习能力。同时，教师引导学生在任务驱动下，以小组形式展开讨论，各小组就共同的任务进行交流、学习、分享，最终完成既定任务，而在完成任务的同时也增强了学生的合作学习能力，促成了学生的自主、互助、合作学习模式，增强学生的学习积极性，提高教学实效性。

随着英语教学的不断发展，阅读教学不再停留于阅读策略的探讨研究，开始转向帮助学生通过阅读教学提高提取整理关键信息能力，并能正确表达文本内容。在绘本阅读教学中，英语教师借助"reading response"，通过基于绘本内容提取相关信息，根据绘本主题整理关键信息，利用关键信息表达文本内容等几个步骤引导学生观察图片、理解文字、进行文本的提炼和自己主观的阐述，培养了用英语获取、处理和传递信息，表达简单的个人感受，从而提升实际语言运用的能力。

Book9 Module8 Unit2 There is a lot of games.

Class _____   Name _____   Assessment_____

I. Describe Jamie's school day at Forest School in the group.

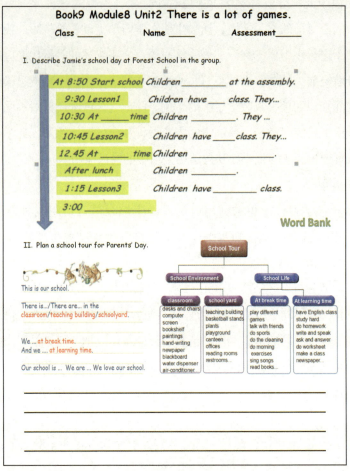

At 8:50 Start school Children _____ at the assembly.

9:30 Lesson1   Children have ___ class. They...

10:30 At _____ time Children _____. They ...

10:45 Lesson2   Children have _____ class. They...

12.45 At _____ time Children _____.

After lunch   Children _____.

1:15 Lesson3   Children have _____ class.

3:00 _____

Word Bank

II. Plan a school tour for Parents' Day.

This is our school.

There is.../There are... in the
classroom/teaching building/schoolyard.

We ... at break time.
And we .... at learning time.

Our school is ... We are ... We love our school.

School Tour			
School Environment		**School Life**	
classroom	school yard	At break time	At learning time
desks and chairs computer screen bookshelf paintings hand-writing newpaper blackboard water dispenser air-conditioner...	teaching building basketball stands plants playground canteen offices reading rooms restrooms...	play different games talk with friends do sports do the cleaning do morning exercises sing songs read books...	have English class study hard do homework write and speak ask and answer do worksheet make a class newspaper...

_____

_____

_____

_____

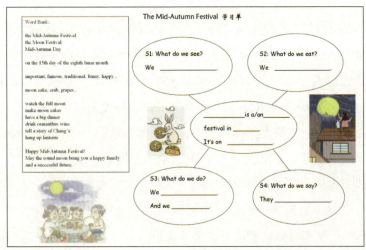

The Mid-Autumn Festival 学习单

Word Bank :

the Mid-Autumn Festival
the Moon Festival
Mid-Autumn Day

on the 15th day of the eighth lunar month

important, famous, traditional, funny, happy...

moon cake, crab, grapes...

watch the full moon
make moon cakes
have a big dinner
drink osmanthus wine
tell a story of Chang'e
hang up lanterns

Happy Mid-Autumn Festival!
May the round moon bring you a happy family
and a successful future.

S1: What do we see?
We _____

S2: What do we eat?
We _____

_____ is a/an _____
festival in _____
It's on _____

S3: What do we do?
We _____
And we _____

S4: What do we say?
They _____

4. 其他学科

其他学科以解决生活中的问题为驱动，加强学习活动的综合性和探索性，注重学科与其他学科的融合，通过打造自主学习任务单，将生活中的问题融入学科学习中，进行深度学习教学研究。

学校借助"一图、一表、一单"进行备课研究提高了备课的质量，充分发挥了教师的思考力，提升了课堂教学效率，激发学生的高阶思维，促进深度学习，对于提升学生的学科素养起到了积极的作用。

第二节 思维能力的深度培养

发展思维是提高学生综合素质的重要方面，更是提高思考力的主要手段，因此培养学生的思维能力是小学教学的重要任务之一。

如《语文课程标准》指出：语文课程应激发和培育学生热爱祖国语文的思想感情，引导学生丰富语言积累，培养语感，发展思维，初步掌握学习语文的基本方法，养成良好的学习习惯，具有适应实际生活需要的识字写字能力、阅读能力、写作能力、口语交际能力，正确运用祖国语言文字。

《数学课程标准》指出：数学课程能使学生掌握必备的基础知识和基本技能；培养学生的抽象思维和推理能力；培养学生的创新意识和实践能力；促进学生在情感、态度与价值观等方面的发展。

学科中思维能力的培养于上承接着课程标准的落地实施，于下指引着学生发展目标的培养。学生思维能力的培养源于学科知识又超越学科知识，因此在深度学习过程中，不仅要求学生在课堂学习中发展思维，更要能够实现跨学科的知识学习及运用，能够利用自身综合能力解决实际的问题，使学生在学习过程之中，提升思考力，形成对学科本质与规律的深刻认识和把握，引领学生将所学知识与技能回归到生活实际。

教师课堂教学中对于思维能力的有意识培养与无意识传递都将对学生的个性发展产生深远影响，接下来我们以牛顿为例，来了解一下这名伟大的科学家为何会踏入自然科学领域，成为自然科学奠基人之一。

牛顿被公认为是人类历史上最伟大、最有影响力的科学家之一。在他

14岁时，母亲决定让他辍学务农维持生计，后来在牛顿舅舅和格兰瑟姆中学校长的竭力劝说下，母亲才同意让牛顿继续回到学校完成学业。

1661年，牛顿考入剑桥大学，但家里的积蓄不够，最终因成绩优异，牛顿被允许通过为学院做杂役来减免部分学费。1664年，牛顿被指定成为杰出数学家巴罗的助手。巴罗学识广博，无论是几何学还是物理学的课程都会让学生收获良多。牛顿在巴罗门下的这段时间，是他学习的关键时期。第二年夏天，由于鼠疫流行，剑桥大学停课，牛顿回到了家乡，直到1667年学校复课。在此期间，牛顿在他一生中最重要的几个研究领域做出了开创性的工作：初步创立微积分，初步形成万有引力的想法，进行光的色散实验，发明反射式望远镜。据牛顿后来回忆说："巴罗博士当时讲授关于运动学的课程，也许正是这些课程促使我去研究这方面的问题。"

巴罗将牛顿引向了自然科学，使牛顿成为了近代自然科学的奠基人之一。或许没有巴罗的教学，牛顿可能仍然会专攻自然科学，也有可能会在其他方面取得一定造诣。但不可否认的是，正是巴罗的自然科学内容，使牛顿对此产生了浓厚的兴趣，愿意潜心钻研，并知道该如何探究。

如在五年级上册略读课文《月迹》的学习中，作者贾平凹通过记叙中秋夜几个学生从中堂到院子再到河边寻找月亮的过程，以儿童化的语言，抓住月亮的动态与静态的变化，描绘了皎洁的月光和月光下的夜色，文章处处充满童趣，丰富的想象也是无处不在。这篇文章更为突出的一大特点则是作者独特的语言风格。比如仅在第二自然段中，"竹窗帘儿""悄没声儿""珠帘儿格""白道儿"这类带有儿化音的词语就有多达9处。

课堂教学中教师便让学生思考：作者为何要加儿化音呢？起初学生们默不作声，尴尬又不失礼貌地笑着，显然这个问题让学生犯了难，于是教师顺势引导学生解决这个"怪问题"。先是圈画出段落中带有儿化音的词语，接着盖住儿化音读读文章，再加上儿化音读读看，对比着阅读，体会儿化音的作用。慢慢地，有的学生把自己给读乐了……越来越多的学生把自己给读乐了……原本没有关注儿化音的学生，再次认真读起来时，发现了它的妙处。

因此当教师再次提出这一问题时，学生们争前恐后地举手——"加了儿化音特别有意思""儿化音使整个文章活泼了许多""特别有趣儿"……让教师惊喜的是，学生竟然也在自己的答案中运用上了儿化音，这可是史无前例的。

教师通过引导学生思考这一问题，使学生发现，要想把文章写得有意思，有时候往往就是一个"儿化音"这么简单，这么重要。同时也认识到，写作不能只靠好词修饰，往往写出自己的语言风格更受人欢迎。

由此可见课堂教学对培养学生的思维起着至关重要的作用，课堂教学的本质是学生的主动参与学习，是学生循序渐进，积极思考的经验积累，因此基于学科核心内容的深度学习，要求教师能够在"一图、一表、一单"的基础上，抓住知识本质，创设现实情境，激发学生思考，通过落实布鲁姆认知目标分类的"分析、评价、创造"，提升学生思维品质和关键能力。

例如在三年级的音乐教学中，教师以"母爱"这一人文主题为主线，将《妈妈》《妈妈宝贝》和《母亲教我的歌》三首欣赏曲目整合，利用演唱形式、歌曲情绪、歌曲速度、人声分类这四个音乐要素，先通过聆听感受，初步分析三首作品的音乐要素，再通过小组讨论与演唱体验，总结音乐要素与作品表达的联系。最后思考，如果要编创一首《唱给妈妈的摇篮曲》，在演唱形式、歌曲情绪、歌曲速度和人声分类上要如何进行。由于学生通过比较对这四项音乐要素已有了清晰的认识，所以学生认为以独唱的形式演唱歌曲，歌曲的情绪是优美温情的，因为是摇篮曲，所以速度是慢速的，歌曲是我们唱给妈妈的摇篮曲，所以人声分类应该是童声。在这一过程中，学生通过深度学习，不仅掌握了音乐要素，还能够运用音乐要素表达人文主题下的歌曲情感。

接下来就以课例为例，让我们体会一下思维能力的深度培养吧。

"神奇的甲骨文"（统编版语文　一年级上册）课堂教学实录

教 学 目 标

（1）能认识简单的甲骨文字，大胆猜测、说出依据。

（2）利用图片引导学生联想，并能让学生发挥想象组合作画，创编象形文字故事。

（3）激发学生的识字兴趣，培植学生对中华汉字文化的传承精神，增强民族自豪感。

教 学 过 程

板块一：小试牛刀

师：我们以闯关的形式来挑战一下小朋友们对甲骨文的了解。第一关——小试牛刀。我们先来热热身，看看同学们是否记住了我们学过的这些字。准备好了吗？

（屏幕依次出现课本中学过的甲骨文图片，学生根据屏幕出现的甲骨文图片依次回答。）

生：日、水、山、田、月、火、石、禾、羊、鸟、木、网、人。

板块二：眼疾手快

师：刚才这些都是我们课本上出现过的甲骨文。恭喜同学们顺利闯过第一关！那我们的难度升级，看看以下这些字，你是否还能猜出来。第二关——眼疾手快。要求，如果你猜到了这个字，请不要立即说出来，看看谁举手举得快。准备好了吗？开始！

（屏幕依次出现口、耳、目、手、云、雨、雪、虫、贝、花、树、鱼、犬的甲骨文图片，教师随机提问，学生说出汉字的同时讲明猜测依据。）

生1：这个字应该是"目"，因为它像人的眼睛。

生2：这个字应该是"手"，因为它的样子，和我们张开的手掌很像。

生3：这个字应该是"雨"，因为上半部分是云彩，下面的几个点应该就是飘落的雨点。

生4：这个字应该是"犬"，因为它就像是一只站立的小狗，头、四肢、尾巴都像。

……

板块三：火眼金睛

师：同学们刚才猜得都好棒啊！接下来我们进入第三关——火眼金睛。请同学们找一找这张画里有哪些象形文字？你能不能把这幅图编成一个故事呢？我们先每个人思考，然后小组讨论，最后每个小组选一位代表起来发言，开始吧！

（出示由"日、云、目、山、石、人、网、鱼、水"象形文字组成的图画。）

生1：今天天气真好啊！天空中有一个大太阳，旁边飘着几朵白云。在山的这边有一条小河，一位渔民领着他养的小鹿来了，他让小鹿在河边的石头旁等着。他下河捕鱼啦，他撒下渔网，捕了许多小鱼。小鹿和他都开心极了！

生2：渔民要到集市上卖鱼喽，这天，他又坐着渔船来到了河里。今天河里的鱼可真多啊，又大又肥，渔民捕捞了满满一兜子的鱼，热得满头大汗。正在河边的小鹿看到了，对这位渔民说："你真棒啊！"

……

板块四：能力提升

师：老师这里呢，给每个小组准备了一些甲骨文图画素材，现在，就请同学们以四人小组为单位，任意选取你们想要的甲骨文图画，用剪刀裁剪下来并涂色，再把它们贴到纸上，然后也编成一个故事。如果没有你想要的素材，也可以直接画在纸上。留给你们一天的时间创编故事，明天课上我们上台展示，看看哪个小组设计和创编的故事最好！

教 学 评 析

　　最好的学习汉字的方法，是从汉字的源头——甲骨文学起。趣味甲骨文识字，就是与汉字文化连根，把一些甲骨文编成一个个故事，在给学生讲述这些故事的同时，让学生们不仅饶有兴趣地记住了故事，同时也记住了故事里的甲骨文字和简体字，达到识字写字、乐学国学的效果。

　　小组合作绘画创编故事这一环节，为本课的亮点。不仅激发了学生们的兴趣，还培养了他们的语言表达能力，促使他们理解简单的象形文字精要。通过多元的文化体验，开拓了学生们的视野。学生们的发散思维和想象能力于此得以强化，为培养低年级儿童的识字方法做了铺垫。透过文字和生活之间的关系，让学生们的识字意识、识字能力及文字归类，都得到了相应的提高，同时，提升了文化传承与理解的语文核心素养。

"认识方向"（青岛版数学 二年级上册）教学实录

教学目标

（1）结合现实生活，学会辨认方向，并会根据给定的东、西、南、北中的一个方向，辨认其余三个方向。

（2）经历探究辨别方向与确定位置的过程，发展初步的空间观念。

（3）能在生活中发现、提出和解决有关方向和位置的简单问题，感受数学与日常生活的密切联系，培养对数学的兴趣。

教学过程

一、创设情境，激发兴趣

1.出示本学校的真实照片

师：同学们，你们认识我们学校吗？知道这都是哪吗？

（课件依次出示学校的教学楼、餐厅、操场、主席台等照片）

师：今天，老师邀请到一位新朋友——小军，他想带着我们一起去参观他美丽的校园。瞧，多美的校园呀！走进学校的大门，你们发现校园里都有什么建筑物呢？

生：有教学楼、实验楼、国旗杆，还有宽敞的操场。

2.引出认识方向的必要性

师：同学们，你们能介绍一下小军校园建筑都在什么位置吗？

生1：实验楼在左边，操场在右边，教学楼在前面，大门在后面。

生2：实验楼在小军的后面，操场在小军的前面，教学楼在小军的左边，大门在小军的右边。

师：同学们，通过你们的介绍，能清楚地知道校园里的建筑都在哪里吗？用我们原来的认识位置能够清楚地描述建筑的位置吗？（学生思考的起点，思维的发展点，建立认知矛盾冲突，引出学习方向的必要性，建构认识位置与认识方向的内在联系）

生：因为参照物的位置不同，导致描述的位置不同，不能准确描述建筑物的位置。

师：看来啊，我们之前学习的认识位置不能帮我们准确地描述位置了，这节课我们就一起来学习新的知识，认识方向。

二、直观感受，探究新知

活动一：认识生活中的东、南、西、北

师：同学们，它们都在校园的什么方向呢？要想解决这个问题，老师得问问大家，你们认识方向吗？你知道哪些有关方向的词语呢？

生：东南西北。

师：有这么多方向呀，我们今天就来一起认识一下东南西北。

师：你知道生活中有哪些辨认东南西北的方法？（结合生活经验，迁移科学学科中所学知识。让学生自己思考之前的生活经验有哪些）

生：年轮、指南针、北极星……

师：你能指指东在哪吗？请你说一说为什么？（建立学生认知冲突，引发学生质疑及探究欲望。充分调动生活经验帮助解决问题）

生1：东方，太阳升起的方向就是东方。

师：你能说一说西方在哪吗？

生2：西方，太阳从西方落下。

师：通过同学指出的东方和西方，你有什么发现？

生1：太阳升起和落下的地方是相对的。东和西是相对的。

生2：当你面对东方的时候，你的背面就是西。东和西是相对的。

师：你们可真是会观察生活呢！还记得我们之前学习过哪些描述位置的词语是相对的？（将认识方向与认识位置建构外在联系，为后续学习绘制地图或平面图中的"上北、下南、左西、右东"规则做渗透）

生：上和下、前和后、左和右。

师：你们可真了不起，对于学习过的知识能够记得既准确又清楚。除了东、西两个方向，你还知道哪些方向呢？

生：南方。我们青岛是沿海城市，面对海的方向就是南方。

师：你的知识真渊博。你们知道南的相对方向是什么吗？

生：北方。

师：咱们班的同学真是太厉害了，在生活中学到了这么多的知识。大家都知道了东、西、南、北这四个方向，为了让大家更快更好地认识方向，老师给大家带来了一首儿歌，一起来看看。（通过儿歌形式，让学生在表演过程中，建构东西南北之间的内在关系）

方向歌：早上起床，面向太阳，前面是东，后面是西，左面是北，右面是南。

活动二：认识教室的方向

师：你们愿意加上动作再来一遍吗？同学们说得真好，这次你们自己边指边说，开始。

师：老师这里有东南西北四个字，请四位同学把它们分别贴在教室的东南西北四个方向。说说你是怎么分辨的。（借助已有经验和所学知识，辨认身边教室的方向，发展空间思维）

师：他说得对吗？我们掌声鼓励一下。你的方向感太强了。

师：同学们太厉害了，现在如果老师说出哪个方向，你能快速指出来吗？（师说东，生指东，师说西，生指西，师说南，生指南，师说北，生指北）

三、练习巩固

师：同学们都太棒了！这么快四个方向都认清了，下面我们来进行闯关大挑战，你敢迎接挑战吗？

第一关：

现在墙上没有提示了，你还能继续挑战吗？请按照老师的口令做。

师：面向东。请跟老师打个招呼。面向西，面向南，面向北。

（全体同学快速准确）

师：通过刚才的游戏你有什么发现？

生：转了一圈。

师：是向左转，还是向右转？

生：向右转。

师：你发现向右转一圈所面对的这四个方向是按什么顺序排队的？（调动学生学习的积极性，引发学生的思考，建构东南西北的内在联系）

生：东南西北。

师：对了，只要向右转一个圈，这是东南西北，接着又会回到东方。

第二关：

师：面向东你能知道其他三个方向。如果不面向东，你还能知道其他三个方向吗？好，咱们试一试。请面向南，你的前、后、左、右分别是哪个方向？（让学生在游戏中，突破知识重点，发展学生的空间思维）

生：前面是南，后面是北，左面是东，右面是西。

师：学生们真能干！观察得真仔细！不管我们怎样转动身子，东、西、南、北的顺序是不会动的。

第三关：

根据方向找身边的朋友，并用方向词语介绍一下他。（将数学知识迁移到身边，解决生活中的问题，将初步认识方向应用到生活中）

师：你能说出你的东、西、南、北的朋友是谁吗？

生：我的东面是……

第四关：听口令排排队

师：我们再玩一个听口令排排队的游戏好吗？请你站在我的东面；请你站在我的南面；请你站在他的北面、我的南面；请你站在他的北面；请你站在他的西面、我的北面。

师：请问你们分别站在我的什么方向？

师：老师纳闷了，老师一直没动啊，为什么一会儿在东，一会儿在西，一会儿在南，一会儿在北呢？

师：从不同的位置观察物体会有不同的方向，这说明方向是有相对性。（小结）

第五关：找操场的东、西、南、北

师：今天天气特别好，咱们一起到操场去找找东、西、南、北这四个方向。用什么方法来确定方向呢？（将知识运用到现实生活中，真正在实

际生活中应用认识方向）

生：我们应该先通过太阳找到东面，就很容易确定另外三个方向。

师：很有道理，请大家想一想我们学校的东面有什么呢？西面呢？其他两面呢？

生：东面有……

四、情感沟通，畅谈收获

师：同学们，这节课你们学得快乐吗？把你的快乐说出来，和大家分享一下。

师：相信大家运用所学的知识去探索，一定会有更多的收获。

教学评析

认识方向对于二年级学生而言既简单又不简单，之所以说简单，是因为学生对于东南西北都不陌生，能够知道方向的相对性，能够根据一个方向判断出其他方向。之所以说不简单，正是因为学生在实际生活中较难确定一个方向，由于青岛城市道路的特色，人们在日常生活中很少会提道东南西北，因此学生在认识方向的学习中，往往是学后会做题，但不会在生活中运用。本节课通过让学生大量感知生活中的方向，带领学生真正走出教室，帮助学生探究生活中的方向，让学生能够将所学用到生活，让学生进行有意义有价值的数学活动。

Module 3 Unit 2 *Will we have breakfast* at 7? 案例
（外研版一年级起点 三年级下册）

案例背景

英语学科核心素养中的思维品质是指学生的思维个性特征，要求学生在科学思维的基础上，敢于质疑，能够提出自己的观点和设想，突破常规思维，从全新的角度思考问题，提出独特的解决方案。也就是说，思维品质要求学生有科学的思维方法，批判质疑能力、创新思维能力和问题解决的能力。而这些的达成离不开深度学习。

结合《英语课程标准》中对英语课程的人文性的要求，教师在讲授Book 6 Module 3 Unit 2的时候围绕"Future Activities（将来的活动）"这一话题，利用"Breakfast（早餐）"这个情境，尝试着带领学生开展了一次从书本跨越到生活的深度学习。

案例描述

教学片段一：调动学生学习兴趣，从文化入手激励学生跨文化交际的尝试

师：我们之前了解学习了西餐的相关知识，接下来让我们以外教的视角领略一下外国人眼中的中式早餐吧。

（播放以外教为视角，品尝烧饼、油条、甜沫等中式早餐的视频，这让学生们在新奇中产生了一种自豪感，原来外国人对我们的早餐这么感兴趣！）

生1：原来外国人这么喜欢中式早餐。

生2：通过这个视频，可以让更多的外国人了解美味的中式早餐。

师：谁能说一说你所了解中式早餐的词汇都有哪些呢？如果让你帮忙设计一份"明天的早餐"，你会怎样向Thais进行介绍呢？

生1：我知道茶蛋的英文tea egg。我会跟Thais建议"Will you eat tea eggs tomorrow?"

生2：我会说炒面chow mein。"Thais, will you have some chow mein?"

评析

在这个过程中，利用介绍中式早餐的视频调动学生的学习兴趣，通过贴近学生生活的话题——"早餐"和有效的语言支架——中式早餐的词汇和相关句式，在有效的语用和对话交流中，发展了学习能力，提高了语言能力。用英文介绍自己喜欢吃、常吃的中式早餐，其实就是对自身文化的一种认同和评价，对学生的文化品格的形成有着积极的意义，也激励了学生对跨文化交际的尝试。

教学片段二：通过有效问题的创设，引导学生深度思考

师：大家将自己推荐的早餐及原因都已经进行了说明，那么大家能够为自己和家人制定出一份合适的"Breakfast Menu（早餐菜单）"吗？希望这份菜单不仅是我们自己使用，也能够得到全家人的喜欢，如果菜单上的早餐同学们能够自己动手制作完成就更棒了。

学生小组讨论时，教师引导学生思考"如何满足全家的喜好？"以及"早餐仅仅是喜欢吃就可以吗？"这两个问题，进行讨论和思考。

生1：我的早餐菜单里有tea eggs, milk, fried cakes, fried rice。

师：如果你的爸爸、妈妈也在家里吃早餐，你觉得你的这个菜单需不需要调整？

生1：我会再加上稀饭congee。

师：非常棒！早餐的菜单需要考虑到全家人的喜好和口味。

生2：我觉得还需要考虑到营养搭配。

师：考虑得非常全面。那如果要你们自己动手制作一顿早餐的话，要如何完成？注意，要考虑到自己能做的，要量力完成。

小组交流后。

生3：可以用半成品进行加工，或让爸爸妈妈适当帮忙。

师：这两个方法都很好。

教学反思

　　教师为学生创设Breakfast的真实情境，学生用英文制作完成自己家庭的早餐菜单，将所学知识进行实际运用，通过小组讨论，分享与听取相互意见，进行评价并提出修改意见，不断进行完善。学生在按菜单制作美食的过程中，根据实际情况不断思考、调整自己的方案以及菜单，在最终"创造"出一家人都喜欢的营养早餐后，学生将整个过程及收获心得相互进行分享交流，既进一步加强了语言能力，也通过动手操作解决了生活中的实际问题，更是锻炼提升了学生的思维品质。在这个过程中，学生们经历了分析、评价的思维过程，经过自己的思考，形成了适合自己的早餐方案，对思维品质的形成起到了促进作用。

"圆的周长"（青岛版数学 六年级上册）教学案例

案例背景

　　著名国学应用大师翟鸿燊在他的著作《大智慧》中提道："思考力是万力之源，思考是产生一切的根源，万事都是起源于思考。"日本作家上田正仁也在《思考力》这本书中强调，"让学生发现'为什么'并自己寻找答案，是培养学生思考力的最重要的一步"。而在数学课堂上让学生们找寻答案的过程，也就是《数学课程标准》在课程基础理念部分指出的"义务教育阶段的数学课程不仅包括数学的结果，也包括数学结果的形成过程和蕴含的数学思想方法。课程内容的组织要重视过程，处理好过程与结果的关系；要重视直接经验，处理好直接经验与间接经验的关系"。

"圆的周长"这节课是在学生学习了长方形、正方形周长计算，并初步认识了圆的基础上进行教学的。它是学生初步研究曲线图形的基本方法的开始，也是后面学习圆的面积以及今后学习圆柱、圆锥等知识的基础，是小学图形与几何知识教学中的一项重要内容。

案例描述

教学片段：探究并认识"圆周率"

师：我们想要计算天坛的周长，那么请同学们首先猜一猜，圆的周长可能与什么有关系？

生1：半径。

生2：直径。

师：我们想验证圆的周长和直径或半径是否有关系，需要怎样做呢？

生：测量出不同圆的周长和直径数据，比较是否有关系。

师：圆的周长我们应该如何测量呢？请同学们仔细思考后小组合作进行探究。

全班展示交流。

生1：用一根线绕圆一周，然后将线抻直量一量就知道它的周长了……

生2：将圆片放在直尺上慢慢滚动，做好标记，正好滚动一圈时停下，读出数据即可……

师：这两种测量方法有什么异同之处呢？

生1：都是将圆的周长转化成了直线进行测量。

生2：圆的周长都是直径的3倍多一点。

生3：圆片在尺子上滚动时，往往会出现打滑等现象，所以比用线围一周的方法更容易产生误差。

师：那如果没有误差，你们认为会怎样呢？

生：圆的周长和直径的比值应该是一个固定的数。

师：有什么方法可以准确地知道圆的周长呢？你们想知道古代的数学家们是用的什么方法吗？……

评 析

　　教师结合测算天坛周长的具体情境，让学生通过猜想、验证的方法，经历观察、测量、计算、比较和分析等活动，使学生通过自主探究发现"化曲为直"的数学思想；并通过亲身感受发现圆周率的过程，使学生积极思考，激发学习兴趣，感受数学的魅力，并在了解数学史的过程中激发爱国情感。

教 学 评 析

　　本节课，教师设计了不同层次的提问和追问，从问题设计的深度驱动入手，让学生经历观察、猜想、测量、计算、比较和分析等活动，找到"圆的周长与什么有关系""圆的周长与直径有怎样的关系""在测量的过程中，我们用了什么数学思想""古代的数学家们是用什么方法知道圆的周长"等问题的答案，体会探索数学问题的一般方法，感受"化曲为直"的转化思想，提高推理能力，发展空间观念，积累数学活动经验。教师只有从教学设计时开始侧重于学生数学思维的培养，才能让学生在平日的课堂学习中不断加强思考力的提升，才能让学生在探究数学结果的形成过程中自然而然地蕴含着数学思想方法，并会用这些数学的思维方法来解决实际生活中的问题，形成思考力。

思维能力的培育，一方面，取决于教师课堂教学针对学科特点有目的地培养学生的知识、能力和综合素质；另一方面，学生需要具备深度学习的驱动力和思考力，积极主动内化知识、习得能力，通过深度思考与实践，形成科学的思维方式和合理的素养结构。学生深度学习能力的发展与其思维能力的培育密切相关，深度学习的发生离不开个体学习的学科背景；而思维能力的培育在很大程度上需要通过深度学习来实现，即需要学生通过思考、探究、推理、反思等直接和间接的学习体验与感悟，形成个体的知识结构、专业智慧和解决问题的实际能力，以及稳定的学习品格。

因此，思维能力是学生核心素养的育人功能与各学科价值的有机结合，虽然受学科特点影响略有不同，但本质都是培养学生能够适应未来社会的品质，促进其终身学习，实现全面发展的基本保障。因此深度学习的课堂，不仅注重学生知识、技能、情感的达成，更是让学生在体验、实践及内化等过程中，逐步形成高阶的思考问题、解决问题的思维方法和价值观，在课堂学习的引导下实现自发展、自超越、自升华。

第三节 问题设计的深度驱动

　　课堂提问，是在课堂教学过程中，根据教学目标、学生学情等进行问答的一种教学形式。新课改的理念是将学生置于课堂学习的中心，让学生成为课堂的主人。学生的课堂参与情况是体现学生主体性的重要指标，教师提问运用得当，不仅可以实现师生互动，得到教学效果的有效反馈，还可以激发学生的学习兴趣，为学生拓宽思考的广度以及深度。

　　课堂提问的有效性，决定了课堂中学生思维能力提升幅度的大小，决定着学生学习效果所达到的程度，提问是开启学生智慧的"钥匙"，是引导学生思维活动的"航标"，是通向知识彼岸的"桥梁"。

　　学生思维的发展其实往往取决于是否会思考，是否知道该如何思考。有效的提问需要问题设计者倾注心血，不断思考。只有通过问题的引领，才能使学生将思考走向深入，实现深度学习，下面就让我们了解一下，丰田公司如何通过问题发现本质，从而解决实际问题。

　　丰田公司举办新闻发布会时，有人询问："丰田公司的汽车质量为什么这么好？"负责人大野耐一回答说："我们碰到问题至少要问5个为什么。"

　　大野耐一举了一个例子进行说明，有一次，他在生产线上发现机器总是停转，虽然修过多次，但仍不见好转。

　　于是，他与工人进行了以下问答。

　　问题一：为什么机器停了？

　　答：因为超过了负荷，保险丝烧断了。

　　问题二：为什么机器会超负荷呢？

答：因为轴承的润滑不足。

问题三：为什么轴承的润滑不足？

答：因为润滑泵失灵了。

问题四：为什么润滑泵会失灵？

答：因为润滑泵轴磨损、松动了。

问题五：为什么润滑泵轴会磨损松动？

答：因为混进了铁屑等杂质。

经过连续5次不停地问"为什么"，大野耐一找到了问题的真正原因和解决的方法，在润滑泵上加装滤网。

如果大野耐一没有不断地追问、发掘问题，员工很可能只是换根保险丝，机器还将不断出现问题，真正的问题不会得到解决。这就是著名的"5 why"的起源，所以也被称为"丰田5问法"。目前，该方法在丰田之外已经得到了广泛采用，采用时也并非限定必须做5次"为什么"的探讨，而是找到本质原因即可。

连问5次"为什么"，或许并非什么巧妙的方法，不过一再追问就可以深入本质，找到问题的根本原因，许多相关的问题就迎刃而解。在课堂教学当中，除了追问之外，巧妙的问题设计既可以帮助学生抽丝剥茧推理分析，也可以帮助学生天马行空发散思维，正如陶行知所说："发明千千万，起点是一问。"

例如在体育教学跑步时，教师通过提问"为什么跑步中摆臂的姿势很重要"，引发学生进行实际的操作检验，然后通过不同方式的练习和检验，分析问题，探究出具有规律性的结论，验证问题。

在学习"原地运球"时，教师打破传统的师教生模仿的教学方式，通过设置问题引导学生深度思考，掌握原地运球的动作技能。教师首先提问学生：你能平稳地运球吗？选取能够原地运球的学生进行演示后，提问学生：两位同学在运球时手形有何不同？当学生发现手形不同时继续提问：哪种手形运球更平稳，为什么？

在这些问题中，第一个问题是属于操作性问题，能激发学生的学练兴趣。第二个问题让学生观察重要的技术操作部位，通过具体指向性，使学生聚焦于关键核心点。第三个问题则让学生思考核心技术，引导学生攻克技术难点，使学生在体育技能的学习过程中经历自主探究，形成独立思考的良好习惯。

在学校开展深度学习研究之前，教师在课堂教学中，经常会遇见这几种现象：

（1）提问无意义。教师询问"对不对""是不是""你会吗"，学生不假思索脱口而答。

（2）问题太简单。教师提问后全班学生都举手回答，甚至全班抢答。

（3）问题太困难。教师提问后只有少部分学生甚至没有学生举手，大部分学生都不敢与教师对视，生怕被教师点名回答问题。

部分教师甚至抱怨学生随着年纪的增长越来越懒于回答问题了，低年级时学生积极举手回答问题，中年级时一半学生从不回答问题，高年级时回答问题的总是固定于几名学生。

当进行深度学习的研究之后，教师反思发现造成此类现象的本质原因其实是无效问题设计过多，导致学生越来越没有兴趣探究问题，学生在课堂上越来越陷入茫然，因为问题要么过于简单无须深思，要么过难想破天际也不知如何探究，课堂气氛也越来越冷冷清清。

在深度学习的探索当中，教师逐步发现要激发学生有效思考，实现思考力的提升发展，应当从以下方面注重优质问题的有效设计。

（1）课堂提问要有启发性。提问是为了启发学生动脑，教学中老师是引导者，引导学生使用恰当的学习方法进行自主探究，用高阶的思维解决问题，教学过程中教师的问题应给学生的思考充分"留白"。

（2）课堂提问要有目的性。"一表"的设计当中，每一单元、每一课时、每一环节都有明确的教学目标。课堂教学中，教师在每一个教学环节中设计的问题或活动指令都应该紧紧围绕此目标逐步展开，因此教师提出的每一个问题都必须有明确的目的性、指向性。

（3）课堂提问要有梯度性。课堂提问需要注重问题的难度与梯度，学生的认知水平存在明显差异，同样的问题不同的学生会有不同的思考与答案，因此教师在问题设计时应面向不同层次的学生设计不同难度的问题，使每一名学生在课堂中都有思考，都有收获。

如在六年级数学"比"的学习中，为使学生充分理解比的意义，教师通过足球比赛的情境，引入两队比分为1∶0，提出问题："足球比分1∶0与今天所学的比，一样吗？"引发学生的辩论，结合所学知识以及自己的生活经验，学生们畅所欲言，说出自己的想法。"比的后项不能为0。""今天所学的比是两个量之间的关系，而比分1∶0，只是一种记录比分的形式。"……在针对性的问题引领下，学生们发现了体育比赛中的"比"与数学"比"的本质区别，培养了学生的比较思维。同时，在此过程中，学生进一步认识了"比"，对于"比"有了更深层次的认识，将知识与生活进行了紧密结合。

接下来就以课例为例，让我们体会一下课堂有效问题的价值吧。

《总也倒不了的老屋》（统编版语文　三年级上册）教学实录

教 学 目 标

1. 认识本课"暴""凑"等7个生字，借助课前学习单，指导学生正确书写生字"暴"；借助熟字，识记并正确书写"漂"；借助形声字的特点，识记书写生词"蜘蛛"，并能拓展带有虫字旁的生字，重点指导"暴""漂""蜘""蛛"的书写。

2. 通过多种朗读形式，指导学生理解老屋总也倒不了的原因，细致品味故事内容，体会老屋帮助别人的快乐，被别人需要的幸运，同时也感受到小蜘蛛对于老屋的陪伴，是老屋一直坚持下去的力量。

3. 关注题目、插图、课文内容等方面进行预测，了解预测的结果可能跟故事的实际内容一样，也可能不一样的特点。

4. 重点关注课文内容，结合故事中的情节反复，运用预测的方法对故事进行续写创编。

教学过程

板块一：激趣导入，引发兴趣

师：同学们，上课之前，我们来做个小游戏吧！请你仔细观察图片，猜猜这是哪个小动物？（出示不完整的动物图片：猫的耳朵、老母鸡的脚、蜘蛛腿）你是怎么猜出来的？

根据学生回答板贴三种动物图片。

生1：小猫。

生2：老母鸡。

生3：小蜘蛛。

师：这三只小动物就是我们童话故事中的三位主人公，它们与老屋之间会发生什么有趣的故事呢？

让我们一起走进童话——贴板课题（12.总也倒不了的老屋），请大家齐读课题。

生齐：《总也倒不了的老屋》。

师：读了这个课题，你想知道些什么？

生1：为什么总也倒不了？

生2：这个老屋有多老？

生3：老屋是什么样的？

……（随机板书）

师：你们真会思考！

板块二：初读课文，小试身手

师：通过课前预习，你能解决哪个问题？

生：我能解决"这个老屋有多老"这个问题。

师：你从哪能看出老屋很老？

生：老屋已经活了一百多岁了。它的窗户变成了黑窟窿，门板也破了洞。它很久很久没人住了。

师：你能从故事中提取到这么多有用的信息，真会读书！

师：老屋给你留下了怎样的印象呢？联系插图、课文内容说说吧！

生：老屋做的事情，让我感受到了他的善良。

师：再来读读文章内容，老屋给你留下了怎样的印象？

生：抓住关键词语，可以了解老屋的样子。

师：再看看插图，老屋给你留下了怎样的印象？

生：关注插图中老屋的表情，就可以让我们感受到他的内心。

师：我们抓住故事中的插图和内容，就可以进行预测。

师：同学们，刚刚我们已经解决了这两个问题（擦掉：多老？什么样的老屋？）那么童话故事中的老屋为什么总也倒不了呢？这正是我们这节课需要解决的问题。

（出示课件）让我们再来读读书，请大家自由轻声地朗读课文，要求：读准字音，读通句子，一边读一边想，课文讲了一个什么故事？

课前，大家从课后的生字中，找到了许多易错的生字，一起来看看吧！（出示学习单）

你想提醒大家哪个生字的书写？

生：我想提醒大家"暴"这个字，它是上下结构，上面的"日"字要写得稍扁，中间的撇捺要写得舒展。

师：一起来看看这两个同学写的字，他们都写对了吗？

生：一位同学的下半部分写得不对，最下面应该是点、提、撇、点，最后一笔他写成了"捺"……

师：你真会观察！关注了下半部分，就能写好这个字，请大家伸出手指和老师一起写一写这个字吧！

（书写口诀）日字稍扁写在上，横竖等距要做到，撇捺伸展包住下，点提撇点不要忘。

请大家认真在学习单上写一个"暴"吧！

师：还有哪些字需要关注？

生：我关注到了"蜘蛛"这两个字……

师：仔细观察这两个字，你发现了什么？

生："蜘蛛"两个字，我发现它们都带有虫字旁，表示小虫子的意思。

师：在写的时候我们又要注意什么呢？请大家伸出手指，和老师一起写好这两个字。

（书写口诀）形旁虫字左边站，声旁部件写规范。

师：在你平时的读书积累中，你还知道哪些带有虫字旁的字？

生1：虾、蛇、虹……

生2：蜻蜓、蚂蚁……

生3：蝴蝶、蝌蚪……

师：老师也搜集了许多带有虫字旁的字，一起来读读吧！

生齐：蜻蜓、蚂蚁、蝴蝶、蝌蚪……

师：你瞧，通过偏旁归类，我们就能识记更多的生字了！你们还关注了哪些字？

生：我关注到了"漂"这个字。

师：你有什么好办法记住这个字？

生1：我用"加一加"的方法可以记住它，"三点水"＋"票"就是漂。

生2：我用"换一换"的方法可以记住它，"飘"把"风"换成"三点水"就是"漂"。

师：借助学过的熟字就能记住新的生字，你真会学习。快伸出手指跟老师写好这个字吧！

师："漂""飘""票"三个字是"三兄弟",你能把它们正确地送回自己的家吗?(课件出示)

a.红红的枫叶像一枚邮(票),邮来了秋天的凉爽。

b.小蜘蛛在屋檐上织了一张又大又(漂)亮的网。

c.红红的枫叶随风(飘)动,落在了金色的田野里。

师:借助偏旁就可以帮助我们区分好这些生字。生字部分大家都掌握得很好了,你们真是识字小达人。字词大家都掌握得很好了,谁来说说,课文讲了一个什么故事呢?

生:这个故事讲了有一幢老屋他很老很老想要倒下,就在他要倒下的时候,小猫来了,想要一个可以睡觉的地方,老屋答应了并且又站了一天;当他又要倒下时候,老母鸡来了,说想要孵蛋,于是老屋又答应他站21天;当他决定要倒下的时候,蜘蛛来了,他一边讲故事一边织网捉虫,老屋一直陪着他。

师:你讲得真不错,老师现在给你一点儿小小的提示,请你借助提示再来讲讲吧!

(出示课件)这个故事讲了一座一百多岁的老屋想要倒下去,但是( )、( )和( )请求( )的帮助,( )在( )的陪伴下,一直没有倒下。

生:这个故事讲了一座一百多岁的老屋想要倒下去,但是(小猫)、(老母鸡)和(蜘蛛)请求(老屋)的帮助,(老屋)在(蜘蛛)的陪伴下,一直没有倒下。

师:我们只要关注主要人物,抓住事件,就能把故事内容说清楚。

板块三:深入探讨,品读深情

师:在故事中,老屋有一句话反反复复出现了很多次,你能找到它吗?请你读读书,在文章中画出来。

生:我发现在第2自然段、第6自然段和第10自然段都出现了"好了,我到了倒下的时候了!"这句话。

师:老屋是在什么情况下说的这句话呢?我们来找一找。

生：第一次是老屋觉得自己太老了，所以想要倒下去。

师：那么他倒下了吗？（没有）为什么呢？

生：小猫来寻求帮助了。

师：我们来读一读。第3自然段。

师：学生们猜猜后面会发生什么事情呢？（生猜想）

师：小猫小猫，外面狂风暴雨、电闪雷鸣，你在老屋里做什么呀？

生：我在老屋里躲雨，睡觉。

师：你看小猫，有了老屋你就有了一个可以安心睡觉的地方。

师：送走了小猫，老屋第二次说"好了，我到了倒下的时候了！"，"我"能倒下了吗？

生：不能。

师：为什么？

生：老母鸡来了。

师：老母鸡来了"我"为什么不能倒下呢？快来读一读第7~9自然段吧！

是啊！是老屋给了老母鸡一个可以安心孵蛋的地方。

老母鸡住进了老屋，第一天他用翅膀护住了自己的蛋，警惕地观察四周；第二天，老母鸡安心的蹲坐在蛋上，一边孵蛋，一边憧憬着未来。日子一天天过去了，第十天，老母鸡在——

到了第二十一天，老母鸡的蛋都孵出来了。

师：小鸡们说——（读原文）

师：好了，我到了倒下的时候了。（表演）我太累了，我浑身发抖，站不住了，真的要倒下了……

生："等等，老屋"。

师：听到了这句话，可能又会发生什么呢？

生：又有小动物来了。

师：你们太会猜了。还可能发生什么呢？

生1：小老鼠让老屋给他一个可以睡觉安家的地方……

生2：小熊想要在这里冬眠……

师：那让我们来读读第11～16自然段，看看到底发生了什么？

（分角色朗读）

师：现在我是老屋，你们都是小蜘蛛。

师："好了，我到了要倒下的时候了。"

生："等等，老屋，别倒，别倒。"

师：谁在叫我？

生：是我是我，我是小蜘蛛。

师：奥，原来是小蜘蛛呀。

生：我的肚子好饿好饿，老屋再站一会吧。

师：小蜘蛛，外面有一棵大树，你去那里吧，我要倒下了。

生："等等，老屋，别倒，别倒。"外面的树被砍光了，我找不到安心织网的地方。（板书：安心织网捉虫）

师：好吧，那我就再站一会儿吧。

生：太好了，谢谢你，老屋。

师：小蜘蛛，你吃饱了吗？

生：没有没有，我给你讲个故事吧。老屋你多大了？都来了哪些小动物？来了多长时间？（老屋不说话，收住）

师：小蜘蛛，你的故事真好听呀，我要晒着太阳继续听你讲故事。（拉拉手）

生：老屋，你喜欢我的故事吗？我会一直陪着你，给你讲故事的。

师：谢谢你小蜘蛛，谢谢你愿意一直（板书：陪伴）着我。（慢说，抱一抱学生）

师：可见，我们预测的结果可能跟故事的实际内容一样，也可能不一样。

师：那么回到课文，一个要倒了、一百多岁、很老很老的老屋，那同学们谁能告诉老师，现在你们解决这个问题了吗？为什么老屋总也倒不了？

师：是啊，同学们！是老屋给了小猫一个安心睡觉的地方，给了老母鸡一个安心孵蛋的地方，给了小蜘蛛一个安心织网捉虫的地方，只有小蜘蛛给了老屋有趣的故事和暖心的陪伴，老屋不再感到孤独，是小蜘蛛和小动物们的爱和陪伴让老屋总也倒不了。

（播放音频"老屋，老屋……"）

师：唉，你们听，谁又来啦？请你进行一下预测，拿出你手中的学习单，写一写吧！

同位讨论交流，全班汇报。

师：是啊！小动物需要老屋的帮助，老屋需要小动物的陪伴。

我们从小动物们的一举一动中，读出了他们与老屋之间的这种陪伴，

这种陪伴让老屋——

生：总也倒不了。

师：这种依赖让老屋——

生：总也倒不了。

师：这种彼此给予的安心让老屋——

生：总也倒不了。

师：摇摇欲坠的老屋，因为一份安心，一份陪伴，学生们，让我们再次一起齐读课题——

生：总也倒不了的老屋。

师：故事讲完了，你有什么收获？

生1：人与人之间不仅仅需要相互帮助……

生2：老屋就好像生活中的老人，他们需要我们的陪伴……

师：你们说得可真不错，希望你们可以成为真心帮助他人并且也会相互理解的人。

教学评析

在解决"老屋为什么总也倒不了"这一问题时，教师对老屋反复说的三句话进行研读的过程中，根据学生的理解从不同角度出发，结合学生的实际问题和联想，带领学生对问题一步步地深入研讨。

第一次与小猫之间的对话，小猫的需要是一个可以"安心睡觉"的地方，为了要帮助小猫，所以才有了老屋坚持的一晚，学生会从小猫的角度出发去进行理解，第一次的理解是浅层的；第二次老屋与老母鸡的对话，

老母鸡需要一个可以"安心孵蛋"的地方，这就需要老屋为他提供20多天的服务，老屋是一个善解人意的形象，学生对于这几天当中老屋与老母鸡之间的互动，对老屋的形象有了进一步的理解，同时老屋牺牲自己帮助别人的形象更加深入；第三次老屋与蜘蛛之间的对话，小蜘蛛与老屋的陪伴是长期的，他们之间不仅仅是老屋在为小蜘蛛提供一个可以"安心织网捉虫"的地方，小蜘蛛在织网过程中与老屋的对话，给老屋讲故事更是对老屋的一种陪伴，在课文理解的过程中，学生一次次深入地探寻，对文本内容一次次地解读，学生们真正地走入了作者的内心深处，明白了在小动物对老屋有所需求的同时，老屋同样需要小动物们的陪伴。

对老屋"我到了倒下的时候了"这三句反反复复出现的话语的深入研究、层层剥茧，到最后的深入思考，理解老屋与动物们之间双向的付出与爱，加深了理解、深化了主题。

直到后来，学生还会根据自己的理解去想象，除了小猫、老母鸡、小蜘蛛还会有谁来陪伴老屋，学生都会围绕老屋对小动物的帮助进行故事的想象，同时也会想象到小动物对老屋的陪伴，让学生对文本的解读更加细致、有层次。

可见，一个好的驱动问题设计，不仅可以帮助学生深入地阅读课本内容，更可以深入地走进作者的内心，去感受作者写作意图，一个好的问题的引导会大大增强学生的阅读兴趣与理解、促进学生的积极思考，课堂上的深入研读，让课堂更加生动有趣，力争让每一位学生在课堂上都有发挥和表现的机会，做到人人都参与、人人有收获。

"分数的初步认识"（青岛版数学　三年级上册）教学案例

案例背景

青岛版义务教育教科书数学三年级上册91～92页。本节课教学内容是建立在学生已经认识了万以内的整数，理解并掌握"平均分"意义的基础上进行学习的，是数的概念的一次扩展，也是学生认识分数的起始课，为五年级进一步学习分数的意义打下基础。本学段的要求是将一个物体看作一个整体，其中的一部分可以用分数表示。第二学段中对分数的意义的认识将扩展到多个物体看作一个整体，其中的一部分也可以用分数表示。由于分数是学生初次认识的一种新的数，因此教材在编写过程中，注重从学生的认知基础出发，联系实际生活，借助动手操作，直观理解和感受分数的意义。

案例描述

教学片段一：认识二分之一的读写

师：同学们，对于二分之一你都想知道点什么？

生1：怎么读。

生2：怎么写。

生3：表示什么意思。

师：同学们提了这么多有价值的问题，会提问的学生一定是会思考的学生，看看同学们刚才提的这些问题，你想到什么了？

生：想到了整数的学习。

师：真了不起，其实我们在学习不同数的时候都是从这几个方面来探究的。让我们先来看看二分之一怎样写。你会写吗？谁能上来写给大家看看？

师：能说说你为什么这么写吗？

生1：把一个比萨平均分成两份，取其中的一份就是二分之一。

生2：分母写在下面，分子写在上面。

师：你们都知道吗？分数究竟为什么是这样的书写格式呢？其实就要追溯到我国古代，让我们一起来看看历史上的分数是如何产生的吧。

课件出示分数的由来。

师：所以啊，我们用一条短短的横线表示平均分（伸出手指跟老师一起来写一写），把一个比萨平均分成2份，其中的1份就是这个比萨的二分之一。这个1就是2的一部分，就像母亲和学生一样，所以2就叫作（分母），1就叫作（分子），这条短短的线就叫作（分数线），咱们一起再来读读这个分数吧。

分数的由来

在古代，人们在分东西的时候，经常出现结果不是整数的情况，于是就渐渐的产生了分数，我国最初用算筹表示分数，如 $\frac{1}{2}$，就表示成 ▍▍，后来印度人发明了数字，这样表示：$\frac{1}{2}$，再后来阿拉伯人发明了一条线，分数就表示成现在这样了。

【设计意图】借助学生已有的知识经验，能自主用 $\frac{1}{2}$ 表示出一半，但是学生的认知仅仅知道这是一个符号，为了使学生进一步了解为什么用 $\frac{1}{2}$ 表示一半，以及分数的表示意义，因此借助数学文化加深理解和认识至关重要，使学生感悟数学所独具的简洁美的同时，借助数学文化——分数的由来，帮助学生掌握分数的读写，有意识地让学生感受从下到上的顺序，渗透有序思考的思维品质，感受数学的发展过程，延伸数学学习的深度和广度。

教学片段二：理解二分之一的意义

师：我们学习了分数的读法和写法，接下来就让我们一起继续探究二分之一的意义吧。首先请发挥你的想象，任选一个你喜欢的图形来表示比萨，并找到它的二分之一。

全班交流。

生1：把长方形纸片对折，然后把一份涂上颜色，这就是二分之一。

生2：圆形纸片平均分成2份，每份就是二分之一。

生3：长方形纸片换一种对折方式，得到的一份也是二分之一。

师：你们认同这些同学的意见吗？为什么形状不同，折法不同都能用二分之一表示?

生1:因为都是对折分成两份,其中的一份就是它的二分之一。

生2:把一个物体或图形分成两份同样的大小,每份都是它的二分之一。

师:可是有同学选的大圆当比萨,有的同学选的小圆当比萨,这两个图形的涂色部分都是二分之一吗?

师:一个大圆,一个小圆,这两个图形的二分之一一样吗?

生:不一样。

师:奇怪了,既然都是二分之一为什么会不一样呢?

生:一个是大圆它的二分之一,一个是小圆它的二分之一。虽然他们的标准不同,但都是二分之一,只是分得的大小不同罢了。

师:那借助我们刚才的探究,谁能再来说说二分之一表示什么意思?

生:把一个物体平均分成2份,其中的一份就是它的二分之一。

【设计意图】学生对于二分之一的意义很难抽象去理解,所以教师借助图形,让学生在动手操作中探究二分之一的意义。在探究过程中教师通过两个问题将学生的思考引向深入:为什么纸片形状不同、折法不同,涂色部分都能用二分之一表示?为什么大小不同的两个半圆也能用二分之一表示?学生通过这两个问题的思考发现:只要是将一个物体平均分成2份,其中的一份就能用二分之一表示,不仅仅停留在文字的表述上,更重要的是通过实践,让学生深入思考,理解了二分之一的意义。

教学反思

在本节课的教学设计中,力求做到将数学知识的学习与学生的实际生活紧密相连,在课堂教学中充分发挥学生的主体地位,利用学生的已有知识经验,进行知识的深入挖掘和探究,充分培养学生观察、操作、创新和想象能力,培养学生严谨的数学思维和理性精神。因此在教学过程中注意到了以下几点。

第一,创设生动有趣的情境,激发学生的数学学习兴趣。

数学源于生活,又应用于生活,分数的初步认识是概念教学中比较抽象的部分，但是分数又是因生活中平均分东西的需要而产生的，与我们的生活息息相关，因此，通过分比萨这一常见的生活情境，从学生生活实际出发，拉近数学与生活的密切联系，激发学生的学习兴趣和求知欲望，调动学生参与数学学习的积极性，借助已有知识经验，引导学生在解决问题的过程中，探究分数的表示方法和意义，形成分数的应用意识。

第二，发挥学生的主体地位，借助动手操作，画图等数学活动，经历分数意义的产生过程。

《数学课程标准》指出：有效的教学活动是教师教与学生学的统一，应体现"以人为本"，促进学生的全面发展。学生是数学学习的主体，教师应成为学生学习活动的组织者、引导者、合作者。在认识二分之一的读写这一环节，大部分学生已经了解"一半"可以用二分之一表示，也掌握了它的读写，因此请学生自己进行二分之一的介绍，调动学生已有知识经验，为学生创建自我展示的机会，但学生的认识仅仅停留在这是一个数学符号，借助数学文化——分数的由来，进一步引领学生走向更加深入的探究。再如，理解二分之一的意义这个环节，为学生提供材料，让学生通过折一折，涂一涂，在动口、动手、动脑过程中领悟二分之一这个分数意义的形成过程。

第三，有效性的问题设计，激发学生的数学思维。

数学知识的教学要注重知识的"生长点"与"延伸点"，富有启发性的问题设计，能够激发起学生的好奇心和求知欲，对于学生的数学思维的训练也起到了关键性作用。"对于二分之一你都想知道点什么？"引发学生去回忆我们在认识整数的时候都是从哪些方面来学习的，迁移认识整数时的认知方法。通过实践，让学生深入思考，围绕主题任务引发学生去思考分数表示意义，然后放手让学生独立思考探究，学会用数学的思维思考问题，培养学生探究学习能力，激发学生的数学思考，在潜移默化中培养了学生的数学思维。

"学会采访"（综合实践 五年级）教学实录

教学目标

（1）学习采访的基本知识和技能，了解采访前要明确采访主题，准备采访工具，确定采访地点，选择采访对象，设计采访问题，人员合理分工；采访中要使用礼貌用语，多种方式记录；采访后要及时整理采访记录。

（2）在小组合作中设计采访问题，在模拟空间里现场学习采访，学会设计采访问题。

（3）在模拟采访过程中发挥特长、展示自我，培养处理人际关系的能力。

教学过程

板块一：采访视频我来看

师：说起家乡的名人，同学们心中肯定会有两个人物，在本学期语文习作6中要求同学们写家乡的名人，既然我们要写家乡名人，首先要了解家乡名人，你们都打算了解哪些家乡的名人呢？

生1：我想了解青岛的著名企业家张瑞敏。

生2：我想了解青岛的奥运冠军张继科。

师：在综合实践活动中，为了获取丰富的资料，我们常常要用到很多方法。你都知道哪些方法？

生1：网络查找资料。

生2：查阅书籍。

生3：问卷调查。

生4：现场采访。

师：正如刚才大家所说的问卷调查、现场采访、网络查询、图书查阅可以帮助我们获取丰富的资料。那么，今天，我们就学习如何用采访来了解更多的信息。（板书：采访）

师：你知道什么是采访吗？你见过采访吗？采访有哪些形式？

生1：我见过采访，我觉得采访就是访问。

生2：我觉得采访是进行调查访问，采访的形式有面对面采访、电话采访。

师：看来，大家对采访已经有了一些初步的认识，下面我们通过一段视频来深入地了解什么是采访。让我们进入第一个活动——"采访视频我来看"。同学们，老师给大家一个友情提醒：请大家仔细地看，认真地听，根据视频的内容结合自己的经验，用心地去想，他们是如何进行采访的？

学生看采访前、中、后的完整视频。

师：同学们，看完了视频让我们来交流一下你的发现。

师根据学生的回答随机在黑板上贴出卡片：

（采访前）明确主题、选择对象

确定地点、准备工具

设计问题、人员分工

（采访中）礼貌用语、及时记录

（采访后）交流感悟、完善资料

师小结学生发言，贴卡片：善于倾听、善于发现

【设计意图】本环节通过视频，引导学生了解什么是采访，板书时运用思维导图梳理采访流程，使采访的过程形成可视化思维导图。

板块二：采访计划我来订

师：古人说："凡事预则立，不预则废。"意思是说，在做任何事情之前，都要做个计划，这样我们才可能把事情做好，下面我们就进入第二个活动——"采访计划我来订"。我们在制订采访计划表之前，要先制定采访提纲。什么是采访提纲？

生1：采访提纲就是采访前写的计划。

生2：采访提纲就是采访前打的草稿，上面写了采访时要问的问题。

师：同学们请看，这是一份采访提纲，（课件出示：采访提纲）习作6要求同学们采访家乡的名人，今天咱们先来采访一下同学们身边的小能人好吗？下面请各小组发挥集体的智慧，来制订一份采访计划。（分发采访表，每组一张）

小组合作制订采访计划。

师：同学们，刚才通过大家的合作，都制订好了采访计划，下面就让我们来一起交流和分享一下吧！其他同学认真听，一会儿让我们来共同商讨他们问题设计得怎么样。

小组汇报。（对于一些问题如对象不明确，问题指向性不清楚，引导学生提出合理化的建议。如：对象明确，围绕中心，问题具体。讲究层次，有条不紊）

师：看来，我们在设计问题上一定要全面细致，特别要注意围绕主题来提出问题，提问上要讲究问题的层次性。下面，请各小组再次修改完善你们的问题。

板块三：采访现场我来秀

师：计划制订好了，下面我们就进入实践检验的阶段，让我们一同进入第三个活动——"采访现场我来秀"。正式采访要注意什么问题呢？

生1：采访时要注意礼貌。

生2：采访时提出的问题要明确。

生3：采访时要及时做好记录。

学生讨论交流需要注意的问题，师提示学生要注意：采访时候要注意礼貌，要持之以恒，不能半途而废，要善于表达，抓住被采访者的心理。

（贴卡片：善于合作）

【设计意图】"行成于思毁于随"，此环节中"正式采访要注意什么问题"，是训练学生思维的严谨细致，培养学生做事考虑周到的态度。

师：请同学们以小组为单位现场模拟采访。

学生现场模拟进行采访。

师：你们是勇敢无畏的小记者，太棒了！合作得也很好，分工很明确，有提问，有记录，继续加油。看来大家已经基本上掌握了面对面采访的方法和技巧。除了这种方式之外，还有电话采访、网络信息平台采访，邮件采访等等。下面，我们就来尝试一下电话采访。谁来试一试？谁愿意采访周老师呢？

学生思考，现场电话采访老师。

学生采访后，生生互评。

师评价：讲究层次，有条不紊，你的语言表达能力真不错，看来成功的采访离不开善于表达。（贴卡片：善于表达）

【设计意图】课堂上注重培养学生的交际能力，有意识指导学生采访技能的形成。评价时采用师生共同评价，引导学生学会观察、学会倾听、学会思考。

板块四：拓展延伸，学以致用

师：通过今天的学习，你有哪些收获？

生1：我学会了如何制作采访提纲。

生2：我了解了在采访时要注意哪些问题。

生3：我收获了如何进行采访。

师：刚才我们通过电话连线，又获得了一些体验和经验。同学们请看黑板，（教师画大树），小采访，大智慧，如果说成功的采访是一棵枝繁叶茂的大树，那么，善于倾听、善于发现、善于合作、善于表达就是这棵大树所要具备的营养，希望同学们也能把这些品质变成让自己成长的营养。但是，在生活中，要想成功地进行采访，还需要我们在实践中反复地练习、探究。希望同学们能够通过本次综合实践课学会采访，了解家乡的名人。

教学评析

本课以家乡的名人为话题，激发学生兴趣，由如何进行采访到采访前需要做哪些准备，再到采访时要注意什么，再到面对面采访与电话、网络采访的异同之处是什么，通过问题的深入设计引导学生层层深入，使学生在自主、合作、探究的过程中，逐步学习知识，学会技能，提升思考力。

课堂提问是一门艺术，有效提问能够启发学生思维、激发学生兴趣、促进学生合作、活跃课堂氛围、提高教学质量。只有教师会提问，才能使学生的学习由"记忆、理解"深入到"运用、分析、评价、创造"；只有教师会提问，才能培养学生善于发现问题、善于提出问题；只有教师会提问，才能使学生在学习过程中迸射出思考的火花。

第四节　合作学习的深度互动

人类的生存与社会的发展依靠的是分工合作，《数学课程标准》当中也提到"有效的学习活动不能单纯地依赖模仿与记忆，动手实践、自主探索和合作交流是学生学习的重要方式"。合作学习是有效提高教学质量，激发学生高阶思维，培养良好品质与习惯的重要教学组织形式。

合作学习的主要形式是以小组为单位，为了完成共同的任务，进行明确的责任分工。合作学习鼓励学生为集体的利益和个人的利益而一起工作，以合作和互助的方式从事学习活动，共同完成小组学习目标，在促进每个人的学习水平的前提下，提高整体成绩，获取小组奖励。

合作学习的重点是合作是否有效，只有有效的合作学习才能使课堂走向深入。而选择合作的内容不当、时机安排不妥、欠缺方法指导、难易度把握不准等问题都会导致合作学习流于形式，发挥不了应有的作用。

俗话说得好："一个和尚挑水吃，两个和尚抬水吃，三个和尚没水吃。"水还是那个水，缸还是那个缸，工作人员增加了，而缸中水不但没有增加反而没有了，所以并不是人数越多则效果越好，只有科学地进行分工，有效地进行合作，才能省时、省力、高效地完成既定任务。

如在科学学科"认识玻璃与塑料"一课中，教师出示了玻璃与塑料镜片，询问学生这都是由什么材料制作而成，学生观察手中的镜片，广泛发表自己的观点。教师引导学生思考：可以通过哪些方法验证各自的猜想呢？

由于学生受个人思考所限，想到的方法各不相同，有的学生甚至已经迫不及待地想测试是否能够将镜片敲碎。教师适时让学生通过小组合作的形式，先进行讨论，再进行实践。使学生在合作交流中，慢慢交流彼此思想，不断完善各自的实验计划，通过相互补充，发现可以通过是否易碎、易燃、重量、透明度等方面进行比较观察。

随后学生在分工合作下完成了不同的实验，通过分析、评价，在合作中体会了科学实验的严谨性，在思考交流中明确了实验设计的过程与方法，使探究学习走向深入。

因此在课堂教学中，合作学习并非是教师给出一个任务，放手让学生自行完成，合作学习不仅仅是学生相互之间的分工合作，更包含师生之间的相互合作。要想实现有效的合作学习，就需要从以下几个方面入手。

（1）对合作学习小组进行合理划分。教师根据学科特点及探究内容，可灵活运用各种不同方式的小组分组，以便最大化提升学生合作学习效率。

形式	方法	优点	缺点	典型应用
随机分组	按某种特定的方法将学生随机分组。	简便、快捷、易操作。	有一定的盲目性，无法体现个性化或区别对待。	竞争性不强的集体活动。
同质分组	分组后同一小组内学生知识能力水平大致相同。	有利于激发学生的竞争意识。	易在学生中形成等级观念和弱势群体的自卑感等，加剧知识能力水平的分化。	进行分层教学。
异质分组	分组后同一小组内学生知识能力水平存在明显差异。	各组学情基本均衡。	不利于激发学生的竞争意识，可能会影响活动进度。	开展公平性的竞赛或同一任务的集体探究活动。
合作型分组	学生在学习过程中通过有组织的协同合作活动，完成学习探究任务。	发挥团队精神，培养学生自主、合作、探究的学习能力。	容易异化为形式主义和表演化的展示方式。	适用于年龄较大，具备一定合作、沟通能力的学生。
帮教型分组	部分学生能够对其他学生在知识能力方面进行有效帮助。	提高弱势群体学习效率，促进整体教学效果。	被帮扶者容易产生自卑心理和一定依赖性。	知识复习及巩固。
友伴型分组	学生自主选择关系较为密切的同学一起进行合作。	激发学生的主动探究热情。	容易"拉帮结派"，干扰正常教学秩序。	趣味性或灵活性探究活动。

（2）对合作学习内容进行恰当选择。合作学习内容不能离开学生已有的知识结构，既不能超越学生当前的认知能力，也不能过于简单，毫无探究合作价值。通常在课堂教学中，需要针对分析、评价、创造所对应教学目标的达成进行深入设计。

（3）对合作学习问题进行充分准备。要进行有效的合作学习，教师须对小组探究的问题有一个整体设计，学生要合作解决的问题应基于现实情境，具有一定的挑战性，能够通过问题的解决实现思考的价值。

（4）对合作学习角色进行清晰定位。课堂上，学生是学习的主人，学习任务主要依靠学生自身独立思考，学生之间协作探究，因此教师作为引导者一是要引导学生实现自主探究；二是要帮助学生进行合理分工；三是要把控小组活动过程，适时进行点拨和评价。

（5）对合作学习评价进行机制建立。小组合作过程中，每一名组内成员都应是团队的一分子，团队的成功应离不开每人的付出，只有将个人评价向集体评价所倾斜，才能使组员之间互帮互助共同参与。科学的评价机制应是多元的，从形式上可包括学生自评、生生互评、教师评价、家长评价。从内容上可以针对任务完成情况，小组合作效率，学生个体收获等方面进行评价。

如在六年级劳动教育"钉钉子"一课中，教师将钉钉子与美术教学进行融合，通过制作一幅弦丝画，使学生掌握钉钉子的技能与培养学生的艺术素养。最初教学时，学生普遍对钉画有一点抗拒，因为对于大多数学生而言，在20分钟内学习掌握钉钉子的技巧并完成一幅钉子画存在一定难度。为了让学生在最短时间内掌握钉钉子技能，教师发现分组合作势在必行，教师根据学生的能力分为三个层次，均匀地进行了异质分组。

在随后的课堂教学中，教师根据教学目标精心设计了个人学习单和小组学习单，学生根据学习单课前进行自学实践，课上提炼交流，这使学生在学习中保持积极思考与有效沟通交流。各小组学生根据自己的生活劳动经验和能力，共同去研究分析弦丝画特点，并从自己喜欢的事物出发，为自己设计合适的弦丝画图稿。学生在创作过程中，互帮互助，遇到问题相互沟通解决，最终在小组成员的帮助下，人人都完成了自己设计的精美弦丝画，从而有效达成了本课的深度学习教学目标。

合理而科学的合作学习，是课堂学习的深度互动，通过师生的双向交流反馈，教师及时了解学生的学习信息，有效地在合作学习当中进行引导与点拨，让学生在思考中提升思维能力，实现分析、评价、创造的深度学习。

"百分数的认识"（青岛版数学 六年级上册）教学案例

案例背景

"百分数的认识"这节课是在学生学习了分数、小数知识的基础上进行教学的。它是学生接触百分数的起始课，也是后面学习百分数实际问题的基础，是小学数与代数知识教学中的一项重要内容。

案例描述

师：同学们，大家上一环节做好了旅游的其他准备，那我们还需要了解一下相关的旅行社。你们认为选哪个旅行社更好，请将你的想法在小组内进行分享。

旅行社	华泰旅行社	红云旅行社	飞天旅行社	蓝光旅行社
满意人数（人）	7	13	17	18

大部分小组会认为蓝光旅行社好，因为满意的人数最多，而个别小组在个别学生引领下，会提出不知道一共调查的人数，所以只看满意人数无法确定。

然后出示调查的人数，让各小组学生讨论现在哪个旅行社更好一些？为什么？

旅行社	华泰旅行社	红云旅行社	飞天旅行社	蓝光旅行社
满意人数（人）	7	13	17	18
调查人数（人）	11	19	29	31

小组内有学生会提出华泰旅行社好，因为不满意的人数最少，为4人，其他旅行社不满意的人数分别有6人、12人、13人；还有学生提出选其他三个旅行社，因为满意人数占调查人数较多。随着小组讨论的深入，越来越多的学生发现要想知道哪个旅行社最好，必须知道旅行社满意的人

数占被调查人数的几分之几，小组会借助已有的知识经验，尝试分工求出相关分数。

旅行社	华泰旅行社	红云旅行社	飞天旅行社	蓝光旅行社
满意人数（人）	7	13	17	18
调查人数（人）	11	19	29	31
满意人数占调查人数几分之几	$\frac{7}{11}$	$\frac{13}{19}$	$\frac{17}{29}$	$\frac{18}{31}$

但小组内学生尝试比较大小时，发现计算非常困难，个别小组提出使用计算器的需求。

至此讨论结束，选取小组学生进行讨论过程汇报……

师：同学们在通分时有什么感受，老师已经帮大家计算好了，公分母为187891。

旅行社	华泰旅行社	红云旅行社	飞天旅行社	蓝光旅行社
满意人数（人）	7	13	17	18
调查人数（人）	11	19	29	31
满意人数占调查人数几分之几	$\frac{119567}{187891}$	$\frac{128557}{187891}$	$\frac{110143}{187891}$	$\frac{109098}{187891}$

师：如果这样进行比较是不是太麻烦了，你们小组有什么更简单的方法吗？小组合作探究。

学生再次合作时会尝试将分数转化成小数比较大小，从而使学生初步感知百分数的意义以及必要性。

教学评析

教师通过先后两次合作探究，使学生的思维不断走向深入，让学生自己体会发现更深层次的思维，并有效地了解了百分数便于比较较大的分数，并且对于百分数的意义：表示一个数是另一个数的百分之几，有了更加深入的理解。学生更是能够借助现实情境充分交流自己解决问题的方式方法，逐步提升推理思维与创新思维能力。

"提袋的设计"课例研究报告

背景与主题

课程设计理念：在STEAM教育理念的引领下，教师尝试打破传统美术教学单一师资模式、单一学科模式这些制约学生创新性思维、创新性实践与个性发展的限制。打通学科界限，既考虑到美术学科自身的独特性、系统性，又强化学科间的横向联系和有机整合，让美术教育不再是单纯的技能技巧训练，让它"化身"为文化学习和跨学科学习的桥梁。以五年级美术课"提袋的设计"一课为切入点，巧妙地找出美术、数学、科学、语文四个学科融合点，进行学科渗透、交叉与融合，以学生为中心，激发学生的学习兴趣，指导学生在探究中将各学科融会贯通地学习，在合作实践中发现问题、解决问题，提升学生的思维发展和综合素养。

设计与实施

学情分析：

通过四节前置课的学习，学生能够做到：

（1）了解提袋的由来、演变以及在生活中的应用。能通过自由讨论确定设计团队，并在团队协作中互帮互助，增强合作意识。

（2）了解提袋的结构，认识长方体各对应面的关系并运用比例知识，绘制长方形提袋的平面展开图。

（3）了解提绳一般呈三角形是运用了三角形的稳定性的原理。了解提手位置与承重的关系。

（4）尝试利用提袋的设计元素，积极参与提袋设计的表现活动。在发现问题、探究问题、解决问题的过程中，培养学生解决问题的能力、合作探究的能力。

教学目标:

(1)尝试利用提袋的设计元素,积极参与提袋设计的表现活动。

(2)尝试运用多种材料,合理地设计提袋。

(3)尝试运用多种表现方法制作手提袋。

(4)学生在愉快的实践过程中,感受设计提袋的趣味性。在提高立体制作能力的同时,关注生活中的设计,观察生活中的美好事物,表达对生活的热爱之情。

教学过程:

一、导入(前置性学习视频回顾)

师:同学们,今天我们来继续进行提袋的设计。在之前我们已经进行了四节课的学习,下面就请学生代表上台来给我们介绍学习过程。

师:小小的提袋有这么大的学问,在研究提袋的过程中我们会遇到一定的困难,老师和同学们都在不断地进行修改和完善。在今天这节课中,同学们可能也会遇到困难,老师希望你们能克服困难,找到解决的办法。

二、汇报提袋设计的规划书

师:在前期的学习中,老师和同学们一起制订了一份提袋设计的规划书,每小组也进行了合作探究,哪个小组来展示一下?

组长上台汇报。

师:同学们的规划书做得这么认真翔实,看来真是下了不少功夫。规划书既然已经做好了,那我们在接下来实施的过程中,希望同学们尽可能完美地呈现出来。

三、提袋制作大比拼

师:前期老师已经带领大家绘制了提袋的平面图,那么现在让我们各组来比比看,哪个小组能够快速折出提袋。

师:现在我们来进行提袋制作大比拼,给同学们10分钟时间来制作。在制作的过程中同学们如果有什么问题可以及时询问老师。

学生制作提袋,教师进组指导。

四、设计大课堂

师：老师选择了学校的美术节这个特色节日，制作了一个提袋。让我们来欣赏老师是怎么制作的。

（1）播放微课，学生观察。我们在制作的过程中需要注意什么？

（2）小组讨论分工。

（3）各团队开始设计提袋。导师跟进指导。

五、提袋我来秀

师：老师看到各组都已经设计好了提袋，在前期的学习中，老师已经带领同学们学习了设计说明的写作方法，那么就请各组学生拿着提袋上台来展示。

师：同学们10个小组的提袋都展示完了，你们最喜欢哪一个提袋？请各小组快速讨论一下，将便利贴贴到最喜欢的提袋上。每组只能投一票，给票数最高的提袋颁发小皇冠。

师：同学们，这个小组的提袋最受欢迎，选择这个提袋的小组请举手，你们为什么选这个提袋？小组回答。

师：对于其他的提袋，你有什么建议？选择一个提袋说一说。

师：这位同学敢于表达出自己的想法，值得点赞。同时票数少的小组也不要气馁，课后可以继续进行讨论和完善。

六、总结

师：通过这两周以来同学们对提袋的探究学习，到今天的提袋的制作和设计，你有什么收获？

学生分享收获。

师：谢谢这位同学的分享，让我们将收获的体验运用到以后的学习当中，不断前行。

七、设计变变变

师：在生活中还有很多有创意的提袋，让我们一起来欣赏一下。教师播放创意提袋视频。请同学们课后继续探究不同形状的，有创意的提袋。

思 考 与 感 悟

学生小组合作从提袋的设计要素——造型、装饰、色彩三方面，分类别进行探究学习。通过探究了解提袋设计的特点：①"以人为本"的设计理念，任何设计都是为了满足人们的某种需要进行的创造性活动；② 美观，从造型和色彩进行分析；③ 实用，从功能和材质进行分析。

在整个学习过程中小组合作学习的设计能够缩小学生间的差距，树立学生自信心，每个小组成员都能积极主动地参与学习、彼此协助、相互支持，有助于学生合作精神和团队精神的培养，学生能够更好地完成美术任务，提高课堂美术学习的积极性。

通过小组合作学习，增强学习能力，提高了学习效果。

在教学设计中，结合学生的实际情况，用小组合作的形式，把各类型学生有意识地安排在一起进行共同创作。通过整个创作过程，创意型的学生在技法上有所提高，而技法型的学生也不同程度地拓宽了思路。

小组中以合作为主，组间以竞争为主，竞争与合作相伴进行，使课堂气氛既紧张又愉快。为小组而奋斗，充分激发了学生的好奇心和集体荣誉感，组员十分珍惜时间，紧张而密切合作，彼此充分表达自己观点的同时也听取、分析、同化别人的想法，随着小组合作学习的深入，我们的合作式学习也有了成效。

提袋的设计学习单

设计要素：1. 造型

2. 装饰

3. 色彩

提袋设计特点：

（1）"以人为本"的设计理念，任何设计都是为了满足人们的某种需要进行的创造性活动，例如：儿童需要卡通的，女性需要时尚的，男性需要简洁的，老年人需要实用的，等等。

（2）美观：造型和色彩。

（3）实用：功能和材质。

提袋的小组探究性学习

问题 图片	这款提袋最吸引你的地方（造型，色彩，装饰）

个性阅读学习，提高综合素养

【摘要】我国古代大教育家孔子曾经说过："知之者不如好之者，好之者不如乐之者。"博览群书、海量阅读古今中外的名著经典，广泛涉猎百科常识书籍，智慧才能不断成长，最终形成一种强大的发展能力。那么如何激发学生们阅读的兴趣呢？如何能让学生们在读中思考？于是，在学校开展的"大阅读"活动中，以PBL项目学习的方式开展合作阅读学习，打破了传统的"读、看"的阅读方式，用创新的形式共读了《西游记》这部长篇小说。

【关键词】阅读；合作学习；深度思考

一、阅读步骤有方法，师生共读有启发

导读课上，教师带领学生通过视频、图片以及表演的方式，激发阅读兴趣。接着老师抛出一个问题："你心目中的西游记是什么样的？"学生在你一言我一语中，或是对于人物形象进行分析，或是对情节设置展开疑问。课后的时间，学生带着课上提出的疑问在个人读、小组读、师生读等

方式中，开启整本书的阅读。

二、阅读优指导，思考习惯助力读

只读不思考是没有灵魂的。学生的读仅仅是浏览着读、泛泛而读。在读的过程中只知道了故事的大概情节，而对于作者细腻的写法进而表达的想法，学生不得而知。边读边做批注是阅读的好习惯。阅读课上，同学们在了解了大概情节之后，进行分组合作，小组成员在读的过程中通过做批注的方法从人物、情节等方面进行思考或是产生疑问。通过交流，各组成员将思考的过程记录下来以便于课后与老师同学进行讨论。在小组边读边思考的过程中，各种各样的问题也就接踵而来！

为有效解决阅读中的困惑，不同的小组在教师的指导下采取了不同的策略，有针对西游中鲜明的不同人物性格结合思维导图的方式进行分析的，有针对人物性格的正反面进行了组内讨论和辩论的，有的小组更是对虚拟小说的西游路线和现实生活中的玄奘法师取经路线进行对比研究。不同小组通过学方法、用方法，会思考、多思考形成了各有特色的探究阅读。

三、项目研究有领导，思考探究新奇点

各小组通过学习到的阅读方法和人物分析方法，结合各小组感兴趣的研究内容，最后开展了主题不同的"读西游"项目研究学习。

（一）读西游项目探究之人物性格变化分析

有的小组研究了"《西游记》中每个人物在具体的故事情节中的性格变化和分析"。同其他文学样式相比，小说在人物刻画上拥有更丰富的表现手段，可以从各个方面深入细致地塑造性格复杂的人物形象。小说可以具体地描写人物的音容笑貌，也可以展示人物的心理状态，还可以通过对话、行动以及环境气氛的烘托等多种手段来刻画人物。学生在阅读中，多角度地分析人物会让学生学会更加以多角度的思维方式去阅读、分析。将人物性格以思维导图的方式呈现，将人物的心理变化以"心电图"的方式呈现。在探究这一主题时，借助这些阅读工具，使得对小说人物形象的理解更加丰满、真实，也帮助学生在阅读、思考时更加有深度、有广度。

（二）读西游项目探究之磨难的源头

有的小组研究的是《西游记》中每个磨难的源头，也就是唐僧师徒所经历的磨难都是谁带给他们的。我们找出10个左右的重点故事，然后分类研究。通过阅读找出是谁带给他们的磨难。情节故事较为复杂，学会分类的思维方式是帮助学生更好地理清小说情节，进而深入探究情节最好的思维方式，学生借此思维方法帮助他们在阅读中更好地针对整本书的情节进行把握。分类思维方式的转变帮助学生深入阅读、理解文本。根据唐僧师徒从大唐到西天历经的顺序，九九八十一难分类为菩萨设定的磨难、山野妖怪给予磨难、神仙有关的坐骑或者徒弟发难，等等。对于长篇小说整本书的阅读，有时不一定要逐字阅读，分类阅读帮助学生理清思路，把握情节，深入阅读。

（三）读西游项目探究之"西游路线"

还有的小组对"西游路线"展开了项目研究学习。读书和研究过程中学生还产生了疑问："孙悟空会筋斗云，正好一个筋斗十万八千里，翻一个直接去西天取经多省事，为什么不那么做？唐僧为何舍近求远呢？"结合现实生活中历史上玄奘法师去印度求取真经的事迹进行对比阅读。结合语文人文要素，带着学生换一种对比思维方式进行探究。

反观唐僧走的这条路，虽然现在看上去很绕远，但在古代，却是一条很成熟的到印度的路线，也是被证明到印度可行的路线，是古代旱路到达印度的唯一一条路。现在对照世界地图，看唐僧当年走的路线，学生会体会并十分佩服唐僧的毅力和勇气，这条路线现在测量的话，其实是一万多千米，虽然没有号称的"十万八千里"，在古代也是非常了不起的行程了，这份执着的信念，还是让人有些感动的。唐僧取经是盛唐文化繁荣的一个反映，也是古代中国人自信、开放、勇敢走向世界，与世界交流的一个例证。结合到人文要素，学生们在对比思维中感受作者想要传达的"西游精神"，这种学习方法的渗透在项目学习中很好地得到体现。

通过小组合作学习，各组以不同方式进行了阅读、探究、分享、交流，学生觉得这样的阅读方式才是他们最喜欢的方式。大家在说说笑笑中，学习到了许多的阅读方法，至此爱上了阅读，爱上了思考与研究。边读边思考，这不仅仅是一种享受，更是对内心世界的一种充实。

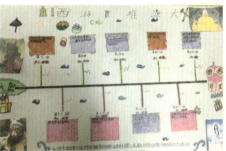

　　合作学习是将整个班级化整为零，形成师生、生生之间全方位、多层次、多角度的交流模式，使每名学生都有机会发表自己的观点与看法，也乐于倾听他人的意见，使学生感受到学习是一种愉快的事情，从而满足了学生的心理需要，促进学生智力因素和非智力因素的和谐发展，最终达到学生爱学、会学、乐学的目标，进而有效地提升学习能力，发展高阶思维。

第三章 在项目式学习中发展思考力

项目式学习是基于真实情境的以学生为中心的教育方式。它与传统的以学科为基础的教学法有很大不同：

强调以学生的主动学习为主，而不是传统教学中的以教师讲授为主；

将学习与具有实际意义的任务或问题挂钩，使学习者投入项目当中；

通过设计真实性任务，强调把学习设置到复杂的、有意义的问题情境中，通过学习者的自主探究和合作来解决问题。

项目式学习，是一种教育新方式，是一种教育新理念，也是青岛榉园学校的一场课堂教学变革。

自2017年11月起，青岛榉园学校以"教师STEAM教学能力体系培训与课程研发"的开启为标志，通过STEAM学校特色课程的开发实施，更新教育理念、改善教学方式，不断探索创新项目式教学新方式，为深度学习的实现，为每一位学生思考力的提升，提供了崭新的舞台。

克伯屈在1918年发表的名为*The Project Method*的文章中第一次明确提出教育领域"项目式学习"的概念：儿童有目的的、全身心投入的活动。凡是一切有目的、全身心投入的行动都是项目（project）。在克伯屈看来，项目式学习必须具备四个特征：是一个有待解决的实际问题；是有目的、有意义的单元活动；由学生自己负责计划和实行；是一种可以增长经验的活动，使学生通过设计获得发展和成长。

通俗理解，项目式学习是指学生在一段时间内通过研究并应对一个真实的、有吸引力的和复杂的问题、课题或挑战，从而掌握重点知识与技能。

20世纪末学习科学（the Learning Sciences）对项目式学习重新进行诠释并注入新的活力，项目式学习（project-based learning，简写为PBL）作为主动学习方式的代表，发展成为以学习者为中心的教学模式或课程模式。

项目式学习虽然与深度学习表述不同，但其本质都是指向教师引导下的学生自主探究，注重批判性思维与高阶思维的发展。

项目式学习与深度学习共通之处：

（1）实现能力与思维的高阶发展；

（2）创设真实的探究情境；

（3）以优质问题为引领；

（4）注重学科之间的知识融合；

（5）注重学生批判性思维。

因此，项目式学习是实现深度学习的有效途径。

2017年11月，学校成立课程开发领导小组，聘请美国CAN国际教育基金会、STEAM国际创新教育研究院钱志龙博士等专家为课程开发指导教师，与专家共同商议制订了青岛榉园学校"教师STEAM教学能力体系培训与课程研发"培训计划。随后，全体教师自主申报STEAM学校特色课程开发骨干组成员，形成6个STEAM课程初期研发团队，从自己的工作出发，转变教学观念，开启了一条崭新的教学研究之路。

学校先后多次邀请了美国CAN国际教育基金会、STEAM国际创新教育研究院王建利博士、钱志龙博士，美国专家George，MBA毕业于美国西北大学凯洛格商学院的吴霞，中山大学"展翼计划"创始人张延，毕业于哥伦比亚大学教育学院的任竹晞和一土教育领导力学院院长金英玉等专家来到学校进行线下培训，逐步指导教师团队合作实施了各12课时的"怎样给我们的身体做加减？""规划一次春游活动""穿越时空交朋友""创办榉园电台""我的加餐我做主""打造精品书屋"六个PBL教学项目。

如在"我的加餐我做主"项目中，学生从身边的加餐入手，探究学校现有加餐的科学性，并设计更多适合自身成长的加餐品种。

学生在研究初始阶段，通过讨论设计加餐方案的相关因素，明确了具体所要探究的内容：了解加餐对人体的影响；同学们对现有加餐的态度；各种食材的成分与营养；加餐的存储、运输及成本；加餐制作的时间及口味。

随后在教师的指导下学生开展了对于加餐的一系列调查，并将调查结果通过辩论的形式进行了讨论分析。在加餐方案的设计过程中，学生分别从食物的营养成分，加餐的时间因素，成本制作费用，采购运输渠道等各方面进行了调查与研究，利用数学、信息技术等相关知识进行了精密的计算比较，从而设计出了各自小组的加餐方案。

学生通过亲自动手制作加餐，开展试吃会的形式，展示了各自小组的加餐方案，并根据参与人员的建议进行方案的修改调整，最终将加餐方案提供给学校，供校方作为今后加餐调整的参考依据。

再如"创办榉园电台"项目，为将校内外相关讯息进行及时分享交流，学生联想到学校微信公众号，主动尝试制作学校电台节目。学生们开始对制作电台一无所知，一步步了解什么是电台，制作电台的要素有哪些，如何制作剪辑电台播报稿件，录制并上传电台内容，通过开展线上、线下的电台宣传提高收听率，最终成功正式运行。在一个学期的探究过程中，该项目6个小组36名学生通过自行设计、搜集素材、撰稿录制、配乐剪辑独立完成了33期节目，收到了近4000人次的收听，能够独立进行媒体播报宣传。

因为有了这样的平台和基础，学校老师有了理论的支持，有了实践的操作，学校各学科教师开始尝试将PBL项目式学习落地常态教学，学校邀请

各教研员走进来，助力STEAM理念下的课堂教学研究，借助每人一堂研究课、展示课，发挥骨干教师的引领作用，把PBL项目学习中的方法和策略继续延伸、应用到日常教学中，创新并转变课堂教学方式。通过这种改变，学生不再是知识的被动接受者，而是主动地获取知识，成为教学活动的主体。课堂上老师们敢于让学生们犯错，尝试不同的想法，让他们听到不同的观点，使学生创造能够应用于真实生活的知识，通过动手实践找到自己想要的答案，促进了学生潜能的开发，实现了更高效的学习。

项目式学习——打造精品书屋

【摘要】教师根据学校小书屋的设立情况，结合"大阅读"活动，开始了一场"打造一间受欢迎的校园书屋"项目式学习的探究与学习。各书屋所有的设计、布局都是由各小组学生前期开展大量准备工作，亲自动手完成。学生们通过学习制作调查问卷，利用统计图进行喜爱书籍的数据分析，了解色彩冷暖、空间布局以及学习操作课件制作软件、制作宣传海报等等，逐步打造出了适合不同年龄学生不同需求的特色书屋。并在开放之后根据学生们的反馈意见，不断创新优化，直至成为学生们心目中阅读的绝佳选择。

本课程适用三、四年级学生，主要涉及语文、数学、美术、科学、信息技术等学科。

【关键词】项目式学习；深度学习；思考力

一、课程目标

（1）通过调查不同人群，了解书屋受喜爱的因素，初步了解书屋建设过程中所蕴含的空间布局、色彩搭配、文学种类、工程技术等相关知识。

（2）通过调查活动，培养学生交流能力、合作能力，掌握归纳、分析、比较等方法，通过打造书屋增强学生的动手能力。

（3）通过合作打造最受欢迎的书屋，增强学生责任意识，学生在收获成就感的同时培养对生活的热爱之情。

（4）通过小组同伴合作互助的学习过程，培养团队领导力。

二、驱动问题

如果你是一家书店的老板，你会怎样让它成为最受欢迎的书店？

三、课程内容

第一阶段：项目准备阶段——"探秘书屋"

第二阶段：项目提出阶段——"探秘清单"

第三阶段：项目实施、探究阶段——"布展书屋"

第四阶段：项目展评阶段——"运营书屋"

四、组织实施过程

1. 项目准备阶段

教师准备：提前通过网络了解全球著名书店及其特色，搜集世界各地不同特色的书店图片，为指导学生后期探究做好准备工作；制定学生探秘清单，帮助学生深入了解影响书屋喜爱的因素。

学生准备：课前通过参观身边的书屋，对书屋有初步的认识了解。

组成团队：组织学生参观学校的各阅读书屋，根据学生对书屋的喜好成立学习小组，分工合作，做好记录。

2. 项目提出阶段

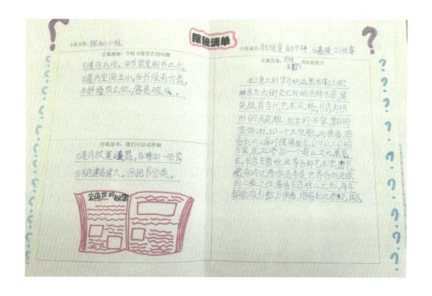

学生通过对身边书屋的实地考察和书籍、网络资料查阅，了解目前书屋的现状。学生通过完成探秘清单中的"＿＿＿＿书屋优点""针对＿＿＿书屋，我们思考可以这样做"，初步确定打造书屋的构想，课堂上将学生分为8个小组，组内交流自己的探秘清单，每个小组确定本组最终打造书屋的风格特点。

每位老师参与学生各小组讨论，引导学生从不同角度尽可能考虑设计书屋的因素，对于出现较大分歧的组员可进行重新分组。选出组长，确定各组员今后的探究分工。

3. 项目实施、探究阶段

（1）数据调查，初步探究。

制作问卷：教师引导各小组围绕书屋受喜爱的因素进行分享交流，并让学生思考："书屋里的书是越多越好吗？"进行讨论交流。学生提出自己的见解及将开展的调查方式，教师在探究方式上给出合理的意见或建议。教师指导各小组商讨3～5个想对读者调查的问题，写在便利贴上。教师需要注重对学生所提出问题的意义、价值进行分析与指导。教师通过图片讲解调查问卷的相关知识，小组根据教师介绍，初步形成一份调查问卷，使学生掌握调查问卷收集数据的方法。各小组参观互评，利用不同颜色便利贴对调查问卷"喜欢的地方""有疑问的地方"进行交流，各组修改问卷，为接下来的书屋探究做好铺垫。

数据分析：学生前往书屋，选取不同人群进行问卷调查后进行数据统计。课堂上教师引导学生考虑统计数据的方法，使学生感受到利用图表进行汇总统计的便捷性与直观性。学生自主选取合适图表进行合作制作，教师需注重学生知识的运用情况，对于制作图表中出现的问题进行适当建议指导，形成清晰、明确的受欢迎图书种类统计图，各小组相互进行评价，学生通过互评对本组的统计图表进行修改调整，最后结合图表进行数据分析，明确打造书屋所应考虑的各项因素。

（2）深入探究，制订计划。

设计方案：各组学生探究如何撰写计划书，将书屋的书目、布局、成本、宣传等内容梳理内化为编写计划书的流程要点。小组合作制作整理一份合理可行的实施方案计划书（多种形式：思维导图、文稿等）。各小组轮流向全班介绍计划书，投票评选出最佳实施计划，并给出喜欢的理由以及改进意见，以供各组进行调整修改，从而使学生形成科学运用综合知识解决问题的意识。

书屋布局：学生探究书屋的室内布置，借助平面图形知识对其空间布局进行讨论，研究其色彩特点，进行草图设计，分工进行相应手工制作，将过程性资料进行保存，从而达到掌握并提升数学、美术、工程等知识与能力的目的。

宣传方案：学生学习宣传片和海报，探究宣传片和海报的设计元素，然后结合小组设计的书屋特色，讨论设计宣传方案（多种形式：海报、短视频等，如果是宣传片则需要有简要台本）。完成设计后学生利用计算机进行短片或海报的制作。教师则需根据各组学生的需求和思路进行相关软件的学习授课。

宣传筹划：学生通过头脑风暴的方式，每人制定2～3个认为有创意的宣传形式，根据小组收集的素材，小组讨论并确定最终宣传形式，例如：宣传视频、课件、海报、情景剧表演等形式。教师进入各小组进行指导。

（3）竞标运营，成果准备。

修改运营方案：教师引导学生调查书单中的图书在不同途径购买时的价格。学生小组合作，根据图书价格，计算书屋所需的图书种类及数量，并根据整体资金使用情况修改书单。教师帮助提供各组设计图中涉及的装饰品价格，分为高档和中档两类，小组根据价格进行计算及选择。最终将所有计算汇总，适当调整，形成初步的预算。师生分别观看各组的预算并进行互评，利用便利贴写下"合理的地方"和"有疑问的地方"，贴在预算的旁边。小组将收到的便利贴进行整理，修改自己的预算，并根据预算最终完善运营方案。

竞标：主持人介绍到来的嘉宾及竞标流程、规则（每组展示5分钟，形式不限。评价采取计分的形式，根据嘉宾身份不同，赋予不同分值。最终取总分前4名的运营方案予以实施），各组进行竞标展示（包括运营方案展示及团队特色两部分，运营方案必须展示，团队特色为加分项目），汇总评分表，公布中标名单（中标小组选择一组未中标组为队友，共同进行书屋布置，确定名单）。

4.项目成果展示及课程评价方式

打造书屋：中标小组根据运营方案采购物资，亲手打造主题书屋，教师协助指导。

书屋运营：学生将书屋构思和制作完成的宣传媒介，投入到校园中进行宣传，在此过程中各组制定营业值班表。在每天规定时间内，各个书屋进行开放，每个书屋准备一本留言本，让来参观或阅读的老师和学生，提出宝贵意见及建议。在第一天正式营业之前，邀请之前参与竞标嘉宾来进行参观，给予意见及建议。再根据意见和建议对书屋进行调整。每个书屋每个月举办一次特色活动，对于特色活动效果最好的一间书屋，进行奖励（例如：领导力点数认定、图书扩充、学校宣传等）。

五、成效和经验

本课程总计12课时，学生从参观、了解书屋，到设计、打造书屋，最终亲自宣传、运营书屋，整个学习过程积极性很高，组内学生都能够详细分工，对书屋的资金、布局、设计、宣传等各方面进行深度探究。课程学习过程中，各小组充分交流展示，彼此提出肯定与建议，并在分享交流后进行更加完善的调整修改，使学生对如何打造一间书屋有了深入的了解，并在学习过程中，利用数学、技术、工程、艺术等知识综合解决实际问题，打造并运营了真实的书屋，收获了满满的成就感。

项目式学习——穿越时空交朋友

【摘要】通过讨论探究，老师们发现唐朝的每一时期都有典型代表人物，每个人物背后都有一段鲜活的历史故事，是文学的见证、美学的见证以及大唐盛世科技、技术、工程的见证，所以确定唐朝为时间背景。本课程通过"穿越时空"的形式，引导学生发掘唐朝不同历史人物所处时期的科学、技术、文学、艺术和工程建筑等方面的特色，通过与当今社会的对比从而在这些方面得到进一步的能力提升。

本课程适用五、六年级学生，主要涉及数学、信息技术、综合实践、语文、音乐、美术等学科。

【关键词】项目式学习；深度学习；思考力

一、课程目标

（1）通过搜集唐代不同时期有代表性的历史人物，了解相关人物所在时期的科学、技术、工程、著作、事迹等。

（2）通过研究活动培养学生自主学习能力及收集、整理和加工信息的能力，通过小组汇报的形式提升学生的成就感。

（3）通过体验不同时期历史人物背景获得过程性和结果性知识，以名人为榜样，树立热爱祖国、热爱家乡的信念，同时树立保护国家文化遗产的意识。

（4）通过小组同伴合作互助的学习过程培养团队领导力。

二、驱动问题

如果给你一部时光机，你想坐上它去与谁交朋友？

三、课程内容

第一阶段：项目准备阶段——"古往今来找朋友"。

第二阶段：项目提出阶段——"穿越唐朝会朋友"。

第三阶段：项目实施、探究阶段——"深入探究交朋友"。

第四阶段：项目展评阶段——"成果展示知朋友"。

四、组织实施过程

（一）古往今来找朋友

1.师生准备

教师通过搜集关于唐朝文学作品、历史故事、艺术作品、建筑特色等书籍和纪录片进行了解、学习、研究，组织学生成立学习小组，分工合作，做好记录。学生课前通过网站查阅资料、图书馆查阅资料、专家咨询等方式学习，激发探究中国唐朝的积极主动性，通过前期对于唐朝的了解，广泛寻找感兴趣的不同人物、文化、历史等相关信息，确定意向人物，加入相应的研究小组。

2.引发思考

初步架构思考：唐朝文化、历史为何能够达到鼎盛；唐朝有哪些著名文学作品、人物；最鼎盛时期人物、科技等相关问题的一系列思考并进行初步了解与探究。

（二）穿越唐朝会朋友

1.课程内容

学生组内交流自己搜集的资料，确定两位想要交朋友的对象，制作人物简介海报。组与组之间交流，找出这些人物大多所在的时代——唐朝，作为下一课时穿越交友的时代。老师根据自己本学科特点选择唐朝的一到两位人物，为学生建立交朋友的人物选择库。学生根据自己的喜好选择相应的人物，重新分组。选出组长，确定各组员今后的探究分工。

2.引发思考

通过组内、组与组之间的交流，加深学生对唐朝历史、文化、人物等相关内容的知识积累，加强学生深度思考的内容储备。

（三）深入探究交朋友

（1）信息采集，初步探究。

（2）深入探究，领略人物风采。

①以文会友——语文学科（诗词、人物）。

②以美会友——美术学科（服饰、绘画）。

③以声会友——音乐学科（音乐、舞蹈）。

④以景会友——综合实践、信息技术学科（建筑、景观、课件制作）。

以文会友：各组学生探究自己的唐朝朋友所在年代的诗词、散文、数学著作等作品，同时向其介绍现代的文学作品，从而达到以"文"会友的

目的，并把以"文"会友的过程性资料保存下来（多种形式：情景剧、朗诵等）。

以美会友：学生探究、制作并穿着自己的"朋友"所在年代的服饰，研究其绘画特征，并且向"朋友"介绍现代的各种形式的绘画作品，从而达到以"美"会友的目的。

以声会友：学生探究自己的"朋友"所在年代的音乐以及音乐创作的背景，开展一个音乐交流会，现场演奏"朋友"所在时期的音乐以及现代不同的音乐形式，并且向"朋友"介绍现代的各种音乐以及音乐表达形式，从而达到以"声"会友的目的。

以景会友：学生探究自己的"朋友"所在年代的建筑、景观以及背后的意义，并且向"朋友"介绍现代青岛的各种特色建筑及景点，制作精美的课件介绍"朋友"所在年代的独特景点，从而达到以"景"会友的目的。

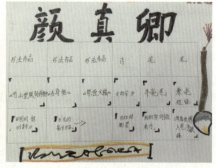

（3）信息整理，成果准备。

①学生将唐朝朋友串联在一起，编写剧本。教师给予指导。

②学生利用家中闲置材料制作服饰和道具（将学生为自己"朋友"创作的诗词或文言文书写到折扇或者竹简上），在课堂上排演上节课编写的剧本，准备最终的成果展示。

（4）引发思考。

引导学生多维度思考，从不同层面思考、交流，将每位学生所思所想进行汇集、整理，呈现思考结果。

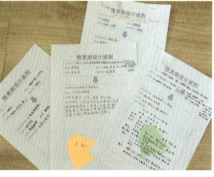

（四）成果展示知朋友

1.搭建平台

教师协助学生将编排的情景剧搬上舞台，以不同的形式（拍摄短视频、快板、朗诵诗歌、课件等）汇报此次项目式学习的收获及感受。观众现场投票（准备各组宣传海报，观众选择最喜爱的展演小组，将投票贴到海报上进行投票），选出最佳穿越小组。

2.引发思考

将研究成果进行呈现，引发反思，以达到在探究与实践更高层面的能力提升。

五、成效和经验

在本课程的学习过程中，学生产生了浓厚的探究兴趣，引发每个小组对于自己感兴趣的历史人物进行了深度的了解、思考与探究，并通过相互分享交流使全班学生对唐朝的整体历史、科学、技术、工程、艺术等有了更加完整的认识。在学习过程中学生能够借助此项目式学习方式，真正感受到跨学科学习的乐趣并乐于运用项目式学习去自主探究、深度学习。

本课程在实施过程中多次修改框架与备课，是不断反思的过程，经过一段时间的课堂实践与教师相互启发，教师之间已能初步进行跨学科的合作教学，但仍然需要在以后的教学过程中不断更新自己的思维方式，以求多维度、更深层地思考，做到以生为本，带领学生在项目式学习中深度学习。

项目式学习——墨说青岛

【摘要】一个国家的科技发展前景是由这个国家的教育程度决定的，注重小学阶段的课程教学中，应重视对于学生的创新性思维能力的培养。学校六年级的"墨说青岛"STEAM跨学科整合课，通过五个课时：故事叙青岛、翰墨绘青岛、创意画青岛、有趣的题画诗、墨说青岛作品展览设计与制作，强调学生的想象力和创新性能力的培养，每个课时都科学地针对学生的思维认知为学生提供了充分的思考空间，培养学生的合作能力、表达能力、动手实践能力和解决实际问题的能力，提升学生的创新意识。

【关键词】创新思维方法；水墨STEAM整合课；应用探讨

一、研究背景

培养小学生的创新性思维和能力是现阶段小学科学教育的重点任务之一。以前传统的教学课程都只注重学生对于知识的掌握情况，学生长期都以这样的学习目标为准，就会形成一种行为指向，知识记忆的惯性，学习知识不注重实践，只想通过记忆结论来获得知识，最终会导致一个学生的片面发展，如果学生没有创新精神，就不会有创造性。《墨说青岛》是青岛榉园学校的水墨画校本教材，本教材遵循儿童的认知规律，呈现出系统化、科学化、形象化、高品位的特点，深入浅出，通俗易懂，富有童趣。教材以"探寻青岛建筑魅力"和"探寻青岛海洋奥秘"两个方面为主题，设计了课程内容，指导学生通过各种水墨技法及创新实验进行水墨画的学习和探究。教材首先介绍了关于水墨画的知识、工具和技法，后面每一课都有历史上的水墨名画欣赏、青岛特色元素再现、思考与讨论、作画步骤、艺术实践、学生作品展示与评价等多项内容。

六年级的"墨说青岛"一课，就是根据学校校本课程改编的STEAM跨学科整合课例。每个课时都针对学生的思维认知为学生提供了充分的思考空间，培养学生的合作能力、表达能力、动手实践能力和解决实际问题的能力，提升学生的创新意识。

二、教师学会尊重学生的个体思维创新，积极鼓励学生的思考

（1）"故事叙青岛"中，老师让学生们自由成组，集体讨论代表青岛的元素，并从这些元素中提取出有效信息。同学们一起再进行信息的交流。交流时学生们都找到了代表青岛的不同的元素，小组通过查找网络资料，实地考察等形式对青岛元素加深了解，并从中提取出有效信息，在课堂上与同学进行交流，通过形象和归纳思维的方法来探究青岛元素，并尝试用多种方式来表现青岛元素。

（2）"翰墨绘青岛"中，小组进行探究实践。每个小组尝试用水墨进行青岛元素的创作。小组一起探讨创作方案及水墨材料的选择和应用。在小组探讨汇报时，学生通过交流将自己的困惑解决。

学生一：作品表现青岛元素运用了抽象简单的几笔，其他人认为作品表现得太简单，没有技术含量时，是应该坚持还是改进？

学生二：进行作品表现时体现了青岛普通人民的生活缩影——青岛烤肉啤酒，有些人认为应该展现更美丽的青岛，是应该坚持还是改进？

这几个问题的答案其实非常开放，学生们在讨论中也找到了合适的答案。第一个问题小组成员认为，一个团队，不是个人作品，因此要接受团队大部分人的意见，只要能表现出情感，各种风格的表现都是可以接受的。而第二个问题小组最终的意见是，正是一个个普通的青岛人才组成了青岛这个美丽的城市，因此贴近生活，表达普通人的生活和真情实感才是最感人的作品。

学生们在探究的过程中找出自己小组遇到的问题，通过联想思维，发散思维的方法，通过讨论、查阅、验证去找到答案，学生真正地进行了思考，培养了学生的审美、实践、合作、辨别的综合能力。

（3）"创意画青岛"中，学生利用不同水墨技法和不同的工具，体验水墨肌理的效果，积极参与到表现青岛元素的水墨创作活动中。其中"小游戏连连看"这个教学环节中，老师课件出示不同肌理图片和对应的工具请同学们连线，并提问：作为一个老青岛，你最喜欢哪种特殊技法做出来

的纹理？你觉得可以表现青岛的哪个元素？学生利用发散思维，通过之前对于特殊技法的理解，并结合自己之前讨论的青岛元素，进行推测和演示，找到适合的表达方式，产生新的创意。

（4）"诗韵青岛"中看画选诗，诗画相连的教学环节中老师为各位"小诗人"结合画作、资料，选出与画相匹配的诗句，写在画的空白处，并说说理由。此环节意在引导学生欣赏画作，结合资料，选择合适的诗句，品题在画上。使学生进一步走近画作，走近诗句。在理解分析中感悟到诗与画的深刻内涵，为接下来的学作题画诗铺垫。学生们通过联想思维法将看到的美术作品与所学的诗句相联系，使得对于题画诗的含义有了更深刻的理解。

（5）"墨说青岛作品展览设计与制作"中，学生运用戈德堡技术制作"墨说青岛"装置课题，通过将水墨表现与科学技术、文学艺术相结合的形式，小组合作完成"墨说青岛"装置作品。在小组汇报交流讨论阶段，学生根据作品的数量和展示的形式，在课前分成三个大组，并各自进行探究性学习，对于水墨的展示形式做了全方位的了解及思考，设计出方案。

第一小组的方案：用展台将作品进行展示，展台尺寸尽量大一些，背景装饰成大海的样子，以突出青岛的海洋特点。第二小组方案：设计一个立体展台，用学校的戈德堡装置体现出建筑错落有致的高低关系。第三小组方案：用一个整体的展台来展示，展台分为三部分，第一部分是背景板，第二部分是陆地，安装一个升降台，让楼房形成高低变化，第三部分是海洋，安装电机，让海洋生物可以在海底游来游去。

听取这三个方案的讲解，同学们根据讲解进行投票选择，最终找到最佳方案进行设计制作。在这个教学环节中，同学们使用形象思维、目标思维、发散思维等方法进行思考，最终将手中的绘画作品，设计制作出一个完美的"戈德堡"美术装置作品，记录和表现青岛的美。

美国教育家罗恩菲德说过："在艺术教育中，艺术只是达到目标的方法，而不是一个目标。艺术教育的目标是使人在创造过程中变得更富有创造力，而不管这种创造力将施于何处。假如学生长大了，而由他的美感经验获得较高的创造力，并将之运用于生活和职业，那么艺术教育的一项重要目标就已完成。"如同青岛榉园学校的育人目标：培养有品位的未来生活的创造者。

任何一种教学模式都存在一定的局限性，项目式学习同样如此，和传统教学模式相比，项目式学习一是对教师的要求更高，教师在设计具有实际价值的驱动问题时要充分考虑学科知识之间的相互融合，能够在实践中激发学生的兴趣，引导学生掌握必备的核心素养。二是项目式学习将会花费学校、教师大量的时间与精力，每一个项目的有效开展都需要前期大量的设计准备工作，探究过程中更需要教师细心的引导与点拨。

受以上因素影响，虽然项目式学习在学校课程中仍是教学的主要补充手段，但其对学生思维及能力的培养毋庸置疑，所以项目式学习同样是实现学生思考力提升的重要手段。

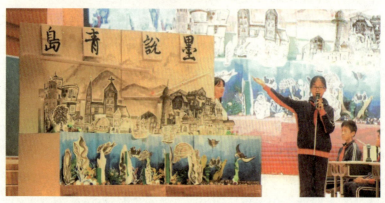

第二节 家庭分层作业

当今教育，"提质减负"已成为热门话题。提质的关键是课堂教学的有效改善，深度学习的课堂能够助力于提高教师教学质量，提升学生思考力。减负的关键则是减轻学生沉重的课业负担。

家庭作业是一种有目的、有指导、有组织的学习活动。它是提高学生素养的重要载体，更是教学过程中的一个重要环节，是深度学习有效落实的重要组成部分和延续。通过作业，学生可以进一步深化自己的认识；教师可以通过分析学生的作业，了解学生对所学知识的掌握、运用情况，评议课堂教学所出现的问题及原因。它不但能起到巩固知识的作用，而且更重要的是在做作业过程中能发现问题，提高学生学习的思维能力。

面向深度学习的分层作业，在区别于传统的作业安排中，教师往往要求学生在一定时间内完成相同的内容，希望达到同样的目的，忽视了学生的个性特征的特点。

学生是不同的。由于学生在智力发展、学习习惯和学习背景方面存在差异，因此，在日常教育中，尤其是家庭作业中，我们应该正视学生的个体差异，而不是"一刀切"。因此，学校教师积极尝试并探索了"分层作业"，目的不仅是激发学生完成作业的兴趣，更是真正培养学生各方面的能力，从而有效地"让不同的学生得到不同的发展"。

所谓分层作业，是针对学生个体发展的不同，综合考虑学生的行为习惯、学业掌握、兴趣爱好等各方面因素，动态地实施分为不同层次性的作业内容，使练习任务能够着眼于学生的最近发展区，为学生提供难易适合、能充分激发积极性与潜能的相关任务。

在分层作业的布置中，教师主要根据学生的学情进行作业量、作业难度、作业时间的分层布置，使不同层次的学生都能根据自身学习差异，完成难易程度不等的针对性作业，最大限度地开启每一个学生的智慧潜能。

如数学在学习了"长方形面积"一课后，教师针对学生对于空间观念、几何直观存在差异的客观事实，找准学生的最近发展区，为不同层次的学生制定难易有别的作业。

在分层作业设计的时候，教师将作业分为必做题和选做题，必做题旨在帮助学生理解面积公式，并通过练习让学生能够灵活运用。选做题则根据学情分为一星、二星、三星不同难度的挑战练习。

一星作业：这类练习面对的是班级中学习有困难的学生，以基础知识运用为主，如中山公园内有一个10米长的长方形鲜花展示区，如果这个展示区的长增加5米，面积则比原来增加20平方米，这块鲜花展示区原来的面积是多少平方米？通过练习，学生能够建立简单的数学模型，初步发展学生的数学思维。

二星作业：这类练习面对的是班级大多数学生，以基础知识和基本技能训练的变式练习或一般综合练习为主，如中山公园内有一个长方形的鲜花展示区，现在想对这个展示区进行扩建，如果长增加5米，或者宽增加2米，面积则比原来增加20平方米，这块鲜花展示区扩建后的面积是多少平方米？通过练习，学生进行一定思维训练，提高思维能力。

三星作业：这类练习面对的是学有余力的学生，以综合面广、灵活程度深、创新意识强的题目为主，如中山公园内有一个正方形的鲜花展示区，如果这个展示区的边长增加4米，则面积会增加56平方米，这块鲜花展示区原来的面积是多少平方米？通过练习，学生在拓展思维练习中，充分运用所学知识进行深入思考。

个性化的分层作业设计，在学习过程中具有独特的教育效果，不仅极大地激发了不同层次学生的学习动机，而且极大地促进了学生学业成绩的提高，有利于提高学生素质，促进学生可持续发展。

如学生在一年级数学认识图形之后，教师为学生设计了三种难易度不同的挑战游戏，让学生根据自己的喜好选择自己想要进行的挑战。

挑战一：找找身边哪里有图形，自己利用各种图形做一幅剪贴画或是为一首古诗进行配图。

挑战二：学生利用七巧板拼摆出不同图案，可以参照图案拼摆，也可以参照剪影图案尝试能否拼出。

挑战三：学生观察了解七巧板，自行制作七巧板，制作完成后可以尝试自行拼摆出各种小动物，比比谁能拼出的小动物最多。

学生在剪贴画与七巧板的制作、剪贴、拼摆过程中，根据自身兴趣爱好，将知识运用于游戏当中，在寓教于乐中加深了对知识的理解，在作业中提升了学生的思考力。

语文分层作业设计

【摘要】语文统编版教材重视学生阅读能力、语言文字综合运用能力的培养，有效设计分层作业能够更好地落实"工具性"和"人文性"统一的要求。在语文统编版四年级下册第三单元学习中，为引导学生学会思考、整理收集的资料，创编小诗歌、朗诵小诗，老师以"诗歌"为主题，结合"综合性学习——轻叩诗歌大门"活动，带领学生品读诗歌，感受韵律，体会音乐之美。合作创编诗集、举办诗歌朗诵会等多样化的展示形式，提高了学生的思维能力，让学习变得充满童趣。

【关键词】语文综合运用；诗歌单元分层作业；多样化的展示形式；思维训练

所谓分层作业，一般是指优化的弹性作业结构，它针对学生的学习水平层次进行分类，目的是使不同层次的学生得到不同程度的提高。优质的分层作业能激发每一个学生的学习兴趣，多样化的作业展示形式更能让学生体验到成功的快乐，建立自信心，成为学习中的思考者，让教学达到"润物细无声"的效果。

一、语文分层家庭作业中落实"工具性"和"人文性"的统一

（一）语文要素引领作业设计

《语文课程标准》指出："语文课程是一门学习语言文字运用的综合性、实践性课程。工具性与人文性的统一，是语文课程的基本特点。"强调"统一"，即人文性蕴含于工具性之中，语文是交际的工具，是交流、传承、积累文化的工具。人们在交际活动中，在传承文明、积累文化的过程中显现人文精神，体现人文情怀。

2019年，全国统一使用语文统编版教材，教材围绕"人文主题"和"语文要素"双线组织单元，更加重视学生阅读能力、语言文字综合运用能力的培养。因此，有效设计分层作业能够更好地落实语文教材要求，让学语文变成用语文。

（二）多样的分层作业提高学生综合能力

心理学研究表明，形式新颖多变能刺激学生多种感官，各种感官并用有助于增进学生的学习效率，消除学习的疲劳。语文作业的呈现方式可以是新颖多样的，包括言语、图片、模型，也可以是实物、观察、操作和体验相关的。分层作业设计在充分考虑学生的认知规律和心理特点的基础上，突出趣味性之外，还要做到形式新颖多样，展示形式多样化，提高学生的综合能力。

二、多样化的展示形式开启语文学习趣味

基于传统的分层作业，多样化的作业展示形式可以更好地关注每一个学生的水平，发挥他们的优势，提升学生的作业兴趣，让语文学习充满乐趣。

（一）作业过程多样化促思考力养成

在语文统编版四年级下册第三单元学习中，为引导学生学会整理搜集的资料，并通过合作编诗集、办诗歌朗诵会等方式展示所学成果，老师以"诗歌"为主题，结合"综合性学习——轻叩诗歌大门"活动，带领学生品读诗歌，感受韵律，体会音乐之美；抓关键词，想象意境，感受绘画之美……在学习了诗歌"三美"（音乐美、绘画美、建筑美）的基础上，多角度、分层次设计展示作业。学生可以根据自己的喜好，收集想了解的内容，如了解现代诗形式自由的特点；梳理现代诗的流派和代表诗篇；透过"生平经历""朋友圈""作品风格"等走近诗人、赏析诗篇，感受文字的力量。在确定了研究内容的基础上，学生按照老师设计的不同作业展示形式，尝试自主创作现代诗，形成自己精美的诗集、书签、朗诵视频。学生在完成这个作业的过程中，初步形成了独立的思考，他们会运用到比较思维、分类思维，选取自己喜欢的作业类型，并在搜集、整理资料的过程中，促进思考力的养成。

（二）展示形式多样化提思考力扎根

通过多样化的展示形式，提高了学生的思维能力。起初，学生选择研究内容，在自己的头脑中进行比较、甄选，从而训练了学生的比较思维、分类思维。当确定研究内容后，学生通过书籍、网络等多种方式搜集整理资料，最终的研究成果以多种形式呈现时，学生的分类、发散、收敛思维得到了很好的提升。每一份作业的呈现，无一不显示出学生多样的个性才华。对于文字有敏锐洞察力，有创造力的学生，他们在学习了诗歌特点之后，能够仿照所学诗歌进行创编，生动有趣，提高了文学素养；对于平日不太擅长写作，但喜欢音乐、朗诵、表现的学生来说，他们可以选择自己喜欢的音乐，配乐朗诵，一展风采，提高对语文学习的自信心，当然，如果电脑操作技术娴熟，也可以自己制作成视频、音频等方式呈现；对于平日语文学习能力较弱的学生，他们可以选择自己擅长的绘画、手工等方式，将所学的诗歌做成书签、卡片、为诗歌配插画。学生纷纷开始搜集诗歌，在学习整理资料的方法后，将"美好"留藏在笔墨之间，增加了语文学习的趣味性，培养了学生发散思维，提高了综合学习能力。

分层作业的设计能够多元化评价学生，让老师发现每一个学生独有的天赋，采用适合他们的引导方式，让语文学习富有童真、童趣。让听、说、读、写与演、唱、画、做等多种形式相结合，发挥他们的好奇心，提高语文学习能力。通过多样化的展示形式让语文学习更有趣。

英语分层作业设计

【摘要】"一份作业走天下"不再适应学生的发展需求。基于这个实际，并依据因材施教的原则，针对不同的学生群体，进行不同类型英语家庭练习布置思路的探究，本文在作业这个层面上进行了探讨，并论述小学英语分层作业实施的策略，以期共享。

【关键词】小学英语；作业分层；实施策略

孔子提出"因材施教"，布鲁姆也提出"目标分类学"。然而，整齐划一的作业布置、"一份作业走天下"的现象，产生的效果不尽如人意，难以促进每一个学生的个性化发展。而尝试和实施分层作业，可以提高练习和教学的有效性。下面，我将结合小学教学案例，谈谈小学英语分层作业的实施策略。

一、小学英语作业布置思路

课外教学也是小学教育体系的一部分，同时教师们也应该着重培养学生良好的课外学习习惯。课外英语作为小学英语课堂内容的延伸，是小学英语教学成果的有效延续。因此，教师有必要针对不同的学生群体，采用不同练习布置的思路，引导学生更好地进行课后英语学习。

教师在英语课后练习布置中往往是针对一个班级的学生统一布置的，殊不知，学生由于个体的特殊性和不同的语言理解能力，学习英语的感觉和掌握程度并不相同。有的可能一点就通，有的可能需要较长的时间来领悟。教师采用统一的模式布置练习并不能带给学生很好的预期学习效果。因此，教师有必要针对不同的学生群体，采用分层练习布置的思路，引导学生更好地进行课后英语学习。 为此，在二年级英语教学中教师采取了以下分层作业的布置。

教师将学生按英语实际水平分成A、B、C三个组，A组的同学，成绩相对来说较为突出，自主性强；B组学生，相对来说较为安静，学习能力中等，对教师的依赖也很多；而C组的是学困生。每个层次的学生可根据以后发展情况随时调整。

教师在设计练习或布置作业时要遵循"两种三层"的原则。"两种"是指练习或作业分为必做题和选做题两个种类。"三层"是指设计练习时要具有三个层次：第一层次为知识的直接运用和基础练习，是全体学生的必做题（例如单词的认读，文中基本内容的抄写和歌曲练习）；第二层次在第一层次的基础上加上英语口语练习，句型模仿，以B组学生能达到的水平为限；第三层次为学生能够根据所学内容自行造句和编造对话。第三层次为选做题。

如"Book4 Module1 Unit 1 *What's the weather like*？"这一课重点是运用

目标词汇和句型来谈论天气。为了让A、B、C 三组的学生都能根据自己的情况有效地完成作业，教师进行了以下设计。

A层：① 能准确拼读单词并熟练运用出本单元的目标句型It's ...来描述天气；② 运用所学的句型My favourite city is... It's... I like... /I can ...描述自己喜欢城市的天气以及在该地打算开展的活动。A组学生对词汇和句型结构掌握扎实，主要考查学生是否能灵活运用句型，结合学过的词汇对场景进行完整的语段描述。

B层：① 能掌握目标词汇和句型；② 运用所学句型和词组结合教师给出的语言框架，介绍自己喜欢的城市和天气。B层学生对于运用句型It's...描述天气掌握得比较好，但是对运用My favorite city is... I like... I can...这些句型结构掌握得不扎实，所以作业主要考察能否理解句意并依据框架正确运用句型。

C层：① 能听读单词和句型；② 能初步运用It's...描述天气。C层学生对于My favorite city is... It's... I like.../I can...掌握得比较薄弱，所以作业主要考查词汇的认读及句型的初步运用。

二、不同梯级练习布置的成效

在完成作业过程中，A组学生需要将新旧知识进行融合，不仅仅将眼光局限在课本知识上，而是要将所学的知识运用到实际生活中，学生独立自主完成作业的能力和语言综合能力得到了提升。B组学生需要扎实掌握课文知识，复习旧知。通过这项作业，学生基础知识的掌握更加全面，培养了学生的发散思维。C组学生立足课文，根据录音和视频扎实掌握本堂课的知识。通过该项作业，提高了从C组学生学习英语的自信心，为接下来的英语学习打好基础。这样的作业设计可使A组学生有练习的机会，B、C两组学生也有充分发展的余地，都能享受到成功的喜悦，从而提高学习英语的积极性。三个组的大部分学生都有了不同程度的进步。

总之，有效地分层布置小学英语课外作业，能使课堂教学得到加强和巩固，激发学生们学习英语的兴趣，提高学生的积极性，使英语课堂教学延伸到课外，使学生获得全面发展。在教学中，教师应不断运用智慧，精心设计和布置分层作业，让分层作业助力"因材施教"的实现。

第三节　社会深化实践

　　小学生在课堂上获得知识、发展能力和智力，课堂教学活动是其身心发展的主要源泉，但学生的发展仅靠课堂教学是远远不够的，学生在教师的指导下，利用课余时间学习知识、运用知识，是课堂教学的重要辅助手段。

　　学生的课堂或课后练习通常都是以练习册、练习题为主，久而久之，学生会觉得索然无味，对待练习的态度也会随之变化，分层练习也容易失去部分价值。因此教师需要对课后练习形式做出适当改变，通过设计一些丰富有趣的实践活动，调动学生的积极性，让学生积极思考，将知识运用到生活实际当中，在实践活动中进行分析、评价和创造。

　　首先，课后实践活动应与生活相融合，实践活动要建立在真实生活之上，学生校内进行的深度学习，大多数是在课堂上进行的知识理解、能力提升，面对的虽然是真实的问题，但往往更多的是在情境之中。课后社会实践活动则是将情境转化为生活，让学生真正体会生活，感悟生活，真正将学习与生活相融合。

　　如在数学学习了路程问题的相关知识后，教师让学生规划周末全家出游的路线，尝试结合当下人们频繁使用的手机导航，了解出游当中的速度、路程与时间。在学习了质量单位后，教师让学生到超市为父母买菜，亲身体会克与千克的实际重量，感受生活中质量单位的运用，并在实践活动中落实劳动教育，实现知识的运用，深度的学习。

其次，课后实践活动应与课堂紧密关联，课后实践活动是课堂深度学习的延伸，是让学生将所学知识不断运用与改进的过程，学生在活动中反思、发展批判性思维，提升能力、获得新的方法和经验，与课堂学习互促互补，在提升思考力的同时助力深度学习，实现深度学习课内与课外的相互提升。

如在培养学生景物描写过程中，为让学生从生活入手，教师组织学生通过调查、研究身边的景物，在积累生活经验的同时，运用各学科所学知识，开启了一次社会深化实践活动。

学生在探究过程中发现，青岛的德式建筑是青岛旅游景点必不可少的一部分，但在大量的德式建筑中，只有一部分为大众所熟识，还有很多德式建筑没有足够的知名度。在此次实践活动中，学生决定深入了解这些并不知名的建筑，想通过自身的努力让更多的人了解这些小众建筑，并为保护老建筑做出自己的努力。

开始，学生们通过查阅资料与实地考察，选取了安娜别墅为研究对象。通过调查，了解了安娜别墅的地理位置、历史背景及文化底蕴。随后，通过实地观察，从墙体窗檐、门庭阳台、装饰风格各方面近距离观摩了这栋欧洲商业古典式流派的独特建筑，学生们纷纷被这栋建筑的精雕细琢所吸引。

了解了安娜别墅后，学生们自行制作了180份调查问卷，在商业中心等不同地点随机进行调查采访。经调查发现所有的调查对象对保护青岛德式建筑都非常赞同，也愿意献计献策，贡献自己的力量。然而大部分调查对象，只对青岛有名的德式建筑如天主教堂、基督教堂比较熟悉，却对安娜别墅这一类的德式建筑缺乏认识和了解，人们希望能够有更多元的方式了解这些建筑，亲身感受这些建筑的魅力。

学生们在调查之后通过讨论，决定设计老式建筑保护牌，撰写这些小众建筑的介绍，让行人在路过这些建筑时能对其有所了解。另外在实地考察中，有学生发现在这些老式建筑附近，通常开设有书店、咖啡馆一类的休闲场所，所以学生亲自绘制带有建筑图案和简介的杯垫与书签，使游客在阅读休闲时能够了解这些建筑，从而提高这些德式建筑的知名度。

在此实践活动之中，学生运用所学知识，力所能及地实践了公益活动，在为保障老式建筑的过程中，提升了自身的知识与能力，并在活动当中不断发展了思考力。

课例研究报告——中国美食

背景与主题

"不能让知识僵化，而要让它生动活泼起来——这是所有教育的核心问题。"[①]

社会实践活动是一门基于学科学习之后进行的深度实践研究，既动手又动脑的课程，鼓励每个学生都热情参与到家庭生活和社会体验中，在体验之中深化对于知识的理解，灵活运用，解决实际问题。

在2020年疫情居家期间，停课不停学，虽然开学的脚步一再延迟，却不会延迟学生们的学习，更不会延迟学生们的成长。如何与学生相伴，让原有的书本知识活起来，让深度学习在云端真正发生？青岛榉园学校二年级的语文教师们立足语文素养的提高，与学生们云端见面，云端对话，设计了主题丰富、形式多样的项目化实践研究活动——"云端·中国美食大会"。

设计与实施

学情分析：

统编版二年级下册语文书有一篇课文是《中国美食》，出示了11种特色的中国美食，同时让学生们了解了中国美食烹饪方式多种多样的特点，足不出户，吃遍中国。二年级学生已经具备了一定的语文素养，可以初步尝试搜集、整理信息，将生活与语文学科相融合，同时具有一定的生活实

[①]（英）艾尔弗雷德·诺思·怀特海《教育的目的》，杨彦捷译，福建人民出版社，2018年版。

践能力，此时正是培养学生参与到社会、家庭劳动中去，为父母分担家务的好时机。

教学设计：

一、教学目标

（1）通过展示，锻炼学生搜集、整理信息的能力，培养学生参与活动的积极性。

（2）增强活动设计与语言表达的能力，变得更加自信。

（3）培养学生探究精神和创新意识，使学生学会分享、合作。

二、教学过程

引发初步思考，收集资料。

学生们根据《中国美食》这一课文，在老师的引导下，由书中11种美食引发深度思考：中国地域广阔，人们的生活与美食习惯自然会有所不同，那不同地域的人们会有哪些不同的饮食文化呢？于是，带着这样的问题，学生们充分发挥自己的思考力，借助网络和书籍查找美食起源，发现了"鲁、川、粤、苏、闽、浙、湘、徽"八大菜系。

深度思考"八大菜系"的差异。

因为八大菜系的口味迥然不同，学生们继续发挥自己更深一层次的思考：是什么原因影响了菜系之间的差异呢？于是，了解到中国的传统文化以及一些地域特色，例如"川菜"的麻辣源于区域地形及天气的影响；"粤菜"因当地物产特别丰富，唾手可得，烹而食之，由此养成喜好鲜活、生猛的饮食习惯，从而影响了食材的选择……以此种贴合生活实际的方式帮助学生学会发挥自己的思考力，由此扩大阅读面，了解更多课外知识，从课内知识延展到课外探究，激发学生的阅读学习兴趣，完成向深度思考的探究过程。

三、动手烹调，亲子合作

在了解了美食的背景文化和故事之后，研究煎炒烹炸、炖蒸煮烤多样的烹饪方式，学生们确定自己想要与爸爸妈妈亲子合作完成的菜品，进入研究菜谱的环节。"同样一道菜，究竟怎样做才能更好吃呢？"这一过程帮助二年级的学生进入语文"非连续性文本"的初步阅读，关注细节，关注顺序，关注图文结合。将文字的描述变成自己动手一步步的实践体验，在一遍又一遍地尝试与对比之下，从菜品失败到色香味俱全，将知识用于解决实际问题，感受制作的快乐与完成任务的成就感。

四、开展线上"美食大会"

学生们为自己制作的美食画海报、编广告词、制作菜谱，甚至还有"王婆卖瓜，自卖自夸"的"销售"环节，"小吃播"们纷纷上线，锅碗瓢盆交响曲，飘着香气，沁人心脾。

问题与研讨

在整个过程当中，每一位学生都能够参与其中，但因为学生的能力不同，所以达到的效果也并不一样，最大的差距出现在前期的思考和资料搜集筛选的阶段，要根据自己的问题来筛选重组资料内容，并用语言表达出来，这一阶段非常考验学生的阅读理解能力。同时，因为这次活动融合了动手实践的部分，如果语文学科知识与技能掌握得不够到位，便容易做成一次劳动技能的训练，从而与我们的目标最终出现偏差。语文学科的社会实践活动，还是应以培养学生语文能力为主，将语文的学科知识贯穿融入生活之中，充分发挥语文学科工具性的特点。

思考与感悟

一节语文课，从课本到实践，从获得知识到提高劳动技能，将多学科知识进行融合，语文、美术、信息、劳动等相互融通，合作中的领导力培养，全方位进行社会深化实践，这样的课堂开心、愉快，成就了学生们的成长，本次社会实践活动主题的确立就是对《中国美食》这篇课文学习的延伸。

课例研究报告——现金购物

背景与主题

　　人民币是我国的法定货币，爱护人民币、保持人民币的整洁、维护人民币的尊严是每个公民的义务。

　　形状不同、颜色各异的存钱罐是每一个学生的秘密，里面到底存了多少钱，时时刻刻牵动着他们的心。为了让学生更好地认识人民币，也就是在实际中使用人民币，所以发起课外实践活动——现金购物。

　　春节是我们国家传统节日，我们有着自己独特的风俗习惯，让学生们在实际采购春节最喜欢的年货时，用自己的零花钱进行购物活动，让学生充分体验使用人民币的过程，加强对于人民币的认识。

设计与实施

学情分析：

一年级下学期，学生将认识人民币，这部分的内容与生活非常接近，也是小学数学阶段中关于人民币教学的唯一单元。但是对于一年级的学生来说，人民币的教学是在生活中已有了一些认识和使用人民币经验的基础上进行的，但可能有部分学生接触得比较少，学习起来存在一定的困难。

教学设计：

一、教学目标

（1）让学生亲身参与到实践活动，加深对人民币的认识，进一步掌握人民币的换算及简单的计算。

（2）培养学生应用数学解决实际问题和进行数学交流的意识和能力。

（3）通过实际购物，让学生切身体会到人民币在生活中的作用，提高与人沟通和交流的能力。

（4）结合实践活动，和父母一起采购年货，对中国春节风俗进一步了解，培养学生民族自豪感。

二、教学过程

（一）前期准备——任务发布

亲爱的同学们，我们即将迎来春节，这是我们独有的庆祝新一年的节日，是我们中国的传统节日。

（1）在这个传统佳节里，你有什么新年愿望吗？

（2）你知道春节有什么风俗习惯吗？

（3）你知道我们在庆祝春节时都需要准备什么年货吗？

（二）居家准备

（1）和爸爸妈妈一起制定属于自己家的春节年货所需清单。想一想，年货清单中，自己最想要的一样年货是什么？

（2）认识人民币的面值，在家里辨别和观察人民币的特点和不同，能够简单知道不同人民币的面值是多少。

（3）思考自己最想要的物品应该去哪些地方采购，进行地点的筛选。

（4）购物之前，猜一猜自己物品的价格可能是多少，根据自己的猜价制定预算。

三、实际实践

（一）实际采购

（1）同学们拿着自己专属的春节年货清单，在爸爸妈妈的帮助下，明确购物地点并前往。

（2）同学们根据春节年货清单，找到想采购的商品，先询问该商品的价格。

（3）明确价格后，先与自己猜测的价格做比较，如果价格相差较大，学生们思考相差较大的原因是什么，如果价格相差较小，跟父母分享自己猜测的依据。

（4）根据自己的预算思考应该选择不同价位的同类商品，并对商品的实际价格进行简单的了解，方便日后能够正确估计商品价格。

（5）根据人民币的面值，从自己的零用钱中找出所需的人民币。明确人民币的面值时，可以先看人民币上的数字，再看人民币上的单位，这样可以清晰地知道人民币的面值。如果没有正好面值的人民币，学生需要进行思考如何购买物品，最后明确需要给商家大于商品金额的人民币，这样才能购买物品，如果是简单的加减法，学生可以独立解决商家应该找回多少面值的人民币的问题。

（二）交流分享

经过实际采购后，同学们将自己采购的年货置于家中所需位置，并与父母分享交流自己的购物体验心得。

问题与研讨

基于一年级学生的年龄特点及知识所有，在估价时可能存在难度，学生刚开始的估价可能存在"天马行空"的想法，所以预算可能制定得不够切合实际。可以让家长基于学生所选商品的类型以及家长已有的生活经验，帮助学生提供几项可选择的估价范围，让学生进行选择，在实际得知商品价格时可以分享自己选择这些价格范围的依据，帮助学生更好地形成数感和认知人民币。

思考与感悟

　　随着短暂的春节结束，奇妙的"年货采购"之旅也将结束。在本次"年货采购"过程中，一年级的小朋友们付出了努力，认真去思考，同时也体验到了实际购物的快乐和满载而归所带来的喜悦和自信。在潜移默化中，将知识与生活相联系，加强了学生思考的能力，在润物无声中，提升了学生解决实际问题的能力。

　　除了与社会实践相关联外，学生在家庭当中进行的实践作业同样对学生的深度学习起着重要的促进作用，如学校开展的劳动教育，在学生掌握基础劳动技能之后结合科学课、综合实践课、二十四节气德育课程等内容，依据学生的年龄特点，制定了不同的家庭实践劳动主题。每个年级每周进行一次家庭实践劳动，通过"学会包书皮""学会扫地、拖地""能够清洗袜子、内衣""能制作水果拼盘、榨果汁"等主题实践活动，将劳动教育与日常生活中的"衣、食、住、行、用"五大生活课程相联系起来，从而使学生将所学知识运用到生活当中，解决生活中的问题，提升学生综合素养。

学校的社会实践活动根据学科特点和项目式学习需求，内容丰富多彩，方式灵活多样，更能够有效对思维发展、解决问题能力以及学业知识的掌握运用起到促进作用。

学校立足于学生为深度学习的主体，以课堂的教学，课后的练习，课外的实践三方面为主，将学校、家庭、社会有机融合，为学生构建了一个深度学习的良好环境。

第四章 在多元评价中提升思考力

评价的历史悠久，随着社会需求变化，教育发展创新，不断更新衍生出不同的评价方式与方法。

新一轮改革实施以来，学生评价改革成为基础教育课程改革中建立新型教育评价体系的核心内容和关键环节，是新课程实施的重要任务和基本要求。

学生评价又是对学生学习进展与行为变化的评价，是学校教育评价的核心。因此，学校依据《基础教育课程改革纲要》《教育部关于积极推进中小学评价与考试制度改革的通知》《青岛市促进中小学生全面发展"十个一"项目行动计划》和各学科课程标准，本着检验和改进学生的学和教师的教，改善课程设计、完善教学过程、有效地促进学生发展的目的，全面关注其综合素养的提升，秉承学校"品味·创造"的办学理念，利用"互联网+"的评价方式，采用"多元 立体 发展式"评价手段，培养学生创新精神、创新能力，促进学生综合能力的发展。

形成性评价是在建构学习理论的基础上衍生而来，是相对于传统的终结性评价而言的。形成性评价是指在教学过程中为了解学生的学习情况、及时发现教学中的问题而进行的评价。

课堂形成性评价的任务是对学生日常学习过程中的表现、所取得的成绩以及所反映出的情感、态度、策略等方面的发展做出评价。其目的是激励学生学习，帮助学生有效调控自己的学习过程，使学生获得成就感，增强自信心，培养合作精神。

形成性评价重视学习的过程，重视学生在学习中的体验，强调人与人之间的相互作用，强调评价中多种因素的交互作用，重视师生交流。

在形成性评价中，老师关注的不仅仅是学生知识的掌握，更加关注的是个体的成长，包括能力的提升、高阶思维的发展，在评价的过程中通过与学生共同讨论、在讨论中渗透教师的指导，从而将课堂引入深度学习。

如在数学三年级学习"分数的初步认识"一课时，学生面对判断题"把一个圆分成两份，每份是它的二分之一"时，学生中有的认为是正确的，也有的认为是错误的。教师面对出现的问题没有立刻给出答案，而是分别请代表双方意见的学生进行辩论。认为正确的学生将一张纸对折，再沿折痕撕开，以此证明是二分之一；认为错误的学生则将一张纸随便一折，针锋相对地反问，这难道也是二分之一吗？

在学生的辩论过程中，学生发现了平均分的重要性，教师通过灵活机动的方式，让学生在相互思辨的过程中发现问题、解决问题，将课堂还给学生。

如在教学"观察物体"一课时，教师提前搜集了一些学生感兴趣的物体在课堂上进行展示，当教师在展示实物的时候，学生们因为座位的位置不同，看到某些物体的角度不同，产生了不一样的答案，此时就是教师做出形成性评价的合理时机。

此时教师不急于对学生的答案进行评判，而是让学生交换位置，到与自己答案不同的同学座位处观看物体，实际看一看是不是与他自己最初看到一致，并将自己看到的情况进行交流，让学生在观察后得出结论，这一刻教师的评价是公正客观的，将学生课堂形成的突发事件作为教学的资源，让学生进行相互评价，在评价中发现严谨思考的重要性。

《秋天》（统编版语文　一年级上册）教学实录片段

教学目标

（1）运用熟字加一加等方法认识"秋、树、叶"等10个生字，认识木字旁、口字旁、人字头3个偏旁。运用写一个带一个、加一加的方法学写"了"和"子""人"和"大"4个生字和横撇1个笔画。（重点）

（2）认识自然段。正确朗读课文，读准"一"的不同读音。借助抓关键词、想象画面等方法背诵课文。（重点、难点）

（3）图文结合理解课文内容，阅读绘本《落叶跳舞》，知道秋天的一些特征，养成观察生活的习惯。

教学过程

一、创设情境，导入新课

（1）同学们，我们知道一年有四个季节，分别是（生：春夏秋冬）。那么现在是什么季节呢？（秋天）

（2）是呀，美丽的秋天来了，我们周围的事物发生了许多有趣的变化，景色也是十分迷人！这节课我们就一起走进课文，找找秋天的变化。

（3）齐读课题。"秋"是我们今天要认识的一个新生字，你有什么好办法记住它？

"禾+火"就是"秋"。

你能用两个熟悉的汉字加一加的方法认识"秋"，真了不起！这是一种新方法：熟字加一加。我们今后可以用这种方法记住更多的字。

二、初读课文，整体感知

1.学生自读课文，认识生字

现在，请同学们打开语文书54页，自主阅读课文。

（1）注意读准字音，遇到不会的字请你圈出来，借助拼音认识它，也可以问同学、问老师，学会它。

（2）请你用小手指着字，一边读一边轻轻划过每个字，做到不添字，不漏字。

（3）边读边思考，课文写了秋天的哪些事物？现在开始吧！

2.学习生字词

课文读完了，藏在课文里的词语宝宝，你认识它们吗？让我们通过识字大闯关，检测一下自己的掌握情况吧！

第一关（词语）：秋天 天气 树叶 大雁 南飞 一个 凉了 黄了 来了 叶子

请同学们拿出词语卡片，同位两人读一个，摆一个，看看同位是不是都认识了。（同位合作自主朗读、学习）

现在词语宝宝来到屏幕上，你能快速读准并举起它吗？我们比比看谁的反应最快！（生举完一个就放进信封里）

凉了："了"在这里读轻声，我们要读得又轻又短。

叶子："子"也是轻声，请你再读读。

同学们反应真快！读准了所有词语。

……

第三关：

变调"一"字的词语：出示"一片片"

让我们进入第三关。谁来读读这个词？（一生读）

这篇课文中，出现了好多个带有"一"字的词语，老师把"一片片"从课文中找了出来（课件），你能像老师这样，把带有"一"字的词语找出来吗？

谁来读读你找到的词语？（课件）一群、一会儿、"一"字。

同学们真厉害，找到这么多带有"一"字的词语，请你看拼音，"一"的发音一样吗？

（不一样。）

是呀，为了让文章读起来更好听，"一"字因为后面生字声调的不一样，而发生了变化。请你自己先来读读。谁来当小老师带着大家读一读。（生领读，其余生跟读，师正音）

汉字可真有意思呀！刚才有同学还发现了"一会儿"的"儿"没有注音，它是儿化音，在"会"字拼音后面加了一个"r"，我们读的时候要卷起舌头，跟老师读（生跟读3遍）

【设计意图】本课重点是指导学生正确朗读课文。圈一圈的活动，让学生读拼音发现"一"字变调，进而指导学生读好变调，在反复朗读中感受变调带来的音韵美。

……

三、朗读课文，尝试背诵。

（1）刚才，我们读了课文，认识了自然段，你知道课文写了秋天的哪些事物吗？

天气、树叶、大雁、天空。（板贴）

（2）它们都有什么变化呢？让我们走进课文找一找。

教师引导学习第1自然段。

（课件出示课文插图）请同学们一边看课文的插图，一边朗读课文的第1自然段，找出天气和树叶的变化。

谁来说说天气和树叶的变化？

（1）天气凉了。秋天气温下降，让我们感到很凉爽。谁能读出凉爽的感觉？（生读。老师感觉好像吹来了一阵秋风，好凉爽！）谁还能读出这种感觉？（生读。老师现在感觉周围的空气都是凉爽的！）

（2）树叶黄了。

哦，原来秋天到了，树叶也悄悄地发生了变化，由绿色变成了黄色。（板贴黄叶树枝）

大自然可真神奇呀！你能读出这种变化吗？（生读。读"黄"这个字时加重了语气，让老师仿佛看见了树叶慢慢变黄了！）谁还能读一读？（生读。老师仿佛走进了满树黄叶的树林，好美呀！）

……

四、课堂总结

秋天到了，稻子熟了，高粱红了，小松鼠储备好了过冬的食物。秋天还有什么变化？让我们投入到秋的怀抱中，寻找秋的变化吧！

教 学 后 记

本节课学生的参与度较高，思维活跃。在识字写字方面，运用词语卡片、识字大闯关等活动，通过及时的评价，调动学生的学习积极性，注重渗透多种方法，降低识字难度。

在朗读背诵方面，在学生的朗读过程中，通过逐一有效评价，激发学生的朗读热情，从而读好了课文，感受到秋天的特点。通过帮助学生搭建背诵支架，以评价为引导，充分调动学生的口、耳、手等感官，指导学生运用抓住关键词、想象画面、表演等方法进行背诵，让学生在悦动的课堂中经历了由正确朗读到熟练背诵的提升。

"平行四边形面积"（青岛版数学 五年级上册）教学实录

教 学 目 标

（1）以平行四边形的初步认识和平行四边形与长方形的关系为基础，学生通过动手操作和观察、比较，理解平行四边形的面积计算公式的推导过程，掌握并学会运用面积公式解决实际问题。

（2）初步认识转化的方法，培养学生的观察、分析、概括和动手能力，发展学生空间观念。

（3）学生在自主探究和合作交流中，体验学习数学知识、解决实际问题的乐趣。

教 学 过 程

一、创设情境，大胆猜想

（一）根据情境图提问题

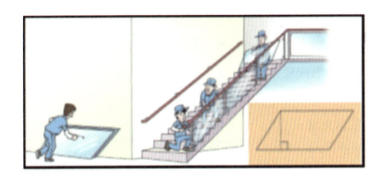

师：平行四边形在我们生活中无处不在，我们一起来看看。

（课件展示生活中的平行四边形）

师：工人们正在安装玻璃。从图中，我们知道了什么？能提出什么问题？

生：这块玻璃的面积是多少平方米？

师：要求这块玻璃的面积实际上就是求什么？

生：平行四边形的面积。

师：这节课我们就来学习平行四边形的面积。

（二）出示课题

师：我们用这张平行四边形的卡片代替玻璃的形状，一起研究研究"平行四边形的面积"。

1. 大胆猜测

师：对于面积大家并不陌生，我们以前学过哪些图形的面积吗？

生：长方形，正方形。

师：他们的面积计算公式是什么？

师：怎样求得平行四边形的面积呢？请同学们大胆地猜想一下。

生：底×高。

师：你能说一说你的猜想依据吗？

生：把平行四边形左边的三角形剪下来拼成一个长方形。

师：你们真是太有创造力了，能够通过自己的思考想出这么美妙的方法，究竟我们的猜测是否正确，那就让我们动手验证一下吧。

2. 动手操作，验证猜想

师：为了便于大家验证，我给大家准备了底是7 cm，高是4 cm，邻边是5 cm的平行四边形，以及剪刀、格子纸等学具，请大家小组合作探究怎样得到这个平行四边形面积。

（1）小组合作，动手操作。

（2）集体交流。

验证结论：

师：哪个小组上来说一说你们小组的验证结论。

a. 数格子。

生1：我们小组用数一数的方法，先数完整的格子，再将不完整的拼成一个格子来数。

生2：我们将这个平行四边形沿高剪下来一个三角形，然后拼成一个长方形，数出来一共几个格子。

生：数出方格的数量，不够一格的要拼起来按照一格来算。

师：这两位同学用数格子的方法得到了这个平行四边形的面积。在数方格的过程中，同学们遇到不够一格的问题，通过自己思考有效解决了这个问题。

b. 转化成长方形。

生1：剪下一个三角形拼成长方形。

生2：剪下两个三角形拼成长方形。

生3：剪下两个梯形拼成长方形。

师：这几位同学是将平行四边形转化成了长方形，将不会的知识转化成已有知识经验，这是我们常见的思想方法——转化法。

c. 观察对比，深入发现。

师：观察几种不同的剪法，它们有什么相同点吗？

生1：都是沿着高剪。

生2：都是拼成长方形。

师：为什么都要沿着高剪？

生：因为这样才能得到直角，才能拼成长方形。

师：拼成的长方形的面积就是原来平行四边形的面积吗？

生：因为长方形的长相当于原来平行四边形的底，长方形的宽相当于原来平行四边形的高，所以面积没变。

随机板书：长方形的面积=长×宽　　　平行四边形的面积=底×高

师：用字母表示就是？

$S=ah$

师：我们求平行四边形的面积只要知道哪两个条件就可以？

生：底和高。

3. 数学文化

刘徽的割补法介绍。

【设计意图】学生通过剪拼的方法，把平行四边形转化成长方形，进一步培养学生动手操作能力、观察能力、思维能力。本节课的核心思想是转化的思想，转化思想是研究和解决问题的一种有效思想方法。

三、巩固练习，解决实际问题

（1）解决开课时提出的数学问题。

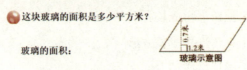

二、合作探索

这块玻璃的面积是多少平方米？

玻璃的面积：

$$1.2 \times 0.7 = 0.84 \text{（平方米）}$$

答：这块玻璃的面积是 **0.84** 平方米。

（2）课后自主练习1：求平行四边形的面积。（最后一图稍加变动。）

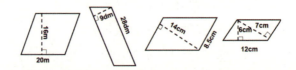

三、自主练习

1.计算下面平行四边形的面积。

$20 \times 16 = 320 (\text{m}^2)$　　$28 \times 9 = 252 (\text{dm}^2)$　　$8.5 \times 14 = 119 (\text{cm}^2)$　$12 \times 6 = 72 （\text{cm}^2)$

（3）完成自主练习2。

三、自主练习

2.平行四边形的停车位底是2.5米，高是5米，它的面积是多少？

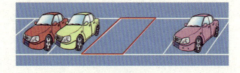

$$2.5 \times 5 = 12.5 \text{（平方米）}$$

答：它的面积是 **12.5** 平方米。

师：为什么有的车位是长方形的，有的是平行四边形的，哪种更具优势？

【设计意图】通过练习巩固学生对平行四边形面积的计算公式，加强学生解决实际问题的能力。

四、异中求同，沟通联系

师：通过今天的学习，我们已经掌握几种图形的面积计算方法了？他们之间有什么相同之处？

生：都需要知道底边长度，以及与它垂直的一条高的长度。

师：同学们很善于观察和思考，那后面我们将学习的三角形面积计算方法以及梯形的面积计算方法会不会也与它有相同之处呢？带着这个思考后面我们将继续深入研究。

【设计意图】通过沟通对比，建构知识之间的联系，建立数学模型。

五、总结全课

这节课你们都有什么收获？

【设计意图】课的最后，不仅一起回顾了本节课所学内容，强化了本节课的教学重点，还进行了提示性的拓展延伸，为促进方法的迁移做好铺垫，这样做有利于帮助学生体会数学的魅力，保持数学学习的强烈期待。

教 学 后 记

平行四边形面积的学习对于学生来说是第一次接触图形割补转化，学生自主探究难度较高，但一旦学生得知思路之后又能够非常简单地去运用，所以本课的难点是如何让学生自主探究可以利用割补进行图形的转化。课堂上教师通过对学生动手操作与猜想验证的不断评价，使学生逐渐发现割补的方法，分析转化的方式，从而探究出了平行四边形的面积知识。

"小篮球——篮球运球"（体育与健康　四年级）教学实录

案例背景

　　本节课以《体育课程标准》为依据，树立健康第一的指导思想，结合国内先进教学理念，坚持以学生发展为中心，关注学生的主体地位，贯彻互动效能教学理念，强调"意识先行、技术跟进、体能保障、情感次生"的16字方针，努力营造一种互相帮助的学习氛围，关注教学效果和教学效率，力求使每个学生在体育教育中得到终身发展。本节课提倡精讲多练，围绕自主学习、合作探究的学习方式，以游戏、竞赛的形式贯穿整个课堂教学，体现学生与教师的互动效能教学的实施。本节课以身体练习为主要手段，采用组内合作、小组竞争的互动效能模式，尊重学生的个体差异，力求教法生动形象、简单实效，采用形象化进行教学，使每个学生和团队都获得成功和快乐的体验。

案例描述

教学片段一：掌握运球的基本手型

　　师：同学们，现在我们拿起篮球在老师规定的活动区域内跟随音乐，听好老师的口令任意地玩球吧！

　　生1：老师，这个篮球我为什么拍不起来？

　　生2：老师，我为什么不可以像您一样很轻松地运球？

　　师：同学们，在你们玩球的过程中，思考一下，怎么样才能和老师一样轻松地运球？篮球为什么运不起来呢？

　　生1：老师，我还是运不起来这个篮球，是为什么呢？

　　师：同学们，下面老师做一遍完整的示范，仔细观察老师的手型，看一看和你们运球时的手型是否一样。

　　生2：老师，我知道了！您运球时的手掌是包住球的，我们运球的时候是用手掌拍球。

生3：老师，您运球时主要是运用了手腕的力量，而不是用手掌的力量去拍球。

师：同学们观察得真仔细，老师教给同学们一个小技巧，同学们都会戴帽子吧，运球的基本手型就像我们平时戴帽子一样，五指张开，用手指和指根以上部位及手掌的外缘触球，掌心不触球，运用手腕的上扬下压动作来控制球。同学们再来尝试一下吧！

评 析

掌握篮球运球的基本手型是篮球运球的基础，此处发挥了教师的主导作用，让学生在活动中掌握，贯穿了一定的趣味性、简便性、娱乐性，以此来激发学生运动的兴趣，同时跟随音乐，使动作循序渐进，达到了热身和熟悉球型掌握正确手型的作用。

教学片段二：掌握控制球的能力

师：同学们，我们掌握了篮球运球的基本手型，接下来我们来学习篮球运球的基本动作吧，先看老师做一遍完整的示范，请同学们回到自己的小组进行练习吧！

师：在刚才练习的过程中老师发现了几个问题，老师请几位同学上来做示范，同学们仔细观察这几位同学运球的动作有什么不同。

生1：老师，有的同学重心低，有的同学重心高。

生2：老师，有的同学膝盖弯曲，有的同学膝盖是直立的。

生3：老师，有的同学没有控制好球，总是把篮球打到自己的脚上。

师：你们都和小侦察兵一样，观察得真仔细！篮球运球最基础的就是你们要控制好球，才能轻松自如地运球。接下来老师讲解一下正确的动作要领，抬起头双眼目视前方，不能低头运球，要随时注意赛场上的情况；两脚前后开立与肩同宽，要降低重心，保持膝关节弯曲，上体稍前倾；五指自然分开，用手指和手掌根部按拍球和控制球，以肘关节为轴，大臂带动小臂，运用手腕的力量来控制球；同时我们也要注意运球的落点。老师刚才看到好几位同学运球时篮球打到自己的脚，球的落点应在运球手同侧的前外侧。掌握这几点同学们就可以轻松自如地控制住球了，接下来我们继续练习吧！

评 析

在教学设计上由浅入深、循序渐进、层次分明，充分展示了学生是实践的主体，学生与学生之间相互评价，教师对学生的学习状态以及对体育知识的掌握情况进行及时评价，有利于发挥对学生的激励作用。教学中还设计了让学生通过想象、模仿进行学练，充分发挥学生学习的积极性和学习的潜能，从而提高课堂的效果，使学生掌握了基本的控球能力。

案例反思

篮球是体育课程的基础内容，趣味性强，是学生十分喜爱的体育项目之一。小学低年级的学生篮球基础较差，处于身心发展的初级阶段，各方面都缺乏持久性、连续性、稳定性，但他们具有活泼好动和想象力丰富的特点。如果进行正规的竞技性篮球教学，则很难提高学生的兴趣。因此，本课以趣味性练习为主，淡化篮球技术要求，指导学生自学、自练、自创，在合作、创造、玩耍的情境中进行，使每位学生都能感受到运动的乐趣和成功的喜悦，激发学生主动参与的意识，使学生在运动中学会学习，学会健身。培养学生的创新意识、创新能力，与同伴合作和展示自我的能力。学生通过模仿、自主练习、合作展示、创新游戏等多种形式学习原地运球。给学生充分展示自我，表现自我的空间和时间，挖掘其潜能，让学生在学习的过程中更加自信。培养学生积极主动地学习与生活的态度及与他人合作探究的良好社会适应能力，让学生真正体会篮球带给他的乐趣。

最后安排了拜访邻居的游戏，这个游戏很好地锻炼了学生控球的能力，学生的兴趣再一次得到激发，使学生对篮球的兴趣更加浓厚，为今后的篮球学习打下更扎实的基础。

在课堂中形成性评价当中，教师不再是评价的唯一负责人，学生也不再被动地接受知识，学生真正成为课堂学习的主人，与教师一起制定并实施评价标准，在自评、互评、师评当中互相交流，反思自我，共同进步。

展示性评价是面向教育教学综合性的评价模式，强调以教学实践过程中形成的书面和非书面的全部成果为评价内容，通过展示，由教师、学生、家长等多方面参与的一种评价。

首先，展示性评价充分关注每一位学生，尊重每位学生的差异性及成长性。评价时，无论是善于表达还是性格内向的学生，都能够得到全面的交流展示机会及评价。

其次，展示性评价与合作学习、形成性评价一样，改单一评价为多维评价。评价过程中使学生由被动受评者变为主动参评者，在相互评价中发展批判性思维，提升思考力。

学校通过展示性评价可以有效了解学生的现状、活动过程中发现的问题或优势，以便在后续课程实施以及活动中采取适当的措施和教学方法，灵活调整活动内容。因此，活动的展示性评价不仅仅是成果的展示，更应注重活动目的的设计以及展示内容评价点的思考，毕竟活动主题不同，活动过程和方法也有各种形式，但本质目的都是为了提升学生的综合素养。

青岛榉园学校一年级"劳动创造美好生活"嘉年华活动

一、活动介绍

此嘉年华活动以一年级劳动教育为主线，基于生活中问题的解决，以"我是种植小能手"为情境，跨学科整合，串联起学生们自开学以来学习到的语文、数学、英语、体育、美术、劳动、科学等方面的知识，旨在提高学生的团队合作能力、劳动意识和能力、应用所学知识解决生活问题的能力，结合实际生活情境提高学生的综合素养。

二、目标与内容

本次活动从学科知识目标、能力目标、解决问题等几方面进行综合设计。目标的设计着眼于学科知识的融合，旨在提高学生的综合能力素养。

三、活动流程

"你知道怎样种花吗？"在问题的引领下，学生们成立小组，开动脑筋，运用课堂上学习到的语文拼读、数学计算、英语交流、美术创造、科学思维、劳动技能等学科知识，合作解决每个项目中遇到的实际问题。

1. 劳动与英语学科融合——打招呼，向别人介绍自己的姓名与问好

指导教师通过"Hello，What's your name? How are you today？"与小组学生交流相识后，正式带领小组5人开启了本次项目式活动。

2.劳动与语文学科融合——正确拼读拼音音节

"满天星、凤仙花、牡丹、牵牛花、虞美人……你想种一束什么花？"正确拼读花朵的名字，选择自己小组喜欢的花种，栽种花朵，提升了学生们的表达力。

3.劳动与数学学科融合——10以内的加减运算

"花种需要多少个劳动币？"小伙伴们一起思考，运用学习的知识进行计算，"买"走自己的花种，学会解决生活中的问题。

4.劳动与动手实践相融合——体验如何播种花朵

"快给自己的花种选个'家'吧！"把花种种到花箱中，种植过程中小伙伴们共同协商计算，"购买"不同颜色的花箱；小伙伴们选择不同的劳动工具，培土、播种、浇水……

5.劳动与美术学科相融合——巧用太空泥装饰花箱

"我想让花儿的家更美丽！"完成种植后，学生齐动手，互帮互助，展开想象，运用太空泥、卡纸、水彩笔，装饰花箱。让花儿的家更加温馨美丽。

6.劳动与领导力相融合——完整表达，提升表达力

"你今天收获了什么？"每位学生交流自己的收获，分享自己的种植感受。

四、评价方式

"劳动创造美好生活"嘉年华评价单

项目			
0	小组合作且有沟通。	小组合作无沟通。	拒绝合作。
1	能流利地用英语对话，声音洪亮，语音语调准确优美。	能用英语介绍，声音较小，发音基本准确。	不能用英语交流。
2	能够正确的根据拼音拼读花的名称。	有1—2个拼音不能准确拼出，经提醒后改正。	有2个以上的拼音不能准确拼出。

项目			
3	能够正确进行10以内加减法的计算。		10以内的加减法计算出错。
4	能够将种子均匀地撒到土中，并会用喷壶浇水。	种植过程不熟练，遗漏个别事项。	种子没有撒到土中，没有掌握种植方法。
5	垃圾倒进垃圾桶，劳动工具放回原位。	劳动工具摆放较乱。	未放回劳动工具。
6	能够熟练地用捏、搓、压等方法塑造出海洋生物的特点，色彩丰富。	能够用捏、搓等方法表现海洋生物的特点，有色彩搭配装饰。	基本能够捏出海洋生物，能用不同的色彩。
7	地面桌面干净，清理工具放回原位。	地面桌面有垃圾残留，或清理工具使用后未放回。	地面桌面有垃圾残留，清理工具未放回。
8	能用普通话介绍种花过程及花盆的装饰创意，声音洪亮，语言完整。	能用普通话进行介绍，声音较小，语言完整。	能用普通话进行介绍，语言不完整。
总评			

成功收获8～9朵花：☆☆☆劳动小能手

成功收获6～7朵花：☆☆劳动小能手

成功收获5朵花及以下：☆劳动小能手

通过一年级的劳动嘉年华，学校将劳动与学科打通，将学科与生活相连，使学生们在快乐中学习技能、在生活情境中运用知识。创新思维和深度学习能力，在潜移默化中已经形成。

除单一活动之外，学校也将展示性评价与学生的持续学习活动相关联，如2018年挂牌中国海洋大学"儿童文学阅读实验基地"后，学校开始启动"知行合一大阅读"活动，老师们围绕学校"品味·创造"的办学理念，大胆实践，积极创新展示性评价方式，丰厚学生的文学内涵，打造具有榉园特色的阅读课程。

（1）学校在中国海洋大学儿童文学研究专家朱自强教授及其团队的指导建议下，制定和完善了全校六个年级600余种必读书目和选读书目清单。在全面推进"大阅读"活动的过程中，各班级结合必读和选读书目建设独具特色的图书角，营造班级阅读文化的氛围。学校为每位学生建立阅读达级手册，依据各年级书目建立题库，由教师和家长共同为学生进行阅读达级，并颁发证书，激发学生日常的阅读兴趣，培养良好的阅读习惯，让读书成为学生内心真正的喜爱。

（2）除了常态阅读，学校还依托"三个结合"，将文学阅读与戏剧相结合、科普阅读与宣讲相结合、人文阅读与社会实践相结合，实现学生阅读的展示性评价，为学生深度阅读提供展示的舞台，提高阅读要求，提升学生的思考力。

戏剧表演，是阅读的继续与延伸，让学生们把从书本上学到的知识，内化吸收后再自我创作，学校举办以"阅读遇上戏剧，玩出创造力！"为主题的戏剧节展演活动，每一名榉园学子，都在戏剧表演中充分享受并展示阅读所带来的乐趣与魅力。

学校定期开展的"科普小讲堂"活动，则是科普阅读与宣讲活动的结合。学生将阅读的科学道理、科学故事或科学实验等内容通过宣讲进行分享。班级每月还会评选一位"科普小讲师"，打破年级、打破班级范围开展宣讲活动，不仅扩充了学生的科学知识，培养了阅读与科学兴趣，也提高了学生的表达能力。

人文阅读与社会实践相结合，则是各个级部、班级自主申报，开展"书籍探秘"等创新性阅读实践活动。学生在课内阅读后，带着收获与困惑走出校园，走进社会的大课堂，了解身边的习俗与民俗，探寻书中的奥秘。学校则采取听汇报和实地验收查看等形式，对各班开展主题阅读情况进行评估检查，鼓励更多的老师与学生热爱阅读、享受阅读，为学生搭建了一座将书本与生活建立关系的彩虹桥。

（3）亲子共读，也是"大阅读"活动开展的重要方式。每学期，学校都在各个班级开设"爸妈讲堂"，邀请更多的家长来到学校、来到课堂，引导学生阅读、与学生共读、做学生们的阅读榜样，并结合"书籍探秘"活动，共同促进学生阅读的有效性。而家庭阅读联盟的成立与活动开展，让"家长领读""伙伴共读""亲子演绎"三种阅读模式更加深入人心，让亲子阅读走进家庭。此外，学校还开设了"读给你听"和"一起读书吧"两大栏目，利用新媒体平台，将学生、老师、家长的阅读有效沟通。多元的评价展示，有效地促进了学生阅读能力的提升。

随着校园"大阅读"展示评价的整体推进和纵深发展，青岛榉园学校让每一位学生通过阅读，把从课内学到的知识，融汇到课外书籍所获取的知识中去，形成立体、牢固的知识体系，从而提升学生的思维能力，为学生的终身学习丰厚基础。

再如在学校的科创活动当中，通过终结性评价与展示性评价相结合的形式，强调"做中学"，使学生不仅关注竞赛结果，更享受科创活动的过程，在活动中展示学生知识、能力、合作、思维等方面的进步，为学生的思考力和深度学习能力进行有效提升。

在头脑奥林匹克竞赛活动中，为使学生亲自实践，避免家长一手包办，指导教师在各班级备赛过程中走进每个队伍帮助他们解题答疑，同时对各参赛队伍的合作、进度、创造性进行评估及评价。最终结合比赛现场终结性评价得分，对每个队伍的作品都进行了客观评价。

时尚小虫计分表

队伍编号： _____

				得分
1	表演的整体创造性		1～15	
2	表演整体质量		1～15	
3	时装秀	第一套时装	艺术质量	2～10	
			由一位昆虫角色穿着展示	0或5	
		第二套时装	艺术质量	2～10	
			由一位昆虫角色穿着展示	0或5	
		第三套时装	艺术质量	2～10	
			由一位昆虫角色穿着展示	0或5	
			整体创造性	4～15	
4	崭露头角的设计师		描述其中一套时装的灵感	0～5	
			灵感如何与时装相关的创造性	2～10	
			在表演中的效果	2～15	
5	旁白者		公布了三套时装	0或5	
			旁白者的介绍如何与时装相契合的创造性	2～10	
6	参赛队原创歌曲		整体创造性	2～10	
			为表演的影响	2～10	
7	广告		为某样东西做广告	0或5	
			整体创造性	1～10	
8	评论家		点评了每套时装	0或5	
			角色扮演的创造性	2～15	
9	表演的整体幽默程度			2～10	
				总分（200）	

风格

1	崭露头角的设计师服装中材料的创造性使用	1 ~ 10	
2	评论家外表的独创性	1 ~ 10	
3	自由选择	1 ~ 10	
4	自由选择	1 ~ 10	
5	四项风格在表演中的整体效果	1 ~ 10	
		总分	

前两项化成百分比（   ）

扣分（百分比中扣除）

1	违反问题精神（每次）	1 ~ 100	
2	违反运动道德的行为（每次）	1 ~ 100	
3	队籍标志不正确或遗漏	1 ~ 15	
4	外部援助（每次）	1 ~ 25	
5	超过成本限制	1 ~ 100	
遗漏赛题所要求的计分项目，除不得分外，不做处罚。			
		总扣分	

模型竞赛、科技项目挑战赛中，教师全程参与学生的制作过程，并对学生制作过程中工具使用熟练度、科学态度与精神和创新能力三个方面进行量化评分。最终结合竞赛成绩形成最终评价，使学生重视制作过程，人人都得以在活动过程中提升动手实践能力。

　　戈德堡活动对学生的科学知识、科学精神、创新意识都有很高的要求，很多作品都经历了上百次的尝试。因此，在学生完成戈德堡作品的过程中，以制作过程中科学知识的运用、科学精神的体现和创新的思维来作为评价的标准，设计制定戈德堡作品评价标准，使学生在制作过程中的逐一思考都能得以有效体现。

戈德堡装置计分表

参赛级别	个人挑战赛□ 班级挑战赛□ 级部挑战赛□		（"√"选）	
作者姓名		班级	学校/工作单位	
		联系方式		计分
有效步骤	请按顺序填写有效步骤：（"√"选） 1. 2. 3. 4. 5. 6. 7. 8. 9. 10. 11. 12. 13. 14. 15. 16. 17. 18. 19. 20.			
力的创造性运用	每步运用的力的种类：（0.2×F）（"√"选） 1.斜面滚动 2.重力 3.滑轮 4.弹力 5.风力 6.磁力 7.惯性 8.推力 9.拉力 10.压力 11.浮力 12.杠杆			
艺术性	艺术形象的鲜明具体性和典型性艺术结构：艺术表现的民族性和独创性等			
任务完成	任务完成的整体效果			
裁判长：		百分化分数：	裁判最终得分：	

在展示性评价当中，学校实现了将结果评价转变为过程性评价，将单向评价转变为多维评价，将学业评价转变为全面评价的目的。对师生而言，展示性评价使整个学习活动过程得以完整展现，无论是数量还是质量，无论是外显还是隐形的付出，作为评价者和被评价者都能够清清楚楚地展示，所以更加有效调动师生学习的主观能动性和创造性。

第三节　多元的终结性评价

　　学习者的能力是多方面的，每个学习者都有各自优势。学生在学习过程中，表现出来的能力不是单一维度的数值反映，而是多维度、综合能力的体现，因此学生的终结性评价，则更应该注重主体多元化，内容多维化，方法多样化，促进学生全面发展。

　　学校全面推进评价方式的改革，采用"多元 立体 发展式"评价手段，学生发展性评价从"学科素养""个性发展（5+X）"两大板块入手。"学科素养"即学生每月学科知识的过程性及终结性评价相结合。"个性发展（5+X）"，"5"为学校的品牌课程，学生100%的参与其中；"X"为自主选项，即各课程集群相关活动等均可纳入评价范围，学生可根据实际情况选择自己的参与项目，以此为依据，为学生提供一张多元化、立体感的"成绩单"，用全面客观的评价观察、引导学生，突出学生主体地位，培养学生创新精神、创新能力，促进学生综合能力的发展；用评价结果向家长全面展示学生的成长轨迹，引导家长全面、客观、科学地激励学生更好地发展，同时改进教师教学行为，推进学校课程建构，也为学校的教学改革提供一定的参考依据。

四年级（2016级）第一学期综合评价

| 学生姓名 | | 班级 | | 四年级03班 | | 班主任 | |

学科素养

评价内容	项目	语文 等级	语文 超越比	数学 等级	数学 超越比	英语 等级	英语 超越比	大阅读
	学期总评	优	90%	优	低于50%	优	65%	
	九月闯关	优	90.9%	优	79.9%	优	65.6%	小脚丫走青岛 A
	期中闯关	优	76.5%	优	低于50%	良	低于50%	5（ABC）
	十一月闯关	优	88.9%	优	低于50%	良	77.8%	
	期末检测	优	84.3%	优	低于50%	优	84.3%	

个性发展

文德堡	花样跳绳	国际象棋	武术	国画	足球	合唱	X（ABC）
B			A+	A	A	B	

评语：每一次你交上来的实践作业都会让我眼前一亮，次次都是内容充实，版面别致，让人感觉美观又舒服，你是一个非常认真的姑娘。不管做什么学太极一样，无论多累，仍然坚持！这个学期，老师看见你的书写有了很大的进步，不仅工整，而且字体也有了变化。相信带着着韧性的你会越来越优秀！自信一点，你就是最优秀的那位同学！

学生领导力评价单

自主管理	"小脚丫走青岛"	小小演说家	阅读领导者	队干部推选	礼仪领导者	领导力训练
20	5	1	2	2		level 3

21天习惯养成						
5						

本学期积分	领导力等级	当前积分
35	level 3	29

176

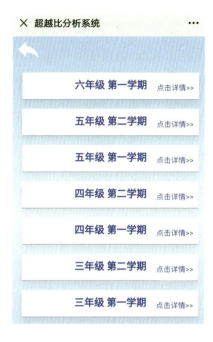

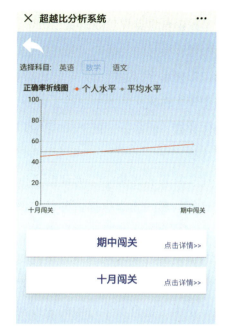

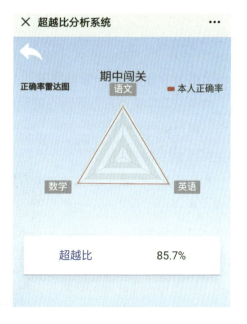

学科素养评价：

学校学科素养评价以语文、数学、英语学习动态变化为主要评价内容。通过每月开展月闯关活动，关注学生过程性学习情况。为使学生有效了解学业知识掌握水平，通过引入超越比的概念帮助学生反思自身学习情况。超越比是指学生在该次闯关中超过了百分之几的学生，若低于50%，则将不会出现具体数据，而是以"低于50%"的文字提示学生，目的是保持学生积极的学习欲望。

在学科素养评价中，为帮助学生进行有效的学习情况分析，一是以折线统计图的形式为学生提供各科知识各月的学习情况，通过与平均水平进行比较，每名学生都可直观地发现自身学习情况的变化，有助于家长与学生随时调整自身学习状态及方法；二是以雷达图的情况向学生展示语文、数学、英语三科的整体学习程度，以及每一科目不同项目的学习情况，清晰地让学生了解自身学习中的短板与优势，从而有针对性地进行深度学习与提升。

个性发展评价：

个性发展评价分为5项品牌活动与各项不同活动的评价，在评价过程中，教师结合学生过程性评价与展示性评价，对学生在该项目中进行等级认定。通过6年12次的多元评价，为学生个人发展留存清晰的成长记录，为学生提供个性化的服务。

"大阅读"。基于语文教材及学校"知行合一大阅读"分级书目，分学段、分主题、按级别制订精读及泛读书目、设计考级题目，并从阅读数量与阅读效果两方面制订考级标准，教师利用项目式学习指导

学生进行阅读活动，并组织学生进行阅读达级，丰厚学生的文学内涵。

"小脚丫走青岛"。以"小脚丫走青岛"为活动载体，以项目学习为活动形式，从青岛的建筑与海洋文化入手，让学生在项目学习过程中，深入了解青岛文化，培养学生研究能力、解决问题能力、合作能力等综合素养，同时让学生在项目团队中发展领导力。

戈德堡。通过指导学生利用木块、书本、餐具等生活中常见的物体和废旧材料制作搭建具有连锁反应的多种结构，提高学生的科学素养，增强学生动手能力、逻辑思维，激发学习兴趣与创新热情。

国际象棋。作为"山东省国际象棋实验学校"，通过"以棋育人"的形式开发智力、陶冶情操，培养学生的记忆力、注意力、抗挫折能力以及严谨、创新等科学精神。

花样跳绳。以"人人会跳绳，跳好花样绳"为目标，所有学生都能掌握两种以上花样跳绳技巧，鼓励创编花样跳绳，从而使学生掌握跳绳技能，增强体质，锻炼身体协调性。

"X活动"。学校注重为学生提供个性化的教育，为保障教学质量，提高学生兴趣，由校内教师分别开设了轮船、帆船、舞蹈、民乐、国画、机器人等社团教学。学校共有30多门社团课程，结合学生出勤、训练、任务完成、比赛参与及获奖等情况进行综合评定，使学生努力做到全面发展与培养个性特长相结合，在寓教于乐中养成优雅得体的行为举止、自觉自律的行为习惯以及全面扎实的艺体素养。

领导力评价:

学校着力打造领导力品牌，通过让每位学生都能更好地学习领导力、提升领导力、践行领导力，促进每一位学生的全面发展，从而提升学生自我反思与解决实际问题的思考力。每学期学校会根据学生的领导力积分，进行领导力等级认定，注重学生的多元发展评价。

在自主管理中培养领导力。为提升学生自我领导的积极性和礼仪习惯养成的持续性，教师特别注重过程性评价，随时点赞好习惯。班主任每日带领学生进行一日反思，对于屡次不遵守者将从自主管理中扣除一点领导力积分作为警示。对于表现突出的同学，将有机会被选为校级"礼仪小榜样"，在升旗仪式中进行宣讲，树立典型榜样，号召全体同学将礼仪常规进一步落实到生活实践中，让同学们在真实而鲜活的生活情境中明白"礼仪"的魅力，做好自我礼仪管理，真切感受小行为的大影响。

21天习惯养成计划。在"21天习惯养成计划"开始前期，教师会带领学生一起分析自己所处年龄段中应具备的能力，比如低段应学会认真倾听，控制自己的行为；中段要善于表达，积极参与合作；高段要善于反思，做好自我规划……学生在教师的引导下，设定自己希望为之努力的21天习惯养成目标，并制定详尽的计划书。在为期21天的执行过程中，学生每日在21天记录单中进行自我评定，教师、家长、同学多方面监督鼓励，最终根据任务完成情况结合过程性评价予以领导力积分。

规范书写，坚持带来蜕变

作为一名一年级的学生，我有一些不足的地方，比如书写不规范，针对我自身的不足，我和爸爸制定了属于自己的学习目标，每天坚持书写练字。

作业完成后，我会每天完成一页硬笔书法练习，我会在练习的过程中观察每一笔的占格和落笔位置，发现有书写不工整的地方我会及时改正，经过这21天的努力，我的书写渐渐地又快又好，字也变得越来越漂亮了，看着本子上整齐工整的字迹，我开心极了。

"宝剑锋从磨砺出，梅花香自苦寒来"。坚持不懈的练习和持之以恒的态度是我们学习的前提，让我们行动起来，自己制订计划自己来完成，自我监督、自主管理、做自己的领导者，让我们在自我领导的路上，遇见更好的自己！

独立思考，做美丽加减法

我给自己设定的目标是——独立思考。就是在遇到问题的时候，要先自己想一想，然后查一查，最后再试一试，培养思考问题和解决问题的能力。遇到不会的问题时，我不再开口喊妈妈，而是先开动脑筋，字典、工具书成了我的好朋友。

做完题之后我会先自己检查。检查时要当成是没有做过的题一样重新认真思考，还要试着用不同的解题方法去验证自己的答案，比如用减法的逆运算加法去检查口算题的得数，用不同的算式求应用题的答案等。

通过在21天美丽行动中不断进行反思，给自己设定新的目标，不断地向目标努力，我们就能用最简单的加减法变成更美丽的自己！

在活动中提升领导力。学校关注学生在学习与活动中的过程发展，通过进行过程性评价，对学生每次活动的参与给予相应的领导力积分，使学生积极参加各项活动，并重视在活动中的过程表现。

学校通过课堂形成性评价、活动展示性评价、终结多元化评价既关注了学生的学习的过程，又关注其在学科活动中所表现出来的能力、情感、态度等方面的发展，帮助学生认识自我，建立信心，促进学生全面发展，帮助学生在校内外实现深度学习，成为有深度思考力的未来生活的创造者！

第五章

思考力同期声

　　思考决定了为人处世的准则，思考决定了精神追求的境界，思考决定了美好生活的标准。

　　一路走来，我们对于学生思考力培养的实践研究已取得成效，榉园学子在渐渐成为思考者的过程中，受到了教师、学生、家长以及社会各界的高度认可。展望明天，我们充满希望，教育教学的改革、研究和探索，我们永远在路上。我们深信，只要积极探索，等待我们的就是明朗而灿烂的未来。

用心培养未来品位生活的创造者

根深叶茂的榉树，见证着青岛榉园学校的激情与创新。

朝气蓬勃的少年，感受着青岛榉园学校的活力与发展！

作为一名有着30多年教育教学经验的教育工作者，我始终在思考，教育的目的到底是什么？要让学生掌握哪些技能？我们要为这个社会、为这个国家和未来培养出怎样的人才？

正是带着这一连串的疑问，我来到青岛榉园学校，开启了一段寻梦之旅。

青岛作为国际化大都市，呼唤国际化人才，而人才基础的奠定就在小学阶段。我希望青岛榉园学校的每一名学生，都成长为有道德坚守、有理想追求、有学识能力、有生活情趣和审美素养、能掌控自己情绪并持续自我激励的人，能主动地去选择、创造生活。

创造教育先驱陶行知先生曾指出：处处是创造之地，天天是创造之时，人人是创造之人。从小培养学生的创造力，对学生未来的发展极为重要。

儿童教育家陈鹤琴也曾说过：儿童本性中潜藏着强烈的创造欲望，只要我们在教育中注意诱导，并放手让儿童实践探索，就会培养出创造力，使儿童终成为出类拔萃的符合时代要求的人才。

对每一名有梦想有情怀的校长而言，在规划学校发展蓝图时，必须怀着对教育的敬畏之心，对师者的清醒认知，对学生的殷爱之情。

朝气蓬勃的学生，代表着社会和国家的未来。

今天我们给予他们的，也正是明天他们给予世界的。

站在互联网飞速发展的当下思考教育的本真，对小学阶段的教育而言，重要的不是让学生掌握了多少生字、熟悉了多少算法、认识了多少单词，而应该教给他们一种能力，一种会寻找解决问题方法的能力，一种懂得自我定位和团队协作沟通的能力，一种能透过现象看到事物本质的思考能力。我们将其总结为创造力、领导力和思考力，并相应将这三种能力作为培养学生的目标，让每一名榉园学子都能成为创造者、领导者和思考者。

创造力是学生成长的生长点，善待它就是善待学生的生命，保护并且发展学生的创造力，是培养造就创造型人才的第一步。

人类生活的本质就是创造，人类文明的源泉就是创造。在小学阶段，让学生能通过科学的教育和训练，不断激发创造力，将隐性的创造潜能转化为显性的创造能力，能发现和解决问题、提出新的设想、创造新事物，为学生幸福生活创设条件。因此，青岛榉园学校把创造力作为科技创新特色来开发和探究，在学校层面进行了系统化的理论学习和梳理，围绕学生的"创新能力、问题解决能力和批判性思维能力"等核心素养的培育，在学校课程建设、教师教学方式、课堂教学实施以及特色活动的开展等方面进行了研究和深度变革，形成了较为完整的操作策略和实施方案。

正如"在品味中创造，在创造中升华"的校训所示，如今的青岛榉园学校，创造的血液涌动在每个学科、每个班级、每项活动，创造的热情澎湃于每位教师、每位学生、每位家长。

单丝难成线，独木不成林。

为给学生插上创造生活的翅膀，在小学阶段就应赋予学生们一些能力，其中就包括领导力。所谓领导力，包括自我领导力和他人的领导力，以及在群体当中的一种领导力。自我领导力最重要的是自律，也就是日常行为习惯的培养。在一个团队当中，除了要有领导他人的能力，也要有被领导以及和别人共同相处的能力。实际上，这些能力对于学生现在的学习和将来的生活都非常有用。因此，青岛榉园学校把"领导力教育"作为学校的德育特色来开发研究和探索，通过重点打造"领导力教育"德育品牌，开发和培养学生的领导力，学生的学习能力综合素质和核心素养不断提升，适应未来社会的能力不断提升。这对于建设一所"厚基础、高品位、国际化"的个性化教育的学校，对学生的全面发展和健康成长，有着极为重要的意义。

每个学生都应该有自己的品位和影响他人的能力，用通俗的话说，每个人都应有单属于自己的、独一无二的气场，我们希望从青岛榉园学校走出去的学生每个人都有自己的气场。领导力教育更多的是在课堂之外，在生活的每一个环节中。为将这项能力培养贯穿下来，学校设立了领导力教育积分办法，通过评价体系让学生受到领导力教育。

《思考力：哈佛教你打破一切常规、超越障碍的深度思考》一书中提道：透过现象能够看到问题本质的能力称为思考力。思考力是在思考过程中产生的一种正向的，具有积极性和创造性的作用力，是能够帮助我们解决问题的关键能力，我们首先要清楚，思考不是简单地想。

思考力的差异决定了思维与解决问题的差异，同样的一堂课，同样的学习时间，但每人吸收知识的程度不同，这是由于思考力不同导致了学习层次的不同，从而影响了学习的效率。学校教育教学的重要使命之一就是使生命个体走向智慧，而走向智慧的重要途径就是学会思考。

教育是一个潜移默化的过程。教育的变化是极其缓慢、细微的，它需要生命的沉淀。教育给予学生最重要的东西，不仅仅是知识，而且是对知识的热情、对自我成长的信心、对生命的珍视以及更乐观的生活态度。

薛　清

2021年3月20日

用好奇心培养思考力

苏　杨

"大多数人为了不思考，宁肯做任何事。"

在当今这个可以网络一键搜索答案的社会，大部分人都变得懒于思考，懒于动脑，对任何事情都不肯做深入的研究，更不能做出独立的思考，当然，也就无法有好的判断和选择。而那些能够独立思考和深入思考的人，则能够掌控自己的生活和学习，做出自己的判断和选择。而我们的教育，则为了让学生可以成为自己人生的主人，学会独立思考，向深度思考而行，这自然离不开对于思考力的培养，思考力是人生中最重要的能力之一。

身为一名小学语文老师，当我们意识到思考力的重要性时，如何在课堂上、生活中关注到学生思考力的发展则变成了一门要不断研究的学问。其实，每一个学生都有良好的思考能力，而我们要做的重点是如何调动起学生的思考积极性。为什么这样说呢？让我们回忆当学生刚学会说话，眨着天真的大眼睛观察世界，并不断地提问"为什么、是什么"的年龄，他们对身边的一切都充满了好奇，而保持好奇心则是对于思考力发展的最大动力。

于是，在语文课、阅读课上，我常用的方法便是能调动起学生好奇心的"猜测式阅读法"。这是一种非常好的培养学生阅读思维的方式，有助于使学生真正形成独立阅读能力，从此可以博览群书。不仅如此，"猜测式阅读法"还有助于培养学生良好的心理素质，鼓励他们去探索未知的领域。在猜测的过程中，学生的想法会变得更加主动，不再只是单纯地接受书籍的内容，而会进一步自我思考，自动创造情节和意义。在阅读《青蛙和蟾蜍——好朋友》一书时，利用插图引导学生观察、猜测青蛙和蟾蜍这一对好朋友之间发生了什么事情，读一半故事留一半故事，利用这样的"留白"让学生充分发挥自己的想象，天马行空又有理有据地进行猜测"故事会怎么发展呢"，在全班同学不断地发现问题、推翻问题又提出问题的过程当中使故事的发展更有意义。这样的阅读便不再是简单的读读文字、看看图画的过程，在读书的过程中向故事的深层次情感迸发。

乔布斯在斯坦福大学演讲的最后一句话是"保持饥饿"。其实就是让我们对这个世界保持好奇，让我们不断地去发现、去探索、去成长，不断去探索自己的认知边界，让我们对这个世界、社会、时代、科技，保持一种好奇的状态。这种好奇实际是放空自己，然后接触更新的事物，才能让我们不断地丰富与成长。

深度学习　生长思考的力量

徐豪妮

读书使人充实，思考使人深邃，交谈使人清醒。

——富兰克林

我们常说要多动脑思考，思考是思维的一种探索活动。那么什么是思考力？思考力是在思维过程中产生的一种具有积极性和创造性的作用力。语文学科核心素养四大构成要素之一，就是"思维能力的发展与提升"，如何培养学生的思考力，经过理论学习，联系自己的教学实际，令我收获颇丰。

"大脑不是一个需要充塞的容器，而是一个需要点燃的火把。"与传统课堂相比，教师首先要转变自己的观念，在课堂中要充分发挥学生的主体作用，把自己当成是求知者中的一分子，要努力地由关注"教"向关注"学"转变，由"教会知识"向"教会学习"转变，帮助学生将思想的"胚胎"完美地产生出来，发展学生认识和思考的深度与广度。

在小学语文阅读教学中，培养学生的思维能力，目的是培养学生的思维品质，提高学生的思维能力。课前，我们以前置性导学单为抓手，让每一个学生都思考起来。根据课文内容，让问题的设计体现趣味性和可操作性，激发学生的探究兴趣，并且要易于学生通过动手、动脑掌握，关注教学重难点，解决导学单上学生提出的最值得研究的问题或是最想弄明白的问题。

教学时，教师以学生提出的问题的解决过程将课文划分为板块。为了尊重学生的思考，我们还可以在问题后面附上提问者的名字，这样既是对提问者的认可和鼓励，也是对他人的启发与激励。让学生带着问题走进教室，带着更多的问题走出教室，让深度学习从课内延伸到课外。以问题为导向的教学，不但能够激发学生的问题意识，而且会让学生在解决问题的过程中习得方法、发展思维，从而形成自己的独立见解，这对培养学生的思维是必不可少的环节。

"读书、思考、交谈的过程，是在感知一位睿智的行者，在人生驿路上的所思所想，将生活中的点滴感悟凝结成珍珠，在精神家园的深处时时闪烁出智慧的光芒。"

在前行中思考，在思考中前行，思维方有深度，智慧方有亮度，人生方有厚度……

点亮一盏心灯，做学生的引路人

牟　坤

真正的教育需要唤醒，唤醒学生内在的驱动力；真正的教育需要启发，学起于思，思源于疑，启发学生积极思考；真正的教育需要深度学习，围绕着具有挑战性的学习主题，全身心积极参与、体验成功、获得全面发展。我们老师做的是为学生点亮一盏心灯，让他们愿意自发变得更好，愿意主动做得更好。

我们总是在一次又一次的磨炼中感受学生带给我们的意外和惊喜，促使我们由深入走向更加深入。从开始的满怀信心，到惊慌失措，再到追根寻源，最后完美呈现，这个过程让我感触很深。

如何让学生在学习的过程中发挥他们的主体地位，在不断的探索中寻求数学知识的真谛？我想：那是对学生知识生长点的把握。我们需要掌握学生的已有知识经验是什么，帮助学生建构起完整的知识体系；我们需要利用不同学生的不同知识经验实现生生互动，以实现学生本位的同时，让他们在成功体验中拥有继续探究的热情；我们需要在学生已有知识经验的基础上，做出合理的判断和选择，以帮助学生不仅仅停留在知识的表面。我想，那是对学生思维发展点的把握。究竟在一堂课中，促使学生从根本上掌握知识的关键点是什么，在原有的知识经验基础上进行的延伸是什么，为了解决这个关键点，我们所设计的教学环节应该是什么，在这些环节中，如何利用有效的问题设计突破关键点，实现学生的深度学习。问题设计是发散式的，抛出一个问题，实现知识的广度的同时，引领学生敞开思考的大门；也是层层递进式的，在环环相扣的问题中，抽丝剥茧，最终直达问题的本质。相信这样的课堂，学生所受益到的不仅仅是知识，更是宝贵的数学思维和品质。将以上这两者相结合，也就是将每堂课的知识置于整体知识的体系中，注重知识的结构和体系，处理好局部知识与整体知识的关系，促使学生感受知识的整体性，从而提高学生的数学思维。

我们和学生以平等、尊重的模式相处，启发学生与我们共同思索，和学生一起感受成功和挫折，分享发现和成果，以丰富的学识感染学生，体会知识学习的乐趣，挖掘知识的美好，这是对教师的德才兼备的要求，也才是我们当代教师所要做的！

深深浅浅又深深

——漫话英语课堂深度学习的教学策略

孔　溟

深度学习是一种基于理解的学习，是指学习者以高阶思维的发展和实际问题的解决为目标，以整合的知识为内容，积极主动地、批判性地学习新的知识和思想，并将它们融入原有的认知结构中，且能将已有的知识迁移到新的情境中的一种学习。

由这项内涵可知，深度学习注重的是对知识学习的批判理解，强调对学习内容的有机整合，关注学习过程中的建构反思，着眼点在学习的迁移运用和对实际问题的有效解决。这就要求教师在日常的教学中调动学生的高级认知层次——应用、分析、评价和创造，合理整合学习内容，创设相关联的真实学习情境，激发学生的高阶思维，引导学生深度反思。

一、"深深"——教学前的深挖教材，确立引导高阶思维发展的教学目标

零散的、孤立的、碎片化的知识遇到实际问题的时候往往会变得低效甚至无用，只有在新旧知识之间建立连接，把新知识构建到已有的认知结构中，才能培养学生的举一反三的迁移能力和解决实际问题的能力。要进行多维的知识整合，就要求教师在了解小学阶段英语学科知识结构体系的前提下，深挖教材，灵活地整合教材。围绕眼前所学内容，整理出已学的旧知，并要前瞻性地联系将要学习到的内容。

在开展三年级下册 "Module3 Unit2 *Will we have breakfast at 7？*" 教学之前，我对教材进行了深入的梳理，根据本课的目标语言整理出了学生在一年级和二年级学习过的有关食物、喜好和时间表达等旧知，以及五年级下学期的相关知识点。并结合这些新旧知识确立了能够激发学生高阶思维的教学目标——制作一份适合全家的早餐菜谱，然后自己动手为全家做一顿兼顾营养和口味的早餐。

二、"浅浅"——创设真实情境，引导学生积极体验，对课堂的干预要"浅"尝辄止

深度学习的最终目标是解决实际的问题，这就意味着学生能将已有知识迁移运用到新的情境中。在新的情境中能够进行准确明晰的判断，把握情境中的关键要素，实现知识和方法的顺利迁移运用。据此，教师要能够根据学习内容、教学目标以及学生的切身生活经验，创设最贴合学生生活的真实情景，并在学生积极体验的过程中，只做适当的、有必要的指导。

还是上述课例，我在搭建了"明天的早餐吃什么"这个情景后，让学生自由地进行小组讨论，在学生交流讨论的阶段性结果时，根据学生的不同回答，适当地提出疑问："你的早餐听上去很美味，你的爸爸妈妈喜欢吗？""早餐很丰富，你想怎么动手准备呀？"等等。引导学生思考什么样的早餐是适合全家的，如何自己实际动手做早餐，而不是跟学生说"你要如何如何"。课堂是学生学习的课堂，一切要以学生的深度学习为中心，所以教师要能够适当放手。只有这样学生才能够做"学习"的主人，积极参与课堂，勇于思考和尝试。

三、"又深深"——联系实际，引导学生深度反思

深度学习不仅仅是促进学生真正地理解知识，体验情感，践行价值观，还有另一方面，就是帮助学生改进、调整学习策略，也就是帮助学生发展元认知能力。这个过程中，对学生的反馈和学生的自我反思都是必不可少的。

在上述课例中，我要求学生们先提交一份"明天早餐"的菜谱，根据学生的提交情况做了全面的反馈和展评。通过反馈和展示，学生们得到了阶段性的鼓励和改进意见。之后，学生们根据自己拟定的早餐菜谱实际动手操作，为全家人准备了一份既营养丰富又可口的早餐。应我的请求，家长们在品尝了学生做的早餐后写下了对早餐以及学生表现的评价。或许，做早餐跟英语学习不怎么搭边，又或许，学习结束后学生们更多的是记得自己做早餐的过程，或者是爸爸妈妈充满爱的评价。但是这些乍看起来跟

英语学习不怎么搭边的事情，也许会成为帮助学生树立英语学习自信心，激发他们学习英语的动力！

"学生学习的重要收获来源于经常向学生提供有关他们学习的反馈，尤其是当反馈包含了可以引导学生不断努力的具体意见时。当反馈关注学生的学习过程而非最终成果时，反馈就会极大地促进学生的学习。"学习是相通的，所以不论学习的内容是什么，关注学生的学习进展并给予及时的评价，进而引导学生根据自己的学习状况调整学习策略，是实现深度学习的有效途径。

在这深深浅浅又深深的英语课堂教学中，我希望维护的是学生喜欢英语的热情，树立英语的学习自信心。并通过课堂学习和课下实践，激发学生的学习潜能，引导学生会思考，并逐步建立深度思考和深度学习的习惯。

体育课堂教学中的"深度学习"

刘学龙

体育，是一种复杂的社会文化现象，它以身体与智力活动为基本手段，根据人体生长发育、技能形成和技能提高等规律，达到促进全面发育、提高身体素质与全面教育水平、增强体质与提高运动能力、改善生活方式与提高生活质量的一种有意识、有目的、有组织的社会活动。它代表的不仅是运动，而且是一项提高学生身体素质的重要手段。

通过针对体育课堂中的深度学习文章的撰写，我对体育学科中的深度学习也有了自己的看法。从体育课堂的平日教学中，教师根据课前备课所制订的教学目标，采取教师讲、学生练的方式，以教师为中心进行教学。这样的教学，使得教师处于主导地位，学生处于被动地位。这在一定程度上是束缚了学生的学习主动性和创造性思维，更影响了学生参与课程的兴趣和积极性。根据现代教学观点的要求，如何能使体育的教育教学活动不落入传统的"机械式"的教与学模式，如何发挥学生在体育学习中的主观能动性，如何及时进行合理的教学方法改革和教学手段创新，是体育学科教学深度思考和优化的当务之急。

体育课程教学作为一门室外课程，有其教学的自身特点和要求，其中最主要的便是"讲练结合"，即以课堂练习为主的教学模式，在教学中学生的学习与掌握是以练习的方式为主，而教师的课堂讲解则为辅助。这样一个学习模式就决定了在体育课程的课堂教学中，老师与学生的口语交流和互动学习是不可或缺的一个重要环节。如何真正以学生为主体，充分发展学生自主学习的能力，培养学生的学习兴趣，指导学生主动地去探究问题、合作分析问题、自主解决问题，凸显学生主体性，成为了我们在教学过程中必须思考的问题。

作为体育教师要充分发现每一名学生自身的能力，根据对学生的了解，针对每位学生的不同需求，在每一个环节都将设立不同的教学目标以及不同层次的学习任务，让每一位学生都能在课堂活动中得到相应的展示，对学生的不同分组也将成为我们个性化教学的一个重要手段。通过相互之间的学习、帮助，可以帮助学生将自己的能力得到最大程度的发挥，学生的自主学习、自主锻炼的能力得到培养。课堂中，教师的教与学生的学产生了共振，在提高教学效果的基础上，进一步升华，有机地实现师生情感交融。我相信，这样的教学模式，学生会更加喜欢体育课、热爱体育项目，为学生终身体育意识打下坚实的基础。

学生的思考意识

韩　磊

思考是思维的一种探索活动，思考力则是在思维过程中产生的一种具有积极性和创造性的作用力。正因为"思考力"对于学生成长的重要性，是人一生发展之中不可或缺的能力，青岛桦园学校引入国际性STEAM教育理念，有意识地注重培养学生自主思考、发现问题、解决问题的能力，在这个过程中潜移默化地提高学生的思维能力和解决问题的能力，学校进行了"深度学习　悦动课堂"的教学教研，加强了学生在课堂中的主体性，提高了学生在学习过程中的"深度学习"，从被动接受式学习到主动思考、积极探索知识，这一课堂模式的转变，有效帮助学生养成思考的习惯、思考的意识、学会思考、主动思考、勇于质疑、敢于提问。

学校实施培养思考者后，从教师方面我最先感受到的就是我们的学生爱提问了，对于课堂教授的知识不再是单纯聆听了，对于知识的学习有了更多自己的想法。学生有了思考的习惯了，在小组合作的时候，学生可以带着自己的想法去积极地交流和讨论，不再是只有某几个同学在说，其他人在听；因为懂得思考了，低年级的学生在讲解题目的时候，也能说出几个与他人不同的思路；因为有了思考的意识，学生们外出实践活动时，也不再是简单的参观和进行活动，而是真正做到将活动的意义发挥到最大化，能够带着自己的问题和前期的思考，实地进行研究学习，在老师讲解后还能提出自己的问题。

学生有了主动思考的意识，就会变得爱思考和勤思考，也会主动地去搜索更多的知识来解决自己的疑惑，学校特色的"戈德堡机械"品牌项目活动，实现了人人是思考者，学生在组装一个又一个机械装置时，不断去思考如何能将装置作用发挥最大、每一步又如何有效实现作用力间的转化、每一步的作用力的原理又是什么，学生在这个过程中，获得了更多课本和课堂没有的知识，也不断加强自身的科学素养。学校每学期都会举行的"头脑奥赛"活动，更是引发了学生的头脑风暴，对于题目的解读、剧本的编排、道具的制作，这一系列的活动少不了学生的思考，让他们在思考中迸发智慧、不断提升自身修养。

以学促思、以思促行
——浅谈基于深度学习的英语学科素养的有效培养

邱 静

深度学习在小学英语教学中发挥着潜移默化的影响，更对学生发展的价值取向有着重要的指导意义。《英语课程标准》中明确指出："英语课程承担着培养学生基本英语素养和发展学生思维能力的任务。"如何改变和发展深度学习模式下的小学英语课堂，培养学生的学科素养，提高学生的思考意识和思维能力呢？

首先，语言能力的教学目标设计要基于学生的心理和思维发展阶段的特征，化抽象为形象。尤其是对于难以理解、难以记忆的语法知识更要借助于实物、图像来降低思考的坡度。

其次，学习一门外语，就意味着要理解和接受另外一种文化的思维方式和习惯，所以对于文化意识的教学设计，应密切联系学生的日常生活，逐步扩大接触异国文化的范围，提高对中外文化异同的敏感度和鉴别能力，进而提高跨文化交际的能力。

再次，思维品质是新课程标准整合情感态度价值观而提出的新内容，这也契合了深度学习的内涵和特征。现代化的课堂组织应以学生为主体，所以在教学目标的制定和备课中，应体现出学习内容的有机整合，通过激活前置知识、整合本模块知识和对拓展延伸知识的精密加工，建立多学科融合和新旧知识的链接，形成知识网络，这样可以利于学生在批判反思的基础上建构自己新的认知结构。

最后，在深度学习中要注重培养学生的学习能力。促进学生积极运用和主动调适英语学习策略、拓宽英语学习渠道、努力提升英语学习效率的意识和能力。

第一，通过设置有效问题培养学生的问题意识，并创造机会促使学生进行质疑发问，在批判辨析中加强对知识的深层理解。在此过程中，要形成平等互爱的友好关系，为学生的"畅所欲言"提供可能；还要尊重学生的质疑和问题，让学生能够收获成功的体验。

第二，用"合作学习"打造有深度、有梯度、有情怀的英语课堂。合作学习下的深度互动课堂绝不是以"传统的死记硬背、机械训练"为主要内容的传统授受式的课堂教学模式；而是体现出对新型学习方式所强调的自主学习能力、合作学习意识、科学探究精神的重视，是基于问题和学生能力发展的需要而进行的。在合作互动的深度学习中，学生发现问题，解决问题，积极想象，深入探究，勇于创新实践，最终达到从学会到会学的转变。

第三，教师一定要根据学习内容的特点、教学目标的要求、学生思维的发展状况适时创设能够促进深度学习的课堂情境，让学生在真实情境中习得语言、运用语言，引导学生积极体验，激发学生的思维，不断提升他们的联想、理解与分析能力，最终达到将所学知识与情境建立联系并实现迁移的目的。

第四，教师要重视形成性评价在学习中的价值，关注学生的学习进展并及时给予反馈，进而引导学生根据自己的学习状况调整他们的学习策略。学生可以借助思维导图等工具，完成课后的自我探究，审视反思，吐故纳新，促进更高阶的思维发展。

作为新时代的教师，我们应该对深度学习予以足够的重视和研究，也应该不断用新的理念和教学方法改变我们固有的课堂模式和活动，让课堂成为学生主动思考，真正成长的乐园。

授人以鱼不如授人以渔

朱晓沛

我国古代教育家孔子在《论语》中就提出："学而不思则罔，思而不学则殆。"可见，思维能力的培养在学习中的重要性。在倡导素质教育的今天，学校和教师不仅是知识的传播者，更是学生潜能和聪明才智的开发者。教师启发诱导得好，学生的逻辑思维能力就发展得越好，对事物认识的能力就越强，自制能力、自学能力和自理能力就越强，这将对学生的终身发展起到良好的促进作用。

而思考能力不是一朝一夕就能够达成的，需要学校和家庭之间的共同配合。那么培养思考能力除了课堂学习还能怎么做呢？

思考的基础就是背景知识的拥有量，很多时候我们看似是在思考问题，但其实大部分的时间都是在回忆知识，所以当我们的大脑里没有什么知识可以连接的时候，大脑就会呈现一片空白，更不要提什么思考了。所以提高思考能力的第一步不是让大脑变得更聪明，而是增加大脑中的知识储备量。

连接强度指的就是对知识的熟悉程度，我们大脑连接背景知识的时候是需要一些时间的，但是如果我们所用到的背景知识已经熟悉到条件反射似的连接强度时就会快速思考到答案。所以经常复习自己的背景知识是提高连接强度的关键。

思维培养是教育的本质目的之一。教育的本质和目的就是传承人类的智慧，包括人类积累下来的对大自然的认识，对人类社会的认识，对人自身的生存与发展的认识。人生是有限的，知识增长是无限的，要使学生在有限的生命历程中去掌握无限增长的知识，仅靠机械传授、被动接受知识是断然不行的，古人主张"授人以鱼，不如授人以渔"。这里的"渔"，实质上是指教给受教育者获取知识的思维方法，这才是教育之本。

总之，通过学习使我越来越深刻地认识到，作为一名教师，我们的责任不光是传授知识，更应该在培养学生的思维能力、提高智力方面下功夫。为此，我们要认真搞好课堂教学，激发学生的思维潜能，培养学生的思维能力，学习的深度，使学生得到全面发展，从而为社会培养更多的适应社会需要的复合型人才。

第三节　学生之声

　　我非常喜欢在学校的时光，因为每天都很快乐！在这里我可以自由地表达我的想法，老师会给我们讲绘本故事，还会让我们发挥自己的想象去续写故事，我觉得我自己现在可以做一个小作家了，所以我已经开始悄悄在写我的第一本故事书啦！悄悄地告诉你们，这可是一本关于"植物大战僵尸"的故事哦，我还自己配了插画呢！不仅在语文课上我找到了自己的快乐，在数学知识里也发现了很多奥秘，通过钟表的学习，制作自己的时间表，我现在能自己管理自己的学习和娱乐时间啦，爸爸妈妈不再催促我，我的时间我做主！当然，我还是最喜欢科学实验课和戈德堡游戏，我喜欢自己动手做实验，告诉你们一个秘密，原来"投石器"是杠杆原理啊！

——2019级1班　于　泇

　　我喜欢在快乐中思考。我们青岛榉园学校里有好多课都特别有意思，充满乐趣，而且在课堂上，老师总是会启发我们、鼓励我们，让我们多思考，多想一想。所以当我在学习上遇到难题、在生活中遇到困难时，我也会多去想想解决的办法，而不是轻易放弃。我也喜欢思考带给我的快乐。每次在课堂上跟着老师一起学到新知识时，每次数学课上因为认真思考韩老师表扬我时，每次国际象棋课我学会各种棋子的走法时，我都觉得特别快乐。以后我还要继续努力，做一个快乐的"思考者"！

——2019级2班　阮文璋

　　"少年强则国强，少年独立则国独立。"学校的老师不仅教我们知识，还教会了我们自强、自立，在学校丰富多彩的活动里，我学会了自己解决问题，无论做什么事情都先自己冷静思考，独立解决。在"小脚丫走青岛"活动中，我学会了发现身边的美，带着问题去玩，从玩中学到了知识。在"大阅读"活动中，我喜欢上了读书，喜欢上了朗读，喜欢上了表演。老师给了我们充分展示自己的舞台，在每一次的活动中，我都学会了合作、思考与总结，通过参与学校丰富的活动，我越来越有自信。

——2018级4班　石雨宸

　　在爸爸妈妈的眼中，我是一个"问题"小孩，每天总有问不完的"为什么"和各式各样的奇葩问题。但是我不会在第一时间去寻求爸爸妈妈的帮助，而是试着自己去寻找答案。不过这个过程总是复杂多变，充满了不确定性，我也走过很多弯路，闹出了不少的笑话。看着我艰难的求索过程，爸爸妈妈却是一副若无其事的样子。但我从内心知道，他们是在背后默默地给我支持和鼓励，让我大胆地去尝试，发挥自己的潜力。当然解决问题还是要靠科学正确的方式方法，因为问题是一扇门，只有找对了钥匙，才能打开问题的大门。

——2018级3班　兑佳辰

　　时光飞逝，小学四年的时光已悄然而去。在欢声笑语的课堂里，在充满智慧的教室里，有一种氛围弥漫班级，那就是思考。

　　在欢声笑语的课堂上，处处有着思考的脚印。青岛榉园学校"品味·创造"的教学理念，只要是榉园学子，人人皆知。那么这个教学理念从何而来？听我慢慢说来。

　　众所周知，数学课的魅力吸引着每一个人。在榉园，数学老师授课有着"独家秘诀"。每一节新课前，老师们走上三尺讲台，望着信心满满的同学们，开始先让我们思考简单的问题并解决，渐渐地增加难度，再让同学们思考，即使面对难题，我们始终没有放弃，而是一如既往地思考。经过举一反三的努力，将一道道难题解出来。如果有模棱两可的问题，下课会主动请教老师，这是思维训练中蕴含的思考。

无独有偶，语文课的欢乐吸引着每一个人。俗话说："没有十年寒窗苦，哪来金榜题名时？"榉园老师们辛勤备课，学子们认真学习。上课时，老师想方设法运用"荒谬记忆法"让我们把知识吸收得更快。在课本的基础上循序渐进，留下思考，让同学们自己谈体会，老师不辞辛劳地认真批改，毫不厌倦。这就是知行合一中蕴含的思考。

思考在课堂上无处不在，无论遇到多难的题，只要动脑思考，都会迎刃而解。

同学们，让我们一起加油，学会思考吧！那我们就会：

挺胸昂首，

勇往直前，

撑起思考的风帆，

高唱胜利的凯歌，

驶向美好的明天！

——2016级2班 毛怀宇

学校举办了多种活动，丰富了我们在学校的生活。如有趣的"小脚丫走青岛"活动，"大阅读"活动。使我印象最深的还是"小脚丫走青岛"。每一年的春暖花开或者秋高气爽之时，老师会带领我们一起做活动规划，制定活动目标，开发布会。最后，我们将一起进行实地探究。我们穿上校服，系上红领巾，带上查好的资料，坐上校车，出发！

在"大阅读"活动中，我们参与"读书沙龙"，与同学一起讨论读书感受。讨论和交流的过程就是我们质疑和思考的过程。有时的交流会气氛融洽，有时大家还会争得面红耳赤呢，当我们意见不统一的时候我们会再次回到书中去寻找答案，找出证据支持自己的观点。

"小脚丫走青岛"和"大阅读"活动，让我们不断成长。

——2016级4班 于嘉怡

我一直在想。思考，是什么？是成功，还是失败？哦，都不是。在榉园，我好像找到了答案。思考，是一种能力，可以培养，也值得培养。

在我们榉园，举办的任何一个实践活动，老师们都在激发我们的思考力。一次次实践活动都在告诉我们，未来社会是属于思考者的，只要勤思考、会思考，事情就成功了一半，我们也成长了一半。凡事预则立，不预则废。就好比我们学校的招牌活动戈德堡，你如果不提前构思好整个装置的每一步，最终就很难成功，我想这培养的就是一种把控全局的思考力。

在榉园，我慢慢懂得一个道理：只有运筹帷幄，才能决胜千里。我的书桌上放着奥古斯特·罗丹的《思考者》（ *Le Penseur* ），虽然我说不清他在思考什么，但他正在思考着，永远思考着……我想成为他，榉园在帮我。

——2016级1班　邓天尧

在学习中老师总是鼓励我们勤于思考、开拓思维，比如一道数学题可以用多个思路去解答，一篇优秀的作文可以从不同的角度进行选题和立意，更有趣的是我喜欢学校开展的多学科串联学习的方式。去年寒假我和小伙伴们根据所学的统计知识，对全班体育成绩作了各类统计图表，体育老师还对我们提出的如何提高体育成绩问题，给予了专业指导，帮助我们制订了科学、详细的锻炼计划，使我觉得学习十分有趣，让我乐在其中！

我想做一名学习上的"思考者"，多思多问多研究。"巨轮远航，向海而生"，让我从榉园的港口启航，向更广阔的天地航行吧！

——2015级3班　张子谦

明朝思想家王守仁提出了"知行合一"的思想，我们要善于思考，将正确的思想与行动相结合。在学校中，老师们也总是通过各种方式，培养我们的思考能力，教我们举一反三，将学到的知识应用到平日的生活中。

在这个假期中，班主任梁老师组织我们开展了"小鬼当家"数学实践活动。在活动中，老师引导我们由浅入深地思考，鼓励我们通过小组交流的方式群策群力，共同制订活动计划，并指导我们在购物时货比三家，学着做家庭预算开支……这让我们学会了思考，学会了如何去灵活地使用已有知识来解决实际问题。通过这次活动，我感觉自己长大了很多，能够跟爸爸妈妈一起承担家庭责任，非常自豪。

学校丰富多彩的实践活动让我们在成长中获得了快乐，在实践中接受了挑战，在思考中收获了成功。

——2015级5班　陈子赫

进入中高年级后我发现学习是没有捷径的。只有踏踏实实，坚持不懈地日积月累，才会有好的成绩。我的感受是，首先要勤奋。学习的道路上只有付出努力，才能掌握学习的主动权，勤能补拙。其次是要学会思考，找到最适合自己的学习方法。做好课前预习是我找到的最好的方法。在预习过程中，我边看、边想、边写，一边了解基本内容和思路，一边找出重点和不理解的问题，课上带着问题听课，这样对知识的掌握才会得心应手。

华罗庚说过，独立思考能力是科学研究和创造发明的一项必备才能。让我们做会思考爱学习的新时代少年吧！

——2015级2班　周倧韬

一起学习思考，一起成长提高

2019级4班　王玥宁家长

当代中国的学生入学，总是家长牵肠挂肚的事情。而家长们曾经求学的那个时代，又基本是教学方法单一、学习生活平淡的模式，大人们无法从自己的过往汲取到可借鉴的经验。两相冲突下，我们于去年把学生送入青岛桦园学校，还是伴有六神无主心情的。但在学校深厚的教育底蕴和老师们悉心的教导下，学生的学习展现出丰富多彩的立体层次，我们也不断参与其中，大人也好似开启了新的学习窗口，同学生一起学习思考、一起成长提高。

我们高兴地发现，通过一年来的学习，学生不仅掌握到各类具体知识，思考思维能力也有了明显变化和提高。学生自身学业的进步，日常的神言妙语，"十万个为什么"的发问等等，这得益于学校在学生思考力方面的培养和用心。学校对学生施以润物无声的教导，也启示我们做为家长这个家庭老师，在学生的培养上，担心焦虑没有用，不能应景式地参与，更要思考着参与、思考好参与。

学校在学生的领导力、思考力、创新力培养上进行精心设计和实践，我们将会一直积极参与、全力配合。

深度阅读，才会深入思考——记一次阅读项目学习

2018级1班　王正奇妈妈

孩子从小到大，我一直期望引导他学会阅读，因为未来是一个终身学习者的时代，每一个人都要在阅读中成长自己，也要在阅读中学会深入思考。

因为疫情的缘故，学生们的课堂搬到了线上，本来我有些担心学生们这学期的学习会不会耽误，但是学校的课堂却从没松懈过，尤其是语文丁老师组织的一次《母鸡萝丝去散步》绘本阅读项目学习让我印象特别深刻。

这是个非常经典的绘本，全文仅有44个字，却描述了一个生动有趣的狐狸追逐母鸡屡屡受挫的故事。可是故事之外还可以有什么呢？母鸡，狐狸心里怎么想呢？我们可以添上什么细节呢？丁老师请同学们发挥想象，分组扩写故事。

我们一组7个学生分到任务后特别有动力，他们自己线上讨论了故事情节，拆分成若干部分，进行详细的扩写，并且还在微信群里讨论故事的一致性，前后的衔接关系。在小组同学们的努力下，一篇44个字的故事一下子变成了一篇1800多字很有画面感的故事。

并且在学生们的阅读讨论中，他们不再局限于每页简单的几个字，而是开始深入思考，狐狸和母鸡到底有什么不同的性格特点？又如何在细节中突出这些性格特点？

扩写完以后，我跟孩子又针对"狐狸为什么总是这么倒霉"这个话题展开了做事方法的讨论，孩子意识到如果一个人不认真观察就莽撞行动，就很容易失败，在学习上如果不能认真检查，也一样会遇到"倒霉"的事情，比如因为粗心被扣分。

一个小小的绘本，因为丁老师的一次小组写作活动而变得不同。如果当作一个好玩的故事，学生可能一笑了之，但是当真正请学生们认真思

考，深度阅读时，结果就完全不一样了。

这次活动很受启发，也让我意识到：

深度的阅读，才会有深入地思考，才会让学生取得深远的进步。

"大阅读"活动收获之所感
2018级5班　阎文佳家长

同过往的学习环境相比，现在学生们学习的资源拓宽得更广、学习的方式更加多样，学习的节奏也"小跑"起来。面对各种"宽、广、快"，我们曾经一度感慨几乎没有读书的时间，更不用说体会"亲子阅读"的乐趣了。欣慰的是，为了培养学生们良好的阅读习惯，让学生们从小热爱阅读、享受阅读，让阅读成为引领学生人生的航向标，学校践行"大阅读"理念，每学期都会结合学生的年龄特点、心理发展、习惯养成等方面，推荐必读和选读书目，组织形式多样、主题丰富的阅读实践活动。参与到这些活动中，我们和孩子一起获益匪浅。每天在固定的时间里"亲子共读"，有时是各自手捧一本书的"独乐乐"，有时是跟孩子一起声情并茂朗读的"众乐乐"。在绘本故事创编展示活动中，一起探讨书中的故事情节、图片内容，引导孩子围绕书中的情节思考探索，通过共同阅读的方式更形象、生动、灵活、深刻地了解绘本角色的特点。这样的阅读、讨论、分享，让孩子的思考能力和表达能力同时得到了锻炼，有了一定程度的积累输入，我们也希望孩子能有所输出。从平时作业中仿写句子的小练笔，到几幅图片连成一个场景、讲述故事的看图写话，孩子的写作能力成为我们面临的另一个问题。"不知道要写什么，怎么写啊？""为什么一段话写出来总是没头没尾？""这样干巴巴的句子读起来一点意思都没有啊！"一系列问题，让我们很是着急。在与班主任赵老师的沟通中，老师给予的关于阅读速度、效果和写作方法的建议让我们获益良多。赵老师说："阅读是一件急不来的事，它的作用是日积月累、潜移默化的，在长久的坚持下一定能有所收获，也会对学生的写作有很大的帮助。写作时可以运用修辞手法，抓住事物的特点，用生动形象的语言进行描述，并且可以加入情感体会的描写，这些都能让文字更有吸引力。"老师的话，提醒我们家长面对孩子的写作问题不能着急，"欲速则不达"，适当地慢下来，等等孩子，跟孩子一起面对问题，用孩子的眼光看待问题，从孩子的角度分析问题，同孩子一起解决问题，与孩子共同成长。

榉园有个"小宇宙"

2016级1班　邓天尧家长

我思故我在，人是因为思考而存在。思考力不论于国于民于人于己，都是一种十分重要而伟大的力量。一个国家需要思考者，一个民族需要思考者，而只有当我们每一个学生都学会思考，学会创新、学会创造，国家强大才有传承，民族复兴才有希望，因为唯有少年强国才会强。我们感觉，榉园，正是培养这种思考力的摇篮，一直在努力培养有独立行动和独立思考的人。

在品味中创造，在创造中升华，而伟大的创造力来源于强大的思考力。常言道，授人以鱼不如授人以渔。知识固然重要，榉园传授之；方法更加重要，榉园引导之。更难能可贵的是，榉园通过戈德堡、头脑奥赛等"脑洞大开"、极具挑战的实践活动，不仅引导学生个体学"渔"，激发着每个学生的个性潜力，还注重挖掘着学生们的集体思考力。毋庸置疑，榉园正带着学生们在独立思考的道路上阔步前行。"现代法国小说之父"巴尔扎克表示，一个能思考的人，才真是一个力量无边的人。试想，一群志同道合的思考者聚在一起，又会是一种怎样无穷大的力量呢？

学生在榉园学习生活一晃已经4年了，我们感觉家里原来那个"人云亦云"的小男孩，不知道从何时起已经不是那么"好对付"了，他的小脑瓜里装着很多奇思妙想，好像里面住着一个"小宇宙"。这个"小宇宙"来自哪里？应该在榉园。

思考给人力量

2016级4班　于嘉怡家长

巴尔扎克有句名言："一个能思考的人，才真是一个力量无边的人。"在求学生涯中，优秀的思考能力可以使学生的学习达到事半功倍的效果。

孩子进入青岛榉园学校已经四年整了，在这四年的每一个学期里，为了丰富学生们的课余生活，为了让他们在活动中得到能力的培养与提升，青岛榉园学校举办了各项各类活动，比如受到学生们喜爱的"小脚丫走青岛"，比如带领学生们在浩瀚书海里畅游的"大阅读"活动等。

"小脚丫走青岛"并不仅仅是秋游或者春游，而是让学生们带着任务，带着分工走进自然，走进博物馆，走进身边的大街小巷。通过任务发布，分组探究，实地寻访以及展示汇报等环节，让学生们在活动中学会合作，学会思考，学会质疑，学会寻找。看着孩子们热火朝天地开着视频会议，有条不紊地分工合作，让我不由得感叹，学校给学生们创造了思考的机会，思考的空间，让他们在思考的路上感受思考的力量，从而养成思考的习惯。

《论语》里说："学而不思则罔，思而不学则殆。"只学习不思考一定会让人愈发迷茫，不知方向。所以，青岛榉园学校的"大阅读"，不仅仅是让学生们读书，更是让学生们在读书中学会思考，敢于质疑。比如，在读《十万个为什么》这本书时，学校的老师们首先教给学生们阅读方法，然后引导他们在读书的过程中寻找问题，发现问题，提出问题。然后学生们通过小组讨论，网上冲浪等方式解决疑惑。在这个质疑到解决的过程中，他们切身体会到了思考的威力。并且，常常采用"头脑风暴"的形式，你一言我一语，在思维的碰撞中，闪现着智慧和灵感，让人感动让人欣喜。

感谢青岛榉园学校的高瞻远瞩，感谢老师们的倾囊相授，学生们在活动中感受到了思考的威力，获得了思考的力量。

学且思，思而行
——"人人是思考者"数学实践活动体会
2015级5班　陈子赫家长

古人云："学而不思则罔，思而不学则殆；学思不行则虚，学思笃行则实。"

学、思、行是学生自主发展的重要方法和途径，学习积累知识和经验，通过思维进行分析和反思以指导行动，是学生成长过程中不可或缺的一课。学校开展的丰富多彩的数学实践活动，不仅帮助学生巩固了课堂上所学的数学知识，而且引导学生小组合作，将知识与生活相联系，既丰富了学习生活，又促进了知行合一，提升了学生的综合素养。

今年暑假，老师组织学生们进行了"小鬼当家"数学实践活动。学生们首先在学习小组中通过微信群进行交流讨论，共同设计完成任务的方案。其实，这个过程也是学生们自主解决问题的过程，同时也增强了学生的表达沟通能力。接下来制订计划、亲自实践，要买什么东西，学生说了算，家长的意见仅供参考，这也遵循教育中提倡的尊重学生的选择。列计划、估价格、做预算，将数学课中学到的计算、统计图等知识切实运用到实际生活中。购物实践，也是学生最喜欢的环节，家长陪伴着学生，文明购物，根据需要合理挑选，将一些好的行为习惯传给学生。在数学实践活动中，学生从课堂中走出，学着运用所学接触社会，解决问题，也增进了亲子间的沟通和交流。

学、思、行是促进学生自主发展的重要方法和途径，也是所有学习者的发展策略，感谢学校用心设计了别具匠心的实践活动，引导学生人人都做学习者，人人都做思考者，人人都做行动者。

勤思造就好的习惯

2016级3班　董子赫家长

近些年，越来越多的教育专家、学者和从业者认识到应试教育的弊端，转而实施开展素质教育，从思想道德、能力培养、个性发展、身体健康和心理健康等诸多方面，对学生进行全面教育。

青岛榉园学校秉承素质教育的宗旨，力求办一所"厚基础、高品位、国际化"的个性化教育的学校。"在品味中创造，在创造中升华"是学校的办学理念，如何让学生更好、更深入、更真切地"品味·创造"，作为教育同行者的家长，我认为让学生学会思考至关重要。善于思考是一个人有智慧的重要标志，对一个人的成长发展极为重要。多一些思考，才会少一些盲目。懒于思考的人，往往一无所获。令人欣喜的是，我们青岛榉园学校正通过平日的学习生活及各项系列活动，引导学生们认识到思考的重要，探究掌握独立思考的方法，体验分享思考带来的喜悦。

从每天的语文课，到每日的午间阅读，再到每学期的"知行合一大阅读"活动……老师们会有目的、有计划、有策略地让学生们从"读死书"转变为"巧读书"。从被动地接受知识，转变为主动思考提出问题，探究结果，用不同的形式呈现理解，最终获取掌握知识。学生将读书这件苦差事，变成自己喜欢干的事情，从而养成终身学习、喜好阅读的好习惯。

独立性思考、创造性思考是最有价值的思考。学生在校四年的学习生活，可谓丰富多彩。"小脚丫走青岛"项目化实践活动、戈德堡机械挑战赛、头脑奥林匹克赛、花样跳绳等一系列品牌活动，让学生快乐参与的同时，受益颇多。以"小脚丫走青岛"为例，活动中老师充当了引路人的角色，对同一景点从不同的角度确定多个主题，让学生选择自己感兴趣的主题加入不同的小组。学生们充分发挥主观能动性去思考，最终通过团队的合作完成项目的汇报。通过活动不仅丰富了学生们的知识，而且让学生们学会了独立思考问题、在团队协作中解决问题的能力。这种善于思考的能力随着岁月的沉淀，让学生做事有主见、不随波逐流，在潜移默化中树立正确的人生观和价值观。

图书在版编目（CIP）数据

品味·创造系列丛书 / 薛清主编 . —青岛：中国海
洋大学出版社，2021.5
ISBN 978-7-5670-2833-3

Ⅰ.①品… Ⅱ.①薛… Ⅲ.①科学知识—教学研
究—小学 Ⅳ.①G623.62

中国版本图书馆CIP数据核字（2021）第101581号

出版发行 中国海洋大学出版社
社　　址 青岛市香港东路23号　　**邮政编码**　266071
网　　址 http://pub.ouc.edu.cn
出 版 人 杨立敏
责任编辑 邹伟真　赵孟欣
电　　话 0532-85902533
电子信箱 zwz-qingdao@sina.com
印　　制 青岛海蓝印刷有限责任公司
版　　次 2021年6月第1版
印　　次 2021年6月第1次印刷
成品尺寸 170 mm × 240 mm
印　　张 14
字　　数 269千
印　　数 1-2500
总 定 价 188.00元
订购电话 0532-82032573（传真）

发现印装质量问题，请致电0532-88785354，由印刷厂负责调换。